History of the Real Estate Business in Japan
From the 19th Century to the Present Day

# 日本不動産業史
## 産業形成からポストバブル期まで

*Takeo Kikkawa*
橘川武郎
*Makoto Kasuya* ◎編
粕谷 誠

名古屋大学出版会

本書は全国銀行学術研究振興財団の助成を得て刊行された。

*History of the Real Estate Business in Japan:*
*From the 19th Century to the Present Day*
Takeo KIKKAWA, Makoto KASUYA eds.

The University of Nagoya Press, 2007
ISBN978-4-8158-0568-5

日本不動産業史
―産業形成からポストバブル期まで―

# 目　次

序　章　不動産業の史的研究 ……………………………（粕谷　誠）……… 1

　　1．不動産業の性格　1
　　2．本書の課題　9

第1章　資本主義の形成と不動産業：江戸期／1867-1913 ………… 15

　　1．江戸時代の不動産経営 ───（粕谷　誠）　15
　　2．都市形成と不動産業──東京と大阪を中心に ───（粕谷　誠）　23
　　3．不動産ビジネスの形成 ───（粕谷　誠）　34
　　4．郊外宅地開発の開始 ───（中村尚史）　47

第2章　都市化・重化学工業化と不動産業の展開：1914-1936 … 65

　　1．都市化の進展と不動産業 ───（中村尚史）　65
　　2．都市の拡大と宅地開発 ───（髙嶋修一）　74
　　3．都市開発とオフィスビル ───（粕谷　誠）　90
　　4．京浜工業地帯の埋立 ───（渡邉恵一）　103
　　5．「市街地金融」の発展と不動産銀行の役割 ───（植田欣次）　117

第3章　経済統制と不動産業への影響：1937-1951 ……………… 137

　　1．開発と地価・地代への統制 ───（沼尻晃伸）　138
　　2．都市部の動向 ───（沼尻晃伸）　155
　　3．農地転用の規制と実態 ───（加瀬和俊）　168
　　4．戦時下の「市街地金融」と不動産銀行 ───（植田欣次）　179

第4章　高度成長と不動産業の発展：1952-1973 …………………… 197

　　1．経済成長と地価上昇 ───（永江雅和）　197
　　2．地価上昇と農地転用 ───（永江雅和）　208

3. 市街地の動向 ───（名武なつ紀） 224
4. 大手不動産企業の事業展開 ───（名武なつ紀） 233
5. 都市開発を促進する法制度の整備 ───（原田純孝） 241
6. 高度成長期の不動産金融──迂回的資金供給から直接的資金供給へ
　　───（邉 英治） 255

## 第5章　土地神話と不動産業の変転：1974-2004 …………… 275

1. 「土地神話」の極大化と崩壊 ───（橘川武郎） 275
2. ビジネスチャンスの変化と不動産業 ───（橘川武郎） 280
3. 不動産企業の動向 ───（橘川武郎） 294
4. 「土地バブル」の法制度的基盤 ───（原田純孝） 307
5. さらなる規制緩和と高度・高密度利用へ
　　──バブル崩壊後の法制度 ───（原田純孝） 319
6. バブル期の不動産業金融の本格的展開と特質 ───（植田欣次） 337

## 終　章　日本不動産業発展の軌跡と針路 …………（橘川武郎）…… 359

1. 不動産業の発展と日本経済 359
2. 資産効果経営の終焉と本来機能への回帰 363

　参考文献　367
　あとがき　389
　図表一覧　391
　索　引　395

# 序　章　不動産業の史的研究

## 1. 不動産業の性格

　不動産業の史的研究をおこなうにあたり，不動産業をいかに理解するかについて，簡単に述べておくことが便利であろう。不動産は土地と建物からなる。土地・建物は双方とも資産として売買されるとともに，双方とも賃貸されるが，賃貸とは土地・建物の用益を売買しているとも理解できる。ここでオフィスを例にとり，資産と賃貸の関係を単純化して示せば，次のようになる。あるオフィスのストックを前提にすると，オフィスの賃貸料（オフィスの質の相違を標準化できたとして）が決まると考えられる（賃貸市場での賃貸料の決定）。この賃貸料を資本還元すれば，オフィスの資産としての価格が決まる（資産市場でのオフィスの資産価格の決定）。そしてオフィスの価格からオフィスの建設量が決まって来るであろう（資産市場でのオフィスの建設量の決定）。最後にこれはオフィスのストックを形成することになり，オフィスの除却とあわせて，ストック調整がおこなわれる（貸借市場でのオフィスのストック調整）。これが最初のオフィスのストック量を規定する。こうして賃貸市場と資産市場は密接に結びついているのである（DiPasuale and Wheaton 1996，山田ほか 1995）。

　不動産業は，土地・建物の資産としての売買と賃貸（用益の売買）にかかわる産業といえるであろう。土地や建物を賃貸することは，経営業（賃貸業）と呼ばれる。土地や建物を資産として売買することは，流通業と呼ばれる。しかし土地を売るにしても，だれが土地を探しているのかを見つけ出すことは容易ではない。そこでこうした情報を集約し，売りと買いをスムースに結びつける

（取引費用を節約する）こともまた不動産の流通業ということになる。流通業者は，ただ単に売り手と買い手を結びつけるブローカーと売り手から不動産をいったん買い取り，さらに買い手をみつけて転売するディーラーに分類することができる。さらに土地を買い取り，整備を行って，建物を建設することも可能であり，これは開発業と呼ばれる。多くのロットの土地を買収し，ひとつの広い土地を確保して，大型の建物を建設したり，大量の住宅を建設したりすることがその主たる内容である。大型の建築物の方が，オフィス（居住）スペースあたりの階段や廊下などの共用スペースの負担が小さくなる，あるいはまとめて土地を切り開いて戸建て住宅を建てた方が，一戸あたりの住宅に至る道路や上下水道の建設負担が小さくなるといった，規模の経済が働くことが開発業が存在する基本的な理由であろう。建築した建物を賃貸する場合も売却する場合もあり，後者はときに分譲と呼ばれる。さらに土地や建物を賃貸する場合，賃貸料や共益費を取り立てるとか，清掃などのメンテナンスが必要であり，こうしたサービスを供給するのが管理業である。管理業務も規模の経済が働くと考えられる[1]。

　しかし不動産業の基本的な機能が，すべて同一の主体によっておこなわれる必要はない。開発を例にとれば，建物の企画（製品企画）・設計・建設（製造）・販売は別々の主体によっておこなわれることがむしろ普通で，不動産業者は企画に関わり，設計・製造はゼネコンが請け負い，設計・製造を下請に出し，建物が完成したら不動産業者が販売する，といった分業がおこなわれている。建物の建設には長い時間がかかり，それを平準化するのは困難であるから，むしろ市場で建設サービスを購入した方が有利であるし，販売のリスクも大きいから，建設する方も多様な主体の建築を請け負ってリスクを分散した方が有利ということであろう。

　開発を企図して土地を買い集める場合，もし土地所有者と開発企画者の将来に対する予想が同じならば，買収価格は開発による利益を織り込んだものになってしまい，開発利益は土地所有者に帰属してしまう。開発を企図するもの

---

[1] 不動産業の分類は，蒲池（1990）による。

は，計画の詳細が明らかにならないうちに迅速に買収を終える必要がある。鉄道業者が線路を敷設し，駅を設置する情報を秘匿したまま土地を買収できるような場合は，こうした効果が大きいといえよう。ただし鉄道会社の設立や線路の敷設計画そのものを秘匿することは一般的に不可能であるから，こうした効果がどれほど実現可能であるかは，駅の設置や運輸の利益の情報を鉄道事業者がより正確に認識できることにかかっているであろう。また仮に買収の最後の段階でこの情報がある土地の所有者に明らかになった場合は，その所有者は土地の買収価格を引き上げるように交渉し，開発による利益のほとんどを一人で入手してしまうこともありうる。土地が移動できないため，その土地が開発に不可欠であれば，こうしたことは起こりうる。開発者はその条件を呑むか，開発設計を変更するか，ということになる。ただし土地の売却に反対する理由が，その土地への愛着あるいはその土地で営業することで生計が成り立っており，他地域へは移転しにくい場合もある。この際に開発者サイドで，経済的利益によるインセンティブ以外の手段がとられ，社会問題化することもある（「地上げ」など）。

　また土地は外部経済性があり，ある一定の地域の地主が，共同で道路・上下水道・公園を整備し，宅地として開発すれば，宅地価格が上昇し，開発費用を超える利益が期待できる。これが区画整理であり，参加者の土地の一部を組合が取得し（減歩），道路等の公共用地に当て，なお残った一部（替費地）を第三者に売却し，事業費に当てるのが一般的である。土地の所有者は土地面積が減少しても，区画整理による地価の上昇で利益を得ることになる。しかしこのような場合でも，最後の段階である人が自分にとって有利な条件を容れてくれなければ，計画から離脱することを表明するような場合には，買収の場合と同じようなことが起こりうる。全員が同じことを考えれば，区画整理の合意は結べなくなってしまう。こうしたことを防ぎ，社会にとって有益な開発の利益が実現できる仕組みが，区画整理には備わっている。区画整理は組合に加入したメンバーが特別多数決（人数基準・面積基準がある）を行うことが認められており，機会主義的な行動が行われにくいように制度が設計されているのである。大土地所有者の数名が計画に合意し，他のメンバーを説得できれば，組合

は有効に機能することになる。行政当局が中心となって，区画整理をおこなうのも合意を得やすくする工夫であろう。替費地の第三者への売却や組合の交渉の取りまとめ，さらには区画整理の企画そのものに不動産企業が関与することも多い。

　さらに開発業者が土地を開発し，分譲する場合に，建築にさまざまな規制をおこなうことがある。例えばある開発地の分譲区画に建てる建物の用途（戸建住宅にするなど）・最低建築費・道路からのセットバックなどを規定し，統一感のある地域にすることで，不動産の価値を高めようとするのである。販売者は土地を高く販売できるし，購入者は土地の価格を高く保つことができる。これも土地の外部経済性を利用したものといえる。アメリカでは20世紀初頭にこうした制限をつけた土地分譲が広くおこなわれるようになったが，日本ではあまり普及しなかった。建築制限は分譲者が購入者と契約するものであるから，原購入者が第二の購入者に転売した場合に拘束力を持たせうるのか，どの程度の期間にわたり拘束力を持たせられるのか，さらに契約に書き込んでしまうと変更が困難で柔軟性に欠けるなどさまざまな問題点がある。購入者としては，建築制限を受け入れて購入したものの，自分だけその規制を犯せば，街区のイメージにただ乗りできる誘引が常にあるから，建築制限の契約の拘束力に関する司法の態度を含めて，法制度がこうした制限の実効性に大きな影響力を持ちうる。また販売者としては，高値で分譲してしまえば，その後の不動産価格がどうなろうと関係ないのであるが，近隣で似たような開発をおこなうと二つの街区の相乗効果でさらに高い価格が第二の分譲で可能になるということもある。アメリカのように土地が豊富で入手が比較的容易であれば，建築制限の効果が発揮されやすいが，日本のように農地のなかに小規模な開発適地を探すような場合には[2]，建築制限をおこなっても統一感のある町並みまで持っていくのはもともと困難であり，連続した近隣での開発はさらに容易でなく，売り逃

---

2) 農地としての価値（地味などに規定される）と住宅地としての価値は独立していると考えられる。農家が離農するのではなく，農地を一部残した上で土地を売却する場合には，農地としての価値の高い土地を残そうとする誘引もあり，住宅としての開発の合理性からのみでは開発地が決定されないことは十分にありうる。

げ的な発想になりやすいであろう（Weiss 1987, Stach 1989）。

　不動産のもつ外部経済性に対し，より広範囲により総合的に対応するのが都市計画であり，道路・公園などを計画的に整備し，さらに地域の用途（住宅地，工業地，商業地など，実際の分類はさらに細かい）や建物の建蔽率や容積率などが建築基準法などによって指定される。区画整理は都市計画の主要な技法のひとつである。日本では1888年の東京市区改正条例に始まり，1919年に都市計画法と市街地建築物法が制定される。区画整理も当初は1899年制定の耕地整理法が宅地の区画整理に利用されていた。アメリカでは開発業者による建築制限が広範に普及し，その不十分なところを補うために用途規制が導入された側面も大きい。都市計画があまりに硬直的では都市の発展を阻害するし，あまりに柔軟では計画に値せず，いかにバランスをとるかが難しいところであるが，日本は計画が開発に歯止めをかける効果が，ヨーロッパ諸国と比較して強くないようである。

　個人の庭先に遊休地がある場合に，アパートを建設して賃貸するとか，駐車場として貸し出すという経営形態はごくありふれたものである。不動産業は専業化しないものが非常に多数あることに特徴がある。これは土地が移動できないために，分散した遊休地を集めて大規模な開発ができない，という土地の資産としての制約による面もあるが，同時に，所有者が遊休地を売却して，金融資産で運用することと比較していることを看過することはできない。不動産の所有者は，将来の賃貸料を予測し（これには空き室や空き駐車スペースとなるリスクの予想などもすべて含まれる），また土地を将来売却することも可能であるから，将来の資産価格の予想をおこなって，現在売却することと比較したうえで，アパート建築や駐車場としての利用を選択しているのである。さらには駐車場などの利用は，もう少し高度な利用をした方が有利に思えるが，必要になったときには，比較的低いコストで更地にでき，現在の自宅敷地とあわせて売却したり（ロットが大きい方が単位面積あたり，高く売却できることが期待される），マンションを建設したりすることも考慮した上で，そのような利用をおこなっているわけで，将来の利用というリアル・オプションをもっているに等しく，このオプションも価値をもち，それが経済状況に応じて変化するのであ

るから（例えば将来の見通しが立ちがたい場合は，とりあえず利用度が低い状態にしておくことの価値は上がる），複雑な金融商品と同じ性格をもつ[3]。不動産業の分析には，こうしたオプションも含んだ資産選択の観点も必要である（刈屋 2003）。オプションの存在もまた，いったん売った土地を（株式などと比較して）買い戻しにくいという不動産の性格とともに，不動産業において，小規模な兼業経営が多いことの理由となろう。さらには不動産企業が投資用のマンションを建設し，投資家に販売し，管理を請け負うということになると，個人が賃貸という不動産業を営むほか，専業の不動産企業が企画と管理をおこなっていることになる。この場合には，投資家はより直接的に，金融資産と不動産のリスクとリターンを考慮して，不動産投資をおこなっている。このような資産選択にあたって，税制の与える効果は大きく，農地をめぐる税制について多くの議論があることは周知のところである（野口 1989）。

　ここで土地を賃貸した場合に借地人の借地権をどの程度保護するか，が大きな問題となる。すなわち賃貸期間が短く，契約期間終了とともに土地を返却する義務があるなら，借地人は投資が回収できないので，建物などの耐久性の高い投資をおこなわず，土地所有者が建物を建築して，建物を賃貸することになろう。単年度契約の借地農が借地に土地改良投資を行わないのと同じである。逆に借地権の保護が強く，借地契約が解消しにくいのであれば，土地所有者は借地契約をせず，適当な利用が見つかるまで更地にしておくか（転換しやすい駐車場などの利用にとどめておくか），売却することになろう。日本では 1909 年に建物保護法が制定され，借地上の建物が登記されている場合には，第三者に対抗できるようになり，1921 年の借地法で借地上の建物の買取請求ができるようになった。これに対して借家権は，借家人が新たな住居に移転するのに費用がかかる，ということ以外には保護する理由はない（これは住宅を念頭においているが，営業者が入居している場合は，「のれん」が発生しており，状況はより複雑である）。しかし所得の低い階層にとっては，公的住宅のサービスなどが

---

3）建築制限を結んでしまうと土地利用が大きく制約されるので，オプションを失っているといえるから，オプションまで考慮に入れると，制限を結ばないことも合理的といいうることになる。

十分存在しない場合は，大きな問題たり得る。といって借家権をあまりに強固に認定すると借家料の引き上げが困難になるので，借家の供給が減少してしまう。日本では1921年の借家法により，借家権の登記がなくても対抗権が認められ，造作買取請求権も認められた。1941年の借地法・借家法改正で，契約の終了には正当な事由が必要とされるに至った。こうした強力な保護がおこなわれるようになったのは，戦時ということで不動産価格が統制されていたときに，既存契約は旧来の価格の継続ということで比較的統制に実効性があったのに対し，新規契約は実効性に乏しく，立ち退かされた借家人が困窮するので，それを抑止するという統制上の理由にもとづくものであった（小野 2007）。戦後は不動産に関する価格規制が撤廃されていったものの最高裁判所の判例により権利保護が強化されていたが，1991年に定期借地権・期限付建物賃貸借（のち定期建物賃貸借）という制度が創設された。

　不動産業者の関与する対象は，オフィス，住宅，商業地が中心であり，工業用地は企業が自ら場所を選定することが多い。これは企業が工場建設そのものを秘密裏におこないたいということもあるし，どのような土地が工場に適しているかについてある特定の条件が決まると，そのような特定の条件にあった場所についての情報を持ち合わせている主体は，ほとんど存在しない，ということも作用しているであろう。ところが企業・工場にとって，必要な条件は，平坦な地面・用水・交通など基本的なところでは共通することが多い（いわゆるインフラ）。工場団地としてインフラの整備をおこなって企業を誘致することもある。これには誘致する側が，工場にとって一般的に必要な条件をそろえていることを意味し，不動産企業が関与する余地が大きくなる。浅野総一郎らが主導した東京湾の埋立てなどがその例であるが，埋立地に公的セクターがどの程度関与するかで，不動産企業の関与できる度合いが影響を受けることになる。また農地については，地味についての正確なデータは，農家以外に判別しにくく，不動産企業が関与する余地は小さいといえる。ただし農地を宅地に転用していく場合は，こうした制約はなくなるので，不動産企業の関与する余地は大きい。

　不動産業の対象となるのは，主にオフィス，住宅や商業地であるから，不動

産業は都市化と密接に関連している。都市化は一様には起こらず，東京のような中枢管理機能をもつ都市，大阪，名古屋のようにそれに次ぐ都市，そして札幌，仙台，広島，福岡のように地域の中核となる都市，県庁所在都市といった階層構造をもっている[4]。都市化がなぜ進展するかは，鉱山のような移動不可能な生産要素の存在，規模の経済のはたらく生産設備の存在，集積の利益の存在などがあげられるが，とくに企業間取引がさまざまに存在し，そこに立地する企業の生産活動に規模の経済が存在する場合は，強い集積の経済が生まれ，都市化がもたらされる（金本 1997）。中枢管理機能のある場所にオフィスがあり，雇用が発生し，住居ができるから，不動産業も東京や大阪といった中枢都市ほど発達することになろう。都市にむかって人口が流入し，都市人口が増加し，オフィスなども集中し，都市化が進展すると，居住環境が悪化する。ここで鉄道や自動車などの交通手段が発達すれば，住居は郊外に移転し，さらに工場などの生産機能も移転するようになる。中枢にはオフィスなどが密集し，昼間人口は多いが，夜間人口は少なくなる。これが郊外化である[5]。中心部ではオフィスの，郊外では住宅の取引が中心となり，不動産業の機能が地域的に分化していくことになろう。さらに小売についても，人が集まりやすい中心部には購入頻度が低いが，多様な商品をそろえているショッピング街が形成され，郊外には日常の買い回り品を供給する商店街が形成される。しかしこうした分化も，人が集まりやすいことが条件であり，モータリゼーションなど交通手段の変化で，小売の集積にも変化が生じうる。郊外のショッピングセンターは，交通手段の変化などさまざまな変化をとらえて，開発がおこなわれているものである。

---

4) 日本の都市の発展や中枢管理機能については，阿部（1991），山田ほか（1995），伊藤（2004）などを参照。
5) 都市の分散がさらに進めば，郊外もあわせた人口が減少する逆都市化が進むことになるが，日本の大都市ではそうした事態は進展していない。

## 2. 本書の課題

　本書は明治期から今日までの不動産業について，経営業（賃貸業）と開発業に重点を置きつつ，歴史的に分析することを目的としている。都市化の進展にともなうオフィス・住宅の需要の高まりに対し，これらがどのように供給されていたのかを，歴史具体的に分析しようというものである。すでに述べたとおり，不動産業は，土地・建物の資産としての売買と賃貸（用益の売買）にかかわる産業であるから，不動産にかかわるビジネスは古くから存在していた。江戸時代においても，商家が地面や建物を賃貸することは都市において広くみられた。賃貸される建物も商家（店舗兼住宅）であったり，都市下層民の住居であったりと，バリエーションに富んでいた。これらの建物は自ら企画したと考えられるが，建築は建築業者に任されていた。そして不動産賃料の取り立てや維持・管理に従事する家守という職業が成立していた。また不動産の売買・賃貸にあたり，口入業者が仲介することもあった。家質貸しという不動産担保金融もおこなわれていたし，貸付金が返済されなければ，担保流れとなって所有者が移転した。有力な商家は，不動産が資産運用の重要な一角を占めていたのである。このように江戸時代においても，基本的な不動産業務はかなり発展していたといえる。

　しかし明治維新を経て，近代的な土地所有と不動産登記のシステムが整備されるなど，不動産業をめぐる基本的な仕組みが整えられていき，また工業化・都市化が急速に進展するなかで，不動産業のあり方は変化していった。とくに近代建築が，高層化によって都市における所有地の有効利用を可能とし，かつ高層化によるエレベーターなどの付帯設備が，一定の面積による開発を有利とするようになる（規模の経済性がより発揮されるようになった）という状況の出現は，都市のオフィス供給のあり方を変化させるであろう。また鉄道とくに電気による郊外鉄道が発達すると，住宅供給のあり方も根本的に変化し，職住分離を可能とするであろう。高層化の論理は住宅にも貫徹するが，オフィスが高層化し始めるのが20世紀に入る頃からであったのに対し，集合住宅が建設さ

れるようになるのは戦間期以降のことであり，若干遅れていた（日本住宅総合センター 1997）。さらに重化学工業化が進展すると，外国からの原料の搬入と消費地への近接性から，東京湾などでの沿岸立地の有利さが際立つようになり，沿岸での工業用地の開発が促進されることになろう。本書は，こうした変化を促す要因に対し，不動産業がいかに対応し，発展していったのかを明らかにすることを基本的な分析視角とする。

　不動産業についての研究は，これまで業界全体を通史的に分析した不動産業界沿革史出版特別委員会（1975），旗手（1978a, 1978b, 1979, 1981），石見（1990）などに限られていた。これらの研究は不動産業の発達を資本主義の展開や都市問題と関わり合わせて論じており，非常に優れたものであるが，個々の不動産業者の営業の分析は，史料不足もあって踏み込めていなかったといってよい。また考察の対象も戦後復興期以前に限られていた。その欠を補うべく，筆者もそのメンバーの一人となって，日本住宅総合センター（1994, 1995, 1996）が刊行されたが，中途で研究が途絶えてしまった。その後，全宅連不動産総合研究所（1999a），旗手（2005）が刊行されたし，近年では小野（2006a, 2006b, 2006c, 2006d, 2007）が戦間期の住宅市場について精力的な研究をおこなっている。戦後については，都市開発における不動産企業の機能を分析した松原（1988）なども存在するがいまだに不十分であるといえる。欧米でも経済史，経営史で不動産業を取り上げたものは少なく，Doucet and Weaver（1984）がカナダの不動産業者のケーススタディをおこなっていたのが，数少ない例外のひとつであったが，1989年に『ビジネス・ヒストリー・レビュー』（*Business History Review*）が「不動産の経営史」（Business History of Real Estate）を特集した。この特集はワイスによるサーベイ論文（Weiss 1989），大火で焼失したバルチモアの復興の政治過程を分析したRosen（1989），南カリフォルニアで鉄道・電気・不動産業の統一的な経営をおこなったハンチントン（Henry E. Huntington）を分析したFriedrick（1989），不動産業者の建築制限を解明したStach（1989），カナダのビルディングソサエティーを通して不動産金融を考察したPaterson and Shearer（1989）を掲載しているが，日本に大きな影響力を持つことはなかった。

不動産業に関する歴史研究がそれほど盛んではないのは，これまで述べてきた不動産のもっている性格によるところも大きいと思われる。不動産は非常に差別化された財である。同じ面積の土地でも立地によって，その価値は異なる。建築技術の進歩によって高層建築が可能になったり，交通手段が整備されたりすれば，その価値は変わってくる。また取引にあたり，情報の非対称性が大きく，取引費用が大きい。これらの特質は，住宅やオフィスについてもほぼあてはまる。さらに外部経済性が働くので，近隣の影響を受けやすいのである。こうした性格から第一に，不動産の価格動向を把握することが困難であるという点があげられる。不動産が差別化されているために，立地などで土地・建物の価格は変化するから，不動産の価格動向を知るには，水平的に多数の地点の価格を継続的に得ることが望ましいが，このような網羅的な調査は戦前日本では，ほとんどおこなわれていない。ようやく1936年から日本勧業銀行によって，都市部の不動産価格調査がおこなわれるようになった程度である[6]。これ以前でも，『東京市統計年表』などに実際に取引のおこなわれた不動産の（賃貸）価格が報告されている例はあるが，場所が異なれば，異時点間の比較はできないし，時間が異なれば，異地点間の比較もできない。不動産業の歴史分析においては，価格という情報が十分には利用できないのである。第二に都市計画法や建築基準法が制定・変更されたり，借地権・借家権の保護の程度が変更されたりすれば，不動産の賃貸・資産市場はともに変化する。また交通機関の変化やさらに人口学的要因（人口の自然増減・社会増減，世代構成）も不動産市場に大きな影響を与える。不動産業の分析にあたっては，こうした要因を考慮に入れて，総合的におこなわねばならないのである。第三に不動産業は，兼業としてあるいは，半業的に小規模におこなわれることが多く，その実態を統一的に考察することは困難である。さらに不動産が交通手段の発展によって大きな影響を受けることから，日本においては，鉄道企業が不動産経営を重要な営業の柱に据えている（小林 1990）。また不動産が金融資産を含めた資産運

---

6) この調査は戦後に受け継がれ，1959年からは日本不動産研究所によって発表されている。現在では，地価公示価格および基準地価をはじめとする多様な地価調査が継続的に多地点でおこなわれている。

用の対象であることから，資産運用ビジネスの担い手である信託業者も，早い段階から不動産業に関わってきた（麻島 1995）。このように不動産業は，不動産業を主たる業務とする企業のほかにも，多様な主体が関わっているのであり，これらの企業の動向も考慮に入れる必要があるのである。

　本来序章では不動産業の発展を長期的に概観する必要があろうが，以上のことからこの作業は困難である。オフィスビルの床面積が長期的に把握できれば，不動産業の動向もかなり明らかになるが，オフィスビルの定義からして困難で，長期にわたって（特に戦前と戦後を通じて）把握することは不可能に近い。ここでは住宅投資に限って，その動向をGNEに対する比率として示しておこう（図序-1）。この比率は「住宅」の「建設」動向を表しており，不動産業に直接関わるものではないが，19世紀の積極的な投資，20世紀初頭の停滞と昭和恐慌から戦時期の減少，戦後の復興と1970年代以降の安定という住宅投資の動向は不動産業に大きな影響を与えていたであろう。ただしこれも全国的な動向を示すのみであり，都市と農村に分けてみた場合などでは異なることはもちろんである。また戦後においてすら，公的住宅の占める割合は大きなも

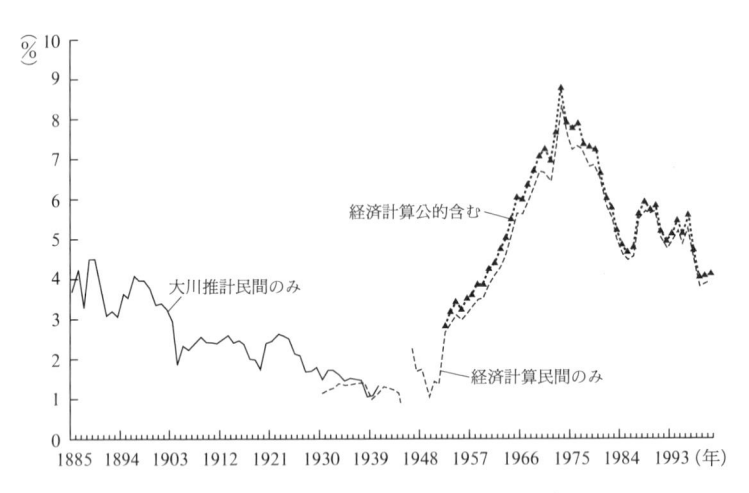

**図序-1　粗住宅投資のGNEに対する比率**

出典）大川・髙松・山本（1974），日本統計協会（1988），経済企画庁経済研究所（1993），内閣府経済社会総合研究所（2002）。

のではなく，民間が主たる供給の担い手であったことは確認されて良い。

　本書では，近年研究が進んだ不動産金融史研究（植田 1994, 1998, 2000, 2003，南條 2002 など），都市論（石塚 1991，鈴木 2004，田中 2006 など），都市計画研究（藤森 1982，石田 1987a，越沢 1991，福岡 1991，渡辺 1993 など），建築や住宅開発に関する研究（初田 1981，山口 1987，本間 1987，猪瀬 1988，日本住宅総合センター 1997, 2001，片木ほか 2000，澤内 2006，大西・齋藤・川口 2006 など），工場立地に関する研究（沼尻 2002），借地関係に関する研究（瀬川 1995），および都市法に関する研究（原田 2001a, 2001b）などの成果を取り込み，明治の初めから今日に至るまでの不動産業の展開を総合的に分析することとしたものである。そして専業の不動産企業，電鉄会社や信託会社などの大企業による不動産事業にとどまらず，生業的な不動産経営もできる限り言及することとした。また住宅・オフィス・商業施設のほかに，工業用地の供給に果たした不動産業者の役割についても考察の対象とする。本書の構成は以下のとおりである。

　第1章は，江戸時代の不動産経営について簡単に概観したあと，明治維新から第一次世界大戦までの資本主義の勃興期における不動産業の展開を明らかにする。工業化の開始に対し，住宅やオフィスがいかに供給されたのかが主題となる。

　第2章は，第一次世界大戦の勃発から日中戦争が開始され，統制経済に入るまでの時期の不動産業を考察する。郊外での住宅建設・関東大震災の影響もあって急速に建設された貸ビル・京浜での工業地帯の造成などが主要なテーマとなる。

　第3章は日中戦争の勃発から統制経済が解除される1951年頃までを対象とする。不動産価格が資産・賃貸ともに強度に統制されるなかでの不動産業の状況を明らかにする。都市化・工業化の進展と不動産価格の統制，さらには戦争による不動産ストックの喪失で，不動産をめぐるビジネスがいかなる展開を遂げたのか，が中心的な論点となるのであり，農地転用の問題や金融統制による不動産をめぐる独自の金融方式の生成も取り上げられる。

　第4章は高度成長期の不動産業の発達を分析する。経済成長のなか都市周辺

農村の宅地への転換，市街地におけるビル・住宅の建設，工業地帯の造成を担った多様な主体についても記述する。

　最後の第5章は，オイルショックから今日までの不動産業の動態を，いわゆるバブルの発生と崩壊に関わらしめて分析する。また各章において，各時代の不動産をめぐる法的枠組み，金融制度についても記述している。

（粕谷　誠）

# 第1章　資本主義の形成と不動産業
：江戸期／1867-1913

## 1. 江戸時代の不動産経営

　江戸時代の不動産経営について，明治以降の前史として，簡単に述べておくこととする。まず土地所有をめぐる法制度であるが，農地と都市の土地では体系が異なっていた。農地については，武士が城下町に集住していたため，検地帳に記載された農民が事実上の「土地所有者」となっていた[1]。これを前提に，江戸幕府が1643年に田畑永代売買禁令を発し，この法令が1872年に解除されるまで維持されたため，田畑の売買を合法的におこなうことはできなかった。この法令は幕領にのみ適用されたが，諸藩でも類似の法令を持つところが多かった（ただし永代売買を許可した藩もある）（大塚 2002，水林 2005）。都市の土地については，武家地・寺社地・町人地に分かれており，江戸では武家地・寺社地の面積も多く，武家の拝領地でも「相対替」という手段によって事実上の「売買」がなされ，また他人に拝領屋敷を貸しているものが多いなど（宮崎 1989），興味深い点もあるが，ここでは町人地に限定する。町人地には基本的に沽券が発行され，土地所有を証明した[2]。沽券のある土地の売買は身分の異なる土地でなければ自由であった（農民も屋敷改の許可を得れば，都市の町人地を所有できた）。土地を売買するには，土地の所在・寸法・代金とともに売却した旨を記した書類に，売主・五人組・名主が署名・捺印して代金と引き換えに買主に交付する。この書類が沽券である。売主の所有していた旧沽券は消印される。江戸では名主の家屋で取引がおこなわれ，名主はこの売買を台帳であ

---

1) 江戸時代の農地の「土地所有」については諸説あるが，ここでは立ち入らない。
2) 領主が強制的に土地を没収できる点などを強調し，所有を認めない考え方もある。

る水帳に記入する[3]。売買がおこなわれると，買主は土地が所在する町内へ弘めをおこない，名主や五人組への謝礼や地主への分一銀を支払う。これは登記料とも解釈できるし，土地の移動があったことを町内に公告し，のちに不正売買がおこなわれないようにしているとも解釈できる。その利益を受けるのは買主なので，買主が費用を負担するのであろう。土地への租税である地子は免除される都市が多いが，江戸ではさまざまな労務の提供が転化した公役・国役銀や名主役料・町の自治組織である自身番の書役の給与・夜回りの人足賃などにあてられる町入用を土地所有者は負担した。

　次に土地担保金融について考察する。農地・都市地ともに質入により金融を受けることは広く一般におこなわれた。農地を質に入れる場合は，質地の所在・品等・面積，年季，債務金額，年貢などの負担の帰属，質入人・村役人の署名・印などを記した質入証書を質取人に交付するとともに，村役人は村の帳簿にこの事実を記録した（小早川 1979）。質権の登記がおこなわれていたのである。契約期間内に請戻されない場合は，質取人に流地することになり，江戸時代においても農地は質地によって所有者を変えていった[4]。ただし年貢が村請けされていたこともあり，村外の者が土地所有を大規模におこなうことはあまりみられなかった。都市の土地も町役人のもとでの登記機能を利用して，質入がおこなわれていたが，江戸と大坂でその方法に違いがあった（小早川 1979，石井 1982）。大坂では1720年以降は，質地の所在，年季，利子，期限に返済がなければ帳切りする（所有権を移転する）旨の文言などを含んだ質入人・五人組・年寄（町役人）の署名・捺印する家質証文を質取人に交付し，年寄が家質割印帳にこれを記載することで，質入がおこなわれていた。これに対して江戸では，1842年以前は，質入人が所有する土地建物の売渡証文と自らがその土地建物の家守（地代家賃を取り立て，その管理に当たる）となる家守請

---

3) 土地の売却に際しては，火災の危険や騒音の恐れのある者や芸能民などへの売却が町によって規制されていた。ただし共同体的規制は急速に弱体化していったという（岩淵 2002）。

4) 10年を超える質地契約は無効とされた。質入証書に流地文言がないと年季明け後10年は請戻しが可能で，最長20年は流地されないケースがありえた（水林 2005）。

状を質取人に交付し，当該土地の沽券を名主に預けていた。この家守請状では，家守は地代家賃を取り立て，公課を負担し，火災で建物が焼失しようとも，毎月利子に相当する金額を質取人に宿賃として納めることを約束することになり[5]，家守が借家経営のリスクをすべて負っている形となるが，現実にはここで家守となっている人物が所有者であり，借用金の金利を（形式上）所有者となった質取人に宿賃として支払っているだけである。ところがこうした方法では，売渡証文（質流れとなれば新しい沽券となる）が交付され，沽券が名主に預けられるなど，不正行為を誘発しやすかったので，1842年に大坂とほぼ同じ形式に改められた（家質証文と封印した沽券状を質取人に交付し，質取人からは沽券の預かり状を質入人に交付）[6]。この方式では家守請状は作成されない。質権を設定した債権は，質物からの優先弁済を受けられたので，江戸時代に家質貸しは非常に広く普及しており，大坂の商家の15%が家質に入っていたとする見解もある（鹿野 2000）。

　以上の通り都市においては，土地の永代売買が可能で，町役人による登記が行われ，不正売買の余地は限られたものとなっており，土地の金融制度も整っていたことから，土地は盛んに売買されていた。18世紀の半ばには江戸において，地価の見積もり調査が大規模に実施されたが，その価格は周辺部より中心部が高く，角地がより高いというように，今日の感覚からみても合理的な価格形成がおこなわれていた。この格差は18世紀の前半に広がっており，店前売りが発生し中心部の特に角地の利用価値が上昇したためだといわれている（玉井 1977）。土地を売却する際に，土地所有者が保有する当該土地上の建物も同時に売買されることが一般的であったが，借地上の建物が独自に売買され，質に入れられることも（とくに江戸では）あった。建物のみの売買の場合

---

5) 東京市日本橋区役所（1916）87頁所収の「家守受状之事」という家守請状は，このタイプの請状であると思われる。宿賃としているのは，金利とすると質入ではなく，書入となるという幕府の解釈があったためである。書入では債権の保護が十分ではなかった。大坂は町奉行が金利としても質入と認める書式を発していた。
6) 1729年以前の江戸では，1720年以降の大坂の家質証文による方式もおこなわれていた。また1720年以前の大坂では，1729年から1842年までの江戸とほぼ同じ形式が用いられていた。

は，道具屋が関与しており，動産としての扱いに近いところがあった（鈴木禄 1984）。大規模な火災が頻発し，火災保険がないという状況では，建物取引はリスクの高いものであった。1804年の江戸町会所の見積もりによれば，貸地で50両の純収益がある場合の沽券金高が1,000両であったのに対し（沽券は実質的に土地のみを表象する，建物は借地人の所有），すべて貸家で50両の純収益がある場合の沽券金高は600両であり（沽券は土地と建物を表象する，貸地なし），単純に計算して貸地の利回りが5%であったのに，貸家の利回りは8.3%となるから，火災が起こった場合に，建物を再建しなければならないリスクが価格に織り込まれていたといえる（吉田 1991）[7]。ただし江戸町会所の担保の掛目は両者ともに3分の2（66%）であった。

　江戸の土地は，江戸の町人や武家のみならず，周辺の豪商農も盛んに購入していた。どのような土地が売りに出されているのか，という情報が伝わらないと，円滑な土地取引はおこなえないが，土地取引においては，口入業者が存在していたことが指摘されている（石井 1989，岩淵 1996）。口入業者は仲間組織を通じて物件情報を流通させており，物件の形状，収益，代金を記した売主の書類を備えていた。不動産仲介業者の店頭を髣髴とさせる状況である。口入業者には手数料が支払われたが，手数料率や売主・買主のいずれが支払うのかについて，明確なルールは存在していなかったようである。また家質貸しの質流れを通じても土地が移動していたが，両替業者でない商人や近郊農村の豪農までも江戸で家質貸しをおこなっており（その質流れの結果土地を取得しており）（渡辺 1982），やはり口入業者が介在していた。口入業者の介在は広くおこなわれていたようであり，1748年には江戸で「家質貸借家屋敷売買口入所」が

---

7) 借地上に建物を建て，他人に賃貸するという貸家業はほとんど存在していなかったといわれるが，吉田（1991）では町会所から土地を借り受け，借家を建設して賃貸した徳八の例が紹介されている。また借地上の建物を他人に譲渡する場合は，地主の協力が必要であったが，建物とともに借地権が移転することもあったという（鈴木禄 1984）。この程度の権利の保護がなければ，借地上に自ら使用するものといえども建物を建設する者はいなかったであろう。竹内（1976）は，江戸の豪商仙波家が土地を売却する際，その土地の借地人を地代滞納などがない限り，立ち退きさせないことを条件としていたことを紹介している。

計画されていた（北島 1984）。土地購入者は湯屋株・髪結床株や家質貸しも投資の対象にしており[8]，都市の土地購入は農村の土地所有や商業投資を含めて検討した上での投資であった。江戸時代の商人には，商業で蓄積した富を土地経営に投資し，十分な収益を得られるようになった段階で商業経営から手を引いて，仕舞屋となることを理想とする気風もあったから（片倉 2004），国債や両替商の利付き預金が存在しないという状況のなかで，都市の土地投資は，家質貸しとともに，権利の保護がかなり強く，安定的な収益をもたらす「安全資産」とみなされていたのであろう（都市の土地は売却・担保金融も可能で流動性も一定程度存在した）。商家の家訓では土地投資にあたってリスクの低い角地の地貸しが推奨されている例もあった。また土地は営業上の担保に供されることも多く（三井家の為替御用の担保として幕府に沽券が差し入れられていた例は有名），営業上必要な資産であることも多かった。

　土地経営は土地を貸す場合と建物を建築し借家経営をおこなう場合があったが，表通り沿いは比較的富裕な商人に比較的大区画の土地を貸し，狭い路地の先にある奥の土地には商店が立地できないので小規模な住居を建てて，比較的低所得者向けに借家経営をおこなうのが一般的だった[9]。角地は地代が高い上に，奥まった土地がなく多くの土地を貸すことができたので，リスクが低かったわけである。地主は町のさまざまな負担（町触れを居住人に伝える，月行事として自身番屋につめる，訴願の加印，火の番・町火消し人足への付き添いなど）を負う義務があるが，他町所在の地主は自ら負担することもできないので，家守をおいて，地代家賃の徴収とともに，こうした業務を遂行させた。江戸では町名主が居付地主（所有地上に居住する地主，一部を地貸したり，建物を賃貸したりすることもおこなっていた）にも家守を置くように要請していたようであり，

---

8）湯屋や髪結床には参入規制があり，営業免許（株）の譲渡が認められていたので，株が流通した。実際に湯屋や髪結床を経営する者は株保有者から株を借り受け，営業収益から借用料（揚銭）を支払った。こうした湯屋株・髪結床株の取引にも土地の口入業者が介在した。営業権といっても，湯屋株は湯屋の建物の所有を前提としており，不動産との関連が強かったためであろう。また湯屋株は土地と比較して収益の算定が困難で，不確実性が高かったという。

9）近世の町割が間口が狭く，奥行きが長い地形であったためである。

すべての土地に家守がいる町も存在した（岩淵 1993）。巨大な商家がそのすべてを自分の店舗としている土地（すなわち地代・家賃の徴収の必要がない土地）にも家守が置かれていたが（吉田 1990, 岩淵 1993），これは月行事などの町の義務を確実に遂行させるためであった。こうした土地の家守には，商家の別家が就任するケースもあった（岩淵 1993）。家守が広く普及すると，自ら家賃を徴収し町の義務を負担する居付地主が直家守とよばれることもあった（石井 1982, 吉田 1992）。

家守は町の義務を遂行することを別とすれば，地代・家賃を徴収するのが主要な職務であるが，不在地主が自ら借家人の選定まで関与していたとは考えにくく，借家人の選定も家守が事実上おこなっていたのであろう。ただし家守が地代・家賃の納入を保証すること（一括借上げ）はなく，空地・空室や徴収漏れは地主の負担となった。また借家人の身元を保証する専業の借家請人が存在しており，借家を斡旋する口入業者の役割も果たしていた（塚本 1990）[10]。家守は地代・家賃から定額の家守給を差し引きして，地主に納入するほか，江戸では下肥となる糞尿代も所得となった（大坂では家主の所得）。家守給も江戸のほうが高く，家守の所得は江戸のほうが高かったため，大坂には専業の家守が存在しなかったが，江戸には存在した。これは江戸のほうが不在地主の比率が高く，家守の需要が高かったためとされている（西坂 1990）。

江戸では家守株が存在したということは広く合意されている（大坂は存在しない）。文字通り物権化された株と解釈すると，地主はみずからの不動産を管理する代理人をみずから選任できない，ということになる（退任する家守から株を取得した人物が新しい家守となり，地主はそれを否認できない）。塚田（1992）は，家守が敷金を地主に預けることで，家守株は物権化したと理解したが，岩淵（1993）は，地主の意向で家守が交代している事例を紹介した（敷金を預けると物権化するというロジックも明確ではない）。家守株は地主との関係において（地主から地代・家賃徴収手数料として取得する家守給をもとにして），物権化し得ないはずなのである。とすれば物権化していたものが何か存在しなければなら

---

[10] 借家人の斡旋をおこなう口入業者と土地取引の口入業者との関連も明らかではない。

ないはずであるが、それは岩淵（1993）が示唆するとおり、糞尿代だったと考えられる[11]。大坂では糞尿代が地主の所得となったのに対し、江戸では家守の所得となっており、家守株の存在・非存在と整合的である。糞尿代の帰属先が江戸と大坂で異なる理由は明らかではないが、大坂では1620年代から町民の屎尿が肥料として農村に販売され、1650年代には市中の糞尿の汲取専業者である急掃除人が現れ、仲間を結成するなど、都市形成とほぼ同時に糞尿が商品化したため（新修大阪市史編纂委員会 1990）、糞尿代を地主の所得とする慣行が形成されたのに対し、江戸では下肥の掃除代銭の成立が1710年代、掃除権の糶取の開始が1740年代と都市形成に遅れ（岩淵 1993）、新しく商品となった糞尿の代金が家守契約に規定されていなかったため、家守の「余得」となり固定した可能性がある。そしてこの糞尿代収入が家守という職務に固定したものと認識されたのではなく、家守を勤めている個人に帰着するものと認識され、家守が交代したとすると、糞尿代を糞尿が排出される住居と関係のなくなった個人（元家守）が徴収せねばならないことになり、それは強制が困難であるから、新しく家守となる人間に糞尿代の収入「権」を買い取らせる、ということがおこなわれるようになったと推測できる。この場合、家守株は糞尿代をもとに前の家守との関係において成立し、地主はなんら関知することがない。地主側の人間が家守株について考慮をめぐらすことなく、家守を交代させようと考えることが可能であったのは（岩淵 1993）、こうした理由からだったのではないであろうか[12]。家守株をこのように理解すると、地主との関係において新しい家守は就任しうるのであるから、家守株の買い取りを新家守に強

---

11) 岩淵（1993）が紹介する家守株の売買では、(1)「家主市郎兵衛退役跡敷金家作とも金百五拾両」（家主とは家守をさす）、(2)「家主伊三郎退役跡敷金家作共金八拾両」、(3)「家主松兵衛退役跡地面并家守家作共金四百両」、(4)「家主弥兵衛退役跡金八拾両」がみられる。このうち(1)から(3)は敷金・家作・地面も同時に売買され、株の存在は明らかではないが、(4)はこれらをまったくともなわず、「跡」のみを80両で売買している。そして(1)から(3)にも「跡」という用語が用いられており、これが家守株にあたるものと解釈される。
12) 岩淵（1993）は地主が家守を交代させることができたのは、地主が家守株を保有していたからだと理解しているが、家守株を保有しない家守を認めると、株の意味がなくなる。

制する仕組みが存在していたはずであるが，家守同士の仲間的結合による強制であったと理解するほかはない（塚田 1992，岩淵 1993）。そしてこの強制が確実であれば，家守株の価格は家守給などを織り込んだものとなっていくであろう[13]。

　地主は家守を退任させることができるが，家守株を買い取ることを同意した者しか新家守に選任できず，逆に家守も家守株を誰にでも売却できたわけではなく，地主の同意が必要だったということになる。そして月行事などの業務を共同して担当したりする共同性があり，かつ地元の情報量については家守が圧倒的に優位であったから，現実には地主が家守を選任し，交代させることは容易なことではなかった。地主の交代の際に，これまでの家守をそのまま家守として契約する「順役」の慣行は広くおこなわれており，家守契約には不正があった場合には家守を交代させられることが明記されていたにもかかわらず，実際に交代させようとすると，同町の家守さらには町名主が，さまざまな圧力をかけて，契約を継続させるよう仕向けていた（岩淵 1993）。家守の仲間的結合による身分保証が機能していたと同時に，名主も町政の主たる担い手が家守である以上，家守の反発はできる限り回避したかったのであろう。地主は地代の徴収率で家守の労働を測定可能であったが，空地・空室率は近隣のデータを集めない限りその高低を判断しえず，常に賃料を引き上げるよう努力し，より良好な賃借人を選定しようと努力していたか，などは測定が困難であった。地主の支払う家守給が定額だったため，家守は高い賃貸料を得ようと努力するインセンティブが薄く，地主が家守の勤労を高める手段は極めて限られていた。解任も制約されており，地主の取引統治はあまり良好とはいえなかった。しかも幕府は治安対策から地代・家賃に対して抑制的で，とくに 1842 年の地代店賃引下げ令以降，三井家の不動産経営はインフレ的状況のなか，ほとんど地

---

13) このメカニズムが機能すると，土地経営の収益の増加は，地代・店賃の増加は沽券価格の上昇に，地代からの取り分である家守給と糞尿代の上昇は家守株価格の上昇に吸収されることになると考えられる。家守株がない限り，家守の職務が遂行できないとなると，家守株の「貸与」を受ける必要がある。実際にある個人が家守株を多数集積し，実際の家守の業務を下家守として自らの代理人におこなわせることも稀ではなかった（岩淵 1993）。

代・家賃を引き上げることができず,収益力が低下していた(吉田 1991)。三井家をはじめとする大商家は,「家守栄えて,地主滅ぶ」とでもいうべき状況に直面していたのである。

　最後に開発業について簡単に触れておく。大坂が開発された際には,堀を建設し,土地を造成し,町単位で売却した請負業者が存在した。そして町単位で買収した者は町年寄となり,土地を小区画に分割して売却していった(内田1990)。また町人請負による新田開発なども大規模な土地開発の例として考えることができよう。1704年の大和川付替による大規模な新田開発は有名である。大坂の両替商鴻池家もこのとき鴻池新田を開発している。木造家屋しか存在せず,町割の規制が存在するという状況では,都市の再開発には限界があったが,三井家などの大商家は周辺の土地を買収して巨大な店舗を建設していった。

(粕谷　誠)

## 2. 都市形成と不動産業──東京と大阪を中心に

### 1) 不動産所有権の確定と不動産法制の整備[14]

　江戸時代には土地の所有権がほぼ成立しつつあったが,それがすべての土地にいきわたっていたわけではなく,権利が複雑に入り組んでいた場合もあり,明治政府は近代的な土地所有を確立する必要があった。1872年には土地の永代売買禁令が解除され,身分にかかわらず土地を所有することが認められ,さらに秩禄処分・地租改正をへて,土地所有者が確定されていった。また町役人・村役人のもとでかなり高度に機能していた土地担保や登記に関する制度も,近代的な制度へと早くから整備されていった。1873年には「地所質入書入規則」が制定され,土地の質入(質権)と書入(抵当権)が,戸長役場における帳簿によって公証されるようになり,さらに1875年には「建物書入質規則並ニ建

---

[14] 本項の記述は,とくに断らない限り,旗手(1981),渡辺・五味(2002),稲本・小柳・周藤(2004),水林(2005)による。

物売買譲渡規則」によって，建物の売買・担保権の設定の公証がおこなわれるようになった。さらに 1880 年には「土地売買譲渡規則」が制定され，戸長役場に備えられた帳簿に，土地の売買を記載し，所有権の公証とすることが定められた（地券は所有権の証拠としての機能を喪失）[15]。1886 年の登記法では，土地登記簿と建物登記簿が別個の冊子とされることが明示されたが，この土地と建物の分離は，1898 年施行の民法に引き継がれる。

　不動産は所有者自身が利用する場合と賃借される場合とがあるが，1872 年にはこれまで種々の規制が設けられていた地代・家賃を自由に定めうることが布告された（森田 2001）。賃借に関する法制度の整備も不動産業の発展にとって極めて重要であるが，1898 年施行の民法がその最初の法律であり，担保制度と比較して遅い制定であった。ただし民法施行前においては，判例によって借地期限のあるものは，その期間中の権利が，期限のないものは建物所有の目的が続くまでの権利が認められていた（森田 2007）。民法では，借地上に建物を建築する場合に，地上権と賃借権の 2 つを用意していたが，賃貸借の最長期限を 20 年と定めていたことや賃借権の譲渡・転貸には地主の同意が必要であったことから，地主にとってより有利な賃借権で借地がおこなわれるのが一般的であった。借地上に賃借権で建物を建築する場合には，賃借期間が 20 年に限られるという問題のほかに，賃借権の登記は賃貸人（地主）の協力が必要であり，賃借権が登記されない限り第三者対抗力がないという問題が存在した。この結果，借地人が地代の引き上げに応じないような場合には，底地をいったん売却し，新しい地主が借地人に土地の明け渡しを要求するという「地震売買」が目立つようになった[16]。そこで 1909 年に「建物保護法」が制定され，借地上に建物がある場合は，土地賃借権の登記がなくても，建物の登記があれば借地権を土地の買主に対抗できるようになった。

---

[15] 1889 年の「土地台帳規則」では，台帳により地租を課税することと定められ，地券のもっていた地租納税義務者の表示としての役割も失われ，地券は廃止された。

[16] 1900 年に「地上権ニ関スル法律」が制定され，同法施行以前の借地は地上権によるものと推定されることになったが，登記されていない地上権は第三者対抗力を持たず，地震売買は「有効」であった（鈴木禄 1984）。

何らかの理由で，市場で決定される賃貸価格より安い価格で借地する権利が存在したとすれば，その権利に対し対価を支払うという行為がおこなわれるようになるであろう。東京では1921年の借地法制定によって借地人の権利が大幅に強化される前から，借地する権利の価格が発生していた。これは継続地代の値上げが困難な状況下，新規の借地にあたり，周囲の同一地主の貸地との釣り合いから，高い借地料を徴収する替わりに，既存の借地料と釣り合った借地料の徴収にとどめ，市場価格との差を契約一時金の形で徴収したものであるという（瀬川 1995）。これは借地の権利にかかわる対価の支払いであるが，借地人が第三者に借地権を売却しているわけではないという意味で，今日の借地権とは意味が異なる。むしろそれは借地人の権利の保護が十分ではなかったことに起因しているといえよう。

　公共の用に供する目的で，私人の土地を収用するための法規としては，「公用土地買上規則」(1875)，「土地収用法」(1889)，および新たな「土地収用法」(1900) が制定された。1889年法で鉄道会社に，1900年法ではさらに電力会社などに，土地の収用が認められた。また1899年には，「耕地整理法」が定められた（1909年には新たな「耕地整理法」が制定）。本来農業利用のために制定された本法は，宅地開発目的にも利用された。都市計画に関する法制としては，1888年の「東京市区改正条例」があげられるが，この条例は都市計画を内務省の管轄と定めており，中央の統制の強いものであった。地租割などの特別財源をもって，年間30-50万円を投じて，都市計画を実施するものとされたが，財源不足から1903年に改正設計がおこなわれ，規模が縮小された上で，1914年に事業は完了した。事業の中心は，上水道や道路の整備であった（藤森 1982，石塚 1991）。

## 2）都市の成長と土地所有

　明治維新によって，武士層が地方に戻ったことから，東京は一時衰退した（小木 1979）。しかし新たな政府が活動しはじめ，さらに経済が安定してくると，人口は次第に増加していく。東京15区の人口は，15区が成立した1878年には81万人であったが，1888年に130万人，1898年に143万人，1908年

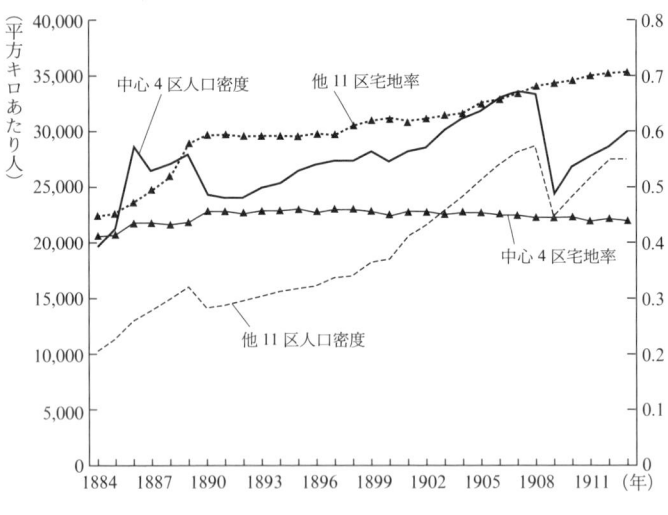

図1-2-1　東京の人口密度と宅地率

出典）東京府（1883–1913）。

には217万人に増加していく。しかし翌年に入寄留人員の整理をおこなった結果，統計上162万人に減少した。しかしその後の増加は早く，1913年には，203万人に回復している。大阪にはこのような特殊事情は存在しなかったが，やはり人口が明確に増加しはじめるのは，1880年代に入ってからのことであった。1878年に28万人であった人口は，1888年には44万人となり，1896年には50万人に達している。翌1897年には，市域拡張がおこなわれ，人口は76万人となり，1907年には117万人にまで増加し，1913年には139万人となった（大阪市 1935）。

　こうした人口増加は，当然ながら東京・大阪の内部で一様に発生したわけではない。東京について，麹町・神田・日本橋・京橋の各区（以下，中心4区とする）とそれ以外の11区（以下，他11区とする）に分けて，人口密度の推移を宅地率（宅地の総面積に占める比率）の推移とともにみたのが，図1-2-1である。当初は中心部の人口密度は周辺部の2倍近くもあったが，周辺部の人口の増加が著しく，他11区の人口密度は，中心4区よりも速いペースで上昇した。この結果1913年には，両者の人口密度の差は，10％程度にまで縮小して

いる。最も人口増加が著しかったのは小石川区で，1884年から1913年にかけて人口は4.2倍となっており，牛込区の3.7倍，深川区の3.5倍が続いていた。これに対して麴町区の人口は，1.2倍にしかなっていない。すでに中心4区では，松方デフレの最中に，人口の増加余地はあまりなく，周辺部が増加する人口を吸収したのであった。ただし中心4区と他11区で人口密度にあまり差がなくなったといっても，麴町区は皇居・官庁街・オフィスビル街が存在するため，総面積あたりの人口密度は極端に低くなる。1913年の人口密度は，麴町区が平方キロあたり7,139人であったのに対し，神田区54,558人，日本橋区49,339人，京橋区46,181人であった。他11区は，赤坂区が麴町区とやや似た状況にあり，14,442人と少ないほかは，平方キロあたり2万人台であり，3万人を超えていたのは，浅草区46,345人，下谷区39,528人，本所区33,153人だけであった。下町と山の手では，人口密度に大きな格差が存在していたのであり，これは両者の居住のあり方の差を反映していたのである[17]。

　都市の発展にともない，田畑が宅地に転換され，工業や商業，さらには住居のためのスペースが増加していった。図1-2-1により宅地率をみてみると，麴町区の特殊な事情から，中心4区の宅地率は，明治中期から他11区より低かった。さらに中心4区では，開発余地がないため，その後も宅地率がほとんど上昇しなかったのに対し，他11区は宅地率が上昇していった。他11区の宅地率は，同じペースで上昇したわけではなく，1885年から1889年にかけての急上昇と，1903年から1911年までのなだらかであるが継続的な上昇という2つの上昇期をともなっていた。最初の上昇期は，松方デフレが終息し，景気が上昇していった時期にあたり，住居のみならず工業・商業の用地が急増していったものと思われる。日清戦争後のブーム期に宅地率がほとんど変化していないのはやや意外であるが，第二の上昇期は，土地価格が上昇していった時期に相当している。「宅地」開発は，ブームをともなっておこなわれたのである。

　大阪について，東京と同様に人口密度と宅地率を示したのが，図1-2-2およ

---

[17] 東京では土地の高低によっても土地のグレードが変化しており，平面上の位置だけでは判断できない。

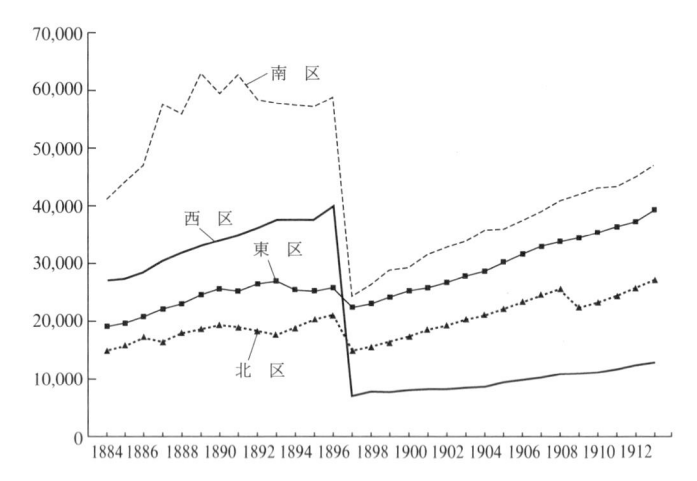

28 ──第1章 資本主義の形成と不動産業

**図 1-2-2 大阪各区の人口密度**

出典）大阪府（1884-1912）。

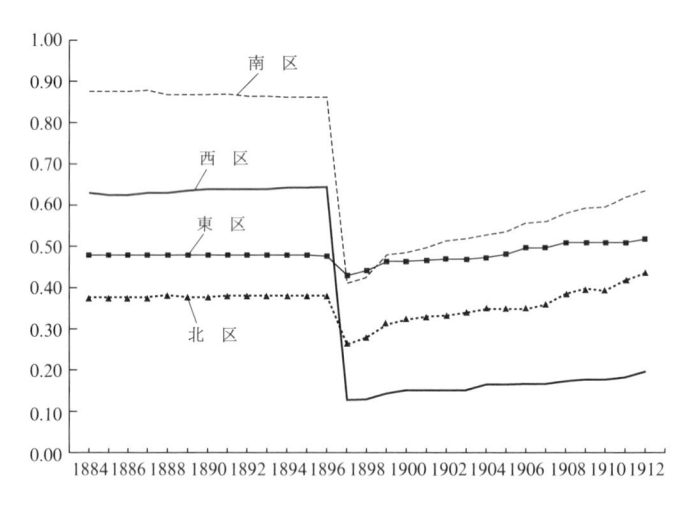

**図 1-2-3 大阪各区の宅地率**

出典）大阪府（1884-1912）。

び図 1-2-3 である。1897 年に市域拡張がおこなわれたが，新しい区は設置されず，東・西・南・北区がそれぞれ区域を広げた。この拡張により各区の面積が何倍になったかを示すと，西区 7.1 倍，南区 4.0 倍，北区 2.6 倍，東区 1.5 倍であり，この拡張の大きさの違いが，1897 年における人口密度と宅地率の下落の大きさを規定していた。市域拡張前においては，各区とも宅地率がほとんど増加しないまま人口が増加していた。とくに南区は 1889 年までに急速に人口が増加し，以後停滞している。市域拡張以降も南区の人口密度の上昇が最も著しく，また宅地率の上昇も最も著しかった。人口密度の上昇は，南区に次いで北区・東区が，また宅地率の上昇は南区に次いで北区が著しかったが，工場労働者や雑業に従事するものが多かったようである。大阪では西方に工場が立地することになったため，明治末期に箕面有馬電気軌道および南海鉄道が，大阪市の北（池田）と南（天下茶屋）に住宅地を開発していくことになったものと考えられる。

都市の土地の所有状況はいかなるものであっただろうか。都市における武家地は，旧大名が私邸 1 ヶ所の所有を認められたほかは，上地された。また幕臣などの土地もほぼ同様の処分がおこなわれた。そして上地された土地のうち，官庁の用地などとして政府が所有し続けたもののほかは，払い下げられていった。新政府の官史や旧来武家地を借地していた旧町人には，比較的低価で払い下げられた（東京都 1965）。こうして東京では新たな土地所有者が創出されたのである。これに対して大阪では，武家地の比率が東京よりはるかに小さかったので，武家地処理の影響は，より小さかった。東京の地主数は，1878 年が 16,757 人，1888 年が 21,691 人とされているが，1878 年の調査には，東京 15 区のうち 197 ヶ町が不足しており，地主数は 1888 年のそれより多かったとされている（野口 1987）。この間地主数は，2 万人強であったといえるだろう[18]。1905 年の東京市の土地所有者数もおよそ 2 万人強であり，以後 1915 年頃までこの数字はほぼ横ばいで推移する（加藤 1988）。そして 1906 年および 1912 年

---

[18] 長谷川（1988a）は，改正地券発行後の土地所有者数を 3 万 5,000 人から 4 万人と推定している。推計の根拠は示されていないが，1878 年の人数と比較して，過大ではないかと思われる。

の土地所有者のリストによれば（水本・大滝 1962, 粕谷 2002），三菱・三井などの財閥，浅野・徳川などの旧大名，峰島・堀越・渡辺などの商人（峰島は質屋）などからなっていた。このうち邸宅を引き継いだ旧大名や丸の内の払下げを受けた三菱は大面積の少数区画の土地を保有していたのに対し，三井や峰島などは，徐々に土地を集積していったため，小面積の土地を多数区画保有していた（小林 1981, 鈴木博 1984）。

　東京市の地主数は極めて安定していたが，土地所有者が変化しなかったということを意味しない。1878 年から 1888 年の間においても，中心 4 区の地主数は 932 人減少して，土地集積が進行していた一方，他 11 区では地主数が 3,276 人増加していた。ところが 1901 年から 1913 年の間においては，中心 4 区で民有地所有者が 176 名増加する一方，他 11 区では 1,344 名減少しており（東京市役所 1901-1913），この傾向は逆転している。所有者にかなりの変動があったことが予想される。このことを大土地所有者に即して，簡単に確認しておこう。東京第 1 位の地主の岩崎家が，1890 年に 128 万円で丸の内と神田三崎町の土地 10 万坪余りの払下げを受けたことは有名である。しかしこの事例は，政府から一括して広大な土地を購入したものであり，土地集積の一般的な傾向を表すものとは言い難い。1912 年において 13 万坪の土地を保有する東京で第 3 位の大地主峰島家（峰島喜代・峰島こうの合計）の事例は，商人（質屋）の最もドラスティックな土地集積を示していると考えられる。というのも峰島家は，1878 年には 15 区いずれの区においても，1,000 坪以上の大地主として登場しないからである（野口 1987）。峰島家は明治 10 年代以降，没落旗本・御家人の市街宅地を集積していったとされているが（渋谷 1989），1912 年現在の所有地の集積は，わずか 30 年ほどの間に，小区画の土地を多数購入することで，実現されたものなのである[19]。

　大阪市の 1904 年の土地所有者数は，25,000 人ほどであり，東京とほとんど

---

19) 麻布谷町の旧武家の所有地が，華族の黒田長成や西条軍之助・手塚長三郎・田中愛といった町人地主によって集積されていったことについては，長谷川 (1988b) を参照。また三菱の土地集積については，旗手 (2005)，三井の土地集積については，粕谷 (2002) を参照。

第2節　都市形成と不動産業　　31

表 1-2-1　東京（1912年）と大阪（1911年）の宅地所有の比較

| 所有規模 | 所有者数 | | | | 総所有面積 | | | |
|---|---|---|---|---|---|---|---|---|
| | 東京（人） | 比率（%） | 大阪（人） | 比率（%） | 東京（千坪） | 比率（%） | 大阪（千坪） | 比率（%） |
| 1万坪以上 | 162 | 0.7 | 22 | 0.1 | 3,862 | 29.5 | 532 | 12.0 |
| 5千-1万坪 | 266 | 1.2 | 51 | 0.3 | 1,793 | 13.7 | 359 | 8.1 |
| 1千-5千坪 | 1,599 | 7.1 | 833 | 4.2 | 3,324 | 25.4 | 359 | 8.1 |
| 1千坪未満 | 20,408 | 91.0 | 18,788 | 95.4 | 4,112 | 31.4 | 3,170 | 71.7 |
| 総計 | 22,435 | 100.0 | 19,694 | 100.0 | 13,091 | 100.0 | 4,421 | 100.0 |

出典）小林（1981）および稲津（1911）。
注）東京は接続郡部を含む集計で、大阪は大阪市内のみの集計。

同じであるが，人口に対する比率は，2％強であり，1％強の東京より高く，土地所有が少数者に集中する傾向はより少ないともいえるが，郊外地域を市域にもてば，そこでは借地・借家人の比率は小さくなると考えられ，東京と大阪の単純な比較に意味はない。大阪については，地主名簿が東京ほどないため，分析が困難であるが，稲津（1911）が大阪市と接続郡部について，土地所有の一覧表を提供している。大阪中心部について，瀬川（1995）や名武（2004）が集計をおこなっており，住友家や大阪商人が大土地所有者であったこと，集積の程度は東京よりも小さいこと（土地所有が分散していること）が，明らかにされている。ここでは集計の範囲を大阪全市に広げて，東京と宅地所有の状況について比較した（表1-2-1）[20]。東京は接続郡部が集計範囲に含まれ，大阪では含まれないので，比較は慎重である必要があるが，大阪のほうが大宅地所有者への集中が弱いことは明らかである[21]。この原因を探るために，大宅地所有者のリストを作成した（表1-2-2）。第1位は住友家であるが，所有面積が10

---

[20] こうした集計をおこなう場合は，同姓同名が同一人物とみなされてしまうという問題があるが，やむを得ないものとした。また稲津（1911）には，少なからざる誤植があるようであり，例えば，「住友吉左衛門」，「住友吉佐衛門」，「住友吉右衛門」という表記が混在している。同書には住所（町名，丁目まであることも）の表記もあり，住友の例のように，似た名前で，住所が一致すると考えられるもの（原則として，丁目まで一致，丁目のない町は町名）および原則として同一丁目（丁目の記述のない場合は，同一町）に土地を保有している場合は，名前を統一した。
[21] 大阪では一族名義への名寄せもおこなわれていない。

表 1-2-2　大阪の宅地大地主

| 順位 | 姓　名 | 面積合計(坪) | 備　考 | 姓　名 | 地価合計(円) | 備　考 |
|---|---|---|---|---|---|---|
| 1 | 住友吉左衛門 | 95,321 | 住友財閥 | 住友吉左衛門 | 551,458 | 住友財閥 |
| 2 | 松井重太郎 | 44,509 | 素封家 | 大阪市 | 193,614 | |
| 3 | 大阪紡績㈱ | 36,143 | | 三菱合資会社 | 179,002 | 三菱財閥 |
| 4 | 大阪運河㈱ | 32,373 | | 木原忠兵衛 | 145,684 | 資産家 |
| 5 | 三菱合資会社 | 27,927 | 三菱財閥 | 原弥兵衛 | 142,105 | 舶来織物商 |
| 6 | 和田あい | 27,246 | 大地主 | 竹原友三郎 | 129,440 | 株式仲買 |
| 7 | 大阪アルカリ㈱ | 25,255 | | 鴻池善右衛門 | 127,418 | 鴻池財閥 |
| 8 | 於勢真十郎 | 25,191 | 燐寸軸木商 | ㈱三井銀行[3] | 120,911 | 三井財閥 |
| 9 | 大阪合同紡績㈱ | 21,327 | | 山口玄洞 | 111,312 | 洋反物商 |
| 10 | 摂津紡績 | 21,260 | | 川端半兵衛 | 107,561 | 雑穀商 |
| 11 | 日本紡績 | 19,856 | | 大阪紡績㈱ | 102,291 | |
| 12 | 汽車製造 | 19,789 | | 大阪商船㈱ | 102,068 | |
| 13 | 芝川又右衛門 | 17,187 | 地　主 | 政岡土地合資会社 | 104,044 | |
| 14 | 大阪市 | 17,187 | | 大阪倉庫㈱ | 101,896 | |
| 15 | 大阪瓦斯㈱ | 14,508 | | 於勢真十郎 | 98,325 | 燐寸軸木商 |
| 16 | 政岡土地合資会社 | 14,103 | | 豊田宇左衛門 | 95,150 | 金融業 |
| 17 | 覚道作右衛門 | 13,210 | 素封家 | 髙木徳兵衛 | 91,982 | 芝居仕打 |
| 18 | 吉本五郎右衛門 | 13,117 | 地主・貸金業 | 大阪合同紡績㈱ | 87,014 | |
| 19 | 大阪倉庫㈱ | 12,763 | | 楊井佐兵衛 | 86,615 | 資産家 |
| 20 | 江川ツヤ | 12,254 | | 吉本五郎右衛門 | 86,574 | 貸金業 |

出典）稲津（1911）。備考は，五十嵐（1918），石川（1910），人事興信所（1911），成瀬・土屋（1913），渋谷・石山・斎藤（1983），商業興信所（1912）による。

注 1 ）安東周蔵が 13,989 坪の土地を所有しているが，地価ゼロで 12,828 坪の土地 1 ヶ所を保有しており，誤記と判断し，表から除いた。
　 2 ）武田長兵衛が 94,852 円の地所を保有しているが，面積 123.95 坪で 71,719 円の土地 1 ヶ所を保有しており，3,719 円の誤記と判断し，表から除いた。
　 3 ）このほか三井物産が 2,518 坪，12,401 円の土地を保有。
　 4 ）政岡土地合資会社は政岡徳兵衛と合算したもの。
　 5 ）ちなみに藤田組・藤田平太郎合計で，10,835 坪，58,332 円の宅地を保有している。

万坪に満たず（西野田の工場用地などを含む），三菱の東京での所有坪数 25 万坪とは大きな格差がある。また東京では第 20 位の地主でも 3 万坪以上を所有しており，土地の上位所有者への集積が弱い，という特徴はこのランキングにも現れている。このほか大阪中心部の集計に入らなかった工場・運河会社・倉庫が 9 社ランクインしている。東京の上位 20 人には，華族が 10 人も含まれているが，大阪には含まれておらず，他方，東京のランキングには，工場は東京瓦斯紡績の 1 つしか入っていないのに，大阪には 9 つも含まれている。三菱・三

井に匹敵する財閥が，大阪には住友しかない上に，その所有規模が相対的に小さいこと，旧大名が大阪にはいないこと，大阪では工場等の所有が多く，接続郡部にはさらに大きな工場等の用地があったことも推測されるが，今回の集計には含まれていないこと，などが大阪の土地所有の集中が東京の集中に及ばないことの理由であると考えられる。このほか大阪には明治維新にあたり，旧旗本・御家人の所有地となったものが少なかったと推測され，旧武士が経済的に困窮し，土地を手放し，それを峰島のような金融業者が集積していくというメカニズムが働きにくかったことも，理由として指摘できるであろう。稲津(1911)には面積のほかに，地価と等級が記入されている。この地価は1910年の宅地地価修正法による地租課税標準の地価であると考えられるが，土地の資産としての価値を面積よりは反映していると判断し，地価の集計結果も合わせて表示している[22]。地価順の上位には，大阪中心部の資産家が多い。木原・楊井はかつて銀行を経営していたが，明治末には銀行経営をやめて，土地を含めた資産家になっている。

　近世の江戸には借地が多く，大阪には少なかったといわれているが，これは江戸では，武家・寺社が町人に貸地をおこなっていたこと，土地が幕府御用や借用金の担保となり得たこと，借地人を特別に保護する枠組みがなかったこと，および大阪では江戸と異なり，空き地が没収されたため，空き地が生じやすい貸地よりも貸家が選好されたこと，などが理由としてあげられている（瀬川 1995）。しかし瀬川（1995）が指摘するとおり，明治維新に際して，武家の土地の多くは入札で処分されたのであり，明治以降にそのまま引き継がれたものではない。明治末に大阪では借地が少なかったとされているが，中心部で借地が少なかった理由としても，近世に借地が少なかったことはそのひとつの前提にはなるが，東京の中心4区でみられた土地集積が進まなかったことは別の要因であるし（零細士族が土地を手放したという要因が東京には存在していた），また郊外部には大阪でも大土地所有が成立し，借地が多かったといわれてお

---

[22] 面積，地価，等級との関連についていえば，単位面積あたりの地価は等級にほぼ照応するはずであるが，それが一致しないケースも少なからずみられる。ただしこれが面積・地価・等級のいずれの誤植なのかは，にわかには判断できない。

り，この点は東京と共通していたのである。

　周知の通り戦前期の東京・大阪においては，借家に住む人の数が圧倒的に多かった。東京においては，時代があとになるが，1922年において93％が借家居住であった。1931年には持家率は30％に上昇している（加藤 1988）[23]。これに対して大阪市では，1886年の借家居住率は81％であり，市域拡張後の1926年と1941年には，ともに約90％となっている（原田敬 1997，大阪市都市住宅史編集委員会 1989，寺内 1992）。東京で持家率が上昇したのは，借地上に持家をたてることが増加したためであり，1931年においても自分が保有する土地の上の持家に住む人の割合は，5％にすぎなかった。東京では，土地のみを貸し付けることは明治以降に増加しており（加藤 1986），借地人が借地上に貸家を建てることも多かったが，大阪では戦間期においては，借地上に貸家を建てることは，所有地上に建てるより少なかったようである（寺内・和田 1980，石見 1990）[24]。江戸時代では江戸と大坂で，空き地に対する幕府の態度が異なっており，江戸と大坂で借地率に相違があったことは，ある程度説明できるが，同じ法的枠組みにおいて，こうした相違が発生したことの理由は定かではない。

（粕谷　誠）

## 3. 不動産ビジネスの形成

　不動産は資産家の資産運用の一環として，重要な意味をもっていた。三菱の不動産経営は，その構想の雄大さからいっても，三菱の資産運用の上で，無視できない意味をもっていたが，小さな区画の土地やその上の住居を経営する主体（地主貸家経営，金融業者，商人などその主体は多様である）にとっても，他の

---

[23] 1941年の（市域拡張後の）東京市の持家率は25％である。
[24] ただし長谷川（1995）によれば，戦間期における大阪土地会社のうち最大の安治川土地，第3位の泉尾土地は，貸地収入を中心としており，中心部と周辺部という相違を考慮に入れると，どこまで一般化できるかは，再検討の余地がある。

金融資産とのバランスが考慮されていた。東京市では，第三種所得に占める「宅地貸付及貸家」による所得の比率は2割程度を占めており（加藤 1988），不動産は重要な資産運用の対象であった[25]。商業や金融業務で蓄積した富を不動産に投下し，次第に商業や金融から撤退していった事例もまた非常に多かった[26]。江戸時代にすでにこういった資産選択はおこなわれていたし，農村地主が株式などの金融資産と土地とを合わせて保有し，資産選択をおこなっていたことや，地主が巨大化すると手作経営をやめることは，地主研究で強調されることであるから，都市地主でこうした資産選択がおこなわれていたことは何ら驚くことではない。銀行預金・株式などの新たな金融資産が整備され，資産家の選択の幅は広がったのである。

　このように不動産ビジネスは必ずしも専業化しているとは限らない。江戸時代以来，生業の傍ら，貸家経営を営むというのが，むしろありふれた経営形態であった。その上，それが会社形態をとっているとは限らない。また逆に，会社が不動産業を営んでいたとしても，不動産を専業としていないケースも多かった。財閥の本社は持株会社の側面とともに，不動産業務をおこなう現業会社としての側面をもっていることが多かったし，また電鉄会社は，鉄道業と不動産業を組み合わせたビジネスを展開していたのである。不動産ビジネスの主体の曖昧さを反映して『農商務統計表』では，不動産に関連する会社として，1900年から1911年には「地所家屋売買及貸借」というカテゴリーが設けられていたが，1912年から1916年には，「不動産売買及賃貸」に変更されており，1911年から1912年にかけて，会社数が166から196に増加したのに，払込資本金は759万円から3,060万円に増加するなど，まったく不連続になっている。不動産ビジネスの拡大を会社統計の側から捉えることは極めて困難であり，ケースを積み上げていったり，建築や地代・家賃の統計から考察したりす

---

[25] 1910年代前半の箕面有馬電気軌道の分譲住宅も貸家として購入されたものがあった（第4節参照）。また1922年から翌年に分譲開始された目白の第一文化村と第二文化村でも，少なからざる数の投資目的での購入がみられたという（野田・中島 1991）。
[26] 第1章第2節の表1-2-2の木原忠兵衛，楊井佐兵衛などがそうであるし，東京では堀越角次郎が太物商で蓄積した財産を不動産に投下し，貸地貸家経営をおこなったことが有名である（加藤 1988）。

る方法をとらざるを得ない。ここでは仲介業・管理業について簡単に触れた後，宅地・住宅の供給とオフィスビルの供給について考察することとする。ただし鉄道業を組み合わせた世界的にも珍しい不動産ビジネスを展開した電鉄会社の不動産経営については，次節において詳しく取り上げる[27]。

## 1）仲介業と管理業

　江戸時代においては，不動産の売買と不動産金融に口入業者が介在していたが，明治以降も口入業者がこれらに介在していた。このほか旧家守や町の世話役が貸家も含めた不動産の仲介をおこなっていたようであり，また金融業者が担保不動産の処理を進めるうちに不動産を仲介するようにもなった。都市化の進展による不動産需要の高まりから新規参入も増加した。東京の光正不動産（1900年創業），大阪の万成舎（1896年創業）といった名門企業も設立され，さらに会社組織の巨大企業として東京建物も1896年に設立された。東京建物は不動産仲介とともに不動産金融を兼営した（不動産業界沿革史出版特別委員会 1975，旗手 1979，蒲池 1994，全宅連不動産総合研究所 1999a）。

　江戸時代には家守が不動産の管理をおこなうと同時に都市支配の末端を担っていた。しかし明治維新後，1869年には家守の町政参加が禁止され，翌年には地所内の管理は地主がおこなうこととされた。1873年には不動産の管理をおこなうものの名称を地面差配人とすることとされ，以後差配人の名称が定着していく。江戸では糞尿代は家守の所得となり，これが家守株形成の基礎となっていたが，明治になると裁判において，糞尿代は地主の所得であることとされ，糞尿代を差配人の給与とすることが認められ，慣行として確立したが，江戸時代と異なるのは，糞尿汲取契約は差配が契約したものであっても，差配人解雇とともに無効となることとされ，差配人株が成立する余地がなくなったことである。こうした判例は，江戸時代に家守株を購入し，引き続き差配人となっていた人物の財産（家守株）が消滅することを意味する非常に大きなもの

---

[27] 序章で述べたとおり，南カリフォルニアでハンチントン（Henry E. Huntington）が電気・鉄道・不動産を組み合わせた経営をおこなっていたが，これも鉄道会社の兼営ではなかった。

であり，地主にとっては差配人の交代が容易となる有利なものであった。さらに江戸時代の家守は定額の家守給を受けたが，三井家の事例では，1873年以降差配人給与が徴収地代・家賃の一定割合に改定され，給与にインセンティブが組み込まれた。こうして明治初年代には，家守をめぐる制度条件は激変したために，差配人の団結の基礎が失われ，地主との交渉力は低下し，不動産に地主の管理が及びにくいという江戸時代の状況は消滅したのである。1872年に不動産賃貸価格が自由化され，価格に対する制限が撤廃されても，三井家の事例では，不動産経営の直接の利回りは公債と比較しても低いものであった。しかし不動産の価格は幕末維新期のインフレ状況のなかで上昇しており，キャピタルゲインを含めれば，不動産投資は決して低い利回りではなかったのである（粕谷 2002，森田 2000，2001）。

## 2）宅地・住宅供給

　まずは小規模な区画による宅地・住宅の供給について考察しよう。数からいえば，こちらが圧倒的に多かったのであるが，小規模なだけに，宅地開発・住宅建設についての詳しい記録はなかなか得られない。宅地の供給から考察しよう。前節で考察したとおり，明治年間を通じて，東京市のその他11区では，宅地率が上昇していたが，下谷において，明治20年代から30年代に土地を購入し，朝顔の栽培用に貸していた土地を明治30年代以降，宅地に転換していったM家，S家，I家の事例が報告されている（東京大学社会科学研究所1952）。M家は1888年に東京市区改正条例が公布された翌年に将来の値上がりを見込んで2町歩内外（約6,000坪）の土地を購入していたが，明治30年代末には宅地として賃貸する方がはるかに有利となり，また朝顔栽培人も次第に騰貴する賃借料に圧迫され，栽培を放棄したため，宅地化が実現したのであった。M家はそれまでの土地所有とその後の土地集積をあわせて8,000坪の土地を保有するに至っている。S家もやはり明治維新後に土地所有を拡大し，明治20年代には約2町歩の土地を所有し，朝顔を栽培していた。明治40年代には地代が上昇したため，耕作を放棄し，宅地として賃貸するようになった。その後のS家の土地所有規模は5,000坪程度で推移したようである。I家は江戸時

代以来の地主であったが，やはり明治 20 年代から 30 年代に土地所有を拡大し，1 万 8,000 坪もの土地を保有するに至った。やはり同様に宅地地主となり，万年青（おもと）の栽培や質屋の営業を廃業している。さらに新潟の巨大地主市島家は，1893 年に入谷町辺に，19,592 坪の土地を購入し，東京での居住地にあてる一方，私道や下水を完備した住宅地を建設している。M・S・I の 3 家はともに，知人または親戚の者を差配とし，地代取立を委嘱していた。また土地の賃貸にあたっては，2 ヶ月から 3 ヶ月分の地代にあたる敷金が徴収されていた。敷金は契約終了時に返済されたが，その利子は地主の取得するところとなっていた[28]。

次いで借家の供給について考察しよう。下谷の家主の調査によれば，下谷地区の人口の増加に規定されて，明治中期より大正初期にかけて家主となる者が多いという（東京大学社会科学研究所 1952）。大崎辰五郎は，本郷を中心に 1885 年から貸家経営をおこなったが，借地上に小規模な貸家を建設することからはじめ，徐々に規模を拡大し，1892 年には土地を購入し，ついには 1,000 坪をこえる土地を購入して，不動産業務を営むに至っている（鈴木博 1984，大崎 1982）。さらに下谷の池之端・根津の M 家は，幕末に上京し，焼酎醸造業を営んでいたが，1881 年に最初の土地取得をおこなった。1912 年には 815 坪の土地を保有し，貸地経営もおこなっていたが，同時に借地上に多数の貸家を建設し，貸家経営をおこなっていた（加藤由 1990）。以上の事例からは，借地上に貸家を建設する経営が多かったこと，下谷・本郷あたりでは，人口の増加にほぼ照応して，1880 年代以降に貸家経営が発展していたことがうかがわれる。大崎の事例では，ほとんど資産をもたなかったと考えられる大崎が，1882 年に貸家経営をはじめるとわずか 7-8 年で，400 坪もの土地を購入するに至っており，貸家経営の利益率は極めて高かったことが推定される（資金を借用して土地を購入したかどうかはわからない）。下谷の F 家では，1902 年頃には家賃 1 ヶ月分が建築費の 1 割近くに相当しており[29]，その上敷金として家賃の 3 ヶ

---

[28] 東京の大久保では，1905 年に市電が新宿 3 丁目まで開通したことによって宅地化が進行し，植木職人が減少していった。交通手段の整備によって，市街地化が下谷よりやや遅れて進行したことになる（加藤 1986）。

月ないし6ヶ月分を前納させているので，貸家3軒の敷金で貸家1軒を建設できたとされている（東京大学社会科学研究所 1952）。貸家経営は極めて有利なビジネスであったといえる[30]。最初の建設資金を何らかの方法で調達できれば，これほど高い借家料を支払って借家する者はほとんどいなかったと考えられ，資金調達上の制約がかなり大きく影響していた可能性がある[31]。

次に巨大な面積の宅地を計画的に開発した事例について考察しよう。こうした開発は，あるまとまりをもった土地を計画的に開発し，自らの資産の価値を高めていこうとする志向がみられた点で，小規模宅地を多数集積した商人地主による不動産経営とは異なっていた。こうした開発をおこなったのは，1ヶ所に広大な面積の土地を保有していた旧大名が主たる担い手であり，このほかには，政府から払下げを受けたまとまりのある土地を住宅地として開発した三菱による神田三崎町の開発の例が有名である。まず旧大名による不動産開発の例として，福山の阿部家による西片の開発と棚倉の阿部家による霞町の開発を考察しよう[32]。

福山の阿部家が西片で貸長屋経営をはじめたのは1872年であったが，その後道路を開設し，宅地割にあわせた街区を形成し（1879年に宅地と畑を分離し，1886年に畑を宅地に転換），さらに下水・街灯・電柱・水道などを整備していった。借地上に建物を建てる際には，阿部家に図面を提出することとされ，瓦葺きであることが求められるなど，建物の質についても考慮が払われ，さらに借地の又貸しや借地上への他人の建物の建築が禁止され，権利関係が複雑になる

---

29) 毎月の家賃を完納した借家人には12月分の家賃を免除する慣行があったが，この慣行は1935年頃には廃れていたという。
30) 大阪では造作なしで賃貸されたのに対し，東京では俸給生活者のニーズにあわせ，明治中期から造作つきで賃貸されるようになった（旗手 1978h）。
31) 1908年から小石川区音羽で貸家業を営んだ荒川家は，サラリーマン勤めの傍ら妻の実家から資金援助を受け，貸家を建設して貸家経営をはじめ，昭和20年代までに22棟もの家屋を建設している（江面 1987）。
32) 福山の阿部家による西片開発については，稲葉（1987）および加藤（1996, 1997）に，また棚倉の阿部家による霞町開発については，加藤仁（1990, 1991, 1992）による。なお下谷の大河内家も1893年から1901年にかけて，田地・沼地を埋め立て，さらに原野を開発して宅地を造成し，賃貸したが（東京大学社会科学研究所 1952），その経営の内容は明らかではない。

ことも防止されていた。ただしこうした規制は徐々に緩んでいき，家屋が他人に売却されたりするようになった。また阿部家が貸家を建築し，それを賃貸することもおこなわれている。家職が差配人となって不動産を管理し，道路・下水・井戸・貸家の修繕・掃除・草取り・下水浚いなどは，阿部家出入りの鳶方・左官・植木屋等の人夫がおこなった[33]。棚倉の阿部家も貸家経営をおこなっていたが，1886年から1888年にかけて，霞町の土地の道路を整備し，地割りを整理したうえで，畑から宅地へと地目を転換した。さらに上下水の整備や道路舗装などをおこなっている。貸地経営のほか貸家を建設し，貸家経営をおこなっている。こうした不動産経営をおこなったのは阿部家の家職であり，さらに敷地内の人夫が道路舗装などの工事をおこなっている。霞町でも借地人が貸家経営をおこなっていた。以上の通り，2つの阿部家の不動産経営は，道路の整備に代表される宅地開発が明治中期に始まり，貸地経営を基本としつつ貸家経営をおこない，家職と出入りの人夫が不動産経営の実務を担う，という点で，極めて類似した経営形態であった。そして棚倉の阿部家は道路沿いの土地の賃貸料を高く設定しており，開発する主体も道路整備によって不動産価値が上昇することを期待していたのである。ただしこうした計画的な開発はむしろ例外であり，多くの華族は商人と同様の貸地貸家経営を行い無秩序な住宅建設に終わった例も多い（野村 1998，1999）。

　三菱は1890年に丸の内とともに三崎町の31,035坪の土地の払下げを受けると，市区改正計画の道路など8,318坪を差し引き，地割りをおこない，さらにアーク灯（のち電灯）・井戸（のち水道）・下水道などを整備し，銭湯まで建設した[34]。阿部家と同様に，まとまりある土地を計画的に開発したのである。しかし三崎町は，近隣に甲武鉄道飯田町駅の開設が予定されていたため（1895年開業），純然たる住宅地としては開発されなかった。三菱は店舗もしくは店舗併用住宅の煉瓦街を建設したほかは，貸地をおこなったが，この借地上に住居のほかに，劇場・旅館・下宿屋さらには日本大学の前身の日本法律学校など

---

33) 福山の阿部家は1882年に芝区琴平町の土地2,251坪を買収し，不動産経営をはじめた。その内容は明らかではないが，現地の人を差配人にして管理をおこなっていた。
34) 三崎町については，鈴木（1978，1987）による。

の多様な建物が建設された。借地人が賃貸用建物を建設することも盛んにおこなわれている。こうして1897年頃には，ほとんどの土地が借地されたという。地理的要因による用途の差はあれ，市内に存在した大面積の土地は，道路整備をともなって計画的に開発されたのであった。しかし当初の開発意図をずっと保持し続けることは困難で，次第に制限は緩んでいき，周りの情景と変わらなくなるケースもあった。アメリカでも都市計画の導入される前に建築制限のみで開発された場合は，制限契約の失効とともに次第に緩んでいっており，制度的バックアップを欠いた場合に起こりうることであったといえる。

### 3）ビジネスセンターとオフィスビル供給

明治維新後に新しい企業が発生するが，企業立地は，製品出荷や入荷の便宜，交通の便宜，土地や建物の賃貸料といった要因とともに，集積の利益にも影響される。製造業などは中心部の地価の高いところを避け，用地や用水を確保しやすいところに立地していった。明治期では工場に付随して本社が置かれることが多く，都心部に本社を別に設けることはほとんどなかった。一方，商業や金融の企業は，人口の密集地に立地する必要が高いから，中心部に立地することになる。このこと自体は，江戸時代から都市の中心部に両替商や商家の大店が立地しており，とくに新しいことではない。しかし江戸時代の商家では，丁稚や手代は店に住み込みであることが多く，職住が一体化していたが，明治維新後出現した企業のいくつかでは，職と住が分離されるようになった。オフィスビルが出現したことは画期的な変化である。オフィスビルは，旧来の商家の伝統をもたない企業で出現するのであり，日本最初のオフィスビルは，1872年に建設された海運橋の第一国立銀行（当初は三井組の建物として建築されたが，第一国立銀行に譲渡）である。ただこれは自社が保有する建物に自社が入居するものであり，他人へオフィススペースを賃貸するものではなかった。最初のオフィススペースを賃貸する建物すなわち貸ビルは，三菱が1894年に丸の内に建設した三菱1号館であった（藤森 1985）。さらに鉄道などの交通手段が整備されると，企業の立地に大きな影響をもたらしていくことになる。

企業の立地には，集積の利益が働き，ビジネスセンターが形成されてくる。

旧来の商家の伝統をもたない（希薄な）東京の新しい企業は，当初は兜町近辺に集積した。兜町近辺に立地した企業は，第一国立銀行，郵便汽船三菱会社（日本郵船），三井物産，東京海上保険，明治生命保険，東京株式取引所といった商業・流通・金融の企業のほかに，中外商業新報，東京経済雑誌といったマスコミ産業の企業も含まれていた。株式会社という新しい企業形態を導入した渋沢栄一を媒介に，三菱・三井の企業がともに集積していたのである。しかし三菱は1890年に128万円で三崎町とともに丸の内と有楽町の土地103,999坪の払い下げを受けると，市区改正計画の道路19,689坪を差し引き，84,310坪の土地を開発することとなった。三菱はさらに将来を見越して道路沿いの用地を歩道用地として東京市に寄付し，町の景観に配慮したオフィスビルを計画的に建設するという長期的な視点のもとでのオフィスビル街の開発をおこなっていった。第1号館を皮切りに，1911年までに13ものビルが建設されている。そして三菱系の有力会社であった東京海上保険と明治生命保険は第2号館に，日本郵船は第3号館に入居して兜町から移転し，また三井も駿河町に本拠を定め，三井物産が1902年に移転していった。こうしてビジネスセンターは兜町から丸の内へと移っていったが，その背後には近世来の水運から鉄道・路面電車といった陸運への交通体系の変化が存在していた（藤森 1982）[35]。

　丸の内のオフィスビル建設前における企業の集積を表1-3-1によって確認しておこう。1893年には，払込資本金でみれば，東京市の日本橋区・京橋区とその他の区に多くの企業が集積しており，丸の内を含む麹町区にはほとんど企業が立地していなかった。また東京は大阪に比べて，企業の集積が圧倒的に進んでいた。ただしこれは，日本鉄道（払込資本金1,920万円，下谷区所在，以下同じ），第十五国立銀行（1,783万円，京橋区），日本銀行（1,000万円，日本橋区），日本郵船（880万円，日本橋区）という際立って大きな企業の存在に大きく規定されていることに注意する必要がある。これらの企業を除くと払込資本金の合計額は，日本橋区1,295万円，京橋区650万円，東京市その他区440万

---

[35] 三菱の丸の内の払い下げとオフィスビルの建設については，三菱地所株式会社社史編纂室（1993a）および旗手（2005）を参照。なお第1号館には，三菱合資会社本社や三菱合資銀行部などが入居した。

第 3 節　不動産ビジネスの形成——43

**表 1-3-1**　府県統計書による企業の集積（1893 年）

|  | 企業数 | 払込資本金 | | | 設立年 | |
| --- | --- | --- | --- | --- | --- | --- |
|  |  | メジアン<br>（千円） | 平均<br>（千円） | 合計<br>（百万円） | メジアン | 平　均 |
| 東京市麴町区 | 4 | 183 | 364 | 1 | 1888 | 1886 |
| 東京市神田区 | 5 | 25 | 27 | 0 | 1889 | 1887 |
| 東京市日本橋区 | 54 | 200 | 588 | 32 | 1887 | 1885 |
| 東京市京橋区 | 36 | 95 | 676 | 24 | 1888 | 1887 |
| 東京市その他区 | 28 | 50 | 843 | 24 | 1889 | 1887 |
| 東京府郡部 | 25 | 100 | 210 | 5 | 1888 | 1887 |
| 大阪市西区 | 33 | 39 | 99 | 3 | 1888 | 1888 |
| 大阪市南区 | 11 | 10 | 84 | 1 | 1891 | 1891 |
| 大阪市東区 | 27 | 100 | 143 | 4 | 1889 | 1887 |
| 大阪市北区 | 24 | 100 | 204 | 5 | 1890 | 1889 |
| 大阪府郡部 | 37 | 25 | 100 | 4 | 1890 | 1890 |
| 合　計 | 284 | 85 | 363 | 103 | 1888 | 1887 |

出典）東京府（1893），大阪府（1893）。
注1）大阪の市域拡張後の地名を採用，大阪郡部には堺市を含む。
　2）株式会社のみを抽出。
　3）東京市その他区には，日本鉄道（1,920 万円），京橋区には第十五国立銀行（1,783 万円），日本橋区には日本銀行（1,000 万円），日本郵船（880 万円）を含む。

円となり，やはり日本橋区に最大の集積があったが，その差は大阪各区の 10 倍といったものではないことがわかる。しかも大阪の中心部がこれら北・東・西区の 3 区にまたがっていることを考えると，東京と大阪の集積の差は，さらに割り引いて考える必要がある。また企業の立地場所を町名レベルで集計し，同一町内での企業の所在数を数えた表 1-3-2 によれば，中之島が最多で，これに日本橋区本町，北浜，兜町が続いており，大きな差はなかった。また最多の中之島でも企業数が 7 つであり，際立って多くの企業が立地する町は出現してはいなかった。

　1914 年に集積がどう変化していたのかをみたのが表 1-3-3 である。表 1-3-1 と採録されている企業の範囲が異なっており，1914 年の方が大企業に偏っていることには注意を要する。1914 年には 1893 年にみられた他と隔絶する大企業というものはなくなっており[36]，この表の数字に 1893 年のような限定をつける必要はない。1914 年では麴町区が日本橋区とほぼ同じ程度の企業を集積するに至っていた。しかも同一町内での企業の存在数は（表 1-3-2），有楽町が

表 1-3-2　町名レベルでの企業数

| 1893 | | 1914 | |
| --- | --- | --- | --- |
| 北区中之島 | 7 | 麹町区有楽町 | 20 |
| 日本橋区本町 | 6 | 北区中之島 | 7 |
| 東区北浜 | 5 | 東区北浜 | 6 |
| 日本橋区兜町 | 5 | 泉南郡岸和田 | 5 |
| 北豊島郡王子村 | 5 | 麹町区内幸町 | 4 |
| 北区川崎 | 4 | 京橋区銀座 | 4 |
| 北区下福島 | 4 | 京橋区三十間堀 | 4 |
| 西区川北 | 4 | 麹町区八重洲 | 4 |
| 西区河南 | 4 | 日本橋区兜町 | 4 |
| 西区西長堀北通 | 4 | 日本橋区呉服町 | 3 |
| 南区難波 | 4 | 京橋区南鍋 | 3 |
| 日本橋区南茅場町 | 4 | 日本橋区蛎殻町 | 3 |
| 南多摩郡八王子村横山 | 4 | 日本橋区本町 | 3 |

出典）東京府（1893），大阪府（1893），橋本奇策（1914）。
注1）大阪の市域拡張後の地名を採用。
　2）1893年は株式会社のみを抽出。

表 1-3-3　株式年鑑による企業の集積（1914 年）

| | 企業数 | 払込資本金 | | | 設立年 | |
| --- | --- | --- | --- | --- | --- | --- |
| | | メジアン（千円） | 平均（千円） | 合計（百万円） | メジアン | 平均 |
| 東京市麹町区 | 32 | 1,125 | 4,951 | 158 | 1907 | 1903 |
| 東京市神田区 | 4 | 2,840 | 9,212 | 37 | 1897 | 1897 |
| 東京市日本橋区 | 38 | 1,375 | 3,792 | 144 | 1897 | 1896 |
| 東京市京橋区 | 38 | 625 | 1,853 | 70 | 1907 | 1901 |
| 東京市その他区 | 17 | 750 | 1,336 | 23 | 1907 | 1903 |
| 東京府郡部 | 31 | 1,125 | 2,789 | 86 | 1903 | 1900 |
| 大阪市西区 | 20 | 530 | 1,031 | 21 | 1905 | 1901 |
| 大阪市南区 | 9 | 1,500 | 1,961 | 18 | 1910 | 1904 |
| 大阪市東区 | 22 | 600 | 2,175 | 48 | 1897 | 1899 |
| 大阪市北区 | 24 | 1,085 | 3,151 | 76 | 1898 | 1898 |
| 大阪府郡部 | 27 | 480 | 1,004 | 27 | 1907 | 1904 |
| 合　計 | 262 | 900 | 2,701 | 708 | 1906 | 1900 |

出典）橋本奇策（1914）。
注）大阪府郡部には堺市を含む。

突出しており，丸の内が際立ったビジネスセンターに成長していることがうかがえる。興味深いのは，各区所在企業の設立年のメジアンであり，日本橋区と麹町区の間には，10年もの差が存在していた。新規の企業は新しいセンターに立地するようになったことがうかがえる。同様なことは大阪の東区・北区と西区にもみられ，西方の工業地帯に新企業が設立されていたことがうかがえる。

　次いで企業の集積とオフィスビルの建設との関係を考察する必要があるが，『東京市統計年表』の建築物に関する統計は，建築構造別（木造，煉瓦造などで分類）の統計の数値と建物用途別（公共建築，銀行・会社などで分類）の統計の数値に整合性がないと判断されるなど，利用にかなりの限定をつける必要がある。そこでここでは，1913年末の用途別の統計から煉瓦建築について若干考察するにとどめる。なお統計に明記されていないが，使用されている数値は，延坪であると推察される。煉瓦建築を用途別に分類すると，公共建築15万坪，銀行会社5万坪，工場3万坪，倉庫1万坪，その他1万坪であり，公共建築が6割を占めていた。また煉瓦建築が多いのは，麹町区8万坪，京橋区5万坪，日本橋区3万坪，深川区・本郷区2万坪であり，少ない区は，麻布区と四谷区であり，ともに1千坪に満たなかった。公共建築が最も多いのは，麹町区の7万坪であり，京橋区・本郷区の2万坪が続いていた。麹町区には官庁街が存在していたし，本郷区の煉瓦建築はほとんどが公共建築であり，これは東京帝国大学の建物であったと推測される。銀行会社が最も多いのは，日本橋区の3万坪であり，麹町区・京橋区が1万坪で続いていた。麹町区には三菱の丸の内の煉瓦建築が存在するはずであり，この統計が十分信頼するに値するか，疑問の残るところである。なお工場が最も多いのは，深川区の1万坪であり，京橋区・本所区が続いていた[37]。

　最後にこうした企業の集積と建物の建築が，不動産市場にどのようなインパクトをもたらしたのかを確認しておこう。表1-3-4は，東京市各区の宅地賃貸

---

36) 払込資本金額第1位の企業は東京電燈（3,960万円）であったが，第10位の鐘淵紡績の払込資本金額は1,497万円であり，格差は2.6倍であった。1893年には第1位の日本鉄道と第10位の第三国立銀行（100万円）との間には，19.2倍もの格差があった。

**表 1-3-4　宅地賃貸価格**

(一月坪あたり円)

| 区　名 | 1903 | | | 1908 | | | 1913 | | |
|---|---|---|---|---|---|---|---|---|---|
| | 町　名 | 地代 | 順位 | 町　名 | 地代 | 順位 | 町　名 | 地代 | 順位 |
| 麹町区 | 有楽町 | 0.350 | 8 | 有楽町 | 1.000 | 3 | 有楽町 | 1.500 | 1 |
| 神田区 | 小川町 | 0.500 | 3 | 須田町 | 1.200 | 2 | 須田町 | 1.200 | 3 |
| 日本橋区 | 室町一丁目 | 0.980 | 1 | 通三丁目 | 2.000 | 1 | 室町三丁目 | 1.500 | 1 |
| 京橋区 | 銀座一丁目 | 0.500 | 3 | 銀座四丁目 | 0.516 | 9 | 銀座四丁目 | 0.730 | 9 |
| 芝　区 | 芝口一丁目 | 0.450 | 6 | 芝口四丁目 | 0.600 | 5 | 芝口二丁目 | 1.000 | 5 |
| 麻布区 | 飯倉三丁目 | 0.250 | 13 | 飯倉四丁目 | 0.260 | 14 | 飯倉二,三丁目 | 0.500 | 13 |
| 赤坂区 | 赤坂一ツ木町 | 0.250 | 13 | 一ツ木町 | 0.350 | 11 | 溜池町 | 0.800 | 8 |
| 四谷区 | 麹町十三丁目 | 0.300 | 10 | 麹町十二丁目 | 0.750 | 4 | 麹町十二丁目 | 1.000 | 5 |
| 牛込区 | 牛込肴町 | 0.400 | 7 | 神楽坂三丁目 | 0.600 | 5 | 通寺町 | 0.700 | 10 |
| 小石川区 | 小日向水道町 | 0.200 | 15 | 小日向水道町 | 0.260 | 14 | 小日向水道町 | 0.340 | 15 |
| 本郷区 | 本郷一丁目 | 0.350 | 8 | 本郷三丁目 | 0.500 | 10 | 本郷五丁目 | 1.200 | 3 |
| 下谷区 | 下谷二丁目 | 0.600 | 2 | 五条町 | 0.580 | 8 | 上野元黒門町 | 0.550 | 12 |
| 浅草区 | 新吉原江戸町二丁目 | 0.500 | 3 | 茅町一丁目 | 0.600 | 5 | 茶屋町 | 1.000 | 5 |
| 本所区 | 本所元町 | 0.300 | 10 | 元町 | 0.350 | 11 | 相生町五丁目 | 0.700 | 10 |
| 深川区 | 常盤町二丁目 | 0.300 | 10 | 常盤町一丁目 | 0.350 | 11 | 常盤町一丁目 | 0.350 | 14 |

出典）東京市役所（1903, 1910, 1915）。
注）各区の最高を抽出。

価格の最高価格を示したものである。各区で最高の地点が年によって異なっているから，この表から賃貸価格のトレンドを読むことは困難である。またある取引が特殊な要因から高い価格をつけている可能性は排除できないが，土地売買と異なり，賃貸であるから，そうした特殊性の影響はより弱いものと期待できる。ここではおおまかに各区の賃貸価格の順位を中心に簡単に考察するにとどめる。1903年には，日本橋区の賃貸価格が突出して高く，これに旧来の人口密集地域である下谷区・神田区・京橋区・浅草区が続いていた。その後は，京橋区・下谷区の順位が下がり，麹町区の順位が上がり，1913年には日本橋

---

[37] 大阪市役所（1912）では，構造別階層別に建坪が記載されているのみであり，東京市と比較が出来ない。1912年末の煉瓦建築の建坪は，北区39,117坪，西区18,630坪，南区11,031坪，東区2,972坪であり，煉瓦建築は北区に多かったことがわかる。北区には日本銀行・中之島図書館，西区には大阪府庁という公共建築が存在しており，公共建築の比率は無視できないものがあったと推測される。

区と並ぶに至った。京橋区の順位の下落など，統計の信頼性には疑問が残るが，宅地賃貸料の面からみても，麹町区の有楽町すなわち丸の内周辺は，日本橋区の室町周辺とほぼ肩を並べる場所となっていたという大まかなイメージは得られるものと判断される。

（粕谷　誠）

## 4. 郊外宅地開発の開始

### 1）郊外への注目

　前節で検討された都市内部での不動産ビジネスに対して，本節では都市郊外における不動産ビジネス——郊外宅地分譲事業の形成を論じる。その主要な担い手になったのが，本節の主要な事例である箕面有馬電気軌道に代表される電鉄企業であった。

　日本の工業化が本格的な展開をはじめた1900年代において，大小の工場が集積していた東京，大阪の二大都市では，人口の集密化とともに都市周辺部に位置する工場から排出される煤煙や汚水による住環境の劣化が問題になりつつあった。それは「東洋のマンチェスター」と呼ばれた大阪でとくに顕著であり，かつての「美しき水の都」は，煤煙に曇る「空暗き煙の都」と称されるようになった（小林 1990, 192頁）。それに加えて，日露戦争前後における大阪中心部（南区）の人口密度は同時期の東京（中心4区）より高く，その分，郊外の住宅に対する需用も大きかった（橘川 1994, 87頁）。こうした事情を背景として，1900年代の大阪ではいち早く郊外における別荘地や住宅地の開発がはじまった。

　大阪周辺における郊外開発の先駆けは，南海鉄道の天下茶屋駅付近における別荘地・住宅地開発である。1892年に地元有志によって天下茶屋遊園地が開設されて以降，1890年代末から1900年代初頭にかけて当地では，大阪市内在住の富裕層を対象とした別荘地の開発がすすんでいた。そして1907年に南海鉄道難波―浜寺間が電化されると，天下茶屋駅の利便性も大きく向上し，同駅

周辺は別荘地から住宅地へと変貌しはじめた。それに際しては，大阪から天下茶屋付近への移住を薦める『郊外生活』という新聞（1908年創刊，月2回発行）が地元で創刊されるなど，一種の不動産ブームが発生している。ところが急速な宅地開発と人口増加に，道路，下水といった都市基盤整備が追いつかず，ここでもまた住環境の劣化が問題になった（鈴木 2004, 80-91頁）。その結果，天下茶屋は郊外住宅としての高い評判を獲得することには失敗した。

　天下茶屋は南海鉄道沿線ではあるものの，宅地開発に対して鉄道会社側は関与しておらず，地元業者による小規模な開発が多かった。そのため郊外住宅地を都市基盤整備まで含めて造成するという発想はなく，それが住環境の劣化や移住者と地元住民との摩擦を引き起こす原因のひとつになっていた（鈴木 2004, 91-92頁）。この点は，郊外住宅地開発を経営戦略の一環に明確に位置付けることで，体系的な沿線開発を推進していった阪神電気鉄道や箕面有馬電軌の事例とは大きく異なっている。そこで以下，阪神，箕面有馬両電鉄の不動産業への進出過程を検討することで，電鉄による郊外住宅開発の源流を探ってみたい。

　1895年2月に開業した京都電気鉄道をその嚆矢とする日本の電気鉄道は，当初，専ら都市内交通機関として用いられていた。しかし1900年代にはいると，既設蒸気鉄道の電化と都市近郊鉄道や都市間鉄道の新設という二つの方向から，郊外電鉄としての発展を開始する（野田・原田・青木・老川 1986, 190-196頁）。電気鉄道の動力源である電気は，電灯・電力といった他の用途への応用が可能であったことから，多くの電鉄企業は開業時から電気事業を兼営することが多かった。そのため兼営事業に消極的であった鉄道国有化以前の大手鉄道企業（蒸気鉄道）と違い，電鉄企業は当初から経営の多角化に積極的であった。とくに日露戦後になると，電鉄企業は沿線地域で不動産事業を含む多様な兼営事業を展開しはじめた。例えば前述した南海鉄道では，大塚惟明（前讃岐鉄道専務取締役）が取締役に就任した1905年以降，彼のイニシアティブのもとで，浜寺公園に海水浴場やスポーツ施設を開設し，大阪毎日新聞と提携しながら積極的なマーケティング活動を展開していた（三木 1994, 8-9頁）。これに対して阪神電鉄では，1905年7月に打出海水浴場，1907年に香櫨園遊園

地をそれぞれ開設し，やはり沿線での行楽地開発に積極的に取り組んでいた。さらに阪神電鉄は開業直前の1905年2月には沿線における電灯・電力供給事業への進出を決定し，1908年10月から電灯供給を開始した（日本経営史研究所 1985b, 100-119頁）。

こうした兼営事業の多くは，副業収入による直接的な利益とともに，沿線への集客による本業への波及効果を狙っていた。その意味で，沿線地域における宅地開発は，沿線人口を増やして固定的な利用客を獲得するための有効な戦略のひとつであった。この点に目を付けた阪神電鉄は，1907年10月，「土地家屋賃貸営業」を営業目的に追加するという定款改正を株主総会に提案し，不動産業への進出を目指した。ところが株主総会では，株主から本業での儲けを副業で失うおそれがあるので，電灯電力事業はともかく土地家屋の購入および賃貸は絶対に反対であるという意見が出され，議論が紛糾した[38]。当時の阪神電鉄は，配当率12-13％という好調な営業成績をあげていたことから，株主が現状維持に傾いたことは理解できる（日本経営史研究所 1985b, 526-527頁）。ただ同じ兼業でも電灯電力業が堅実な事業と見なされていたにもかかわらず，不動産業が不安定な事業として株主から忌避された点は注目に値する。この定款改正自体は，議論の末，株主総会で原案通り可決された。しかし，こうした不動産業に対する株主の不信を払拭するため，以後，阪神電鉄では沿線での貸家経営があくまで「沿道居住者ヲ増スベキ策略デアル」とし，不動産経営自体が目的ではない点を強調することになった（日本経営史研究所 2005, 92頁）。

阪神電鉄は，1908年1月，医学的な見地から郊外生活の健全さを強調した『市外居住のすすめ』を刊行し，郊外住宅地としての阪神電鉄沿線の優良性をPRした。その上で翌09年1月の取締役会において，西宮停留場空地に内部留保金を利用して32戸（14棟）の貸家を建設することを決定し，いよいよ不動産事業を開始することになった（日本経営史研究所 2005, 92-93頁）。その際，阪神電鉄は敢えて家賃を割安に設定し，それによって周辺の家賃相場を低

---

38）1907年10月26日株主総会決議録（阪神電鉄社内資料）。なお阪神電鉄社内資料の閲覧については阪神電気鉄道開業百周年史編集室田付晃司氏（当時）にお世話になった。記して深く感謝の意を表したい。

下させて沿線居住者を増加させることを試みた。こうした低家賃方針にもかかわらず，西宮の貸家経営が業績好調であったことから，同社は引き続き1910年，鳴尾で5,500坪の住宅用地を取得し，96,513円をかけて貸家64戸（50棟）を建築する。そしてこれを月額10円から25円の家賃で貸し付けて成功を収めた（日本経営史研究所 2005，93頁）。

このように1909年から10年にかけて展開された阪神電鉄の不動産経営は，沿線居住者の増加とそれにともなう旅客増加を主目的としており，沿線の土地を大規模に購入し宅地開発や住宅建設を行うというデベロッパー型の不動産事業ではなかった（橘川 1994，92-93頁）。これに対して，1909年10月の取締役会で決議された御影住宅地の場合，1町1反2畝4歩の土地を78,334円で取得し，これに19戸の住宅を建設して分譲した点で，新しいパターンであった（日本経営史研究所 1985b，87頁）。その売れ行きについて，同社の営業報告書は次のように述べている。

> 沿道ノ開発ヲ図リ又一方都人士ノ移住ヲ慫慂センガタメ御影町地内ニ家屋十数戸ノ建築ヲ計画シ長期延払ノ便法ニヨリ之レガ売却ノ予約ヲ募リシニ発表後旬日ナラズシテ殆ンド予約ヲ了シ終ルニ至レリ（阪神電気鉄道 1910）。

事実，御影住宅は19戸すべてが3年-10年の延べ払いで売却されている（日本経営史研究所 2005，93-94頁）。以後，阪神電鉄では北大阪電気軌道の吸収合併（1911年1月）を契機として，1911年2月から北大阪線沿線の用地取得を本格化する。そして1913年までに約6万4千坪を108万円余で購入し，デベロッパー型の不動産事業に乗り出していくことになった（日本経営史研究所 1985b，85-87頁，113頁，161頁）。

一方，小林一三に率いられた箕面有馬電軌は，鉄道沿線におけるデベロッパー型不動産事業のパイオニアとして著名である（橘川 1994，93頁）。同社は1906年4月，すでに国有化が決定していた阪鶴鉄道の関係者が中心となって，梅田―箕面，宝塚，有馬間および宝塚―西宮間を予定線路として資本金550万円で発起され，同年12月に設立許可を得た。ところがその後，資本金払込が難航し，会社解散の危機に直面する。そこで1907年6月，当時阪鶴鉄道監査

役であった小林一三が，北浜銀行頭取・岩下清周らの後援を得て，同社の経営を引き受けることになった。そして同年10月に第1回株式払込（137万5,000円）を完了して創立総会を開催，小林が専務取締役に就任した。小林の自伝によると，彼は同社の経営に参画するに際して，最初から電鉄経営と沿線の住宅地開発を組み合わせる経営戦略を抱いていた（小林 1990, 152-153頁）。

こうして設立された箕面有馬電軌は，直ちに建設工事の準備にとりかかり，翌08年には土地買収に着手する。その際，小林は箕面有馬電軌への信頼を高めて建設資金の調達を円滑化するため，『最も有望なる電車』（1908年10月）というPR冊子を株主らに配布した。そこには小林が描いていた経営戦略の要点が，以下のように凝縮して述べられている。

> それは外国の電鉄会社が盛んにやって居る住宅経営の事です。会社の所有となるべき土地が気候適順，風景絶佳の場所に約二十万坪，僅かに梅田から十五分乃至二十分で行けるところにあります。此所に停留場を設け大いに土地開発の策を講じて沿道の乗客を殖やし，同時に土地の利益を得ようと云う考へです（小林 1990, 189頁）。

ここから彼が「外国の電鉄会社」を手本にして，事前に土地を取得しておいた沿線地域で大規模な住宅地を開発し，そこに駅を設置することで土地の付加価値を引き上げた上で売却するという事業構想を描いていたことがわかる。それは郊外宅地開発によって，沿線人口の増大と土地売買による利益という両得を狙った画期的な経営戦略であった。

箕面有馬電軌は，小林の戦略に基づいて開業以前に沿線地域で262,260坪の用地を取得し，1909年末にはその住宅地案内のために「如何なる土地を選ぶべきか，如何なる家屋に住むべきか」というパンフレットを刊行した。そこに記載されている社有地の分布は，表1-4-1の通りである。「大阪より四哩余，服部天神よりゆくゆく二哩毎に，停車場あるところ，必ず其付近に会社の所有地あり」という宣伝文句が示すとおり，同社は梅田から豊中，箕面，池田にかけての線路敷設予定地域で大規模に土地を取得していた（小林 1990, 193-194頁）。なおその買収価格は坪あたり平均1円8銭であったが，鉄道開通後，これを宅地化した際には同1坪3円68銭に急騰している（箕面有馬電気軌道

表 1-4-1 箕面有馬電気軌道の土地買収

| 駅 | 場 所 | 面積（坪）1909年末 |
|---|---|---|
| 梅 田 | 梅 田 | 880 |
| 服 部 | 服部天神付近 | 15,600 |
| 曽 根 | 曽根付近 | 33,700 |
| 岡町・豊中 | 岡町付近 | 64,700 |
| 蛍ヶ池 | 麻田付近 | 12,640 |
| 桜 井 | 分岐点付近 | 27,900 |
| 箕 面 | 箕面公園付近 | 61,920 |
| 池 田 | 池田新住宅地付近 | 33,020 |
| 中 山 | 中山及米谷梅林付近 | 11,900 |
| 合 計 | 坪 数 | 262,260 |
|  | 取得金額（円） | 338,354 |

出典）京阪神急行電鉄（1959）119頁。

1910a，20頁）。つまり箕面有馬電軌の郊外宅地開発の成否は，地価が高騰する以前に，沿線地域の土地をいかに安く買収できるかにかかっていた。この点について，小林一三はのちに次のように述べている。

　この会社（箕面有馬電軌——引用者注）の生命ともいうべき住宅経営について，土地選定の標準は一坪一円と見積もったけれど，それは線路用地を買収した後でなければ困る，住宅経営のため万一土地代が高くなっては予算が狂うというので，多少延々となり，自然価格も上がったけれど，だいたい予算通り進行した（小林 1990，180頁）。

具体的には線路用地の買収終了（1908年9月）から鉄道開通（1910年3月）までのわずか1年半が，ここでいう住宅経営用地の取得の期間であった。ではこの短期間のうちに，同社はどのような手段で，30万坪を超える住宅用地を取得できたのであろうか。この点を明らかにするために，以下，箕面有馬電軌の土地取得の経緯を主として沿線地域側の史料に基づいて検討してみたい。

## 2）箕面有馬電気軌道の住宅用地取得

　住宅経営用地の取得に際して，箕面有馬電軌は地元の有力者に土地買収の仲介を依頼し，個人所有地のみならず，部落（大字）有地や村有地といった共有地の買収を積極的に行っていく。その具体的な展開過程を，まず1908年における大阪府豊能郡豊中村の村有地買収の事例をもとに検討してみよう[39]。

　豊中村では1908年8月の村会に，村内大字桜塚字御位塚の村有地（山林）1

---

39) 豊中市域の土地買収関係資料の閲覧に際しては，豊中市役所総務部情報公開課市史編さん係の担当者各位に大変お世話になった。記して深く感謝の意を表したい。

第 4 節　郊外宅地開発の開始──　53

町 9 反 5 畝 12 歩を 5,000 円以上の価格で売却するという議案が提出された。その売却理由（「村有地売却理由書」）は以下の通りである。

　　右村有地ノ儀ハ元反別二町八反二畝二十七歩ノ一筆ニシテ，去ル明治三十六年一月之レヲ（原田神社より──引用者注）買得シ以来殖林ノ経営ヲ為シタリシニ，豊南高等小学校ヲ本村ニ設置スルニ於テ此ノ土地ヲ敷地ニ充テ既ニ五反歩ノ分裂ヲナシ，又本年新築ス可キ本村立克明尋常小学校ノ敷地ニ充テ其他ノ余地ヲ割リ残余ヲ前記ノ通リ分裂シタルモノナルモ，何分該地所ハ瘦地ナルカ故ニ殖林事業モ其功ヲ奏セス，又開墾ヲ為シ果樹ヲ植付ケンカ，其目的ヲ達スルヲ得ザルコトハ前事業ノ経験ニ徴シテ燎カナルヲ以テ，此ノ土地売買価格騰貴セシ時機ヲ外サズ売却ヲナシ，其代金ヲ基本財産ニ積立利殖シ他日有益ナル事業ニ充用シテ本村ノ発展ヲ企図セハ大ニ得策ナルヲ信シテ疑ハズ。是レ本案ヲ提出シタル所以ナリ[40]（傍点は引用者，以下同じ）。

　この史料で注目すべき点は，傍点部分からわかるように，豊中村が 1908 年 8 月時点を「土地売買価格騰貴セシ時機」と認識し，殖林や果樹栽培といった方法で村有地を経営するよりもこれを売却した方が有利であると判断した点にある。さらにこの議案の説明にあたった豊中村長・渡辺安太郎は，同年 8 月 28 日の村会において「時恰モ土地売買価格騰貴ノ折柄ナレハ，該土地ヲ希望者ニ随意契約ヲ以テ特売シ，其代金ヲ基本財産ニ積立他日有益ナル事業ニ充用セバ大ニ得策ナルカト感考スル」と述べており，土地の売却方法は当初から競争入札ではなく随意契約が計画されていたことがわかる[41]。なおこの議案については，村会議員から「山林（村有地──引用者注）売却代金ノ半額ハ小学校新築費ニ充用シ残リ半額ハ小学校基本財産ニ蓄積スル動議」が出され，使途を明確化した上で可決された[42]。

　その後，1908 年 10 月 19 日に開催された豊中村会で，渡辺村長は村有地売却について，①村有地払い下げの「兼テノ希望者」が箕面有馬電軌専務取締役

---

40) 豊中村役場『（村会）議事録』1908，993-994 頁。
41) 豊中村役場『（村会）議事録』1908，1,008-1,009 頁。
42) 豊中村役場『（村会）議事録』1908，1,009-1,010 頁。

の小林一三である，②小林の代理人は府会議員・遊上政五郎（隣村の南豊島村大字勝部在住）<sup>43)</sup>，豊中村への仲介人は米穀商・中川幾松（豊中村大字桜塚在住）である<sup>44)</sup>，③売買価格が「会社ニ売買成立シタル価格ヲ取調」べた上で「本村ニ於ケル最高価格一坪ニ付一円ノ割合」に決まった，④若干の面積不足にもかかわらず買収を急ぐ会社側の意向により訂正手続きをせずに売却したという説明を行った<sup>45)</sup>。このうち①と②から，小林が豊能郡選出の府会議員である遊上に沿線地域における土地取得を依頼し，遊上が豊中村の有力者である中川の仲介で同村に村有地払い下げを働きかけたことが推察される。事実，随意契約の相手は最初から箕面有馬電軌（代人・遊上政五郎）だけであり，その買収価格も③が示すように同社の基準をもとに算出されている。さらに④は，箕面有馬電軌が1908年9月後半の時点で沿線地域での土地買収を急いでいたことを示している。この時期は，小林が『最も有望なる電車』で同社の不動産事業構想を公表する1908年10月の直前である。この構想が公表されれば，沿線地域の地価が上昇する可能性があったことから，小林は少しぐらいの減歩には目をつぶってでも，早期に土地買収を終了したかったと考えられる。

　当該期には，以上のような村有地とならび，箕面有馬電軌による部落有地の買収も進んでいた。例えば遊上政五郎が村長をつとめる南豊島村では，同社が1909年に大字穂積で部落有地（山林池沼）3反9畝9歩を1坪59銭で，1912年には同じく部落有地（原野池沼）1町4反6畝1歩を1坪72.8銭で，それぞれ穂積部落から買収している<sup>46)</sup>。さらに同村大字服部でも池沼を含む1町近い部落有地が，箕面有馬電軌に売却された（豊中市史編さん委員会 1998, 169-170頁）。このように1町前後のまとまった土地を沿線の地域共同体から取得

---

43) 遊上政五郎は1909年4月-1910年3月には南豊島村長も兼任している（南豊島村役場『明治四十三年 村会一件綴』1910, 920頁, 977頁）。
44) 中川幾松は豊能郡岡町の米穀商で1908年時点の戸数割等級は，納税額（地租，所得税，営業税，雑種税の合算）年12-14円に相当する16級であった。
45) 豊中村役場『(村会) 議事録』1908, 1,020-1,021頁。
46) 南豊島村役場『大正二年 村会一件綴』1913, 936頁。なお1913年10月の段階で穂積部落は，隣の豊島村字服部の部落有地で，服部部落が「別段痛痒ヲ感ゼザル不用地」として既に箕面有馬電軌に売却していた池沼（8段12歩）を，域内の農業用水に不可欠であるとして同社より1円61銭で買収している（同上，935-939頁）。

第 4 節　郊外宅地開発の開始── 55

できた背景には，地方改良事業にともなう部落有林野処分の動きが存在していた。日露戦後には明治中期の町村合併によって成立した行政村の一体的結合をはかり，かつ行政村の財政的基礎を強化するという名目で，部落有財産の市町村への整理・統合が政策的にすすめられていた（吉岡 1981, 96-98 頁）。その結果，1910 年前後には全国的に部落有林野の処分が進行し，地主的林野集中が進んだといわれている（大石 1990, 169 頁）。小林一三は地元有力者を代理人として，こうした部落有地処分の受け皿となることで，短期間のうちに，まとまった土地を取得することに成功したのである。

　一方，民有地の買収に際しても，箕面有馬電軌は遊上をはじめとする代理人を通じて，密かに用地買収をすすめていた。そのメカニズムについて小林一三はのちに以下のような証言を行っている[47]。

> 元来同社（箕面有馬電軌──引用者注）が土地の買収を個人の名義にしたるは会社より買い上ぐるとその金額非常に高価となるを以て，予め線路予定地を一定の標準価格の下に買収し，この買収人の名義を別に会社に縁故なき者と定め，之に一々委任状を交付し買上に着手したるが，其買収の総本元を彼の府会議員遊上政五郎に頼み，同人に一々目的地を指定して地主と交渉を開始せしめたるが，買収地域とは主として停留場若くは線路筋その他将来発達すべき場所を選み尚又之を買上ぐるについては更に重役会の議を経たるものなり。又実際遊上の買収価格と会社の買上価格との異なるは会社に於いて当然遊上の労力と費用とを加算し，一反平均三百五十円にて遊上より買取り，遊上には権利書と引替にそれに相当する金額仮出をなし来りたり（『大阪毎日新聞』1910 年 3 月 6 日付）。

ここから，①箕面有馬電軌が安価に土地を購入するために他人名義を用いている，②買収地域は停車場周辺をはじめとする沿線の土地であり，これを一定の標準価格で買収している，③土地買収の総元締を遊上に依頼し，会社の標準買収価格と実際の買収価格の差分が彼の手数料になっている，④買収対象の土地は会社側が選定し，逐一重役会の議を経ているといった点が明らかになる。な

---

47）この史料は後述する裁判での小林一三の証言内容である（『大阪毎日新聞』1910 年 3 月 4 日，6 日）。

かでも注目すべき点は③であり，この方法では土地を安価に買収すればするほど，遊上が儲かることになる。彼が隣村である豊中村の村有地払い下げに積極的に取り組み，「一坪一円」という単価を提示したことも，これによって説明できる。ちなみに桜塚の村有地買収によって遊上が得た成功報酬を「一反平均三百五十円」を基準として試算すると，1坪に付き16銭6厘7毛であり，これを6,000坪で換算すると1,000円にもなる。箕面有馬電軌の用地取得が地元の有力者にとって，いかに大きなビジネスチャンスであったかがうかがえよう。

　しかしながらこうした代理人を通じた土地買収を行う場合，モラルハザードの発生が問題になる。例えば1910年1月には，同社で住宅用地の買収を担当していた会計課長が会社の金を使い込み，その穴埋めのために代理人と共謀して，彼の名義になっていた土地を不正に売却するという事件が発生した（『大阪朝日新聞』1910年1月27日）。さらにこの事件をうけて箕面有馬電軌が他人名義の所有地を一斉に会社名義に換えようとしたところ，沿線地価高騰の影響で，登記上の地価評価額が買入価格を大きく上回ることが判明した。そこで土地を安価に売った旧所有者の反発をおそれた同社の用地係が，裁判所出張所の書記に賄賂を渡して取得価格での登記を働きかけたことから，今度は贈賄事件に発展してしまった（『大阪毎日新聞』1910年3月10日）。この事件に連座した小林一三は，検察に召喚されて種々の取調を受けた挙げ句，軽微な罰金刑を受けている（『大阪朝日新聞』1910年3月30日）。なお小林はこの不祥事の責任を取って，1910年3月3日の重役会に専務取締役辞任の申し出を行い，平取締役に降格した（箕面有馬電気軌道 1909, 20-21頁）。

　ところで箕面有馬電軌が開業以前の住宅用地買収に要した資金は，表1-4-1が示すように338,354円（1909年末現在）であり，当初はこれを建設費借入金（1,392,317円）の流用で手当していた（箕面有馬電気軌道 1909）。しかし1910年7月，同社は大阪現物仲買団（野村徳七・黒川幸七・竹原友三郎・高木又次郎）の全額引受で200万円の社債（年利6％，5年間据置，以後満10年間で償還）を発行し，長期資金での借り換えに成功する（箕面有馬電気軌道 1910a）。こうした低利の長期資金を得たことで，後述するような分譲住宅の月賦販売が可能に

なり，また継続的かつ計画的な土地経営を行う資金的な基盤を得ることができた[48]。

### 3）箕面有馬電気軌道の住宅地分譲

小林一三が住宅地開発の第一着手（第一区）に選んだのは，池田停留場付近（池田室町，33,000坪）の「池田新市街住宅」であった。1909年下期の箕面有馬電軌は，第一期工事（大阪―宝塚間，箕面支線）の竣工（1910年2月）と前後して，池田新市街の造成と家屋新築に取りかかる。そして鉄道営業開始（同年3月）後の6月末，竣成したばかりの池田室町の住宅地を一斉に売り出した。その販売に際して，同社は池田室町が単に風光明媚で，居住環境に優れているのみならず，以下のような資産価値をも有している点を強調している。

　　　　◎新市街の住宅を買ふ人の利益
　一　会社が売却する値段は元価ゆへ買受人諸君相集って此新市街を完全に形作るに至らば其地価は忽ち騰貴し土地の価格のみにて優に買入代金を償却するに至ること決して空想にあらず。試に池田町の土地の相場并に当会社沿道及阪神南海線沿道に於ける地価の振合を参考せば，忽ち確信するに至るべし。
　・　会社は利益を度外視し原価にて売却する所以は，以て沿道の住家を増加し乗客を誘致するを唯一の目的とするが故なり。諸君は会社より原価にて買取り茲に住むに至らば，土地の価格の騰貴と共に直に利益を得こと嚢中の物をさぐるが如し[49]。

いささか誇張があるとはいえ，顧客に沿線開発の進展にともない地価が高騰することを示唆し，単なる住宅としてだけでなく，資産としても有望である点をアピールしている。こうした宣伝の効果も手伝って，池田新市街は発表直後に

---

48) 箕面有馬電軌は1912年上期に電気鉄道部と地所部の2部門からなる事業部制を採用するが，その際，社債利払いの負担は両事業部で折半している（箕面有馬電気軌道1912a）。

49) 箕面有馬電気軌道『池田新市街平面図』（1910年）広告文（池田文庫所蔵）。なお箕面有馬電気軌道関係資料の閲覧に際しては，阪急電鉄広報部・総務部，池田文庫の担当者各位および橋野知子氏（神戸大学）にお世話になった。記して感謝の意を表したい。

表 1-4-2　池田新市街の分譲状況

| | 1910年現在区画数 | うち売却済 |
|---|---|---|
| 総区画数 | 207 | |
| 売出区画数 | 87 | 51 |
| 内訳 1,800 円 | 1 | 1 |
| 2,000 円 | 9 | 4 |
| 2,100 円 | 7 | 5 |
| 2,200 円 | 9 | 1 |
| 2,300 円 | 14 | 6 |
| 2,400 円 | 25 | 13 |
| 2,500 円 | 17 | 16 |
| 土地のみ | 5 | 5 |
| 未分譲 | 120 | |

出典）箕面有馬電気軌道『池田新市街平面図』(1910年)。

「立所ニ其半数以上ヲ売却シ未建築地所並ニ家屋ハ漸時売行好況」という状態になった（箕面有馬電気軌道 1910a, 21頁）。表1-4-2からその様子を確認すると，販売開始直後の池田新市街住宅は，総区画数 207 区画のうち第一期として 87 区画を分譲し，1910 年中に 51 区画が売却済みとなっている。第一期分譲の面積は 1 区画 100 坪前後，価格は土地家屋に畳建具造作一式付属，塀，庭園等を含めて 1,800-2,500 円，最多価格帯は 2,400 円であった。また建築条件なしの土地分譲も 5 区画だけ行っている。

一方，その代金については，予約当日に 300 円を内入金として箕面有馬電軌地所課に納入した後，残額を一括払いもしくは 3 年以上 10 年以内の延べ払い（月賦）で支払うことになっていた[50]。月賦販売の具体例として，桜井住宅における土地家屋（1,200 円）のローンシミュレーション（1910 年）を示すと，表 1-4-3 の通りである。10 年ローンの場合，まず頭金を 200 円支払い，残った元金 1,000 円を月々 12 円で 10 年間返済することになっていた。

池田室町の成功をうけて，箕面有馬電軌は 1910 年上期には早くも第二区住宅地として桜井停留場付近（27,900 坪）での宅地開発に乗り出した。桜井住宅は 50-60 坪の宅地に 2 階建 4 間程度の家屋 40 戸を建築し，これを 1 戸平均 1,200 円で売り出す計画であり，1911 年 4 月に「新築落成ト共ニ売却法ヲ発表シタル処，直ニ其全部売約済ノ盛況ヲ呈シ尚新築予約ノ申込ヲ受クルモノ数十件ノ多キニ上レル」という好調な滑り出しをみせた（箕面有馬電気軌道 1911a, 22頁）。そこで，直ちに追加分譲に取りかかり，1913 年 9 月までに 29 区画

---

50) 箕面有馬電気軌道『池田新市街平面図』(1910年) 広告文。

（累計 69 区画）を売却した[51]。

ところで池田室町や桜井の住宅を購入したのは，どのような人々であったのだろうか。池田新市街住宅の広告に，「大阪で借家するよりも安い月賦で買へる立派な邸宅」という宣伝文句があることから，箕面有馬電軌が大阪の貸家に在住している「月給取り」（新中間層）を顧客として意識していたことは確かである（箕面有馬電気軌道 1913b，6頁）。それに加えて，池田住宅の資産としての有望性も強調していることから，不動産投資を行う資産家層への働きか

表 1-4-3 桜井住宅の月賦販売

| 分譲地（50-60 坪）＋ 家屋（畳建具付） | |
|---|---|
| 総　額 | 1,200 円 |
| うち頭金 | 200 円 |
| 月賦元金 | 1,000 円 |

元金 1,000 円に対する月賦金

| | | 月賦金額（円） | 合計額（円） |
|---|---|---|---|
| 10 年ローン | 毎月 | 12.000 | 1,440 |
| 9 年　〃 | 〃 | 12.963 | 1,400 |
| 8 年　〃 | 〃 | 14.167 | 1,360 |
| 7 年　〃 | 〃 | 15.714 | 1,320 |
| 6 年　〃 | 〃 | 17.778 | 1,280 |
| 5 年　〃 | 〃 | 20.667 | 1,240 |
| 4 年　〃 | 〃 | 25.000 | 1,200 |
| 3 年　〃 | 〃 | 32.222 | 1,160 |

出典）箕面電車地所課『理想的郊外生活　月拾弐円で買へる土地家屋』（1910 年）。

けもあった。事実，同社の PR 誌である『山容水態』に掲載されている池田新市街住宅の「借家御案内」によると，大阪市内在住の家主が複数存在し，それぞれ 1 戸もしくは 2 戸の貸家を所有していることが判明する[52]。1910 年下期の同社営業報告書が，「近来大阪付近土地売買ハ非常ノ好況ヲ呈シ地価ノ暴騰驚クベキモノアリ」と述べていることからわかるように，当時の大阪周辺では土地ブームが生じており，投資目的で住宅を購入する階層も存在したのである（箕面有馬電気軌道 1910b，19 頁）。

このように好調な滑り出しをみせた住宅地経営は，開業直後の箕面有馬電軌にとって，まさに打ち出の小槌であった。この点について，同社自身は以下のような認識を示している。

近来ノ土地熱勃興ハ各地ノ地価ヲシテ驚ク可キ暴騰ヲ現ハサシメタルガ，

---

51) 箕面有馬電気軌道『桜井住宅案内』（1913 年 9 月）。
52) 箕面有馬電気軌道『山容水態』1913 年 12 月号，同 1914 年 3 月号，同 1914 年 5 月号，同 1914 年 7 月号を参照。

就中当会社沿道ノ土地ハ大阪付近ニ於ケル郊外生活地ノ中第一位ヲ占メ而モ比較的割安ナルヲ以テ売買頗ル盛ナリシガ，当会社モ岡町，服部，桜井，池田，中山等六万余坪ヲ売却シ巨額ノ利益ヲ得タルノミナラズ，其沿道ニハ住宅経営ヲ目的トシタル組合又ハ会社ノ設立少ナカラザレバ，遠カラズシテ各種住宅経営ノ繁栄ヲ期シテ待ツベキナリ。而シテ当会社ガ直接経営セル住宅ハ池田新市街家屋八拾四軒，桜井住宅四拾軒殆ト全部ヲ売却シタル好結果ヲ見タリ。尚買入希望申込多キタメ当期ニ於テ更ニ桜井，池田，岡町，中山等数十軒新築ニ着手シタル所其落成ヲ待タズシテ既ニ売約済ノモノ十数件アリ。全部落成ノ期タル五，六月ニ至ラハ忽チ売却シ得ル盛況ヲ予想スルニ難カラサル可シ（箕面有馬電気軌道 1911b，21-22頁）。

まず前半の傍点部分から，箕面有馬電軌の沿線地域が当時の大阪周辺における「土地熱」の中心であり，そのため同社は住宅分譲によって「巨額ノ利益」を得たことがわかる。さらに後半の傍点部分が示すように，箕面有馬電軌は今後も不動産事業が発展するという見通しを得ていた。そこで同社は，それまで地所課（1909年設置）として職能別組織の一端を構成していた不動産業部門を，1912年上期に地所部として分離し，電気鉄道部と地所部がそれぞれの収益を明確に把握できるようにした。それは不動産事業を本業である電鉄業と並ぶ，重要な戦略部門と位置付けたことの意思表明であった。

この点をふまえて，次に当該期における不動産事業の営業成績を，財務諸表から確認してみたい[53]。1910年上期にはじまった同社の不動産事業は，1910年下期から急速に事業収入を伸ばしはじめ，11年下期には収入合計が172千円に達した。その時点での固定資産利益率（ROI）を，表1-4-4をもちいて電鉄部と比較すると，電鉄部の6.3％に対して，地所部は28.1％と4倍以上の水準に達している。ちなみに1910年下期と1911年下期の箕面有馬電軌は年6％と7％の配当を行っていたが，遊覧客が減少する冬季（下期）における電鉄部

---

53) 1910年上期から11年下期の期間における不動産事業は，まだ電鉄事業から未分離であり，利子負担額などが不明である。そこで表1-4-4では地所部が独立した1912年以降に合わせて社債利子の半額を不動産事業の費用に計上し，利益金修正額を算出している。以下，主としてこの修正額をもとに議論を進めたい。

表 1-4-4 箕面有馬電鉄の事業部別収益

| | 固定資産（千円） | | 営業利益（千円） | | 固定資産利益率（ROI） | | 配当率（年率） |
|---|---|---|---|---|---|---|---|
| | 電鉄部 | 地所部 | 電鉄部 | 地所部 | 電鉄部 | 地所部 | |
| 1907年度下期 | 21 | | | | | | |
| 1908年度上期 | 213 | | | | | | |
| 08年度下期 | 493 | 243 | | | | | |
| 1909年度上期 | 1,261 | 338 | | | | | |
| 09年度下期 | 3,395 | 422 | 11 | | 0.6% | | 5.0% |
| 1910年度上期 | 3,769 | 491 | 161 | −13 | 8.5% | −5.1% | 6.0% |
| 10年度下期 | 4,352 | 658 | 122 | 33 | 5.6% | 10.0% | 6.0% |
| 1911年度上期 | 4,597 | 751 | 203 | 40 | 8.8% | 10.7% | 6.0% |
| 11年度下期 | 4,751 | 956 | 149 | 134 | 6.3% | 28.1% | 7.0% |
| 1912年度上期 | 4,957 | 1,091 | 206 | 21 | 8.3% | 3.9% | 7.0% |
| 12年度下期 | 5,044 | 1,152 | 156 | 29 | 6.2% | 5.1% | 7.0% |
| 1913年度上期 | 5,093 | 1,182 | 203 | 41 | 8.0% | 7.0% | 7.0% |
| 13年度下期 | 5,134 | 1,187 | 154 | 25 | 6.0% | 4.2% | 7.0% |
| 1914年度上期 | 5,191 | 1,249 | 174 | −2 | 6.7% | −0.4% | 5.0% |
| 14年度下期 | 5,236 | 1,268 | 138 | 4 | 5.3% | 0.6% | 5.0% |
| 1915年度上期 | 5,273 | 1,252 | 200 | −8 | 7.6% | −1.3% | 5.5% |
| 15年度下期 | 5,196 | 1,250 | 168 | 13 | 6.5% | 2.2% | 6.0% |

出典）箕面有馬電気軌道（1907-1915）。
注）1910年上期-1911年下期の営業利益は社債利子（計6万円）を電鉄部と地所部で折半した場合の推計値である。

門のROIはそれぞれ5.6％と6.3％に過ぎず，本業のみの収益でその配当率を維持することは困難であった。つまり開業直後の箕面有馬電軌にとって，「土地経営ニヨツテ利得シタル収益ハ電気鉄道収益ノ足ラザルヲ補」う重要な役割を果たしたのである（箕面有馬電気軌道 1912, 25頁）。

前掲史料が示すように，1911年下期になると箕面有馬電軌の沿線地域では，土地ブームに便乗する形で「住宅経営ヲ目的トシタル組合又ハ会社」が設立され，住宅地の供給が増加しはじめた（箕面有馬電気軌道 1911b, 21-22頁）。例えば岡町駅西方一帯では，岡町住宅株式会社が山林地を切り開いて住宅開発を開始し，1912年以降，1区画80坪前後の宅地・建売住宅が順次，分譲されていった（総面積75,400坪）（豊中市史編さん委員会 1998, 222-223頁）。沿線人口を増やし，通勤・通学客を中心とする固定的な乗客を確保するという輸送面での経営戦略を考えた場合，他の事業者による開発の進展は歓迎すべき傾向で

あった．仮に他の事業者が廉価で豊富な住宅用地を供給してくれた場合，電鉄会社は沿線人口涵養のために敢えて割安な料金で所有地を放出する必要はなくなる．しかしその一方で，沿線における住宅開発の急速な進展は，宅地の供給過剰を招き，箕面有馬電軌の不動産事業の成長を鈍化させることになった（表1-4-4）．

また当初，不動産販売の促進に大きな力を発揮した月賦による土地建物の延売も，金利負担の増加という点で電鉄経営にとって桎梏になる場合があった．箕面有馬電軌では，1911 年下期に 374,717 円であった土地家屋延売勘定が，1912 年下期には 511,730 円へと大きく膨らんだ（箕面有馬電気軌道 1911b，1912b）．それにともない利息収支（延売利息―社債・支払利子）が，1912 年上期のマイナス 15,625 円から 1913 年上期のマイナス 18,918 円へと漸次悪化した（箕面有馬電気軌道 1912a，1913a）．

こうした販売の鈍化と金利負担の増加によって，表 1-4-4 が示すように，1912 年になると地所部の利益率は急落し，同社は不動産経営の方向転換を迫られることになった．そこで 1912 年上期に箕面有馬電軌は，「単ニ収益ヲ目的トスル売却ハ必ラズシモ急グニ及ハサルベク唯タ最終ノ利益ヲ主眼トシ以テ積極的経営ノ実行ヲ期スル」という，より付加価値の高い「土地経営ノ方針」を打ち出す（箕面有馬電気軌道 1912a，25-27 頁）．具体的には豊中経営地の買い増しを行い，大運動場を建設してスポーツ大会などのイベントを誘致するとともに，個人用宅地だけでなく社宅用地をはじめとする大区画分譲を行うといった複合的な沿線開発を展開し，「従来ニ比ナキ理想的経営ヲ実行」することをめざした（京阪神急行電鉄 1959，120 頁）．さらに 1913 年 7 月には『山容水態』という PR 雑誌（月刊）を発行し，同社経営地のイメージ・アップ戦略を推進するとともに，毎号，「借家御案内」や「売家御案内」といった住宅情報を掲載し，沿線における住宅市場の活性化をはかった（『山容水態』各号）．

ところが 1914 年上期になると，「続ク不景気ト戦争ノ打撃ヲ蒙」って不動産不況が深刻化し，「売行不振ナリシガ上ニ既ニ売却シタルモノヽ中ニテモ内入金ヲ放棄シ解約シタルモノモアリ」という有様で（箕面有馬電気軌道 1914，23頁），地所部の収支はついに赤字になってしまった（表 1-4-4）．また 1914 年 4

月には，箕面有馬電軌を金融面で支えていた北浜銀行（頭取・岩下清周）が破綻し，その余波を受けて同社では岩下清周社長が辞任を余儀なくされた。こうした経営の混乱もあって箕面有馬電軌株の株価は半分に暴落し，同社は一時的に深刻な経営危機に直面する（小林 1990，221-224 頁）。

しかし箕面有馬電軌は，この危機を電鉄業の堅調な営業成績に支えられて脱することができた。その際，沿線地域での住宅開発の進展が，沿線の通勤・通学といった固定的な需要を確保し[54]，本業である電鉄業に安定した利益をもたらした（表 1-4-4）。そのため同社は最低限の配当（5％）を行うことが可能になり，電鉄の信用で発行された低利の長期社債の存在もあって，「売残」の土地家屋を塩漬けにすることができた（小林 1990，204-205 頁，箕面有馬電気軌道 1914，23-24 頁）。そして 1915 年下期になると，「諸工業ノ盛況ト共ニ其ノ余波ハ漸ク土地ニモ及バントスル曙光ヲ認ムル」というように第一次世界大戦ブームの影響がではじめ（箕面有馬電気軌道 1915，24 頁），地所部の収支も 3 期続いた赤字基調を脱した（表 1-4-4）。その結果，1914 年に 1 株（30 円払込）が最低 15 円 50 銭まで下落していた箕面有馬電軌の株価は，1916 年には額面を回復し，1 株（50 円払込）51 円をつけるようになった（京阪神急行電鉄 1959，271 頁）。

以上のように，沿線での郊外宅地開発によって土地収益と乗客増の両得を得るという小林一三の経営戦略は，結果的に電鉄業と不動産業の相乗効果を引き出すことに成功した。しかし周到な用地買収を行い，月賦販売という斬新な販売方法をとった箕面有馬電軌でさえも，不動産事業による高収益を享受できたのは，池田住宅や桜井住宅を売り出した 1910 年下期から 11 年下期までの 3 期のみである。そのことが示唆するように当該期の沿線宅地開発は決して安定的な事業ではなく，景気変動の影響を受けやすい，高リスクの事業であった。従って小林の不動産業における成功は，低リターンながら低リスクで社会的信用があり，かつ低利資金を獲得できる電鉄業の存在によって担保されていたと

---

54) 箕面有馬電軌では 1910 年以降，旅客収入に占める定期・回数券の比重が一貫して増大してきたが，とくに不況によって乗客数が減少した 1914 年，15 年にその比重が 40％前後まで高まっている（箕面有馬電気軌道『報告』各回）。

いえよう。

(中村 尚史)

# 第2章　都市化・重化学工業化と不動産業の展開
：1914-1936

## 1. 都市化の進展と不動産業

### 1) 都市化・重化学工業化と都市計画

　第一次世界大戦期から両大戦間期にいたる時期，日本では都市化と重化学工業化が同時に進行し，それにともない不動産業をめぐる経済環境も変容していった。

　1920年から35年にかけて，都市人口[1]は1,850万人から2,669万人へと1.4倍になり，全国人口に対するその比重は33.1％から38.5％へと増加した。なかでも東京を中心とする京浜地域と大阪を中心とする京阪神地域の人口増加は著しく，この間に実数が1.6倍へ，対全国比が15.3％から19.2％へと急伸している（中村・尾高 1989, 45-46頁）。こうした人口の集中をうけて，1925年に大阪市で，32年には東京市で相次ぎ市域の大規模な拡張が行われ，大都市圏が形成され始めた。表2-1-1を用いて二大都市における人口密度の推移をみると，先に市域拡張[2]を行った大阪では1925年以降順調に人口が増加し，1935年の人口密度が1920年（含拡張市域）の1.6倍になっていることがわかる。これに対して東京では，関東大震災（1923年）の影響で，1920年から25年にかけて中心部（15区内）の人口が17万人以上減少した。この間，郊外地域（新市部）の人口は92万人以上増加しており，以後も人口密度が上昇を続

---

1) 1925年に市制が布かれていた都市に現北九州市域を加えたもの（中村・尾高 1989, 46頁）。
2) 1925年の第二次市域拡張を指す。この市域拡張で大阪市は，西淀川，東淀川，東成，西成，住吉の各区域（124平方キロメートル）を合併した（名武 2004を参照）。

表 2-1-1　東京・大阪の現住人口と人口密度

|  | 東京市（15区内） | | | 東京市（新市部） | | | 大阪市 | | |
| --- | --- | --- | --- | --- | --- | --- | --- | --- | --- |
|  | 現住人口<br>（千人） | 面積<br>（km²） | 人口密度<br>（人/km²） | 現住人口<br>（千人） | 面積<br>（km²） | 人口密度<br>（人/km²） | 現住人口<br>（千人） | 面積<br>（km²） | 人口密度<br>（人/km²） |
| 1920年 | 2,173 | 79 | 27,466 | 1,185 | 491 | 2,411 | 1,253 | 58 | 21,437 |
| 含拡張市域 |  |  |  |  |  |  | 1,768 | 182 | 9,732 |
| 1925年 | 1,996 | 80 | 24,977 | 2,114 | 492 | 4,299 | 2,115 | 182 | 11,640 |
| 1930年 | 2,071 | 80 | 25,921 | 2,916 | 492 | 5,932 | 2,454 | 185 | 13,253 |
| 1935年 | 2,247 | 80 | 27,667 | 3,649 | 492 | 7,422 | 2,990 | 187 | 15,960 |

出典）東京市役所（1920, 1925, 1930, 1935），大阪市役所（1920, 1925, 1930, 1935）。
注）東京市は1932年10月，大阪市は1925年にそれぞれ合併により市域が拡大。

けている。ただし1930年以降は中心部における人口も徐々に回復していることから，東京では旧市街から郊外への移住という人の流れだけでなく，郊外地域が地方から流入してくる人の受け皿として機能した点にも留意が必要である。なお東京では1932年10月に市域拡張が行われ，旧市街周辺の荏原，豊多摩，北豊島，南足立，南葛飾の各郡（492平方キロメートル，新市部）が市域に編入された。

　一方，第一次世界大戦を契機として，東京，神奈川，愛知，京都，大阪，兵庫，福岡の7府県からなる四大工業地帯の形成がはじまり，その全国シェアは生産額が1919年の58.5％から1936年の65.3％へ，工場数が同じく49.7％から54.1％へと漸増していく。この間，全国的に産業構造の重化学工業化が進んだが，その傾向は四大工業地帯でとくに顕著であり，7府県の工業生産額に占める化学，窯業，金属，機械器具といった重化学工業製品の比重は，1919年以降，一貫して70％を超えていた（中村・尾高1989，45-46頁）。また会社企業の地域別分布を表2-1-2からみると，東京府の会社数が1919年末の対全国比11.8％から1937年末の21.1％へ，また払込資本金額が同じく36.4％から47.1％へと大きく比重を伸ばしている点が指摘できる。同様に大阪府も会社数が1919年末の7.7％から1937年末の12.8％へ，払込資本金額が同じく16.2％から19.3％へと比重を高めている。

　こうした人口や工場，会社の急速な増加をうけて，東京や大阪といった大都市では生活環境の悪化などが問題になり，都市計画の必要性が強く認識される

表 2-1-2　会社企業地域別分布の推移

(単位：百万円)

| | 1919年末現在 | | | | 1937年末現在 | | | |
|---|---|---|---|---|---|---|---|---|
| | 社数 | 同比率 | 資本金 | 同比率 | 社数 | 同比率 | 資本金 | 同比率 |
| 北海道 | 1,479 | 5.6 | 117 | 2.0 | 3,303 | 3.9 | 286 | 1.4 |
| 東北 | 1,925 | 7.3 | 150 | 2.5 | 5,715 | 6.7 | 352 | 1.8 |
| 北関東 | 1,021 | 3.9 | 87 | 1.5 | 2,686 | 3.2 | 153 | 0.8 |
| 南関東 | 4,623 | 17.6 | 2,494 | 41.7 | 22,280 | 26.2 | 10,108 | 50.6 |
| うち東京府 | 3,103 | 11.8 | 2,177 | 36.4 | 17,935 | 21.1 | 9,403 | 47.1 |
| 北陸 | 1,861 | 7.1 | 203 | 3.4 | 3,784 | 4.4 | 514 | 2.6 |
| 東山 | 1,771 | 6.7 | 112 | 1.9 | 4,672 | 5.5 | 279 | 1.4 |
| 東海 | 3,297 | 12.5 | 347 | 5.8 | 7,693 | 9.0 | 922 | 4.6 |
| うち愛知県 | 1,969 | 7.5 | 216 | 3.6 | 5,047 | 5.9 | 667 | 3.3 |
| 近畿中央 | 4,791 | 18.2 | 1,760 | 29.5 | 20,315 | 23.9 | 5,408 | 27.1 |
| うち大阪府 | 2,036 | 7.7 | 968 | 16.2 | 10,923 | 12.8 | 3,854 | 19.3 |
| 近畿周辺 | 668 | 2.5 | 86 | 1.4 | 1,518 | 1.8 | 167 | 0.8 |
| 山陰 | 459 | 1.7 | 28 | 0.5 | 1,192 | 1.4 | 77 | 0.4 |
| 山陽 | 1,450 | 5.5 | 148 | 2.5 | 3,474 | 4.1 | 609 | 3.1 |
| 四国 | 1,143 | 4.3 | 123 | 2.1 | 2,330 | 2.7 | 225 | 1.1 |
| 北九州 | 1,048 | 4.0 | 225 | 3.8 | 3,410 | 4.0 | 607 | 3.0 |
| 南九州 | 744 | 2.8 | 96 | 1.6 | 2,670 | 3.1 | 254 | 1.3 |
| 合計 | 26,280 | 100 | 5,976 | 100 | 85,042 | 100 | 19,961 | 100 |

出典）内閣統計局（1919，1937）。
注）資本金は払込資本金額を示す。比率は％。

ようになった。1919年，都市計画法と市街地建築物法が公布される。これは東京市区改正条例（1888年制定）をもとに，都市計画に関する統一的な法律制定を目指したものであり，新たに地域地区指定や土地区画整理事業の実施などが盛り込まれた点に特徴があった。都市計画法の制定を受けて東京では用途地域制の原案を作成し，震災後の1925年，地域指定を含む東京都市計画を発表した。この計画では，工場に関する規制をともなう住居地域，商業地域とその規制がない工業地域の三区分を基本として，これでカバーできない地域が未指定地域とされた。具体的には現状の工場立地を考慮して市の東北部（本所，深川，南葛飾など）と南部（品川，大崎）が工業地域に指定され，浅草から芝にいたる下町と幹線道路沿いが商業地域に，山手台地上が住居地域にそれぞれ指定されている（堀内1978，48-52頁）。東京の都市計画地域は，その後1926年，29年，35年と度々変更，拡大されるが，いずれも既存の工場立地に計画

自体を合わせていく傾向があった。そのため1930年代の東京では，工業地域の住宅地化，商業地化または住居地域の工業化が進み，用途地域制は形骸化していくことになる（沼尻 2002, 83-85頁）。これに対して，大阪では中心部（旧市内）が商業地域としてすでに飽和状態であったことから，明治期以降の工業化の過程で工場とその労働者住宅は周辺部（近隣町村）に立地した。その後第一次市域拡張（1897年）で湾岸部が市域に編入され，埋立地が工業地化していき，また周辺農村が無秩序に開発されて工業地化する（名武 2004, 19-21頁）。こうして都市計画法施行（1919年）以前の時点で，中心部＝商業地域，周辺部＝工場地域という明確な地域区分が出来上がっていた。これに対して1925年の第二次市域拡張後には，関一大阪市長のイニシアティブのもとで綜合大阪都市計画（1928年），第二次都市計画（1932年）と，市域全般にわたる都市インフラ整備が進行し，また土地区画整理事業などによる郊外地域の統一的な開発が進行していった（長谷川 1994, 138-146頁）。

## 2）不動産売買と地価の動向

　第一次世界大戦によってもたらされた好景気は，1915年後半にまず関西で，そして16年初頭からは関東でも，市街地地価の高騰と土地建物取引の急増という形で不動産業に直接的影響を及ぼした。大戦景気によっていち早く企業勃興が生じた関西地域では，製造業を中心に工場用地，事務所用地の実需が増加して地価が上昇しはじめた。例えば大阪では，第一次大戦前に坪690円だった最高地価が，1920年5月には坪3,000円を記録した（橋本 1994, 11-12頁）。一方，東京も大阪ほどではなかったにせよ，同様に地価高騰が観察された（橋本 1994, 13頁）。こうした地価の高騰にあわせて，第一次世界大戦期には土地建物の取引件数も急伸し，東京では1916年の8,343件から1919年の12,499件へ，大阪では同じく2,135件から4,582件へと増加している（表2-1-3）。それにともない大都市部では，不動産取引を仲介する土地会社が続々と設立された。例えば大阪では1918年から19年にかけて47社の土地会社が設立され，土地売買だけでなく開発・分譲によって大きな利益を出した（橋本 1994, 14-16頁）。

表 2-1-3　東京・大阪における不動産売買（土地建物合計）の動向

(単位：千円)

| 年 | 東京市 件数 | 東京市 価格 | 東京府 件数 | 東京府 価格 | 大阪市 件数 | 大阪市 価格 | 大阪府 件数 | 大阪府 価格 |
|---|---|---|---|---|---|---|---|---|
| 1914 | 6,884 | 19,893 | | | | | | |
| 1915 | 6,881 | 17,642 | | | | | | |
| 1916 | 8,343 | 31,563 | | | 2,135 | 8,146 | | |
| 1917 | 9,198 | 38,188 | | | 3,238 | 16,580 | | |
| 1918 | 10,287 | 48,617 | | | 3,779 | 34,837 | | |
| 1919 | 12,499 | 71,804 | | | 4,582 | 39,826 | | |
| 1920 | 8,858 | 72,907 | | | 2,779 | 48,830 | | |
| 1921 | 10,815 | 74,422 | 23,342 | 115,171 | 2,540 | 30,867 | 16,248 | 94,006 |
| 1922 | 7,693 | 70,737 | 21,932 | 114,531 | 2,289 | 31,853 | 17,146 | 89,344 |
| 1923 | (3,479) | (44,840) | (17,144) | (86,279) | 2,354 | 30,730 | 18,292 | 87,894 |
| 1924 | 4,310 | 51,858 | 21,957 | 104,277 | 2,477 | 30,550 | 20,238 | 92,607 |
| 1925 | 4,371 | 51,386 | 23,359 | 100,686 | 7,454 | 64,994 | 23,299 | 89,755 |
| 1926 | 5,122 | 56,098 | 24,177 | 108,178 | 5,743 | 63,701 | 21,970 | 89,486 |
| 1927 | (4,427) | (53,796) | (23,270) | (105,546) | 5,511 | 57,794 | 20,687 | 82,072 |
| 1928 | 5,501 | 72,216 | 24,272 | 125,645 | 5,756 | 69,353 | 21,035 | 95,983 |
| 1929 | 4,883 | 56,245 | 24,380 | 107,258 | 4,738 | 32,878 | 21,326 | 78,755 |
| 1930 | 4,903 | 35,127 | | | 4,745 | 43,055 | | |
| 1931 | 4,607 | 36,229 | | | 5,566 | 42,091 | | |
| 1932 | 20,704 | 64,316 | | | 5,755 | 40,358 | | |
| 1933 | 19,976 | 68,729 | | | 6,709 | 46,542 | | |
| 1934 | 24,145 | 78,247 | | | 7,128 | 53,716 | | |
| 1935 | 23,368 | 87,477 | | | 7,699 | 51,955 | | |
| 1936 | 20,642 | 97,576 | | | 8,794 | 65,732 | | |

出典）東京市役所（1914-1936），大阪市役所（1914-1936），日本勧業銀行（1923-1936）。
注）東京は東京区裁判所，赤羽，富士見町，二長町，林町の各派出所に，大阪は大阪区裁判所に登記された物件。なお 1923 年 1-9 月の二長町，林町分は震災で焼失のためデータなし。また林町は 1927 年もデータなし。また東京市は 1932 年，大阪市は 1925 年に市域を拡張したためそれ以前と以後とでは数値が連続しない。

　ところが 1920 年 3 月に反動恐慌が発生すると，大阪では一転して土地取引件数が激減し（表 2-1-3），地価の暴落が生じた。例えば最高時に坪 3,000 円であった北浜の地価は，1924 年には坪 1,500 円にまで下落した（橋本 1994，19 頁，表 1-7）。以後，大阪周辺では 1920 年代を通して地価の停滞が続き，継続的な不動産不況におちいった。表 2-1-3 から 1920 年代の大阪府における土地建物売買の動向をみると，1923 年を境に 1 件あたり売買価格が 5 千円台から 4 千円台に下落し，以後，その状態が 1929 年まで続いていることがわかる。こ

表 2-1-4　土地建物賃貸業の会社数および資本金・出資金額の推移

| 年 | 会社数 | | | 公称資本金・出資金（千円） | | | 1社平均資本金額（千円） | | |
|---|---|---|---|---|---|---|---|---|---|
| | 東京 | 大阪 | 全国 | 東京 | 大阪 | 全国 | 東京 | 大阪 | 全国 |
| 1923 | 19 | 58 | 326 | 15,311 | 91,545 | 153,394 | 806 | 1,578 | 471 |
| 1924 | 34 | 56 | 382 | 21,605 | 85,360 | 204,557 | 635 | 1,524 | 535 |
| 1925 | 44 | 76 | 477 | 21,122 | 90,833 | 220,102 | 480 | 1,195 | 461 |
| 1926 | 69 | 103 | 536 | 26,703 | 157,915 | 296,718 | 387 | 1,533 | 554 |
| 1927 | 86 | 91 | 591 | 51,673 | 141,131 | 314,764 | 601 | 1,551 | 533 |
| 1928 | 101 | 85 | 628 | 54,948 | 128,518 | 311,645 | 544 | 1,512 | 496 |
| 1929 | 139 | 102 | 703 | 61,973 | 137,475 | 314,768 | 446 | 1,348 | 448 |
| 1930 | 153 | 112 | 795 | 53,413 | 135,431 | 301,199 | 349 | 1,209 | 379 |
| 1931 | 173 | 119 | 861 | 72,689 | 135,763 | 316,267 | 420 | 1,141 | 367 |
| 1932 | 220 | 127 | 1,008 | 68,324 | 129,621 | 305,767 | 311 | 1,021 | 303 |
| 1933 | 286 | 147 | 1,155 | 66,307 | 105,576 | 287,514 | 232 | 718 | 249 |
| 1934 | 369 | 191 | 1,342 | 78,699 | 136,915 | 340,478 | 213 | 717 | 254 |
| 1935 | 401 | 168 | 1,419 | 75,741 | 147,543 | 355,360 | 189 | 878 | 250 |
| 1936 | 429 | 170 | 1,438 | 80,602 | 148,961 | 357,329 | 188 | 876 | 248 |

出典）商工大臣官房統計課（1923-1936）。

の間，取引件数は1925年まで緩やかに回復したが，26年以降，21,000件前後で停滞気味に推移することになった。

　これに対して東京の場合，反動恐慌の影響が大阪に比べて小さく，土地建物の取引件数が1920年に一時減少した後，1921年には再び増加している。ところが1923年に発生した関東大震災の影響で，中心部（15区内）における土地建物取引件数は大きく減少し，1924年から26年にかけて，停滞気味に推移することになった（表2-1-3）。ただし郊外まで含めた東京府の数値でみると，震災前後の土地建物取引件数はそれほど落ち込んでおらず，むしろ震災後は郊外開発の進展によって上昇傾向にあった（蒲池 1994，105頁）。また東京市における取引1件あたりの売買価格は，震災復興事業の影響で1923年から29年にかけて高騰しており，1920年代を通して低落傾向にあった大阪市のそれと好対照をみせている（表2-1-3）。

　こうした東京と大阪の不動産市場の違いは，不動産業者（土地建物賃貸業者）[3]の動向にも反映された。表2-1-4が示すように，東京における不動産業者数は震災後，順調に増加し，とくに1926年と1929年に急増している。これ

は1927年,28年と事業者数が減少した大阪とは対照的な動きである。その結果,1930年代にはいると東京の不動産業者数は大阪のそれを大きく上回るようになった。しかし1社あたり資本金額を基準として不動産業者の経営規模をみると,1920年代を通して大阪が東京の2-3倍になっている。大阪では1920年代の不動産不況によって小規模な事業者が淘汰される一方で,安治川土地に代表されるような周辺部開発型の大規模土地会社が,土地賃貸事業を中心に安定的な収益をあげていた(長谷川 1995, 54-56頁)。これに対して1920年代後半の東京では,震災復興の過程で小規模な土地会社が叢生し,耕地整理組合や電鉄会社による郊外開発とあいまって,活発な土地建物取引がみられた(蒲池 1994, 105-106頁)。

1932年以降の景気回復の過程で,不動産業界は全国的に再び活況を呈するようになり,東京を中心に事業者数が急増した(表2-1-4)。1920年代に取引が停滞していた大阪でも,表2-1-3が示すように1933年から土地建物取引件数が顕著な回復を見せはじめた。そしてその中心は,中小規模の宅地開発・分譲であったといわれている(橋本 1994, 23-24頁)。この点を反映して1933年以降の大阪では事業者数が増加する一方で,1社あたり資本金額が大幅に低下しており,中小規模の不動産事業者の叢生が推察できる(表2-1-4)。

### 3)不動産法制の展開と土地家屋所有

土地・建物の所有権と利用権の調整に関する法制は,不動産業の発展を考える上で重要な制度的枠組みといえる。民法(1898年施行)に定めた土地貸借の権利関係が地主に有利であったこともあり,明治期には都市部において大量の借地が成立した。それにともない各地で頻発した借地紛争を沈静化するため,明治末から大正期にかけて貸借権の保護立法が相次いで制定される(瀬川 1995, 118-119頁)。その第一着手が第1章第2節で検討した建物保護法(1909年)であり,その延長線上に1921年の借地法・借家法および借地借家調停法の制定があった。

---

3)なお『会社統計表』には土地建物賃貸業のほかに「仲介業」の項目があり,そこに含まれる不動産業者を分離できない(長谷川 1995, 32頁)。

1921年4月に制定された借地法の特徴は，①借地権存続期間の長期化，②建物買取請求権の借地人への付与，③地代の増減額請求権の付与の3点に要約できる。このうち①は，借地権（地上権・賃借権とも）の存続期限を従来の20年から，「堅固ノ建物」（石造，煉瓦造など）は60年，その他の建物は30年と大幅に延長した。なお存続期間は特約がある場合，堅固の建物は30年以上，その他の建物は20年以上の期間を定めることができたが，それに満たない期間の約定は無効とされた。②については借地権の期間満了後，借地を返還する際に借地人が地主に建物の買取を請求できるというものであり，借地人の建設資金回収と借地契約の更新を目的としていた。また③は借地期間の長期化にともなう地代の不相応を是正するためのものであった。なお同法は，新規設定の借地のみならず既存の借地にも適用された。一方，借地法と同時に制定された借家法は，①借家権の登記がなくても建物の引渡を要件として借家権を認める，②借家権の存続への配慮，③造作買取請求権の付与，④借賃の増減請求権の付与という4点に特徴があり，借地法と同様に既存の借家にも適用された。さらに翌22年には借地・借家紛争の迅速な解決を目指して借地借家調停法が制定される。その内容は借地借家関係の紛争当事者が土地建物所在地の区裁判所に調停を申請した場合，裁判所が調停委員会を立ち上げて調停を行うというものであった（稲本・小柳・周藤 2004，30-32頁）[4]。

借地法・借家法および借地借家調停法の制定によって，土地・建物の所有権に対する利用権の対抗力が強化され，借地・借家関係の紛争処理システムが出来上がった。この一連の立法措置については，建物という財産の保護と借地人に対する不意打ちの防止にとどまるという消極的な評価（瀬川 1995，121頁）もある[5]。しかし，以後，借地の新規供給が減少し，既存借地権が相当の価格で売買されるようになった点は注目できる（稲本・小柳・周藤 2004，32頁）。また既存借地では，大正末期から借地上の貸家経営による借家供給が増加しはじめた（加藤 1988，114頁）。さらに東京では，両戦間期に大地主による貸地

---

[4]) この点については全宅連不動産総合研究所（1999b）も参照。
[5]) 同様に「借地権の確立，借地人の生活権の保障の点でさえ不充分であった」という意見もある（石見 1990，52頁）。

の売却も進んだ（長谷川 1988b，45 頁）。例えば東京・麻布谷町の土地所有の推移を分析した長谷川（1988b）によると，1912 年に同町最大の地主であった黒田長成（旧福岡藩主・華族）が，1935 年までにその所有地 3,412m² をすべて手放し，それを購入した不動産会社が宅地分譲と貸家経営をはじめている（長谷川 1988b，44-45 頁）。その結果，麻布谷町の宅地所有者数は 1912 年の 23 人から 1935 年の 35 人へと 1.5 倍になったが，これは当該期の東京における宅地所有者の増加割合と同じ傾向を示しているという（長谷川 1988b，44-45 頁）[6]。明治期を通して安定的に推移してきた東京市都心部の土地所有者数は 1920 年代以降，増加に転じたのである。

一方，大阪市中心部では，東京に比べ，借地人が借地上で貸家経営を行うよりも，地主が所有地上で貸家経営を行うことが多かったといわれている（石見 1990，39 頁）[7]。従って戦間期の大阪市中心部では，むしろ借家関係が社会問題化した。借地借家調停法に基づく大阪区裁判所管内の借家争議調停件数は，1923 年の 75 件から 1930 年の 4,736 件へと急速な増加を見せている。調停の申立者は当初こそ借家人側が多かったが，1926 年からは次第に家主側の申立が多くなった。その内容は家主側からは家屋明け渡し要求が圧倒的に多く，借家人側からは貸借継続と家賃引き下げ要求が申し立てられた（大阪市都市住宅史編集委員会 1989，307 頁）。これに対して市域拡張後に大阪市に編入された市周辺部では，東京と同様に宅地の大土地所有と大量の借地が存在しており，1929 年の安治川土地株式会社貸地における地代値下げ争議のような借地紛争も発生している（瀬川 1995，143 頁）。

本章では以上の概観をふまえ，以下の 4 節で，1914 年から 1936 年にかけての不動産業の展開を多面的に分析している。まず第 2 節では日露戦後にはじまった大阪や東京の郊外宅地開発が，第一次世界大戦以降どのような進展を遂げたのかという問題を，民間開発業者（電鉄，土地会社，信託会社など），土地

---

[6] 1915 年に 21.9 千人であった東京市 15 区内の土地所有者数は，1935 年に 32.1 千人へと増加しており，その増加幅は 1.47 倍である（長谷川 1988b，32-33 頁）。
[7] 大阪市における土地所有者の構成については，本書第 1 章第 2 節を参照。

提供者（華族，地主，土地整理組合など），行政（主に市）といった諸主体間の関係に注目しながら検討した。次に第3節は両大戦間期の大都市内部における，コンクリート造りの高層オフィスビルの建築状況とその経営実態について，丸ビルの「賃料台帳」のような一次史料に基づいた詳細な分析を行っている。また第4節では，重化学工業化の過程で進展した京浜地域の埋立事業の動向について，浅野総一郎率いる鶴見埋築―東京湾埋立と横浜市の公営埋立事業とのせめぎ合いに注目しながら明らかにしている。さらに第5節では，日本勧業銀行，農工銀行といった不動産銀行に焦点をあてて，1910年代から1930年代前半の時期における市街地金融の発展過程をあとづけた。その際，1936年時点での東京府農銀の個別貸付の状況を分析することで，従来，実態がよくわからなかった貸地貸家業の内実にせまっている。

（中村　尚史）

## 2. 都市の拡大と宅地開発

### 1）市街地拡大と住宅供給

　第一次大戦を契機とする重化学工業の発展は都市への人口集中と市街地の拡大をもたらし，大都市では職住分離の進展を伴いつつ郊外の宅地化が進展した。ここでは，両大戦間期の郊外住宅開発について，東京に重点を置きつつ適宜大阪を中心とした京阪神地区との比較も行いながら述べていく。

　東京では第一次大戦期の工場新設が地代の低廉な郡部，とくに南葛飾郡，北豊島郡，荏原郡南部といった「下町」で活発に行われ，近傍に労働者用の住宅が整備された（東京市 1934a，沼尻 2002）。一方，旧武家地に起源をもつ「山の手」は，市街電車の普及に支えられて大戦前から大久保・渋谷・日暮里などの「郊外」が官公吏や新中産階級を対象とした住宅地と化しつつあったが（鈴木 1999），その後はさらに西郊・西南郊の豊多摩郡・荏原郡といった高燥で居住条件に恵まれた地域へと拡大していった（長谷川 1988a）。1923年の関東大震災は，工場や住宅の郊外移転を促進させる契機となったが，市街地拡大の趨

勢は震災に先立つ 1910 年代初頭から認められた。東京市の調査によれば，1920 年末の同市ではすでに 4 万-8 万戸（基準とする住居環境によって異なる）の住宅が不足するとされており（東京市 1922 年），すでに市の隣接町村では「無計画」な宅地化が進みつつあった。

　こうした事態を受けて 1922 年には東京市の行政区画を超えた都市計画が公示された（東京市 1934a）[8]。この範囲は，東京駅から半径 10 マイル・鉄道で 30 分圏内，かつ既存の行政区画に沿って境界を設定することが条件とされ，結果として策定された範囲は 1932 年および 36 年に実施された市域拡張の範囲とほぼ一致するものであった（鈴木 2004）。

　1920 年代に入ると慢性不況の下で量的な意味での住宅難は解消したが，家賃の下降は相対的に緩慢であったため，空家率が高まるにも関わらず借り手がつかないという，住宅需給の不均衡＝「経済的住宅難」が新たに発生し，郊外の宅地化を促進した[9]。それは以前から存在した「不良住宅」問題のような都市雑業層固有の問題ではなく，新中間層にも影響を与えた。例えば宮内省の技官であった阿部喜之丞は居家の家賃高騰に耐え切れず市内から世田谷への転居を余儀なくされていた（阿部 1969, 409 頁）。日雇仕事に従事することが多い貧困層は就業機会を逃すまいとして住居水準を落としてでも市内かその近傍にとどまったのに対し，むしろ新中間層以上の人々は郊外移住に踏み切りやすかったと考えられる。これと並行して郊外電鉄の整備が進み，職住分離型の郊外住宅地開発が進められていったのである[10]。

　公的な住宅供給をはじめとした社会政策的対応も開始され，1920 年には東京市による貸家貸間の斡旋と市営住宅建設が開始された（石見 1990）。また，「細民地区」や「不衛生地区」の「整理」もしばしば実施されたが（内務省 1921），それはスラムを都市の外延に排斥するのではなく，そうした住環境そのものを解消しようとする住宅改良としての性格を有していた。

---

8) 都市計画法の公布は 1919 年。
9) 第一次大戦期から関東大震災以後にかけての東京における住宅市場の動向については小野（2006a, 2006b）を参照。
10) 東京における市街化と鉄道の関連については（原田勝 1997a, 1997b）を参照。

都市の拡大は大阪も同様であった。産業革命期に工場が林立した大阪においては劣悪な環境を忌避した郊外移住が明治中期からみられたが（鈴木 2004），第一次大戦期における工業化の進展は周辺の東成・西成両郡の人口増加に拍車をかけ，住宅難を引き起こした（大阪市 1995）。こうした状況を受けて，1918年12月に大阪市区改正委員会が開催され，市外域を含めた「大阪市区改正設計」が作成された。市外南郊の住吉方面と北郊の千里山方面を住宅好適地と定めたこのプランは，都市計画法の公布に先立つ実質的な都市計画の制定であり，1925年の第二次市域拡張や用途地域指定の基礎をなした（鈴木 2004）。鉄道沿線の「田園都市」開発は前章で述べられた通り東京に先んじて阪神間から着手された。また，南郊では「田園都市」の名を用いながら必ずしも新中間層向けとはいえない長屋形式の住宅も建設された。たとえば東成郡田辺町の開発を行った大阪住宅経営会社社長の山岡順太郎は，同社の住宅供給を「大阪市が現今取りつつある社会政策と協調」するものであると述べていた（鈴木 2004, 223頁）。

　こうした郊外住宅の供給にはさまざまな主体が関わっていた。片木篤らによって作成された「郊外住宅地データベース」（片木ほか〔2000〕巻末に所収，以下データベース）によれば，この時期における郊外住宅の主たる供給者は鉄道会社と土地会社，それに信託会社であった。住宅の供給には開発業者だけではなく土地の提供者が不可欠である。前章においては箕面有馬電気軌道による開発用地の取得過程が示されたが，同社が採ったような，開発計画を隠蔽することで用地取得費を低廉に抑える手法は，開発による利益の大きさが広範に知られるようになれば土地所有者たちの価格吊り上げに直面してやがて行き詰まりを見せる。それはいわば一回限りの機会主義的な手法であり，とくに土地所有者たちが耕地整理組合または土地区画整理組合を結成して自ら開発に関わるようになると，開発業者は改めて土地所有者との関係を築いていく必要に迫られた。また，都市政策の存在はこうした組合による住宅開発に大きな影響を与えた。不動産業が継続的に発展していくためには，こうした諸主体の動きのなかから新たな枠組みが作られねばならなかったのである。

## 2) 民間開発業者の動向

データベースによれば，この時期の関東と京阪神における開発主体別の郊外住宅開発件数は表2-2-1に示す通りである。以下，これに従って民間開発業者の動向を述べる[11]。

表2-2-1 戦間期における開発主体別の郊外住宅地開発件数（1914-36年）

（単位：件）

|  | 鉄道会社 | 土地会社 | 信託会社 | その他 |
|---|---|---|---|---|
| 関　東 | 61 | 109 | 84 | 17 |
| 京阪神 | 62 | 177 | 0 | 5 |

出典）片木ほか（2000）所収「郊外住宅地データベース」。

関東では鉄道会社による分譲のうち40件が五島慶太の経営にかかる東京横浜電鉄・目黒蒲田電鉄およびその系列会社によって占められており，次いで小田原急行鉄道の10件，東武鉄道5，京成電気軌道5，京浜電気鉄道1と続く。方角で見ると西南郊方面で51件，東郊10件と圧倒的に西南郊が多い。また，土地会社の開発のうち60件は堤康次郎の経営する箱根土地によるものである（ただし，うち3件は軽井沢および箱根の開発）。同社の関東における住宅開発は旧市域内に所在した華族旧所有地の開発と，隣接郡部の近郊農村の開発とに大別される。後者は1922-29年に豊多摩郡落合村を開発した「目白文化村」や，学校誘致と住宅開発とを組み合わせた大泉（1924年）・小平（1938年）などの「学園都市」があり，1931年頃から堤が経営に携わった武蔵野鉄道の沿線が中心であった（野田・中島 1991）。

郊外電鉄沿線ではこのほかにも大小の土地会社が開発を行っていた。これらの会社では，経験を積んだ社員が独立して新たな土地会社を興すことが特徴であり，データベースによれば1930年台後半以降に活発な分譲を展開しているが，それ以前の時期から活発に活動していたという指摘もあり（石見 1990），詳細は不明な点が多い[12]。また，「その他」に分類されるが，学校経営の資金

---

11) 住宅開発の動向を知るには件数のみならず規模の把握が重要であることはいうまでもないが，作成者も断っているようにこのデータベースは史料の制約により規模に関するデータが極めて限定的にしか得られない。だが，現時点でこれ以上に郊外住宅開発の全体像を把握し得る資料は存在せず，ここでは上記の問題を承知しつつ件数のみによって叙述を進める。

12) 大阪の事例であるが，名武（2000）は，大阪における土地会社が幕藩制下における有力町人の系譜を引くものであったことを指摘している。

を得るために住宅開発をおこなった珍しい例として小原国芳らによる成城学園・玉川学園住宅地がある。これも小田急の開業（1927年）を前提とした事業であった。いずれが主体であっても，郡部の開発は鉄道の整備と密接不可分の関係にあった。

　このほか東京の特色としては財閥系信託会社による大規模開発の存在が指摘できる。60件は三井信託（1924年設立）によるものであり，多くは旧市内における華族所有地や西郊における畑地山林の処分事務を代理し高級住宅地を造成したものであったが（片木ほか 2000），同じく三井系の東京信託（のち日本不動産）の活動との異同は明らかでない[13]。このほかには三菱信託が西郊郡部を中心に13件，住友信託による千代田区一番町の1件がそれぞれある。

　京阪神に移ると，鉄道会社62件中で活発な開発を行ったのは阪神急行電鉄で対象時期には29件，その前後にも活発な開発事業を展開している。並行する阪神電鉄は沿線住宅開発事業の先駆けでありながらこの時期の開発は7件に過ぎず，京阪電鉄および新京阪の計9件よりも少ない。このほか南郊へ延びる鉄道では大阪電気軌道7件，大阪鉄道6件，阪和電気鉄道2件，南海鉄道2件の計17件があった。次に土地会社である。大阪では早くから土地の商品化が進行し，東京と異なり地所家作一括分譲が普及していたため，総じて資本金規模が大きな土地会社が数多く設立されたとされているが，この時期の開発件数だけ見れば京阪神は177件であり，関東の「土地会社」109件と「信託会社」84件の合計に及ばない。石見（1990）および長谷川（1995）は戦間期に東京の不動産市場が拡大し，土地建物賃貸業において会社数で東京が大阪を逆転したことを指摘しているが[14]，この指摘と照応する事象と言えよう[15]。

---

13) 戦間期の東京信託の不動産経営については橘川（1995）参照。なお，1923年の信託法および信託業法施行までは，多くの「信託会社」の実態は土地会社と大差がなく，同法施行によって土地会社を名乗ることになった会社も多かった。例えば1920年に設立され，1932年に堺で大美野田園都市40万坪の分譲を実施した関西土地も，1923年までは帝国信託と称していた。同法施行以後の東京における信託会社の開発については別途検討を要するが，華族等の資産運用としての性格を持っていたことが推察される。

14) ただし資本金規模ではなお大阪が東京を上回っていたという。

15) データベースが挙げているのは「開発または分譲」された郊外住宅地であり，この中には賃貸物件も含んでいると思われるが，その内訳は明記されていない。

3）土地の提供者

　住宅開発の大部分が地租改正以来所有権を認められた私有地を対象に実施された以上，そこには土地の提供者が存在した。彼らはさまざまな形で開発に関わり，場合によっては積極的に開発利益を享受し，またある場合には意に反して自らの土地を提供した。

　東京の場合，旧市内で住宅難が発生した際に行われた華族による所有地の「開放」が無視できない。東京の旧市域内では明治以降の土地の集積に伴い，2,000人程度の大地主が市内の土地の大部分を所有していたが，一方で1920年代の「住宅問題」の発生は，実際の所有面積はともかく，可視的な大邸宅を有するような華族の大土地所有に対する批判を生み出した。また，彼ら自身の中にもこうした批判に対する思想的共感を覚える者があり，世代交代等に伴う相続税財源捻出の必要もあって「宅地開放」が実施されることになったのである。これらは一ヶ所に集約された大面積の土地を「開放」することによってまとまった住宅用地を生み出した（長谷川 1988a）。上記の箱根土地や三井信託の事業はこうした機会を捉えたものであった。

　これに対し，周辺郡部の住宅開発は東京・大阪とも近郊農村の農地・山林などの宅地化によって進められた。今述べた華族所有地の「開放」以外の住宅開発が市内建築物の高層化ではなく，もっぱら市街地の外延的拡大によって行われた背景には，経済的・技術的理由のほかに当時「田園都市」として鼓吹された郊外居住への憧憬が存在していた事情も無視できないであろう。開発業者の中には箱根土地や三井信託のように旧市内の土地を入手した者もいたが，それ以外の電鉄会社や土地会社は新中産階級のこうした感情を鼓舞しながら積極的に郊外に進出することで事業のチャンスを得たともいえる[16]。

　また，農村の側でも商工業部門の実質賃金上昇や社会主義思想の普及などに

---

16) イギリスでハワードが提唱した田園都市は既成市街地から距離を隔てた場所に立地し職住が近接したある程度自律的な衛星都市であったのに対し（ハワード 1968），東京・大阪の「田園都市」は既成市街地に隣接し大都市のベッドタウンとしての役割しか持ち得ないものであった。この相違は，前者が自由主義的な経済活動の止揚として構想されたのに対し，後者はその新たな一環として取り組まれたことと無関係ではないだろう。

影響されて年雇や日雇の労賃が上昇し，農業の採算性悪化が進行していた。さらに都市近郊では流入した新住民の生活を目の当たりにする機会も多く，経済的事情とは別次元で農業を忌避する傾向も強まった。小作・自作に離農の動機が生じていくと，地主は小作の離農やそれに先立つ小作料軽減要求などに直面することになる。こうして，機会さえあれば旺盛な宅地需要に応じて所有農地を宅地に転換する動機が生じることになった[17]。

　こうした近郊農村における用地の調達に際しては，当初電鉄会社や土地会社が土地を直接買収する方法が採られた。だが，この手法は先に述べた通り次のような困難に直面することとなった。ひとつは買収価格の高騰である。田園都市株式会社が事業の足がかりとして1918年頃に東京府荏原郡碑衾村・馬込村・平塚村にまたがる「洗足」地区の土地買収を行ったところ，当初坪あたり価格2.3円であったのがすぐに8-15円に高騰したため，やむなく近隣で地価低廉な調布村・玉川村一帯の「多摩川台」地区（後の田園調布）の拡大に転換したという（東京急行電鉄株式会社 1943）。また，1925年頃の神奈川県橘樹郡大綱村（現横浜市）では，建設途上の東京横浜電鉄沿線で地主による買収価格の釣り上げが行われ，地域社会と会社の間に軋轢が生じていた（大豆生田 1997）。宅地開発事業の有望性が認識されればされるほど，低廉な土地買収は困難となっていったのである。今ひとつは，開発地の分譲が不振の場合，資本が固定化して会社の経営を圧迫するという問題である。上述の箱根土地の場合がまさにこれに該当し，東京における住宅開発は，もともと軽井沢および箱根の土地販売が不振で「中間事業」として実施したものであったのだが，結果としては同社のさらなる経営圧迫要因となった（老川 1996）。

　実際に近郊農村で住宅用地創出のために多用されたのは，耕地整理あるいは土地区画整理（以下，両者を区別せずに用いるときは単に「土地整理」とする）事業であった[18]。これらは土地所有者が組合を結成し，所有地の交換・分合および区画変更を行ったのちに土地を運用することで開発利益の獲得を目指すもので，その限りでは電鉄会社や土地会社などの開発業者にとって対抗的な立場

---

17) 東京近郊農村における農業の採算性悪化や不償感の堆積については帝国農会（1935）を参照。

にあった。だが，実際の組合運営においては後に述べるように土地整理組合の活動に対し開発業者や行政の介入が行われるようになった。

東京における土地整理は，震災復興事業によって整備された隅田川周辺を除けば西南・西北郊および東郊で多く実施された（沼尻 2002）。地図上でみると，西南郊こそ隣接しあう複数の組合によって比較的まとまった形で施行されたものの（図2-2-1），他の地域は総じて虫食い状で土地整理がなされた。東京

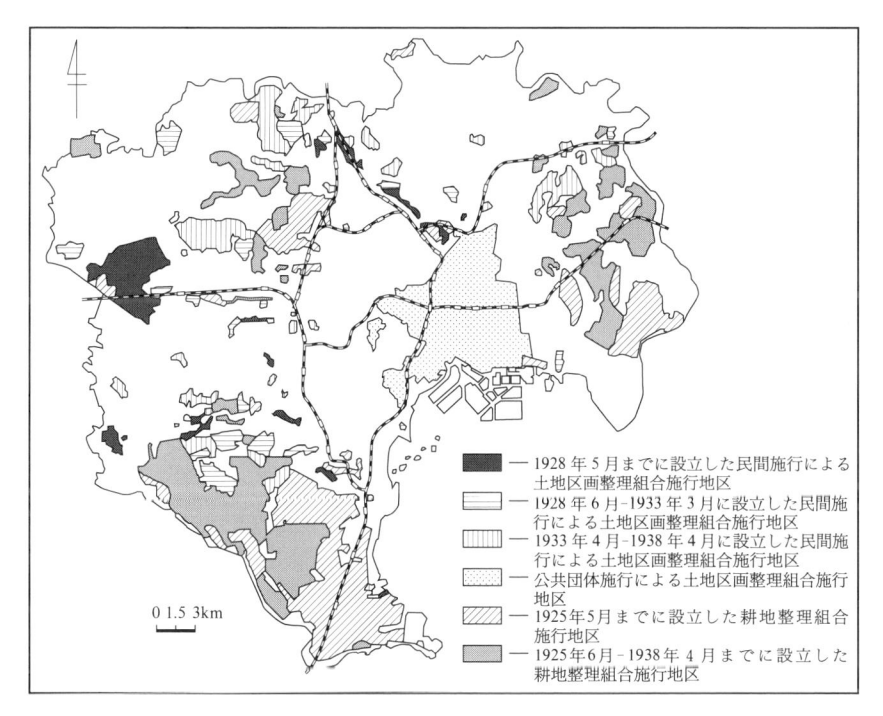

図 2-2-1　東京都市計画区域における土地区画整理・耕地整理施行区域
出典）沼尻（2002）。

---

18) 耕地整理事業は本来農事改良を目的としたものであるが，これを利用した実質的な宅地造成が行われていた。1919年公布の都市計画法では宅地造成のための土地区画整理事業が制度化されたものの，実際の施行にあたっては耕地整理法が準用されたこと，耕地整理事業の場合は補助金の交付が行われたことなどが理由となって，1931年の地租法改正で禁止されるまで耕地整理事業による宅地整備が多く行われた（石田 1986）。

表 2-2-2　郊外電車と沿線土地整理組合

| ターミナル | 路線 | 組合数 | 坪数(千坪) | 他線重複 | 1路線重複 | 2路線 | 3路線 |
|---|---|---|---|---|---|---|---|
| 品川駅口 | 省線京浜線 | 16 | 3,246 | 100% | 74% | 26% | |
| | 京浜電気鉄道 | 30 | 4,561 | 59% | 41% | 18% | |
| 渋谷口 | 目黒蒲田電鉄 | 48 | 12,209 | 50% | 43% | 7% | |
| | 東京横浜電鉄 | 24 | 6,831 | 87% | 87% | | |
| | 東横玉川線 | 24 | 3,033 | 67% | 60% | 5% | 1% |
| | 帝都電鉄 | 12 | 3,080 | 100% | 12% | 87% | 1% |
| 新宿駅口 | 省線中央線 | 16 | 4,027 | 100% | 34% | | 66% |
| | 京王電気軌道 | 11 | 1,260 | 92% | 76% | 13% | 3% |
| | 小田原急行鉄道 | 21 | 1,278 | 69% | 54% | 12% | 3% |
| | 西武軌道（青梅街道） | 10 | 3,089 | 96% | 96% | | |
| | 西武鉄道（高田馬場） | 15 | 1,764 | 84% | 84% | | |
| 池袋駅口 | 武蔵野鉄道 | 18 | 3,017 | 64% | 57% | 6% | |
| | 東武鉄道東上線 | 15 | 3,053 | 30% | 22% | 9% | |
| | 省線赤羽線 | 20 | 2,522 | 98% | 70% | 28% | |
| 上野駅口 | 王子電気軌道 | 21 | 1,557 | 92% | 37% | 35% | 20% |
| | 京成電気軌道 | 55 | 4,418 | 58% | 48% | 3% | 7% |
| | 東武鉄道 | 8 | 468 | 32% | 14% | 18% | |
| | 省線大宮線（東北線） | 24 | 2,767 | 100% | 67% | 21% | 11% |
| | 省線松戸線（常磐線） | 14 | 947 | 100% | 60% | 7% | 33% |
| | 省線千葉線（総武線） | 25 | 2,177 | 100% | 98% | 2% | |
| | 城東電気軌道 | 17 | 2,113 | 30% | 28% | 2% | |

出典）東京土地区画整理研究会（1938）。
注）八王子市内の7事業を含む。各路線沿線の組合数は，他線沿線との重複を含む。したがって組合数合計は実際の組合数と合致しない。

　土地区画整理研究会（1938）によれば，1938年3月末までに東京市内で実施された土地整理は271事業（申請中1）あり，面積は13,161町歩に及んでいた。これらを鉄道路線沿線別にまとめたのが表2-2-2である。最も事業面積が広いのは同一経営の下にあった目黒蒲田電鉄および東京横浜電鉄の沿線であり，これらはひとつの土地整理事業地域に関する他路線との共有も少なかった。両者の鉄道事業と土地開発事業とが，他の鉄軌道との競合が少ない独自の地域で展開されていたことが理解されよう。
　これに対し，大阪では複数の土地整理が連檐して施行され結果として既成市街地の外縁が埋め尽くされるような形となった（図2-2-2）。これは土地所有者

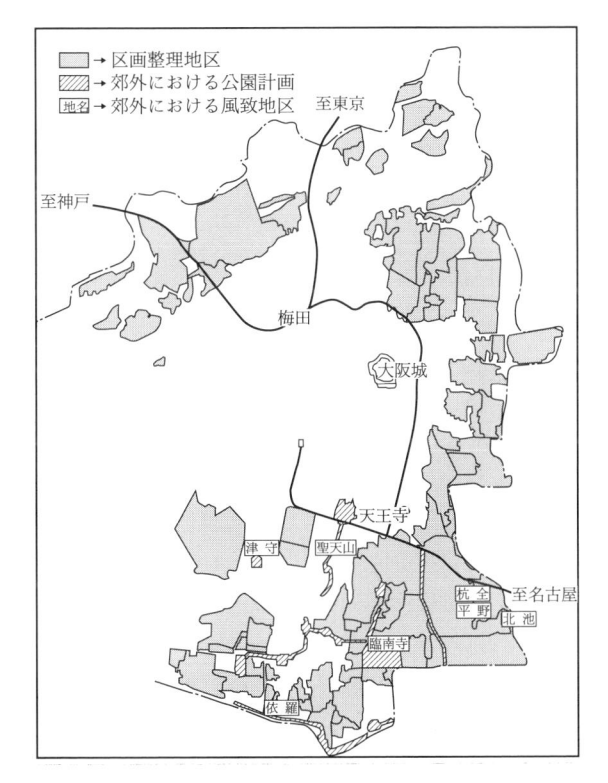

図 2-2-2 戦前期大阪市郊外における土地区画整理地区と
南郊における公園計画および風致地区

出典）鈴木（2004）。

たちが周辺地域の土地整理組合と密接な連携を取るとともに（鈴木 2004），次項に述べるとおり大阪市当局による調整が積極的に行われたことによるものであった。1933 年 2 月時点で市内の土地区画整理は 48 事業，面積は 3,011 町歩（実測）であった（大阪市土地整理協会 1933）。地区別の内訳は表 2-2-3 の通りであり，旧市域の各区（北・東・大正）よりも 1925 年に編入された新市域が圧倒的に多い。このほかに東京と同様，宅地開発を目的とした耕地整理も多数実施された。例えば地区内の大部分が東成土地建物株式会社の所有地であった住吉第一耕地整理地区などでは耕地整理（1913, 1915 年）を通じていわゆる

表 2-2-3　大阪市内の土地区画整理

| 区 | 事業数 | 面積（町） |
|---|---|---|
| 北　区 | 1 | 79 |
| 東　区 | 1 | 3 |
| 大正区 | 2 | 295 |
| 西淀川区 | 5 | 306 |
| 東淀川区 | 6 | 233 |
| 東成区 | 5 | 326 |
| 旭　区 | 12 | 770 |
| 住吉区 | 16 | 1,000 |
| 合　計 | 48 | 3,011 |

出典）大阪市土地整理協会（1933）。

「帝塚山」住宅地が整備された（大阪市都市整備協会 1995）。

### 4）宅地整備への政策的介入

　上に述べた組合結成による土地区画整理は都市計画法第12条に定められたものであったが，同法第13条では公共団体による土地区画整理事業も規定されていた。したがって，東京市や大阪市が都市計画事業の実施主体として土地区画整理を行う制度的根拠も存在したのであるが，実際には財政上の理由からこうした行政執行は既成市街地の駅前など極めて少数に止まった。東京では震災復興事業を除くと新宿駅前・渋谷駅前・浅草が市によって施行されたにとどまり，大阪でも唯一の事例として大阪駅前土地区画整理事業が実施された[19]に過ぎなかったのである。

　実際の郊外住宅地整備において採られたのは，東京においては，都市計画道路の建設にあたり土地区画整理組合や耕地整理組合の結成地を優先して道路建設を行うことを明言し，それを通じて沿道予定地の土地所有者たちに組合結成を促すという手法であった（東京市役所 1933年）。道路用地を買収するのでなく土地整理を通じて上地させれば財政支出は大幅に縮小することができるが，整理後の土地運用はあくまで土地所有者たちの裁量に任される。行政に可能なのはせいぜい用途地域制や風致地区指定による間接的なコントロールであり，場合によっては都市計画が目指した統一的な整備の阻害要因となることもあった[20]。

　これに対し大阪では1923年頃から市内都島地区において，高級助役時代か

---

[19] 大阪市都市計画部次長，大阪市助役を歴任した瀧山良一によれば，大阪駅前土地区画整理も「始めは都計法第十二条で施行する積りであつたが，途中にて種々な問題に逢着して結局第十三条で公共団体たる大阪市が施行する事となつ」たという（大阪市都島土地区画整理組合 1939）。

ら大阪の都市開発に関与していた関一市長が土地区画整理組合設立の「慫慂」を行っていた。これにより 1925 年，都島土地区画整理組合が設立され，市内における土地区画整理組合の嚆矢となった。組合長に地元有力者ではなく市都市計画部次長であった瀧山良一が就任した点も，市と地域社会との密接な関係を示していたといえる（大阪市都島土地区画整理組合 1939）。同市は第二次市域拡張を実施した 1925 年に土地区画整理に対する助成を開始し，1927 年には大阪市土地区画整理助成規程および土地区画整理受託規程を制定して，土地整理に対する市当局の積極的な介入を制度化した。前者は助成費の支出のほかに事務の補助や指導をも行うことを可能とし，後者はさらに踏み込んで市が組合から事業を受託することを可能とする規程であった。1927 年，大阪市長を会長とし，土地区画整理および耕地整理の施行者または認可申請者を会員として大阪市土地整理協会が発足した。同会は事業の一部代行，関係官公署への意見開陳，講習会・講演会の開催などを活動内容としており，上に述べた一連の動向の到達点であった（大阪市土地整理協会 1933）。

　また，住宅開発を触発するための交通インフラとして，道路のみならず市営高速鉄道を自ら建設したのも大阪の特徴であった。これを主張したのも市長の関一であった。関は，母市から離れた衛星都市開発よりも連続的な「田園郊外」開発を主張し，とりわけ南郊において土地区画整理および土地会社の活動に介入するとともに高速鉄道我孫子線（地下鉄御堂筋線）の建設を優先し，結果的には分散型都市を主唱した E. ハワード（Ebenezer Howard）の思想とは異なる都市開発を促進した。1926 年に我孫子や江坂など南北方向の路線と大阪港，平野など東西方向の路線が計画され，1928 年の総合大阪都市計画で建設が決定された。ただし，第二次大戦終戦前には旧市域の既成市街地区間（梅田―大土寺）が建設されたにとどまった。

　社会政策的住宅供給にも触れておく。「住宅問題」への対策として東京・大

---

20）「縦割り行政」と「地域主義」による都市計画の統一性欠如については赤木（1977）を参照。なお，東京市は 1935 年に東京市土地区画整理助成規程を告示し，1936 年 1 月 1 日より施行した（東京市文書「『東京市土地区画整理助成規程』ノ実施期日決定並告示ノ件」1935 年 12 月 27 日）。

阪とも市営住宅の建設を行った。大阪の市営貸付住宅は 1919 年から，分譲住宅は 1926 年からそれぞれ建設された。このほか，上述の土地会社および住宅組合法（1921 年施行）に基づく住宅組合に対しては建設資金の貸付が行われた（大阪市都市住宅史編纂委員会 1989）[21]。

東京では 1920 年以降市営住宅の建設が行われたが，これに加えて震災罹災者の救済を目指して 1924 年に設立された同潤会による住宅供給も行われた。これらの政策的住宅供給に共通するのは，低所得者層向け住宅の改善事業と同時に中産階級向けの一般住宅をも供給していたことである。同潤会は，当初はバラック解消のための応急的仮住宅建設および「不良住宅」解消のための労働者向けアパート建設という応急的な要素が強い活動が主であったが，1929 年に政府から低利資金を借り入れてアパート建設および戸建住宅の分譲を開始し，中間層向けと同時に安価な職工向け住宅を提供した。石見（1990, 60 頁）によれば，これらの内訳は「一般住宅」12 ヶ所 3,478 戸，「アパートメントハウス」14 ヶ所 2,180 戸，「分譲住宅」8 ヶ所 212 戸であった。

## 5）諸主体の関係

冒頭に述べたように，この時代の特徴は郊外住宅地の開発に①開発業者，②土地の提供者，③行政（主に市）の三者に集約されるプレイヤーが相互に連関を持つようになった点にあった。開発業者が単独で宅地開発を推進することはもはや不可能であり，これらの活動を相互に関係づける郊外住宅地開発の新しい枠組みが形成されていったのである。

以下では，東京府荏原郡玉川村で実施された玉川全円耕地整理事業について検討し[22]，その過程の具体例を見ていくこととする。

玉川村は 1932 年に東京市に編入されて世田谷区の一部となった地域である。近世以来商品作物栽培を手がけてきた近郊農村であったが，大正期に入るとくに東京市に近接した村域東部の人々を中心に農業の限界や宅地開発の有望性

---

21) もっとも，住宅組合は結果的には郊外住宅地整備に大きな効果をあげることはできなかったと評価されている（藤谷ほか 2002）。
22) 以下，玉川全円耕地整理事業については（高嶋 2003, 2004）による。

が自覚されていった。とくに田園都市株式会社が村内で土地買収に着手すると，「会社組織でやる土地開発事業」は「一面営利的事業も加味してるので，それでは土地の地主というものが滅びてしまう」として耕地整理事業が構想されるようになった（玉川全円耕地整理組合 1955）。ここでは開発業者と土地所有者との対抗関係の中から耕地整理が企図されたことが示唆されるが，実際には耕地整理の実施に反対する者も多数あり，村内は賛成・反対の両派に割れて激しく対立した。この問題は 1925 年に組合の設立認可が下りた後も継続し，1931 年の「手打式」でようやく表面的な収束に至った。工事は終戦の直前まで行われ，戦後は登記事務などが行われて 1955 年にすべての事業が完了した。

だが，この組合の活動を仔細に見ると，実際には当初意図されたような自身の力のみによる開発利益の獲得は困難であったことが判る。この組合は全体を 17 の「工区」に分割して事業を進めたのであるが，村域東部の奥沢東区という工区では 1928 年に一定面積の「組合地」（保留地）を坪 21 円で売却して工事費を調達する計画を立てた。しかし，同工区は東京市に近接し立地条件に恵まれていたにも関わらず計画通りに土地を処分することができず，組合地の値引を繰り返し，1933 年時点で価格は坪 17.4 円まで下がっていた。それでも売れ残った土地が存在し，結局工区内の有力者が引き受けざるを得なかったほどであった。

その後に着工した工区では事業を安定的に実施するための方法が模索され，1930 年代半には次のような方法が定着するに至った。すなわち，工事後に組合地を売却するのではなく，「予納金徴収」と称して最初から開発業者に対し一定規模の組合地を予約売却することになったのである。これらの売却相手は後宮信太郎や中野友礼といった有力財界人や，この地域で鉄道を経営する目黒蒲田電鉄（田園都市株式会社の後身）および同一資本系列に連なる東京横浜電鉄といった電鉄会社＝開発業者であった。これらの土地の運用は売却相手に委ねられていたから，組合は円滑な工区運営と引き換えに事実上開発業者の介在を許容したことになる。開発業者の立場に立てば，買収による用地の調達が困難となった状況下で土地整理組合の一員となって利益を享受することは，十分に合理的な行動であったといえよう。

大阪では土地区画整理組合の結成当初から積極的にこうした開発業者を介在させた事例が見られた。大阪市都市整備協会（1995）に収録された事例のうち，こうした性格のものと判断されるのは以下の組合等である。

- 瑞光寺土地区画整理組合（1927年結成，東淀川区所在，以下同じ）；組合事務所が新京阪鉄道の京阪ビル内に所在し，区域内で新京阪が住宅地を経営（建売分譲）。
- 西平野土地区画整理組合（1928年，住吉区）；関西土地株式会社が従前から取得していた土地を区画整理を通じて整備。組合長は同社長の建石辰治。
- 森小路土地区画整理組合（1929年，東区）；関西土地株式会社が発起人，組合長は社長の建石辰治。
- 神崎川土地区画整理施行地区（1929年，東淀川区）；淀川右岸の新京阪鉄道沿線で，施行委員は京阪電気鉄道社長太田光熙。

このように，原理的には開発業者に対抗する意味合いを持ち得た地域社会による土地整理事業は，結局開発業者と一体となった活動を展開するようになった。第二次大戦後，東急は多摩田園都市開発事業において土地区画整理組合が造成する保留地を一括取得する代わりに事業費を提供し，組合業務の肩代わりをする「一括代行方式」を創案したといわれているが（東京急行電鉄 1988），これにつながるような現象は1920年代末から30年代にかけてすでに発生していたのである。

ただ，このような開発は必ずしも土地所有者たちに開発業者と同様の恩恵を約束するものではなかった。土地整理によって組合員にもたらされる「利益」は，整理後の土地を運用することによって初めて実現するものであるが，裏を返せばそうした意図を持たない者にとっては整理後に地価がいくら上昇しようとそれ自体は現実の利益獲得を意味しない。したがって，そのような土地所有者はむしろ減歩を忌避して土地整理そのものに反対を唱えるか，土地整理を受け容れるにしても減歩率を低く抑えようとする（つまり宅地価格の上昇要因となる道路整備などに消極的な態度をとる）。開発業者が郊外で活発な活動を開始した時期には，このように土地を必ずしも開発業者と同じ意味での「商品」とは

みなさない土地所有者も存在していたのである。

　だが，結果的に土地整理はこうした人々をも巻き込んで進展していった。その梃子となったのが，先に述べた行政の「指導」や「補助」であった。玉川全円耕地整理においても事業の中途から都市計画道路が敷設されたが，市当局はこれを整理後の地価上昇をもたらし「整理施行を助成」（東京府土木部 1932，36頁）するものと位置づけていた。ただ，組合の側では必ずしもそのような受け止め方をせず，例えば等々力南区という工区では，一旦はこの道路建設に反対する決議を行ったほどであった。これはすでに工事後の土地再配分（仮換地処分）案が決定していたことが直接の理由であったが，同時に都市計画道路の敷設がもたらすさらなる上地＝所有地の減歩が忌避されたためでもあったといえる。しかし，東京府の圧力や周辺工区との関係から結局同工区はこの計画を受け容れ，それが転機となって，耕地整理に消極的で着工を遅らせていた工区も都市計画道路の整備を組みこんだ形で順次耕地整理に着手したのであった。

　大阪においては，すでに述べたとおり市当局が直接土地区画整理組合の結成を促していた以上，そうした摩擦が少なくとも着工以後発生することはなかったと考えられる。

　このように，土地整理事業は，土地を必ずしも純粋な商品とは見なさないような土地所有者をも巻き込みながら宅地化を進展させた。これを土地所有者の側からみれば，あらゆる者が土地整理によって否応なしに開発事業者と同じ立場に立たされ，同じ価値基準に基づいて行動し，一種の不動産業者として振舞うように要求されたことを意味した。この時期の土地整理については，土地所有者の利益を優先し，それに立脚して成立していたものであったとの評価が一般的であるが[23]，問題はそうした「利益」の中身であって，彼らが得たのはそうした狭義の経済合理性に照らした「利益」であったことになろう。

　このようにあらゆる土地所有者を狭義の経済「合理」性の原理に巻き込む枠組みが形成されたことは，郊外住宅地開発という市場において不動産業が継続

---

[23] 最近の研究ではたとえば沼尻（2002）がこの点を強調した議論を展開している。

的に「発展」していくための前提をなした。この時期を境に，地域社会は，資本主義的な原理からよりいっそう強い影響を受けるようになったのである。

（高嶋 修一）

## 3. 都市開発とオフィスビル

### 1）ビジネスセンターの盛衰

第一次世界大戦期には，多くの企業が設立され，東京・大阪でともに本社の数が増加したが，1920年代の不況期になると増加率は低下した。1930年代の景気回復とともに東京では本社数が再び増加したのに対し，大阪では増加せず，全国的な本社の設置という観点からみると，東京への集中が進んだ。一方，戦間期になると銀行を中心に，支所を設置する動きが盛んになり，東京と大阪には多くの支所が設置されていった。これらの本社・支社は東京・大阪のビジネスセンターへと集積していった。東京では明治初期のビジネスセンターである兜町がその地位を失い，第一次世界大戦前に，丸の内地区を中心とする麹町区と旧来の室町や通などの地区を中心とする日本橋区がほぼ肩を並べるビジネスセンターとなっていたことが，前章で確認されているが，1921年から1927年の間に，『日本全国諸会社役員録』所載企業の本社数が麹町区で61社増加したのに対し，日本橋区と京橋区では合計31社減少していた。この時期に，日本橋区・京橋区から麹町区へ本社を移転した企業の数も多かったのであり，丸の内地区を中心とする麹町区のビジネスセンターとしての役割が高まったのであった。一方大阪では，東京ほどひとつの中心に企業が集積していくという傾向は顕著ではなく，西区・東区への緩やかな集中がみられたにすぎなかった（阿部 1991）。

さらに継続して資料の得られる東京各区の地代の地域的な差異について，前章と同様に各区の最高地代から考察しておこう。第一次世界大戦前には，有楽町と室町に代表される麹町区と日本橋区がもっとも地代の高い区となっており，神田区・本郷区・浅草区がこれに次いでいた。以後最高地代が高い順に，

1917年は神田区・日本橋区・浅草区・京橋区・麴町区，1922年は日本橋区・麴町区・浅草区・神田区・京橋区となっており，中心4区と浅草区が上位を占めていた。ところが1928年には，神田区・日本橋区・京橋区・浅草区・本郷区，1934年は日本橋区・京橋区・神田区・四谷区・赤坂区（旧市域での順位）となっており，麴町区は上位5位に登場しなくなっている。この理由は明らかではないが，麴町区の最高地代は1922年の坪2.5円（八重洲1丁目）から1934年の2.55円（丸の内2丁目）とほとんど上昇しておらず，かなりの上昇がみられる他区のなかで順位が低下していた（東京市役所 1918-1934）。ビジネスセンターの形成と地代の動きが乖離していることが注目されるが，東京市の統計が，当年の契約のあった地代を採録しており，借地が少ないうえに，ビルが建築されて継続地代の多かったと推察される丸の内地区の地代が他地域ほど上昇しなかったのに対し，四谷・赤坂など周辺部で新規の借地が多いところでは，高い地代の契約がおこなわれていたためと推測される。なお1934年では，渋谷区や淀橋区の地代が，新市域のなかでは突出して高く，渋谷区は四谷区より高く，淀橋区もほぼ麴町区と等しい水準となっており，新たに開発の進んでいた渋谷・新宿というのちに副都心となる地域の地代が上昇していたことには注意が必要である。

## 2）オフィスビルの建築

　日本最初の貸ビルは三菱1号館であるが，煉瓦造りであった。これに対し鉄骨造りで，ライトウェルを持ち，エレベーターなどを1ヶ所に集め，玄関・廊下を共用し，高層化したアメリカ式オフィスビルは，1911年の三井物産横浜支店や1912年の三井第2号館を嚆矢とする（藤森 1993）。以後オフィスビルの主流は，鉄骨もしくは鉄筋コンクリート造り（以下総称して，コンクリート建築とする）となっていく。それはコンクリート建築が，高層化が可能で，しかもこうした平面構成がスペースを有効利用できたためである。三菱では1914年竣工で4階建ての第21号館が，最初のアメリカ式のオフィスビルとなった。オフィスビルが大型化していくのは，1918年竣工の海上ビルディング（以下，海上ビル）以降であり，1922-1923年に丸の内に有楽館，丸ノ内ビルヂング

(以下，丸ビル），郵船ビルディング（以下，郵船ビル）が相次いで竣工した[24]。

　史料が得られる東京市について，コンクリート建築の延坪の推移をみたのが表2-3-1である[25]。1917年においては，コンクリート建築は，銀行会社（オフィスビルといえるだろう）と工場倉庫という民間部門で用いられており，しかも銀行会社は麴町区と日本橋区に集中し，工場倉庫は外延部に多く存在していた。1922年には，麴町区で多くのコンクリート造りのオフィスビルが竣工したため，銀行会社がコンクリート建築の半分を占めるに至った。銀行会社の8割が麴町区と日本橋区に集中する，という状況は変わっていない。いまだにコンクリート建築の3分の2は銀行会社と工場倉庫であった。ここで関東大震災が発生し，既存の建築ストックの多くが失われるが，復興にあたっては，耐震性が重視されることになり，コンクリート建築が官民ともに多数建設された。1928年には復興建築が竣工しはじめているが，麴町区・日本橋区・京橋区を除く12区（以後他12区とよぶ）でコンクリート建築が著しく増加した。他12区では，銀行会社の占める割合は低く，学校・工場倉庫・官庁が建築の中心であったため，全市でも官庁と学校の占める割合が銀行会社とほぼ等しくなっている。京橋区などで銀行会社の建築が進み，銀行会社に占める麴町区と日本橋区の割合は7割に低下した。1932年に東京市が拡張され，新たに20区が誕生したが（以後新市部とよぶ），1934年現在では，新市部におけるコンクリート建築は工場倉庫が約半分を占めており，これに官庁と学校を加えると8割に達する一方で，銀行会社は1割に満たなかった。他12区でも銀行会社の割合は1割であり，新市部と比べて工場倉庫の割合が小さく，学校の割合が大きかった。麴町区・日本橋区・京橋区では，銀行会社建築がコンクリート建築の中心であったが，京橋区に加え，下谷区・浅草区でもコンクリート製の銀行

---

24) スペースを有効利用したため，貸ビルではレンタブル比を高く設定することができた。1910年に竣工した煉瓦造り3階建ての三菱第12号館のレンタブル比は47.5%であったが，三菱第21号館のそれは73%であり，丸ビルのそれは79.4%に達していた（藤森1985）。また郵船ビル・有楽館・丸ビルは，米国フラー社と三菱合資の合弁会社であるフラー社によって建築された（三菱地所株式会社社史編纂室 1993a）。

25) 東京市の建築の動向については，北沢（1935）を参照。

第3節　都市開発とオフィスビル

表 2-3-1　コンクリート建築の延坪

(千坪)

| | 官庁 | 学校 | 銀行会社 | 工場倉庫 | 住宅 | その他 | 合計 |
|---|---|---|---|---|---|---|---|
| [1917] | | | | | | | |
| 麹町区 | 0 | 0 | 4 | 0 | 0 | 1 | 5 |
| 日本橋区 | 0 | — | 5 | 2 | 0 | — | 8 |
| 京橋区 | 1 | 0 | 1 | 2 | 1 | — | 6 |
| 他12区 | 0 | 2 | 1 | 5 | 0 | 0 | 9 |
| 合計 | 1 | 2 | 11 | 10 | 2 | 1 | 27 |
| [1922] | | | | | | | |
| 麹町区 | 6 | 2 | 30 | 6 | 2 | 4 | 50 |
| 日本橋区 | 0 | — | 18 | 2 | 1 | — | 21 |
| 京橋区 | 1 | 0 | 1 | 2 | 15 | — | 19 |
| 他12区 | 1 | 2 | 9 | 11 | 1 | 4 | 29 |
| 合計 | 8 | 5 | 59 | 22 | 18 | 8 | 119 |
| [1928] | | | | | | | |
| 麹町区 | 26 | 11 | 103 | 6 | 8 | 15 | 169 |
| 日本橋区 | 3 | 3 | 41 | 1 | 5 | 1 | 53 |
| 京橋区 | 6 | 12 | 23 | 7 | 4 | 7 | 59 |
| 他12区 | 49 | 95 | 30 | 60 | 15 | 33 | 282 |
| 合計 | 83 | 121 | 197 | 74 | 33 | 56 | 563 |
| [1934] | | | | | | | |
| 麹町区 | 165 | 17 | 171 | 8 | 23 | 34 | 417 |
| 日本橋区 | 6 | 14 | 126 | 17 | 30 | 3 | 196 |
| 京橋区 | 9 | 17 | 73 | 16 | 26 | 160 | 300 |
| 他12区 | 167 | 358 | 92 | 157 | 95 | 94 | 963 |
| 新市部 | 75 | 63 | 28 | 196 | 27 | 37 | 425 |
| 合計 | 421 | 468 | 490 | 393 | 202 | 327 | 2,302 |

出典）東京市役所（1918，1924，1929，1934）。

会社建築が進み，麹町区・日本橋区における銀行会社建築の旧市部における銀行会社建築に占める割合は6割に低下した。コンクリートのオフィスビルは徐々に拡散していったのである[26]。

大阪市の建築統計は十分なものが得られないが，1924年と1925年に建築された建物ついては，詳しい統計が得られる。それを分析した山口・橋本

---

26) 新市部でも銀行会社の占める割合が高い区が存在し，江戸川区（77%），豊島区（26%），淀橋区（20%）などが高かった。

(1996)によれば，鉄骨・鉄筋コンクリート建築の約半分の用途は「その他」であり，おそらく官庁や学校であると推察される。事務所・営業所はそれにつづき 5 分の 1 を占めている。鉄骨・鉄筋コンクリート建築は，事務所・営業所建築の 3 分の 2 を占めており，オフィスビルでは主流となっている。事務所・営業所は東区・北区に多く立地しているのに対し，その他は各区にかなり分散しており，オフィスビルが市の中心部に集中しているのに対し，官庁・学校は分散配置されている。工場は港区への集中が著しい。統計の性格が異なるため，直接の比較はできないが，大まかな傾向は東京と大阪で共通しているといえよう。

　コンクリート建築による高層化は，三菱の丸の内開発のような貸ビル専用のビルのみでなく，自社ビルを建設し，余剰のスペースを貸室にする形態も本格的に出現させることとなった。例えば有楽館は日本石油の，郵船ビルは日本郵船の，海上ビルは東京海上保険のそれぞれ本社ビルであるが，一部貸室をおこなった。大阪における貸ビル業は，1913 年に北区曽根崎の百三十銀行曾根崎支店が，階上を貸事務所に開放したのが最初であり，1920 年恐慌後の不況期に事業を縮小した諸会社が建物の一部を他へ貸し付けるようになって，貸ビルが発展したといわれている（大阪市社会部調査課 1927）。1926 年の大阪市の貸ビルにおいて，専業貸ビルは 23 棟，延坪 13,499 坪に対して，兼業貸ビルは 43 棟，延坪 56,305 坪であり，兼業貸ビルが多かった[27]。東京については，年代はややずれるが，東京市役所（1935a）が，1935 年の東京市における非木造で 3 階建て以上の建築物について，詳しい調査をおこなっている[28]。同調査を利用した考察によれば（粕谷 1996），貸事務所では，専業（貸用）が 215 棟，延坪 14 万坪であったのに対し，兼業（自貸用）が 170 棟，延坪 11 万坪であり，専業が兼業を延坪で 3 割程度上回っていた（1 棟あたりの平均延坪では専業も兼業も差がない）。大阪とは 10 年のズレがあるとはいえ，東京は丸の内のビル群が存在していることもあり，専業の方が優勢であったといえよう。また事務所

---

[27] ただし兼業貸ビルの数値はビルの延坪であり，このうちどの程度が賃貸されていたかは明らかでないため，賃貸されているオフィススペースの内，専業によるものと兼業によるものとがどの位の比率を占めるかは不明である。

全体で見ると，自社のみで使用しているのは170棟，9万坪であり，貸ビルを兼業しているものより少なかった。ビルの一部を賃貸するという行動はかなり一般的になっていたのであり，これは耐震建築をおこなうなかで，容積をできる限り利用しようという志向が強かったことをうかがわせる。

### 3）オフィスビルの経営

　次いでオフィスビルの経営について，入居率と貸室料およびテナント構成という点から考察しておこう。表2-3-2は東京と大阪の主要ビルの入居率と貸室料の推移を示したものである。東京海上ビル本館，有楽館，郵船ビルについてはすでに述べたので，ここでは他のビルについて，簡単に説明しておく。第一相互館は第一生命保険が京橋に建設したもので，一部を自社使用していた。東洋拓殖ビルは，植民地の拓殖事業を行った特殊会社である東洋拓殖が日比谷に建設したビルであるが，他への貸室については不明である。昭和ビルは内外ビルとして丸の内に建設されていたが，震災で倒壊し，再建された貸ビルである（三菱地所株式会社社史編纂室 1993a）。大阪ビル日比谷第1・第2は，後述する大阪ビルヂングが日比谷に建設した貸ビルである。丸ノ内八重洲ビルは，三菱が建設した貸ビルである。東京海上ビル新館は，本館に隣接して建設されたものである。三信ビルは，三井信託と三井合名が共同出資した三信建物が所有するビルで，三井信託の不動産部も入居しており，実質的には自社で一部使用する貸ビルであった。大阪の堂島ビルは，海運業で富を積んだ橋本喜造らが設立

---

28) 麴町区・日本橋区・京橋区には5階以上の建物の延坪の75％が集中していた。コンクリート建築の1棟あたりの平均延坪は，旧市部平均が716坪であるのに，麴町区は1,742坪と突出して大きかったのに対し，日本橋区は512坪，京橋区は495坪と平均を下回っていた。日本橋区・京橋区は高層化していたのにもかかわらず，延坪が小さく，建坪が小さかったことがわかる。土地所有の細分化により，いわゆるペンシル・ビルが多かったのであろう。借地使用の建物の延坪割合は，旧市部平均が35％であるのに，麴町区40％，日本橋区54％，京橋区44％と中心部での比率が高かった。中心部で借地関係が進展していたことを反映しているのであろう。多くの建物を所有していたのは，東京市・国・東京府（官庁や学校であろう）や同潤会（アパートメントハウス）のほか，銀行が目立っていた。銀行の支店設置の進展を反映していたものと考えられる（粕谷 1996）。

表 2-3-2 主要ビルの入居率（％）と貸室料（円）

| ビル名 | 竣工 | 延坪 | 1928 | 1930 | 1932 | 1934 | 1936 |
|---|---|---|---|---|---|---|---|
| **東 京** | | | | | | | |
| 東京海上ビル本館 | 1918 | 5,186 | 100<br>9-11.5 | 98<br>7-11.5 | 88<br>7-10 | 95<br>7-8 | 95<br>8-10 |
| 第一相互館 | 1921 | 3,000 | 96<br>13- | 100<br>13- | 100<br>10- | 100<br>10- | 100<br>10- |
| 有楽館ビル | 1922 | 4,747 | 100<br>12-14 | 79<br>11.5-14 | 93<br>10.5-11.5 | 82<br>10-11 | 100<br>8-10 |
| 丸ノ内ビル | 1923 | 18,782 | 96<br>11-15 | 83<br>11-14 | 69<br>8-10 | 82<br>8-10 | 94<br>8-10 |
| 郵船ビル | 1923 | 8,438 | 99<br>13-14 | 93<br>12-13 | 66<br>10-12 | 88<br>10-11 | 100<br>10-12 |
| 東洋拓殖ビル | 1925 | … | 75<br>10.5-13 | 88<br>12-13 | 73<br>6-10 | 82<br>6-9 | 100<br>6-9 |
| 昭和ビル | 1927 | … | 94<br>10-13.5 | 80<br>11.5- | 73<br>7-9 | 87<br>7-8.5 | 96<br>8- |
| 大阪ビル日比谷第1 | 1927 | 3,340 | 87<br>11-17 | 90<br>10-17 | 73<br>7-9.5 | 91<br>7-9.5 | 100<br>7.5-8 |
| 丸ノ内八重洲ビル | 1928 | 5,383 | —<br>— | 81<br>12-13 | 94<br>10-12 | 94<br>9-11 | 100<br>8-10 |
| 東京海上ビル新館 | 1930 | 9,735 | —<br>— | 50<br>10-12.5 | 91<br>8-12 | 96<br>8-11 | 100<br>8-11 |
| 三信ビル | 1930 | 7,190 | —<br>— | —<br>— | 76<br>8-12.5 | 94<br>8-11.5 | 98<br>11- |
| 大阪ビル日比谷第2 | 1931 | 3,204 | —<br>— | —<br>— | 58<br>10-11.5 | 95<br>9-11.5 | 100<br>9- |
| **大 阪** | | | | | | | |
| 堂島ビル | 1923 | 5,893 | 87<br>12-12.5 | 87<br>12-13 | 82<br>10-11 | 95<br>8.5-9 | 99<br>8.5-12 |
| 大同生命ビル | 1925 | 4,129 | 90<br>10.5-11 | 91<br>10-11 | 75<br>9.5-10 | 83<br>9-10 | 100<br>10-12 |
| 大阪ビル | 1925 | 9,750 | 92<br>9-15 | 97<br>9-15 | 95<br>9-15 | 96<br>9-15 | 99<br>9-15 |
| 江商ビル | 1926 | 2,820 | 85<br>11.3-11.4 | 100<br>10.5-11 | 93<br>9-12 | 97<br>9-12 | 98<br>9-11 |
| 朝日ビル | 1931 | … | —<br>— | —<br>— | 95<br>11-12 | 100<br>10-12 | 100<br>10-12 |
| 三井ビル | 1933 | 2,319 | —<br>— | —<br>— | —<br>— | 100<br>9-10 | 100<br>9-10 |

出典）大阪建物（1977）。竣工年と延坪は各社社史などによる。
注1）上段は入居率，下段が貸室料。貸室料は坪あたり金額。大阪ビルヂングの調査による。
　2）ビルの名称のビルヂングなどはビルと略称している。

した堂島ビルヂングが堂島浜通に建設したものである[29]。大同生命ビルは，大同生命が肥後橋に建設したもので，本社が入居したほか広岡合名・加島銀行といった関係会社も入居していた。大阪ビルは大阪商船・宇治川電気・日本電力が共同出資して設立した大阪ビルヂングが中之島に建設したもので，出資3社が主要なテナントとして入居し，残余を賃貸した。江商ビルは綿花商社の江商が本社ビルとして中之島に建設したものであり，一部を本社で使用し，他は賃貸された。朝日ビルは朝日新聞の子会社の朝日ビルヂングが中之島に建設したもので，朝日新聞が一部入居している。最後の三井ビルは三井合名が中之島に建設したもので，三井生命・三井物産も入居しており，実質的には自社で一部使用しているものである。以上の通り，表2-3-2の対象となっているビルは，当時の有力ビルであり，地理的にも近接しているところに立地しており，しかも統一した基準で調査されていると考えられるため，同表は大変貴重なデータを提供しているといえる。

　東京・大阪ともに昭和恐慌期に貸室料が低下し，入居率も低下していることが明らかであるが，入居率のボトムが1932年であるビルが多いのに，貸室料のボトムは1934年であるようにみえる。こうした入居率と貸室率の動きのズレについて，史料の得られる丸ビルの事例にもとづいて，簡単に考察しておこう（粕谷 1996，旗手 2005）。関東大震災の被害を受けた丸ビルは1926年5月まで改修工事をおこなっており，新規貸付をあまりおこなっておらず，入居率も低いままであった。1928年には，東京市内に貸ビルの新築が増加したため，丸ビルも相当影響を受け，貸付面積が減少したが，不況ゆえ信用確実でないものには貸付をおこなわず，従来の賃借人でも信用状態によっては，整理を断行するという状態であった。また賃料については，一般経済界の不況のなかで貸ビルの新築落成したものが多いため，賃料の値上げは非常に困難であったが，なんとか幾分の値上げをなしえたという状態であった。まだ丸ビルに余裕があったといえよう。しかし1929年になると日本橋，京橋，神田方面に貸ビルが著しく増加したため，丸ビルもその影響を強く受けるようになり，貸付面積

---

29）建設業者の竹中工務店が関与していた点も注目される。

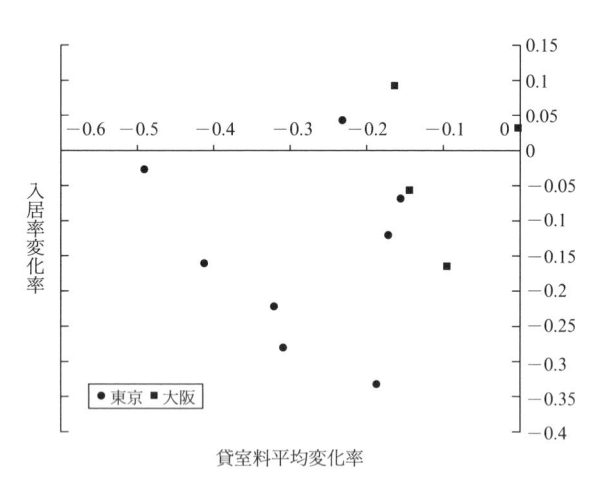

図 2-3-1　貸室料平均変化率と入居率変化率

出典）表 2-3-2 をもとに作成。

は減少し、ついに更新契約者に幾分かずつ賃料の値下げをするに至った。丸ビルの賃貸料の値下げは 1932 年頃まで続いたが、1932 年下半期とくに年末に近づくにしたがって、借室の申込者がやや増加し、新規貸付が幾分増加し始めた。さらに翌 1933 年には、借室希望者が次第に増加し、賃料相場が財界の好転にともなって、多少の保合の傾向を示すに至った。しかし丸ビルは、新規申込が増加する環境のなかで、貸付の増加を優先したため、1935 年にも借室の需要が増加し、貸室の景況が好転したにもかかわらず、新規契約の賃料の値上げは見送っていた。丸ビルが賃料の値上げに踏み切るのは、全館ほぼ満室の状態となる 1936 から 1937 年以降のことであった。入居率の低下より貸室料の低下が遅れるのは、いったん低下した継続貸室契約の引き上げが困難であるため、できる限り低下を抑えようとしたことと、賃料の引き上げを抑え入居を促したことによると推定できよう。

1928 年から 1932 年にかけての貸室料の変化率（1932 年の貸室料平均値から 1928 年の貸室料平均値を引いた値を 1928 年の貸室料平均値で除した値）と入居率の変化率（1932 年の入居率から 1928 年の入居率を引いた値を 1928 年の入居率で除した値）をプロットした図 2-3-1 をみてみよう。1927 年に竣工していないビ

第3節　都市開発とオフィスビル　　99

ルは考察から除外されるため，東京で8つ，大阪で4つがプロットされている。サンプルが少ないので，確定的なことは何もいえないが，東京の5つは左側に左上から右下に伸びる直線上に，また大阪の3つは，その右側に左上から右下に伸びる直線上に並んでいるとみることも可能であるし（残りの東京の3つと大阪の1つは，これらから右側にずれている），東京の8つも大阪の4つも，それぞれ左上から右下にのびる直線の近傍に位置していると見ることも可能であろう。これは貸室料を引き下げると入居率の低下が軽微で済むという関係があることを示唆している。そうであるとすれば，この直線上のどこに位置するかは，長期的に「良い」テナントをあまり貸室料を切り下げずに集めることを重視し，当面の入居率にこだわらないか，当面の入居率を重視するかという，各ビルの営業戦略に規定されていたといえる。ちなみに丸ビルは左側の直線上にあるとみなせる5つの点の内，右下から2番目であり，入居率の低下を甘受していたことになり，先の史料にもとづく考察と一致している。また東京は大阪と比較して，同じ程度貸室料を引き下げても，入居率の低下が大きい（プロットの近似直線が左下にある）のであるが，これは震災復興で多数の耐震建築が昭和恐慌直前に多数竣工したという東京の特殊な事情が作用していたためと考えられる。

　最後にテナント構成について考察しておこう。三菱による丸の内のオフィスビルが，日本の貸ビルの始まりであったが，明治期においてはビルの規模が小さいことや，階段やトイレを共有するアメリカ式オフィスビルの形態になっていなかったこともあり，小規模な入居者はなく，1棟に入居するテナントの数が10を超えることはなかった。第4号館などは古河鉱業1社が賃借人であった。また入居者も大企業，富裕な財界人，著名な建築家・法律家など（個人事務所に利用したのであろう）に限られていた。小売をおこなったのは，第8号館に入居していた中央亭という本格的なフランス料理店のみであった。1914年に竣工した三菱最初のアメリカ式オフィスビルである第21号館の1922年のテナント構成も，ビルの規模が大きくなり，入居者の数が増えているものの，ほとんど変わっていない。1階と2階に書店が見える程度である（三菱地所株式会社社史編纂室　1993a）。

1918年に竣工した東京海上ビルは，日本で最初にビルディングと称したビルとして有名であるが，さらにアーケードを持ち，食料品・雑貨・小間物・呉服・文房具・煙草・書店・郵便局・代弁業・人力車・自動車・理髪店が入居しており，また地下や2・3階には食堂・酒場・球戯場なども入居するという新しいオフィスビルのスタイルを提示した点でも画期的であった。その上で横浜正金銀行・第一銀行をはじめとする大企業が57社も入居していたのである（日本経営史研究所 1979）。アーケードという発想を東京海上がどこからオフィスビルに持ち込んだのかは，明らかでないが[30]，可能性のひとつとして指摘できるのは，明治30年代に全盛期を迎えたとされる勧工場であろう。勧工場はひとつの建物の中に多様な店舗が入居し，客は土足のまま入館して，商品を見て楽しみながら購入するという営業形態をとっていたのである（初田 1993）[31]。

　こうした構成は，1921年に京橋に竣工した第一相互館でも採用され，1階と2階が貸店舗，3階と4階が貸事務所，5階と6階が第一生命保険による自社使用，7階（屋上）が食堂に割り振られることが予定されていた（第一生命保険五十年史編纂室 1958）。屋上の食堂や1階の陳列窓は第一相互館の印象を強くしたという。第一相互館にデパートが入ることも検討されていたが，1914年竣工の6階建ての三越新館には4階に食堂があり，またデパートではショーウィンドーも用いられていたから（初田 1993），これらの発想はデパートからもたらされた可能性もある[32]。しかも竣工にあたり，第一生命は契約者などを招待し，3日間の来館者が5万名を超えており，第一相互館は第一生命保険の宣伝にも大きな効果を発揮したのであった。こうした構成をさらに大規模に実施したのが日本最大のビルとして建設された丸ビルであった。丸ビルは当初

---

30) 海上ビル建築は，帝国劇場専務取締役を退任し，欧米外遊から帰国して，1913年に東京海上保険に入社した西野恵之助が所管しており，新しい発想が持ち込まれたと思われる（由井 1996）。
31) デパートは1920年代半ばまで下足預かりをおこなっていた。
32) 三越は1921年竣工の西館6階に大規模な食堂を建設し，1922年には洋食堂を拡充しており，デパートが先行していたとも言い切れない。丸の内と違い，京橋に立地し，周囲の商店街との調和を強く意識していたことが，こうした構成を生んだのであろう。

からアーケードをもっていたが,関東大震災後の改修をへて,地下・1階・2階に食堂・喫茶・小売店を集中し,9階にも高級食堂が入居するという構成を徹底していった(藤森 1985)[33]。丸ビルにはこのほか,弁護士・弁理士・建築家などの事務所や医師も多数入居している。1階にアーケードを造るという構成は,三信ビルでも用いられており,オフィスビルのひとつのあり方として定着していった。

しかし当然ながら,すべてのビルがこうした構成を取ったわけではなく,丸ビルとほぼ同時に竣工した有楽館と郵船ビルではこうした構成はとられていない。1920年代半ばの有楽館と郵船ビルのテナントの平均坪数は,それぞれ46坪と54坪であったのに対し,第一相互館と丸ビルのそれは,それぞれ15坪と31坪であった。ビルの大きさも異なるが,アーケードをもつビルのテナントの平均規模は,ひとつの商店の面積が小さいこともあり,小さくなったのである。このほか丸ビルは弁護士などの事務所も多く,平均規模は小さくなったといえる。そして1階に商店が入居しない場合は,人の出入りが多いテナントとして銀行が入居することも多く,その場合にはかなり広い面積を1つのテナントとして占めることになった。テナントの産業別の構成をみると,金融業の比率は,有楽館16%,郵船ビル11%であったのに対し,第一相互館6%,丸ビル2%であった(粕谷 1996)。いかなるテナントを集めるか,周囲のビルやオフィスの集積の状況を見ながら,ビル会社は戦略を構築していったのである[34]。

選び抜いてテナントを入居させたとしても,テナント企業が衰退して退居するとか,あるいは逆に繁栄し,より良い立地・より広いスペースを求めて退去するということは避けられないところである。そこで史料の得られる丸ビルについて,丸ビル入居企業の産業構成がどのように推移したのかを示したのが,

---

33) 藤森(1985)はこうした構成を取ったのは,丸ビルが最初であるとしているが,規模の差はあれ,海上ビルや第一相互館の発想を丸ビルが取り入れたのではないかと考えられる。
34) 大阪ビル(日比谷)も有楽館・郵船ビルと似たテナントの平均面積と産業構成を示していた。

表 2-3-3　丸ビルのテナント構成の推移
(%)

| | 1923 | 1925 | 1927 | 1934 | 1937 |
|---|---|---|---|---|---|
| 農林水産・鉱・建設業 | 4 | 5 | 4 | 7 | 12 |
| 軽工業 | 11 | 16 | 7 | 8 | 6 |
| 重化学工業 | 6 | 5 | 4 | 8 | 13 |
| その他製造 | 2 | 2 | 2 | 4 | 4 |
| 公益 | 7 | 4 | 4 | 1 | 2 |
| 運輸通信業 | 4 | 2 | 8 | 10 | 5 |
| 卸売業 | 10 | 9 | 8 | 8 | 9 |
| 小売業 | 21 | 21 | 15 | 20 | 14 |
| 金融保険業 | 6 | 12 | 10 | 8 | 7 |
| 不動産業 | 3 | 1 | 1 | 3 | 3 |
| 飲食宿泊業 | 5 | 7 | 7 | 6 | 6 |
| 医療専門サービス業 | 5 | 7 | 8 | 7 | 6 |
| その他 | 3 | 2 | 7 | 8 | 10 |
| 不明 | 13 | 7 | 15 | 4 | 2 |
| 合計 | 100 | 100 | 100 | 100 | 100 |

出典）三菱地所「丸ノ内ビルヂング賃料台帳」各期。
注）年末に賃料が収入されているものを抽出し，産業に分類し，賃料の％を算出した。

表2-3-3である[35]。丸ビルという最もプレステージの高いビルは，最も花形の企業が入居していることが予想される。テナントがいかなる業務を営んでいたのか把握できないケースもあり，不明としたものもかなり残っているため，1925年と1934年・1937年を対比させていくこととする。軽工業の企業が減少し，重化学工業の企業が増加しているのは，1930年代の重化学工業化を反映していたと考えられる。農林水産業・鉱業・建設業が増加しているのは，やや当時の状況と異なるが，これは日魯漁業が大きなテナントとして入居しているためである。またその他が増加しているのは，各種の業界団体が増加したためである。簡単な考察ではあるが，テナント企業の構成は，産業の消長をかなりよく反映しているといえるだろう。

(粕谷　誠)

---

[35] 製造業企業の販売拠点が置かれている場合は，製造業に入れるのか，販売業に入れるのか，問題になるが，ここでは企業が所属している産業を示すことを原則とした。

## 4. 京浜工業地帯の埋立

### 1）戦前日本における工業用地の埋立

　近代的土木技術にもとづく海面埋立によって大規模な工業用地が開発された最初の事例は，福岡県遠賀郡八幡村における官営製鉄所（八幡製鉄所）の建設用地であろう。工事は民間企業である若松築港が勅令にもとづく随意契約という形で受注し，洞海湾内の浚渫とその土砂を利用した埋立地の造成が，1900年より06年にかけて行われた（三枝・飯田 1957，若松築港 1941）。

　もっとも，このような工業用地開発のあり方は当時にあっては例外的であった。多くの近代工業が工場建設用地に選んだのは，東京の隅田川，中川，小名木川，名古屋の堀川，大阪の木津川筋に代表されるような，既存の内陸水路（運河）や河川沿いであった。原材料・半製品の受け入れ，製品の積み出しなどに用いられる輸送手段の主力が小型船舶や艀であったことも，このような立地選択の要因となっていた（柾 1958，1966）。

　しかし，その後における土木技術の進歩，とりわけ吸込式浚渫船（サンド・ポンプ）の導入は，埋立地の造成を迅速かつ安価なものにさせ，工事の比較的容易な遠浅の海面地先に，広大な工業用地を出現させる契機となった。また，第一次世界大戦を契機とする重化学工業の発展は生産設備等の巨大化を随伴するものであったため，既存の工業地域においてその所要面積を満たすことが困難であった。このような背景のもとで，1920年代から30年代にかけての間，のちに四大工業地帯と呼ばれる地域をはじめとする全国各地において，埋立工業用地の造成が本格的に展開していくことになるのである。

　このうち最も早くから開発され，かつ最大の規模をなしたのが京浜工業地帯である。京浜工業地帯の地理的範囲は時代とともに拡がっていくが，その原型をなしたのは，「川崎市大島海岸より横浜市鶴見区鶴見川口に至る延長二千五百間〔＝約4.5km〕，幅員八百間〔＝約1.5km〕の長方形をなし，其総面積実に百五十三万坪に達する大埋立地」（藤田 1931，1頁）であり，浅野総一郎率いる民間企業の土地開発事業として造成された工業用地であった。

## 2）浅野総一郎による埋立事業の構想

　官業払下げに端を発するセメント製造業で成功を収めた浅野は，1893年より前述の若松築港にも大株主として出資しており（若松築港 1960），海面埋立工事そのものに接する機会は比較的早かった。しかし，当時の港湾修築に伴う埋立は副次的かつ小規模なものであり，若松築港における浅野の立場も，一出資者としてのそれを超えるものではなかった。

　その浅野が，大規模な海面埋立事業へ進出する契機になったと自ら振り返っているのは，1896年7月から97年4月にかけての欧米視察である。この洋行は，その直前に設立された東洋汽船の航路参入交渉や汽船発注が主たる目的であったが，各国歴訪の途上で彼は欧米における近代的な港湾設備を目の当たりにし，当時の日本では考えられなかった艀取り不要の本船接岸や，ベルトコンベアなどの機械によって自動化された荷役作業に衝撃を受けたと回想している（浅野 1929a）。

　浅野は帰国後の1899年4月に，東京湾内の品川地先約21万坪の埋立計画を東京府へ出願するが，府知事からの諮問を受けた東京市区改正委員会は「一種私営築港ト見做スベキ」として，これを認可しなかった。浅野は日露戦後の1910年12月にも安田善次郎らを誘い，羽田沖から芝浦付近に達する運河事業と，その開削で生じる土砂を利用した約600万坪の埋立計画を出願しているが，民間主体の社会資本整備に対する否定的な空気は変わらず，これまた認可を得ることはできなかった（東亜建設工業 1989）。

　このように，東京における浅野の埋立計画は難航したが，それと並行して彼は，神奈川県の鶴見・川崎地先においても埋立計画を立て，県当局への出願を行っていた。浅野の伝記によれば，まず1904年に権利獲得を意図した最初の出願を行い，08年には工学博士山形要助の設計にかかる本格的な工業用地埋立計画（神奈川県橘樹郡田島村から同郡町田村までの地先海面約150万坪）を出願したという。後者については，当時の周布公平知事が，その膨大な計画の資金的裏付けを懸念したため，許可が留保されたようである（浅野・浅野 1923）。1912年2月，浅野の埋立計画は，降灰問題で周辺住民との間に軋轢を生じていた浅野セメント深川工場の移転問題とも関連しながら再度機運が高まり，予

定地内ですでに認可を得ていた添田知義ほか8名および村野常右衛門ほか12名による2件の埋立権を買収するとともに，同年3月には渋沢栄一，安田善次郎など浅野セメント関係者を加えて結成された鶴見埋立組合を主体とする埋立許可の願書が県庁へ提出された（横浜市 1971）。

　このとき浅野は，鶴見・川崎地先を選んだ理由として，「只今では東京の工業地と言へば先づ本所深川に指を屈するが，此地帯は低地で霖雨の場合は浸水の害を受け，工業地として誠に不安である。且つ同地方が工業地になったのは概して水運の便があったからでもあるが，今や鉄道は四通八達し，陸運の通路が自在に開けたから，又水運地を固守する必要も大に薄らいで来た。然るに東京市は北よりも南へ発展してゆくの趨勢であるから，東京横浜間の海岸を相して適当の工業地を撰むは時勢の要求といってよい」と，その積極的意義を強調したが，その一方で，「是より先き私は東京湾築港を思ひ立ち，安田善次郎氏とも共力して品川埋立の計画を定め，東京市に交渉したが，市は自ら其れを経営する意思があるので許しそうにもない。其れで方針一転，鶴見に大計画を定めたのである」とも述べており（浅野総一郎 1914, 100頁），次善の候補地という一面もあったようである。（ママ）

　とはいえ，その計画は，「埋立地の前面には突堤を設け，其内部に大運河を作り，数千噸の汽船を横附けになし得べき一帯の岸壁を築きて海陸の連絡を計り，又埋立地内には縦横に運河と道路とを設け，水道を引き，其他電気動力の供給を計り，又鉄道院に交渉して川崎駅より鉄道の引込線を設くる等，工場用地としては殆ど理想的に完備したる地所となし，之を希望者に貸付け若くは売却する」（龍門社 1913, 70頁）という壮大なもので，工業用地を土地のみならず動力や輸送路の提供をも含めたシステムとして開発・提供するという画期的な事業であった。

### 3）日露戦後期における横浜市の工場誘致策

　ところで，浅野のような民間による大規模な埋立計画を懸念し，それに対抗しようとする動きは神奈川県内にも存在した。1910年3月に市参事会員，市会議員，市選出県会議員，商業会議所議員などを糾合して設立された横浜経済

協会は，同年 12 月，横浜における工業化の立ち遅れを克服するための工場誘致策をまとめ，「工業用地として市埋立地を工場経営者に実費を以て払ひ下げること」を筆頭とする 9 項目を市当局へ要請した（横浜市 1968）。

横浜経済協会の提案を受けて，横浜市は 1911 年 3 月に本牧・根岸・屛風浦地先海面 279,059 坪と，子安・生見尾地先海面 342,347 坪の市営埋立計画を市会で可決し，神奈川県庁へ出願を行った。しかし，その数ヶ月後，市の計画と重複する子安地先海面に浅野総一郎も造船所建設用地として別途 122,900 坪の埋立計画を出願し，周布知事の勧告にもとづく両者の協議が行われることになった。企業家としての浅野に少なからず不信の念を抱く横浜市および市会有力者（戸井嘉作・赤尾彦作）と浅野の交渉は行き詰まったまま時日が経過したが，1912 年 1 月の県知事交代を契機に事態は一転し，13 年 7 月，横浜市との事前協議を経ずに浅野が安田善次郎との連名で再度提出した願書（埋立区域は 346,000 坪に拡大）を大島久満次知事は受理した。知事から答申を求められた市会も，折からの市議選小選挙区制撤廃問題で政友派と非政友系（刷新派）に分裂し，知事の支援を受けた赤尾ら政友派市議の主張が大勢を制する中で，1914 年 6 月，浅野の出願を認める答申書が県に提出された（横浜市 1971）。

一方，この間 1912 年頃から金融市場の悪化，大蔵省・日銀内部における非募債政策への転換，既発行市債の償還難など，市営埋立事業の前提となる市債発行の条件も大きく変化していた（神山 1993）。結局，出願後にあっても，横浜市は市営埋立の実現に向けた具体的行動をほとんどとることができず，やがて工場誘致策の中心は既設工場地区における市税免税措置へと移っていった。このような状況の中で，横浜市会は 1914 年 8 月に市営埋立の出願取り下げを正式に決定し，横浜市はひとまず「埋立事業についての主導権を放棄し，それを私的資本にまかせる方向に転じた」（服部 1975，40 頁）のである。

### 4）鶴見埋築による初期の埋立事業

浅野との関係が取り沙汰された大島県政下で，鶴見・川崎地先における鶴見埋立組合の埋立申請も，1913 年 1 月に県の認可を得ることとなった。埋立によって失われる海苔漁場に対する補償は，地元の田島村・町田村に浅野側が各

1万円を支払うことで妥結し（横浜市 1971），13年8月より工事がはじまった[36]。仮組織的な性格を持っていた鶴見埋立組合は，1914年3月に資本金350万円の鶴見埋築（取締役社長＝浅野総一郎）へ改組されたが，株主は依然として浅野・渋沢・安田を中心とする20数名の範囲にとどまっていた[37]。

　当初の埋立工事は，「地質ガ意外ニ硬クシテ，『ポンプ』船ノ構造之ニ適応セザル所アリ，故障停転頻繁ナリシニヨル」（鶴見埋築 1914，3頁）作業の遅れが生じたが，新造船投入や旧船改造によって挽回し，1915年8月，全7区画中の第7区（末広町1丁目）69,913坪がまず完成した。最初の売却契約は，同年11月に旭硝子との間で締結された25,000坪分で，坪単価は9円50銭であった[38]。その相場は，近隣の川崎が「特別ノ事情アル場合ハ拾円ヲ要求スル者ナキニ非ストモ，概シテ五円内外ヲ以テセハ之ヲ買収スルニ難カラス」といわれていたのと比べれば割高であったが，「坪二拾円以下ヲ以テ適当ナル敷地ヲ発見センコト甚タ困難ニシテ，通常二拾円以上三四拾円ニモ達ス可ク，更ニ高キモノ亦少カラス」とされる東京・横浜方面よりは低廉な水準にあった[39]。

　続いて造成された第6区（末広町2丁目）には，浅野造船所（1916年4月に横浜造船所として設立，同年12月改称）が進出した。浅野の造船所は，前述した子安地先海面の埋立地に建設される予定であったが，横浜港域を管理する内務省の港湾調査会が計画に異議を唱えたため，第一次大戦下の造船ブームで建設を急ぐ浅野は，急遽予定地を変更したのである。社長を同じくする鶴見埋築では，「建設工程に追随して埋立工程を厳守」（原 1935，19頁）するという至上命令を受けて埋立工事を急ぎ，1916年9月より始まった浅野造船所への引

---

36) ただし，鶴見埋立組合が最初に着手したのは，浅野セメント新工場の最終的な建設予定地となる田島村大島新田の湿地盛土工事であった（横浜市 1971）。
37) 鶴見埋築およびその後身にあたる東京湾埋立の事業については，特記しない限り鶴見埋築（1914-1919）および東京湾埋立（1920-1943）による。東亜建設工業（1989），齋藤（1996），沼尻（2002）も参照。
38) 以下，鶴見・川崎地先埋立地の売却価格は，東亜港湾工業京浜支店「土地売却調書」（旭硝子所蔵資料複製版，横浜市史資料室所蔵）による。
39) 神奈川県内務部『川崎方面ノ工業』1916, 23頁（横浜市中央図書館所蔵）。

渡しは，1919年末までに，第6区全域と既設第7区の残地を合わせて260,454坪に達した（隣接して建設された浅野製鉄所の用地を含む）。なお，同社に対する土地は分譲でなく賃貸で提供され，「土地借入れの基礎条件は，最初五ヶ年間地代は坪五銭とし，其後十年間は坪八銭と定め，若し借主即ち当所に於て五ヶ年以内に買入を申込む場合坪当十円にて買収に応ず可く，六年目乃至十五年以内にては坪十六円にて当所の買収に応ず」（原 1938, 201頁）という破格の条件であった。このほか鶴見埋築は，埋立地と接する若尾新田の湿地11万余坪を1916年1月に買収し，盛土・整地工事を施して，浅野の傍系企業である日本鋼管へ順次売却している。海面埋立が不要であったとはいえ，工場用地140,911坪の売却価格は769,699円で，1坪あたり5円46銭であった[40]。

その後，1919年11月に東京石川島造船所が未完成の埋立予定地（第5区）のうち135,000坪を先約するという動きもみられたが，全体として鶴見埋築の埋立事業は，同じ浅野系企業である浅野造船所，浅野製鉄所，日本鋼管が大戦景気の下で推し進める設備拡大に対応した工場用地の迅速かつ低廉な提供といういわば「内部市場」向けのものであり，当初の計画で標榜していた一般企業に対する販売は，限定された範囲にとどまっていたのである。

鶴見埋築は兼業として，水力発電による電力供給事業も行った。組合時代に浅野が個人で水利権を取得していた神奈川県足柄郡神縄村落合にて発電所の建設が進められ，大戦の影響で海外発注機械・部品の調達が遅れたものの，1917年6月には第一期工事を完成させ，浜川崎にある鶴見変電所までの送電が開始された。浅野は電力事業兼営の意義について，「埋立地に建設さるゝ工場全体に供給するだけの電力を一地点から得るのは元より不可能であるが，自身の直営する電力を幾分づつでも持つ事の，将来埋立地内に工場を誘致するに於て多大の便宜がある事に着目した」（浅野 1921, 101頁）と述べている。また，1918年には埋立地および周辺へ工業用水を供給する水道事業計画に着手し，社内に臨時水道部が設けられた。

埋立地と既設の東海道線を連絡する国有鉄道の誘致については，1913年8

---

[40] この用地は，1912年7月に若尾幾造が売却した約15万坪のうち，浅野総一郎と安田善次郎が共同名義で保有していたものと思われる（浅野泰治郎・良三 1923）。

月に生じた田島・町田両村民の反対運動もあって遅延し（横浜市 1971），1918年5月になって埋立地の入口にあたる川崎―浜川崎間（貨物線）のみがようやく開通した[41]。埋立地の大半は浅野造船所および浅野製鉄所であったため，鉄道敷設はさしあたり急務でなかったと思われるが，比較的早い時点で進出した旭硝子は，鉄道出荷の製品を荷馬車で鶴見駅まで運ぶ不便を強いられることになった（旭硝子 1967）。

最後に鶴見埋築の経営状態を一瞥すると，創業から1917年上期までは営業損益を計算せずに年利5％の「利息配当」のみを行い，同年下期以降は通常配当を開始した。1918-19年の配当は10-12％（年率）に達している。増資はなされず，15年下期以降，計3回にわたってなされた社債（安田銀行などが引受け）および日本勧業銀行からの借入金が，埋立工事の拡大や電力事業の設備投資に必要な追加資金の主源泉となっていた。

### 5）東京湾埋立による埋立事業の本格化

1920年1月，浅野総一郎が中心となって東京湾埋立（資本金50万円）が設立され，同年3月には鶴見埋築を吸収合併して，資本金を1,250万円とした。これは当時の浅野系企業がしばしば行っていた一種の変則増資であり，同年11月における京浜運河（1917年9月設立）の経営支配とも連動した，浅野の拡張戦略のあらわれであった。

しかし，周知の通り，1920年3月の東京株式市場大暴落を契機に日本経済は深刻な恐慌局面に入り，当初「財界一般ノ不況ニ不拘，当社ハ其影響ヲ蒙ルコトナク益好調ナル営業状態ヲ継続」（東京湾埋立 1920，2頁）していた東京湾埋立も，22年に入ると「一般事業界ノ情勢ニ応シテ工事ノ緩急ヲ計」（東京湾埋立 1922，2頁）らさるを得なくなった。遊休化した浚渫船は東京湾土地，日本土木，浅野同族浚渫部などへ貸し出され，横須賀海軍航空隊敷地埋立，京浜土地・都土地による大森海岸埋立など請負工事の受注が相対的に比重を高め

---

41) 川崎―浜川崎間の貨物線は，浅野セメントおよび日本鋼管が鉄道院に建設費を寄付し，さらに開業後に一定の貨物輸送（石灰石，土砂など）が確保されることを条件として建設された（「若尾新田鉄道埋立ニ関スル件」東亜建設工業所蔵）。

た。1922年における埋立地の売却率は68.5％となっているが（表2-4-1），この時期における売却は，従来浅野造船所へ賃貸されていた土地を前述の条件にもとづいて割安に譲渡する「内部取引」が多くを占めた[42]。したがって，自社所有地257,212坪に占める賃貸地はわずか60,576坪に縮小し，残る20万坪弱は，いわば売れ残っている状態にあったのである。

　その中で，1922年末から23年初頭にかけて三井物産（石炭部重油掛）および日清製粉への売却成功（表2-4-2）に力を得た東京湾埋立は，一般企業向けの販売活動を本格化させた。パンフレットの作成はもちろん，埋立地内では未整備だった鉄道についても，進出企業の工費負担による建設を鉄道省へ請願する準備を始めた[43]。

　ところが，その矢先となる同年9月に関東大震災が起こり，東京湾埋立の埋立地でも防波堤の陥没，護岸の傾斜，橋梁の破損などが生じた。もっとも，被害の程度は東京の本所・深川・大島といった旧来の工業地帯に比べれば軽微なものにとどまり，東京湾埋立はむしろ「当会社ノ如キ水圧式ニヨル埋立地ノ，他ノ方法ニヨリ埋立タル地所ニ比シ，耐震力ノ大ナルヲ実験セラレタルトハ，大ニ当会社埋立地ノ需要ヲ喚起シタルノ感アリ」（東京湾埋立 1923，2頁）として，震災後の企業進出を見込んだ埋立地の造成を急ぐことになった。鉄道についても，東京湾埋立が中心となって設立された鶴見臨港鉄道の建設が急遽決定し（1924年2月免許出願，同年4月免許下付），1926年3-4月には浜川崎―弁天橋間，大川支線，石油支線が開通して（28年には浜川崎―扇町間も開通），海陸連絡の不便は大きく改善された。それは，東京湾埋立側からみれば，「益土地ノ需要ヲ増加シ，地価モ亦タ漸騰ヲ辿ル」（東京湾埋立 1926，2頁）ことを期待した投資でもあった。他方，兼営部門であった電力事業は供給能力の不足が目立ってきたため，1925年12月に東京電力系の新会社・東京湾電気へ譲渡する

---

42) もっとも，時代は造船不況に転じていたため，浅野造船所による土地購入は，芝浦製作所および内外石油への転売を前提としたものであった（表2-4-2）。東京石川島造船所も，同様の経済情勢の中で2万坪を日本石油へ転売するなど，土地を順次手放していき，結局この地に工場を建設することはなかった。

43)『東京湾埋立株式会社案内』1923年（鶴見臨港鉄道所蔵），「渡田潮田間請願鉄道貨物枝線新設計画書」1923年8月29日（同前）。

表 2-4-1　東京湾埋立の土地売却・所有状況（1922-1938 年）

(単位：千坪)

| 年 | 京浜地域 ||||| その他地域埋立 ||||
|---|---|---|---|---|---|---|---|---|---|
| | 埋立完成地 | 売却 | 所有 | 埋立未完成地 | その他所有地 | 埋立完成地 | 売却 | 所有 | その他所有地 |
| 1922 | 817 | 560 (68.5) | 257 | 703 | 6 | | | | |
| 1923 | 885 | 588 (66.5) | 296 | 636 | 6 | | | | |
| 1924 | 935 | 637 (68.1) | 298 | 594 | 6 | | | | |
| 1925 | 1,078 | 715 (66.3) | 363 | 452 | 12 | | | | |
| 1926 | 1,369 | 799 (58.4) | 570 | 173 | 393 | | | | |
| 1927 | 1,539 | 823 (53.5) | 715 | | 393 | | | | 78 |
| 1928 | 1,539 | 905 (58.8) | 634 | | 399 | | | | 360 |
| 1929 | 1,543 | 951 (61.6) | 592 | | 408 | | | | 387 |
| 1930 | 1,551 | 989 (63.7) | 563 | | 407 | 9 | 5 (53.8) | 4 | 309 |
| 1931 | 1,548 | 1,022 (66.0) | 526 | | 407 | 12 | 5 (39.1) | 7 | 316 |
| 1932 | 1,548 | 1,033 (66.7) | 515 | | 420 | 12 | 5 (39.1) | 7 | 331 |
| 1933 | 1,548 | 1,109 (71.6) | 439 | | 420 | 53 | 10 (18.4) | 43 | 289 |
| 1934 | 1,548 | 1,208 (78.0) | 340 | | 420 | 53 | 10 (19.1) | 43 | 289 |
| 1935 | 1,548 | 1,275 (82.3) | 273 | | 418 | 53 | 14 (25.9) | 39 | 5 |
| 1936 | 1,637 | 1,330 (81.3) | 307 | | 658 | 53 | 19 (35.1) | 34 | 5 |
| 1937 | 1,637 | 1,457 (89.0) | 180 | | 654 | 53 | 19 (35.4) | 34 | 319 |
| 1938 | 1,637 | 1,509 (92.2) | 128 | | 658 | 53 | 19 (35.7) | 34 | 298 |

出典）東京湾埋立（1922-1938）より作成。
注）各年11月30日現在。売却欄の（　）内は埋立完成地面積に占める売却面積の比率（単位．％）。

ことで，安定性を強化することになった。また，長年にわたって計画中であった工業用水供給事業は，事実上の100％子会社として橘樹水道が設立され（1927年5月），1929年8月より給水を開始した[44]。

このように進出企業の利便性を高める関連事業を整備しつつ，埋立地の造成は浅野同族からの傭船（後に買い受け）をも加えて急ピッチで進められ，1927年5月には計画したほぼ全区域に相当する1,588,775坪が完成した。しかし，この間における埋立地の売却は造成のペースに必ずしも追いついておらず，売

---

44) 横浜市役所『橘樹水道株式会社ニ関スル調書』1937年3月（横浜市水道記念館所蔵）。橘樹水道はのちに給水能力不足が深刻化し，1937年5月，横浜市によって買収された。

表 2-4-2 東京湾埋立による鶴見・川崎地先の土地売却（1920-1934 年）

| 年 | 売却先 | 所在地 | 面積(坪) | 坪単価(円) | 売却価格(A)(千円) | 土地原価(B)(千円) | 差引利益(A)-(B)(千円) | (B)/(A)(%) |
|---|---|---|---|---|---|---|---|---|
| 1920 | ライジングサン石油 | 第5区2号地（安善町2丁目） | 15,000 | 46.20 | 693 | … | … | … |
|  | *浅野造船所 | 第6区（末広町2丁目） | 79,385 | 10.00 | 794 | … | … | … |
| 1922 | *〃（芝浦製作所） | 第7区（末広町1丁目） | 124,308 | 30.00 | 3,729 | … | … | … |
|  | *〃（内外石油等） | 〃 | 44,815 | 10.00 | 448 | … | … | … |
| 1923 | 三井物産 | 第5区2号地（安善町2丁目） | 14,514 | 30.00 | 435 | … | … | … |
|  | 日清製粉 | 第4区2号地（大川町） | 15,000 | 30.50 | 458 | … | … | … |
| 1924 | 岡和 | 第5区2号地（安善町2丁目） | 30,000 | 23.00 | 690 | … | … | … |
|  | 吉田八百造 | 第5区寄州 | 1,222 | … | … | … | … | … |
|  | 日本電力 | 第4区1号地（白石町） | 15,000 | 35.00 | 525 | … | … | … |
|  | *鶴見臨港鉄道 | （鉄道用地） | 11,201 | 25.00 | 280 | … | … | … |
| 1925 | 東京電力 | 第4区2号地（大川町） | 30,000 | 37.00 | 1,110 | … | … | … |
|  | *浅野造船所 | 末広町2丁目 | 16,697 | 16.00 | 267 | … | … | … |
|  | 三井物産 | 第3区（扇町） | 50,000 | 44.00 | 2,200 | … | … | … |
|  | 東京電燈 | 第4区2号地（大川町） | 31,087 | 42.00 | 1,306 | … | … | … |
| 1926 | ライジングサン石油 | 第5区2号地（安善町2丁目） | 1,260 | 30.00 | 38 | … | … | … |
|  | 三井物産 | 扇町 | 5,000 | 44.50 | 223 | … | … | … |
|  | 鉄道省 | 〃 | 20,000 | 48.25 | 965 | … | … | … |
| 1927 | 住友合資 | 白石町 | 20,842 | 47.00 | 980 | … | … | … |
|  | *鶴見臨港鉄道 | 扇町（鉄道用地） | 4,500 | 25.00 | 113 | … | … | … |
| 1928 | 南満州鉄道 | 扇町 | 58,300 | 55.00 | 3,207 | … | … | … |
|  | 紐育スタンダード石油 | 安善町2丁目 | 17,163 | 36.75 | 631 | … | … | … |
| 1929 | 三菱合資 | 扇町 | 24,043 | 49.50 | 1,190 | … | … | … |
|  | 三菱鉱業 | 〃 | 9,984 | 49.50 | 494 | … | … | … |
|  | *鶴見臨港鉄道 | （各駅拡張用地） | 4,918 | 36.00 | 177 | … | … | … |
| 1930 | 昭和肥料 | 扇町 | 29,000 | 36.00 | 1,044 | 575 | 469 | 55.1 |
|  | 早山與三郎 | 〃 | 5,000 | 40.00 | 200 | 99 | 101 | 49.6 |
|  | 三菱鉱業 | 〃 | 2,046 | 40.00 | 82 | 42 | 40 | 51.6 |
|  | *浅野造船所 | 末広町2丁目 | 1,855 | 16.00 | 30 | 15 | 15 | 50.0 |
| 1931 | 日本タンカー | 扇町 | 10,000 | 39.00 | 390 | 201 | 189 | 51.5 |
|  | 南満州鉄道 | 〃 | 1,395 | 55.00 | 77 | 28 | 49 | 36.5 |
|  | 昭和肥料 | 〃 | 1,661 | 36.00 | 60 | 33 | 26 | 55.8 |
|  | 〃 | 〃 | 12,000 | 36.00 | 432 | 246 | 186 | 56.9 |
|  | 〃 | 〃 | 7,593 | 30.00 | 228 | 155 | 72 | 68.2 |
| 1932 | 早山與三郎 | 〃 | 5,000 | 33.00 | 165 | 104 | 61 | 62.9 |
|  | *浅野造船所 | 末広町2丁目 | 5,829 | 16.00 | 93 | 47 | 47 | 50.0 |
| 1933 | 昭和鋼管 | 扇町 | 33,000 | 約38.79 | 1,280 | 687 | 593 | 53.7 |
|  | 三菱石油 | 〃 | 2,584 | 27.50 | 71 | 54 | 17 | 75.7 |
|  | *浅野造船所 | 末広町 | 5,995 | 16.00 | 96 | 48 | 48 | 50.0 |
|  | *鶴見臨港鉄道 | 白石町・扇町（側線用地） | 1,638 | 約28.33 | 46 | 34 | 12 | 73.5 |
|  | 早山與三郎 | 扇町 | 3,000 | 33.00 | 99 | 62 | 37 | 63.1 |
|  | *浅野造船所 | 末広町2丁目 | 29,688 | 16.00 | 475 | 238 | 238 | 50.0 |
| 1934 | 日本鋼管 | 扇町 | 30,000 | 40.00 | 1,200 | 626 | 575 | 52.1 |
|  | 日本タンカー | 〃 | 3,122 | 33.00 | 103 | 65 | 38 | 63.2 |
|  | 日本鋼管 | 〃 | 24,200 | 39.42 | 954 | 505 | 449 | 52.9 |
|  | 三菱石油 | 〃 | 19,522 | 29.64 | 579 | 407 | 172 | 70.3 |
|  | 昭和肥料 | 〃 | 14,900 | 30.00 | 447 | 311 | 136 | 69.5 |
|  | 日本石油 | 安善町1丁目 | 5,079 | 29.50 | 150 | 106 | 44 | 70.7 |

出典）東京湾埋立（1920-1934），東京湾埋立「会計決算書」（東亜建設工業所蔵資料），東亜港湾工業京浜支店「土地売却調書」（旭硝子所蔵資料複製版，横浜市史資料室所蔵）より作成。

注1）鶴見・川崎地先における 1,000坪以上の土地売却を掲出。…は不明。各年は前年12月1日より当年11月30日まで。

2）売却先・売却面積等が出典により異なる場合は，営業報告書の記載を採用した。

3）*印は，浅野直系企業。

却済となった土地の割合は53％にむしろ低下した（表2-4-1）。坪単価も，浅野系企業については引き続き優遇されたが，一般企業に対しては震災前よりも高めになっており，1926-29年にかけての坪単価は40円台後半から50円台の高水準となった（表2-4-2）。この時期，浅野総一郎が「仮に鶴見の埋立地に於て，壱万坪を坪拾円高に買った会社がありとするも，其の会社が一年に拾万噸の荷揚をなさば，艀人夫賃壱円五十銭を利することによって拾五万円の冗費節約となり，差引一年に五万円を利益すべく，況んや今日埋立地に存在する諸会社は，多きは一年に百万円の荷揚をなすに於てをやであります」（浅野1929b，229頁）と述べているように，東京湾埋立はこの価格水準を妥当なものとみなしていたようである。しかし，販売価格の高さは，当該期における同社の経営成績に一時貢献したものの[45]，他方では売却率低迷の一因となった。

　鶴見・川崎地先の150万坪埋立が実現するのと前後して東京湾埋立は，「事業ノ永続ヲ計ル為，本邦枢要ノ地ヲトシテ之ト同種ノ計画ヲ建テ」[46]，1926年以降，次なる埋立候補地周辺の土地買収を開始した。資金調達は増資を実施せず社債発行と借入金でまかない，1929年までに京浜地域では川崎市大師河原に389,254坪，東京府荏原郡羽田町に5,529坪，それ以外の地域では阪神工業地帯の候補地となる兵庫県武庫郡大庄村に77,786坪，北海道室蘭市輪西村に283,923坪，大阪府堺市に25,077坪の土地を所有するに至った。大師河原および羽田の埋立は，鶴見・川崎埋立地の延長部分をなすもので，同じ浅野系の京浜運河が申請している運河建設事業と一体の計画であった[47]。

### 6）公営埋立事業の出現とその影響

　ところで，震災を契機に埋立地造成を積極化させたのは，東京湾埋立だけではなかった。かつて工業埋立地の造成を計画しながら，市政運営の行き詰まり

---

45) 東京湾埋立は，1925年下期から29年上期まで，8％（年率）の配当に加えて同率（28年上期以降は4％）の「特別配当」を実施している。
46) 「東京湾埋立会社ノ実質」〔1931年〕（東亜建設工業所蔵）。
47) これに先立つ1926年10月，東京湾埋立と京浜運河は臨時株主総会を開催し，京浜運河の事業が認可を得られれば，後者を前者に吸収合併することを決定している。

や市債発行条件の悪化で出願を取り消した横浜市は，1925年5月に就任した有吉忠一市長のもと，震災復興，市域拡張と並ぶ三大政策のひとつとして市営埋立事業を打ち出し，市会における政友派・非政友（民政）派の協調体制成立にも支えられて，同年10月に生麦・子安地先の海面埋立免許を出願した（横浜市総務局市史編集室 1993）。震災後における横浜市の復興策について有吉は，「元来横浜市の存立は，開港が基礎をなし，貿易が根幹をなして居るのであるが，……市の将来の事を考え，貿易の前途を思ふと，只貿易のみに依存して居ると云ふは甚だ心細い。別に何等か繁栄策を講ずる必要があるが，市の繁栄の為めには工場を招致するのが最も捷径で，此外に妙案はない。併し其工場を招致するには，安い土地を提供する事が必要であるが，市の地勢を調べて見ると，幸ひ隣接した子安，生麦方面が，海岸が遠浅で地盤も非常に良い事が分ったので，此処を埋め立て\\工場地帯を作り，茲に工場を招致するのが最も適切の繁栄策で，此外に市の復興の途はない」（有吉 1949，91頁）と考えており，第一次大戦前のような漠然とした企業誘致論にとどまらない論理を明確に打ち出したのである。

1926年11月に内務省の認可を得た横浜市は，建設資金を市債（1,657万円）によって調達し，27年6月より工事を開始した。総面積617,150坪におよぶ市営埋立地は，第1地区（恵比須町：113,937坪），第2地区（宝町：133,419坪），第3地区（大黒町：369,794坪）の三区域からなり，「埋立地内の半分以上の部分は，其の地先に一万噸級の汽船を繋留させることが出来，又一面鉄道及道路は総べて各区画に接する様に施設する」（原 1930，2頁）設計であった。鉄道は国有鉄道（貨物線）として市費負担で建設された。

埋立造成地の売り込みについても横浜市は，「本埋立地売却宣伝ノ為，分譲地ポスター，案内図，絵葉書，依頼状等ニ依リ，京浜一帯ヲ中心トシ，道，各府県，五大都市，全国商工会議所大会社等ヲ始メトシ各視察団体ニ対シ機会アル毎ニ頒布宣伝ニ努メ……更ニ東京上野公園ニ開催セラレタル躍進日本工業大博覧会ニハ本埋立地模型ヲ出陳シ，宣伝ビラ約四万枚ヲ配布」（横浜市 1936，61-62頁）するなど，積極的に活動した。その売却方法は，「本埋立地ハ本市工業発展策トシテ企画セル事業ニシテ，営利事業ニ非サルヲ以テ，之カ売却価格

モ実費主義ヲ採リ，特ニ低廉ヲ旨トスルハ勿論，売却代金ハ希望ニ依リ年賦払込等ノ便法ヲ講スル[48]」というものだった[49]。

工場用地の分譲は，埋立工事の進捗に応じて 1932 年より開始され，37 年には早くも「市直営用地ヲ除キ造成地全部ノ売却ヲ了シ」（横浜市 1937，58 頁）た。6 年間における土地売却は合計 35 件で，1 坪あたりの価格は，日本経済全体がインフレ基調となったにもかかわらず平均約 37 円，最高でも 40 円だった（表 2-4-3）。

一方，東京湾埋立は，昭和恐慌の影響による土地需要の減退で 1930 年下期以降無配に陥り，同年 11 月には創業者の浅野総一郎が歿するなど，経営の岐路に立たされた。新たな事業の柱として同社が望みをつないだのは，京浜運河開鑿にともなう大師河原から羽田にかけての埋立地造成であったが，同運河の認可は民営か公営かをめぐる議論の中で遅延を繰り返し（横浜市 1976），買収した土地の活用は進まなかった。京浜以外の地域では，1930 年から 33 年にかけて四日市市，堺市，香川県坂出町で埋立地が完成するが[50]，いずれも比較的小規模の埋立であり，土地売却率も全体としては不振であった（表 2-4-1）。こうした中で東京湾埋立は資金繰りが悪化し，1932 年上期以降は 7 期連続の赤字を計上するが，そのような中で生じていたのが，公営埋立のような「営利事業ニ非サル」相手との競争だったのである[51]。横浜市営埋立地の分譲価格は，鶴見・川崎埋立地の地価にも影響を及ぼし，1,000 坪を超える取引の坪単価が 40 円を超えたケースは 1932 年以降わずか 1 件にとどまり（表 2-4-2），全

---

48) 「横浜市営臨港工業地帯売却案内」〔1931 年〕。
49) 横浜市がこのような積極的売り込み策を行った背景には，ほぼ同じくして工業用地の埋立・分譲を展開していた名古屋など，他の都市との競合が存在していた（有吉 1949）。
50) 四日市への進出過程については，岡田（1996）を参照。兵庫県武庫郡大庄村地先の海面埋立は，免許申請が競合した山下亀三郎（山下汽船）との共同経営となり，1929 年 3 月に設立された尼崎築港の事業となった（尼崎築港 1999）。
51) このほか，鶴見川河口に神奈川県営埋立地も出現するが（1929 年 12 月着工，32 年 2 月竣工），総工費約 178 万円は浅野総一郎の全額寄付でまかない，工事も浅野に請け負わせて，埋立面積 126,659 坪の 7 割を浅野が，3 割を県が取得するものであった（神奈川県企業庁 1963）。したがって，公営埋立であるが，東京湾埋立の事業と直接競合する性格のものではない。

表 2-4-3　横浜市営埋立地の売却状況（1932-1937年）

| 契約年 | 所在地 | 売却件数 | 面積（坪） | 価格（千円） | 1坪あたり価格（円） | 1件あたり面積（坪） |
|---|---|---|---|---|---|---|
| 1932 | 第一地区（恵比須町） | 1 | 1,800 | 72 | 40.00 | 1,800 |
| 1933 | 第一地区（恵比須町） | 6 | 73,134 | 2,715 | 37.12 | 12,189 |
| | 第二地区（宝町） | 1 | 20,558 | 761 | 37.00 | 20,558 |
| | 第三地区（大黒町） | 2 | 27,533 | 1,026 | 37.28 | 13,767 |
| | 小　計 | 9 | 121,225 | 4,502 | 37.14 | 13,469 |
| 1934 | 第一地区（恵比須町） | 1 | 25,103 | 854 | 34.00 | 25,103 |
| | 第二地区（宝町） | 2 | 97,785 | 3,618 | 37.00 | 48,893 |
| | 第三地区（大黒町） | 8 | 65,196 | 2,585 | 39.65 | 8,150 |
| | 小　計 | 11 | 188,084 | 7,057 | 37.52 | 17,099 |
| 1935 | 第一地区（恵比須町） | 1 | 1,198 | 42 | 35.00 | 1,198 |
| | 第二地区（宝町） | 2 | 7,576 | 303 | 40.00 | 3,788 |
| | 小　計 | 3 | 8,774 | 345 | 39.32 | 2,925 |
| 1936 | 第三地区（大黒町） | 6 | 8,891 | 356 | 40.00 | 1,482 |
| 1937 | 第三地区（大黒町） | 5 | 172,792 | 6,287 | 36.38 | 34,558 |
| | 合　計 | 35 | 501,566 | 18,618 | 37.12 | 14,330 |

出典）横浜市（1932-1937）より作成。
注）各年は前年12月1日より当年11月30日まで。

体として下落した。そしてそのことは，「市当局に於て施行した臨海埋立地の廉価なる提供が，工業地帯の地価の投機的なる昂騰を阻止し，正当なる価格の保持に十分なる効果を挙げた」（横浜商工会議所 1937，4頁）とみなされたのである。

　1936年12月，内務省土木局は京浜運河の開鑿ならびに埋立地の造成について，最終的な結論を出した。その内容は，事業資金および経営の確実性，公共施設の整備と維持管理，土地利用処分の合理性，企業誘致のための優遇措置の採用において民営は不適当であり，政府助成を行いつつ東京府および神奈川県に実施させるというものであった（神奈川県企業庁 1963）。申請が不許可となった京浜運河は1937年3月に神奈川県を相手どった行政訴訟を起こすが，同年6月，同社が県の請負工事の形で運河開鑿と埋立地造成にかかわることなどを確認して，和解が成立した[52]。以上のことは，かつての浅野総一郎が構

想したような，総合的土地開発業者による工業地帯造成の途を閉ざす先例となる一方，その後における開発業者の活動領域を公共セクターとの役割分担に対応した請負事業などに限定させる契機にもなったのである。

（渡邉 恵一）

## 5. 「市街地金融」の発展と不動産銀行の役割

　日本勧業銀行，農工銀行，北海道拓殖銀行（以下，各勧銀，農銀，拓銀と略称する）は，農工業を育成するための金融機関，すなわち農工業金融機関として1897年から1900年に設立された。だが日露戦争後になると，都市の発達に伴う不動産業や商業をはじめとする農工業以外の産業が発展，それらの産業のための不動産抵当金融機関の設立が強く要請された[53]。民間からは勧銀や農銀とは別個の不動産銀行の特設（市街地を専門に貸付を行う金融機関）が主張されたが，1911年の法律の改正により勧銀や農銀が市街地金融を併営することとなった[54]。ここに勧銀や農銀は農工業金融機関から不動産銀行へとその性格を大きく変えてゆく。不動産抵当貸出残高において勧銀や農銀が普通銀行に匹敵する地位を占めるようになるのは，いいかえれば勧銀や農銀が「不動産金融」に本格的に進出し確たる地位を占めるのは，明治末期のこの時期である。

　ところで不動産銀行の計画が立てられたのは1881年の松方正義による「財政議」の中での「勧業銀行案」である。その後，政府によって研究がなされ日本の「不動産金融制度」が形作られてゆく。その最大の特徴のひとつは，勧銀と農銀の組織にかかわることであった。農銀は勧銀と「唇歯輔車」の関係のもとに全国府県に設立された。だが当初計画された割増債券発行という特権をも

---

52) 神奈川県との和解が成立したことを受けて，東京湾埋立は京浜運河を合併し（1938年3月），請負工事の主体となった。
53) 日本勧業銀行（1953，281頁）参照。
54) 法律の改正の背景等については，拝司（1954），反対論については矢作（1911）を参照。

つ勧銀が農工債券を引き受ける関係はほとんど機能しなかった。勧銀と農銀が一体的な関係を築くのは設立後10年余りを経た1911年の法律改正をはさむ時期であった。それは代理貸付を通じてであり、このとき、日本の「不動産金融制度」は確立したといえよう。

　本節では、1910年頃から1937年の時期の不動産銀行が不動産業といかなる関係にあったのか、その役割を明らかにする。戦前戦後を通じて不動産金融史の研究は一定程度なされてきたが、この問題についての研究はなされてこなかった[55]。近年になって唯一この問題を手がけたのは、橋本寿朗（1995）である。不動産金融史からする橋本の研究の基本的な意義は、「不動産金融」を単に不動産を抵当とする金融の意味ではなく、「不動産業への融資ないし不動産業への企業金融（以下、これを狭義の不動産金融と表現する）」を含めて理解しようとした点にある。「不動産金融」の意味は3つあると考えられる[56]。第一は不動産抵当金融（抵当物に着眼）、第二は不動産業者への貸付（貸付先の職業に着眼）、第三は借入資金の用途が不動産業（資金の用途に着眼）であることである。橋本は第一の意味の「不動産金融」を第二、第三の意味すなわち「狭義の不動産金融の前提」であるとの考えでそれを中心に検討している。いいかえれば従来の「不動産金融」（抵当物に着眼した第一の意味）の中に不動産業と金融の関連を見ようとしており、不動産金融史上、重要な意義をもつと考えられる。だが橋本は、この研究を通して「狭義の不動産金融が発達する道もなかった」と結論づけている。また勧銀については「不動産業者と日本勧業銀行との取引は小さかったとみて誤りないであろう」と述べている。

　本節では、大都市所在農銀（東京府農銀と大阪農銀）の分析を通じて「狭義の不動産金融」の存在を明らかにし、当該期の不動産銀行が不動産業と密接な関わりをもっていたことを明らかにする。

---

55) 不動産金融の研究史については、池上（1983）、伊藤（1983）、拝司（1983）を参照。
56) 「不動産金融」の意味については、全国銀行協会連合会不動産金融研究会（1992a）を参照。

## 1）1910年代における「不動産金融」と日本勧業銀行

まず1911年をはさむ時期の「不動産金融」における不動産銀行の地位の変化から検討しよう。図2-5-1にみるように，1905-1907年末までの不動産銀行（勧銀と農銀）の貸付残高は普通銀行の不動産抵当貸出残高の35％以下であった。ところが1908年以降不動産銀行の残高は普通銀行をはるかに上回って増大し，1914年には普通銀行を上回るに至った。「不動産金融」の運動は膨張→停滞・収縮→膨張→停滞・収縮の循環運動を繰り返しながら展開するが[57]，産業革命後の最初の爆発的な膨張の特色は，それが不動産銀行によって担われた点にある（植田 1994a）。

表2-5-1は，勧銀の有抵当貸付を借主別にみたものである。勧銀が直接貸出をおこなう普通年賦償還貸付と農銀などを代理として貸付をおこなう保証付年賦償還貸付に区分してある。とくに後者が重要な位置を占めていることがわかる。明治末から大正初年にかけて勧銀の3分の2は代理貸付が占め「代理貸付時代」を形成した（日本勧業銀行 1953）。また1911年の法律改正によって「其

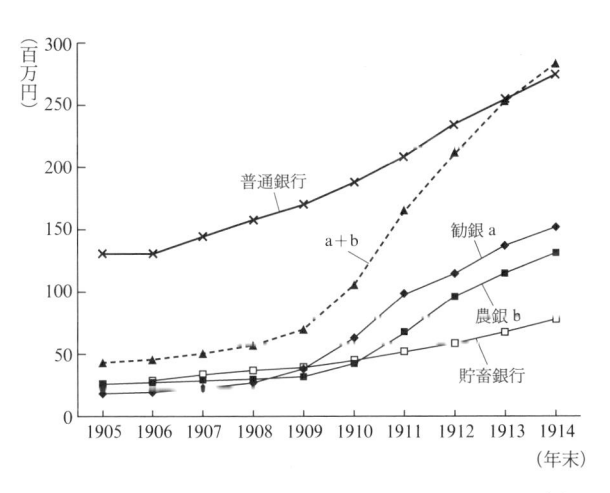

**図 2-5-1** 不動産抵当金融機関別貸付残高（1905-14年）
出典）大蔵省（1906-1915）。

---

57）景気循環と不動産抵当貸付の関連を考察したものとして伊東（1953）がある。

**表 2-5-1** 勧銀の普通・保証別年賦償還貸付の借主別残高（1905-1917 年）

(単位：万円)

| 年末 | 普通年賦償還貸付 | | | | | 保証付年賦償還貸付 | | | | |
| --- | --- | --- | --- | --- | --- | --- | --- | --- | --- | --- |
| | 有抵当 | | | | 合計 | 有抵当 | | | | 合計 |
| | 農業者 | 工業者 | 其他諸業者 | 計 | | 農業者 | 工業者 | 其他諸業者 | 計 | |
| 1905 | 608 | 613 | — | 1,221 | 1,825 | 441 | 167 | — | 608 | 669 |
| 1906 | 582 | 499 | — | 1,081 | 1,863 | 564 | 241 | — | 805 | 987 |
| 1907 | 562 | 546 | — | 1,108 | 2,136 | 701 | 387 | — | 1,088 | 1,358 |
| 1908 | 605 | 658 | — | 1,264 | 2,550 | 854 | 571 | — | 1,426 | 1,804 |
| 1909 | 603 | 913 | — | 1,517 | 2,981 | 1,200 | 1,021 | — | 2,221 | 2,693 |
| 1910 | 715 | 1,237 | — | 1,952 | 3,469 | 2,115 | 2,096 | — | 4,212 | 5,074 |
| 1911 | 944 | 1,424 | 113 | 2,482 | 4,313 | 3,393 | 3,369 | 84 | 6,847 | 8,288 |
| 1912 | 1,079 | 1,521 | 337 | 2,938 | 5,193 | 3,991 | 3,756 | 393 | 8,141 | 10,021 |
| 1913 | 1,167 | 1,669 | 907 | 3,744 | 6,264 | 4,582 | 4,222 | 866 | 9,672 | 11,889 |
| 1914 | 1,232 | 1,789 | 1,050 | 4,072 | 6,712 | 5,273 | 4,485 | 1,023 | 10,782 | 13,145 |
| 1915 | 1,323 | 1,791 | 1,434 | 4,549 | 7,251 | 6,586 | 4,542 | 1,181 | 12,311 | 14,785 |
| 1916 | 1,385 | 1,669 | 1,623 | 4,678 | 7,403 | 6,493 | 3,835 | 1,101 | 11,431 | 14,181 |
| 1917 | 1,330 | 1,670 | 1,895 | 4,896 | 8,063 | 5,719 | 2,988 | 1,020 | 9,727 | 12,654 |

出典）大蔵省（1906-1918）。
注1）合計欄は，有抵当貸付と無抵当貸付を加えたものである。
　2）農業者には農業会社，漁業者を含む。また工業者には，工業会社を含む。

他諸業者」への貸付が増えはじめ，とくに直接貸付では 1917 年には農業者，工業者を上回っていることが注目される。

　ところでこの時期の不動産業との関連を橋本寿朗の見解を手がかりに考察しよう。橋本によれば第一に，1911 年の改正以前の勧銀の貸付先は法律によって農業，工業，公共部門に限定されていた[58]。それゆえ勧銀は「狭義の不動産金融へ展開する余地はなかった」と述べている。第二に明治末期の市街地貸付の増大についてもその関係を否定的にとらえている。「激増の主因は代理貸付であったといわれるが，地域別抵当物件構成からは 6 大都市以外の市街地で貸付が増大したとみられるのである」。第三に 1913-17 年についても，「不動産業者と日本勧業銀行との取引は小さかったとみて誤りないであろう」と断定し

---

[58] 農銀法では貸付の目的が「農工業の改良発達」のためと規定されていた（第 1 条）。この点は勧銀もまた同様である（杉本 1924，131 頁）。明治期の勧銀，農銀については，加藤（1954，1958），拝司（1966），高嶋（1968，1969），池上（1972）を参照。

ている。以下では第一と第三の見解について検討する。

　第一は，勧銀や農銀は 1911 年の改正以前は，法律で決められているから農業，工業，漁業以外に貸付資金が利用されることはないとする見解である。『不動産銀行制度案問答』（明治 43 年 10 月）[59] によって，勧農銀法改正前の勧農銀の不動産銀行化の実態を確認し，この見解を検討しよう。

　この『問答』の第 1 問は，「不動産抵当貸付ノ機関ヲ設クルノ必要アリヤ」であるが，答えは「不動産抵当貸付ノ機関ヲ設クルノハ目下ノ急務」と認定している（第 1 問）。その必要性は日本では「農工業ニ対スル制度ハ既ニ備ハレルモ一般不動産ニ対スル制度ハ未ダ発達セズ　是ヲ以テ農工業以外ノ資金ノ需要多ク且ツ急ナルモノアルニ拘ハラズ之ニ対スル融通ノ機関ヲ欠ケリ」と，農工業以外の資金需要が増大していることが指摘されている。勧農銀は特殊銀行法にもとづく農工業金融機関であり「農工業以外ノ資金ノ需要」には制度上は確かに応じることができないのである。

　こうした需要に応じるための機関をどうするかについて，第 2 問で「不動産銀行ハ之ヲ特設スルノ要アリヤ」と問われ「特設セズシテ勧業農工両銀行ヲシテ併営セシムルヲ適当ト認ム」と答えている。注目すべきは「特設」をしないことを主張するその理由である。

　①勧農銀は「社会ノ需要ト事業調査ノ困難」によって，公共団体に対しては「事業ノ制限ヲ緩メ」，その他に対しても「事業ノ種類ヲ黙過シテ一般不動産貸出」を行っており，「実質ニ於テ既ニ半バ不動産銀行ニ変質」している。半ば不動産銀行に変化した勧農両行の貸出を縮小して「従前ノ状態」に戻すことは実際上，不可能である。また，②「債券政策上思ハシカラサル結果」を生じることがあげられる。特設の不動産銀行も割増金付き債券を発行することになるからである。勧銀の割増金付き債券発行の特権がなくなり，競合するということであろう。③半ば不動産銀行化した勧農銀と特設の不動産銀行との間に「競

---

59）『不動産銀行制度案問答』（勝田家文書）は，法律の改正にあたって政府が勧銀・農銀を調査してとりまとめたものである。この資料については，池上和夫が詳細な検討を加えている。この問答では 20 問の問いが発せられてそれぞれの検討結果が示されている（池上 1983）。

争ヲ惹起」して,「業種ノ区別」が判明しないことになる。このように不動産銀行が「特設」されなかった基本的な理由は勧農銀がすでにかなりの程度において「不動産銀行化」していたからであることをはっきりと示している[60]。

では一体，どの程度不動産銀行化していたのであろうか。資料「明治四十四年勧業銀行法改正理由要領（於貴族院委員会）」では，この点，次のように記している。

　　盧戦後経済界ノ相当安定セルニ際シ勧農両行ノ検査ヲ行ヒタル結果ニ依レハ資金ノ融通ヲ受クル際ハ農工業資金ナリシカ其ノ後他ノ事業方面ニ使途ヲ変更セル如キモノ即チ帳簿上ニハ農工資金ナルモ事実ハ農工以外ノ方面ニ使用サレ居ル金額相当アリ……（参照当時市街地ヘノ貸出ハ勧銀ニ於テ総貸出ノ三三％農工ニ於テ一七％ヲ有セリ）[61]。

すなわちここでいわれている「市街地ヘノ貸出」は，当時世間で一般にいわれていた「市街地貸付」[62]（市街地の宅地建物担保貸付の合計ではなく宅地建物担保の「その他諸業者貸付」）であると判断される。勧銀の33％，農銀の17％が「帳簿上ニハ農工資金ナルモ事実ハ農工以外ノ方面ニ使用サレ居ル金額相当アリ」との記述，『問答』の答からしてその内実は「市街地貸付」であったと考えられる。このように1911年の法律改正以前においてすでに勧農銀は「市街地貸付」を，是正することができないほどに行っていたのである。

次に橋本の第三の見解，すなわち法律改正後の勧銀と不動産業との関係を考察しよう。日本勧業銀行（1953, 313頁）は1910年代における勧銀の「市街地貸付」すなわち農工業者以外の「その他諸業者貸付」は「少しも停滞なく，順調に発展した」と評価している。そして直接貸付についてのみであるがその内容に踏み込んで考察している。すなわち「その他諸業者」に貸し付けられた資

---

60) 木村（1910）は，東京建物支配人の立場から不動産金融機関の「特設」を主張した。
61) 『不動産銀行化問題』（旧第一勧銀所蔵）。この綴りは，1911年の勧銀・農銀法改正に関する雑誌掲載の論説・新聞記事・演説や勝田家文書などの関係箇所を原稿用紙に筆写したものである。
62) 日本勧業銀行（1953, 313頁）では，「市街地貸付」は宅地担保の「その他諸業者貸付」の意味であるとし（市街地担保貸付から農工業者を除いた部分），市街地の宅地担保による貸付である「制限地貸付」とは区別している。

表 2-5-2　有抵当「その他貸付」残高用途（勧銀直接貸付）

| 用　途 | 貸付口数 | 貸付金高 | 百分比 | 1口あたり金額 |
|---|---|---|---|---|
| | （口） | （千円） | （％） | （千円） |
| 不動産買入 | 358 | 3,792 | 20.5 | 10.6 |
| 家屋建築 | 431 | 2,423 | 13.1 | 5.6 |
| 宅地改良 | 44 | 753 | 4.1 | 17.1 |
| 諸営業資金 | 236 | 2,135 | 11.6 | 9 |
| 雑 | 723 | 9,348 | 50.7 | 12.9 |
| 合　　計 | 1,792 | 18,451 | 100 | 10.3 |

出典）日本勧業銀行（1953，314頁）。
注）上記の表には，「備考」欄があり，「(1)各項とも旧債借換を含む，(2)雑中7150千円は旧債償還資金であるが，農工業者に対する旧債償還資金の貸付で旧債がその事業に直接の関係を有しないため，この項に含めたものが多い」と記されている。

金がどのような用途に向けられたのかを1916年末について表を掲載し（表2-5-2），その表をもとに勧銀資金の用途について次のように述べている。

　　いわゆる「その他諸業者貸付」における資金の用途は何であろうか。大正五年末直接貸付残高によれば，農工業者の旧債借換（事業に関係のないもの）が四割弱で，また不動産買入（店舗，邸宅，賃貸の目的に供する土地建物の購入）家屋建築，宅地改良などの純不動産的な用途が同じく四割弱を占めている。……その他商業資金が若干の比率を占める（314頁）。

橋本（1995，4頁）は上記の不動産買入，家屋建築，宅地改良などの「純不動産的な用途が四割弱」であるとの記述を根拠にして「このことは『純不動産的な用途』でない不動産抵当貸付が過半であったということでもある」という。そしてそれをもとに「不動産業者と日本勧業銀行との取引は小さかったとみて誤りないであろう」と判断している。つまり「純不動産的な用途」が貸付金の半分に満たないことを根拠にして勧銀と不動産業者の関係を論じている。だがこの判断は適切でないように思われる。

　第一に，勧銀の新規資金（旧債借換資金でない資金の意）のほとんどが「純不動産的な用途」であることの意義が見落とされているからである。表2-5-2の注に記述してあるように，用途が「雑」の935万円の内，715万円は旧債償還資金なのである。いま試みに貸付残高1,845万円から旧債償還資金715万円を

差引すると1,130万円（純不動産資金のなかに旧債借換資金が含まれているので実際にはこれよりも少なくなる）となる。これを仮に新規資金とみると，純不動産資金697万円（不動産買入と家屋建築と宅地改良の合計）が1,130万円に占める割合は，62％となる。つまり「新規資金」残高の過半が「純不動産的な用途」なのである。

　第二に，「雑」すなわち「農工業者の旧債借換」が不動産資金とはまったく関係がないと断定できないからである。表2-5-2の注に旧債償還資金715万円の内容が示唆されているが，そこでは「農工業者に対する旧債償還資金の貸付で旧債がその事業に直接の関係を有しないため，この項に含めたものが多い」とされている。つまり貸付先の「職業」は農工業者であるが，「旧債」の用途が農工業とは直接関係のない資金として使われているのである。旧債の用途が不動産買入，家屋建築でなかったとは，日本勧業銀行（1953）の記述からは断定できない。むしろ不動産的な用途もあったと理解するほうが自然であり，こうした旧債の借替を勧銀はおこなったと考えられよう。

　1911年の改正の結果，市街地の「土地熱」「地価の人為的騰貴」を引き起こし「土地会社等の勃興」を不動産銀行が促進したことが指摘され，本来の勧農銀にもどすような主張が1915年頃になされている。

　　市街地に於ける貸付を容易にし市街地に於ける土地熱を煽りて土地会社等の勃興を促進せし事実は掩ふべからざるなり　京阪地方に於ける地価の人為的騰貴は豈是に於て乎原因することなしと云はんや[63]。

　1910年代の勧銀と不動産業との関係を過小評価することは妥当でないように思う。

## 2）戦間期の「不動産金融」

　不動産抵当の債務残高は，大戦中の16億円前後から急増し，大正末年には55億円と同時期の全国普通銀行貸出金残高86億円の63％に達した。そして

---

[63] 作者不詳「日本勧業銀行法改正の議」（松方家文書）大正4，5年（山口忠夫『勧銀史研究の一齣──一般的不動産銀行化をめぐって（研究会15）』1951年3月24日の勧銀史研究会報告，旧第一勧銀所蔵）。

第5節 「市街地金融」の発展と不動産銀行の役割── 125

1928年の62億円をピークに漸減してゆく。図2-5-2にみるように，個人其他を含む全金融機関が「不動産金融」に進出し，1920年代の「不動産金融」の膨張の主要な担い手として登場しているが，就中普通・貯蓄銀行の上昇ぶりは顕著であり，この期の膨張の基本的な特徴をなしている。普通・貯蓄銀行のシェアは，1913年末で20%であり，その時点においても個人其他に次ぐ重要な地位を占めていたが，その後上昇し1917年末には25%，1920年末には30%に達する。その後，興業銀行，信託会社，生命保険会社が参入，「不動産金融」が急増する中にあっても，ほぼ30%弱を1920年代を通じて持続させる。

第一次世界大戦後，市街地における「工業地ノ繁栄」「交通機関ノ整備」によって土地家屋は不足し郊外での宅地化が進んだ。土地価格の騰貴，「投機売買」が増加し，「投機の風潮」は地方にも波及した。このような土地をめぐる「投機の風潮」に対しては普通銀行をはじめ不動産抵当金融機関が深く関与し

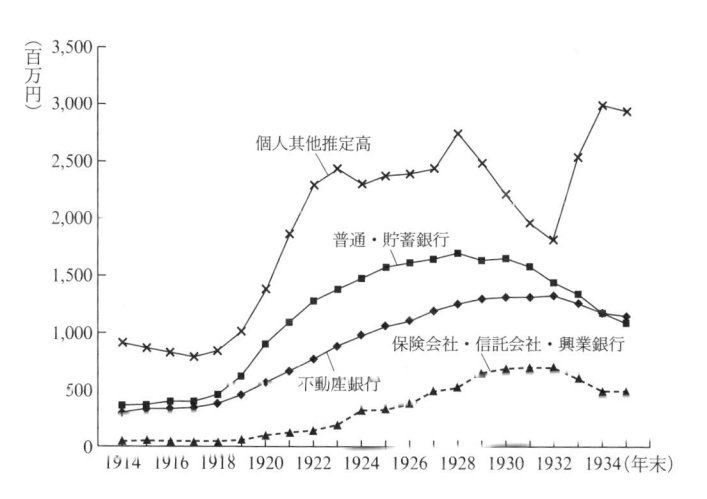

図 2-5-2　不動産抵当金融機関別貸付残高（1914-35年）

出典）1914-1929年は日本勧業銀行（1932），1930-1935年は日本勧業銀行（1953，514頁）より作成。
注1）1930年以降の数字は，内地分のみであり，従って勧銀の台湾貸付は含まれない。1922-1929年末の勧銀の台湾貸付残高は，1922年15，1923年22，1924年25，1926年23，1927年25，1928年27，1929年31，百万円である。
　2）不動産銀行は，勧銀と農銀，そして拓銀を加えたものである。
　3）信託会社の統計は1924年以降である。

ていた。1918-19 年の「投機資金」の貸出は，土地建物起債高の急増（土地建物貸出残高の増大を大きく上回る）をもたらした。反動恐慌後の普通・貯蓄銀行貸出の不動産抵当貸付の割合の上昇は，不況によって不動産抵当貸付に進出することと，反動恐慌前における不動産抵当貸付の固定化によってもたらされた。いうなれば反動恐慌後の「不動産金融」の大膨張は，1918-19 年の投機促進の「不動産金融」膨張（起債高の急増）の帰結でもあった[64]。またそれは1920 年代における普通銀行の「不動産金融問題」の表面化，深刻化を意味し，勧農両行と普通銀行との連絡をつけることの如何，すなわち「銀行分業体制」をめぐって激しい論議がなされた[65]。

ところで不動産抵当貸付残高は，1928 年末の 62 億円をピークとしてその後減少し，1935 年末には 57 億円になる。1920 年代前半において「不動産金融」を中心的に担っていた普通銀行，勧，農銀などの主要な不動産抵当貸付金融機関の不動産抵当貸付残高が全般的に減少した。1920 年代初頭の「不動産金融」膨張の主要な担い手であった普通銀行は，昭和期には収縮に転ずる[66]。

次に大都市を中心に不動産銀行がいかにその性格を変えたかを検討してみよう。第一次大戦直後（1918-20 年初頭）の都市の膨張に起因する宅地価格昂騰，普通銀行の貸出警戒は，「市街地金融」の増大をもたらした。そして 1920 年恐慌による極度の金融逼迫は「市街地金融」の爆発的な膨張をもたらした。このとき，普通銀行をはじめすべての金融機関が宅地抵当金融の割合を高めて「市街地金融」市場へ進出したが，この過程において都市所在の農銀は長期不動産担保貸出，債券発行の増大を行って本格的に不動産銀行として発展した。この

---

[64] 大戦後の不動産抵当金融の増大の契機については，植田（1994a），橋本（1995）参照。
[65] 不動産金融問題とは，1920 年代から「徐々に深刻化してきた不動産担保融資の固定化をどう解決するかという問題」（伊藤 1983, 189 頁）であった。本問題の論議の経過，論点整理については，後藤（1977），池上（1983），伊藤（1983），村上（1983）参照。また金融恐慌から抵当証券法の制定（1931 年），不動産融資及損失補償法の制定（1932 年）に至る過程については日本勧業銀行（1953, 501-510, 574-583 頁）が詳しい。
[66] 普通銀行の不動産抵当貸付の減少理由については，進藤（1961, 81-92 頁），植田（1994a, 56-57 頁）参照。1990 年代の不況という現代的な問題意識のもとに資産価格の下落が銀行貸出におよぼした影響を考察したものとして南条（2002）がある。この論文報告に対する討論が同誌（『金融研究』2002, 5-7 頁）に掲載されており，興味深い。

第5節 「市街地金融」の発展と不動産銀行の役割── 127

過程で不動産銀行は，農工業者からその他へとその貸出先を大きく転換した。東京，大阪，神奈川，兵庫，尾三（愛知）の大都市所在の農銀借主（年賦貸付）の内，農工業者の割合は，1915年末の76％から1925年末の38％，1935年末の22％へと急減し，かわって商業者と「其他」が増大した。1935年末の農銀借主の商業者，「其他」の割合（％）は，それぞれ東京25，59，大阪26，53，神奈川20，53，兵庫26，49，愛知16，59である。「其他」の主な職業は，兵庫県農銀の場合，住宅見込地（山林原野）等を抵当に資金を調達する不動産業・市街地地主であった（植田 2000）。

ところで第一次大戦後の農銀の貸出金の用途は営業資金，物件購入もあったが，負債整理資金が多く「整理資金」的な側面が強かった。この負債整理は他金融機関との取引関係を恐慌などで整理せざるを得なくなった債務者が，市街地宅地に依存する借入にかわる過程で，農銀が融資（肩替わり融資）したものと考えられる[67]。1920年代前半の「整理資金」需要はそのことを示唆している。農銀は景気変動の金融逼迫，景気悪化の局面において「クッション」の役割を果たしていた。この負債整理資金の供給は，戦間期の農銀経営を規定することになった。1930年代には延滞（不動産業者の延滞をも反映）が増大，今度は農銀自ら貸出金の負債整理を行わざるを得なくなった。大都市に所在する農銀のほとんどを含む1930年代半ばの第三次勧農合併は，一方では金融緩慢のもとで期限前償還が増大し，他方では貸付金の延滞が増大，負債整理をおこなわざるを得ないという条件のもとでなされたのである（植田 2000）。

## 3）戦間期における貸地貸家業と東京府農銀

東京府農銀は1936年10月に勧銀と合併し勧銀東京支店となった。ここでの検討課題は東京府農銀の個別の貸付を分析して大都市所在の農銀が貸地貸家業とどのような関係にあったのかを示し，またあわせて貸地貸家業の内容に迫ることである。

勧銀に合併するにあたって東京府農銀は，他の経営資料とともに「貸付金1

---

[67) 広島市の土地登記簿の調査による研究として植田（1987）がある。大都市ではないが勧銀と他金融機関の関係を考察したものとして伊藤（1976），渋谷（1980）参照。

口調」(1936年6月30日現在) を作成した[68]。分析の素材はこの「貸付金1口調」の年賦貸付分である。東京府農銀が勧銀に合併する直前の1936年6月末の融資残高は，14,192口，6,510万円である（年賦貸付は5,707万円，定期貸付803万円）。

　分析を行うデータは，東京府農銀の年賦貸付金の内，1936年6月末の1口あたりの貸付残高1万円以上の貸付金で，その口数は1,100口，現在高は2,663万円である。これらのデータが占める割合は，口数8.8％（1,100口/12,473口），残高で46.7％（2,663万円/5,707万円）である。分析対象の資料は東京府農銀融資の半分近くである。この資料には，抵当物とともに債務者の「職業」と貸付金の「用途」が記されており，「不動産金融」の研究，とりわけ狭義の不動産金融を研究する上で貴重である。

　データを集計・分析した結果，貸付残高2,663万円の貸付先の職業構成は，農業4.1％（111万円），工業2.9％（76万円），商業16.2％（432万円），貸地貸家業30.2％（805万円），旅館・飲食・金融26.7％（710万円），会社役員・会社員19.9％（529万円）であった。貸地貸家業が口数で32.3％（355口），貸付残高で30.2％（805万円）を占めて最大である。東京府農銀貸付先の農業者・工業者・商業者の合計617万円を除く「其他」2,046万円の39.3％が貸地貸家業となっている。基本統計ともいうべき『大蔵省銀行局年報』では，「其他」の内容が不明であるが，「其他」の中心部分は貸地貸家業という不動産業者なのである。あとでみるように会社役員・会社員の他，貸地貸家業以外の「職業」の者が借入資金を「不動産資金」として利用することを考慮するならば，東京府農銀の貸付基盤として不動産業が中心的な地位を占めていたことは間違いない。

　次に貸地貸家業の地域的な分布を見よう。東京府農銀の貸地貸家業貸付残高の地域割合は，旧市街地39％（313万円〔136口〕），新市街地57％（461万円〔205口〕），多摩地区・その他4％（31万円〔14口〕）である。貸地貸家業への貸付残高は旧市街地よりも新市街地の方が多い。表2-5-3は，貸地貸家業貸付

---

[68]「貸付金1口調」『東京府農工銀行合併調査付属諸表』1936年7月（旧第一勧銀所蔵）。

第5節 「市街地金融」の発展と不動産銀行の役割

表 2-5-3 市街地別貸地貸家業残高と貸付割合（東京府農銀）

| 貸地貸家業貸付残高(円) | 貸地貸家業の貸付割合 (%) ||||||| 
|---|---|---|---|---|---|---|---|
| | 10未満 | 10-20未満 | 20-30未満 | 30-40未満 | 40-50未満 | 50-60未満 | 60-70未満 |
| 50-60万未満 | | | | | | 豊島(23) | |
| 40-50万未満 | | | | 大森(20)<br>渋谷(18) | 浅草(26) | | 城東(12) |
| 30-40万未満 | | | | 小石川(13) | 下谷(13)<br>世田谷(17)<br>淀橋(15) | | |
| 20-30万未満 | | 麹町(4) | 中野(10)<br>芝(10)<br>麻布(8) | 品川(9)<br>本郷(14)<br>牛込(5) | | 杉並(15)<br>荏原(10)<br>目黒(6) | 向島(17) |
| 10-20万未満 | 日本橋(6) | 本所(10)<br>神田(8) | | | 四谷(7) | 江戸川(8) | |
| 10万未満 | 赤坂(5)<br>京橋(3) | 深川(4) | 蒲田(2) | 葛飾(3) | 荒川(6)<br>板橋(3)<br>足立(3) | 滝野川(3) | 王子(5) |

出典）「貸付金1口調（1936年6月30日）」『東京府農工銀行合併調査付属諸表』1936年7月。
注1) 東京市街地のみ集計して掲載、八王子市や多摩地区は除外したがわずかである。ゴシックは新市街地を示す。
2) 各区の（ ）内数字は、貸地貸家業への年賦貸付の口数を示す。

の地域的な分布をより詳しくみるために作成したものである。新市街地を中心に貸地貸家業を主な職業とする業者がいたことの現れであろう，東京35区の内，24の区で貸地貸家業の貸付割合が30%を超えている。とりわけ新市街地ではほとんどの区で30%以上となっており，50%をこえる区が9区（城東，向島，豊島，杉並，荏原，目黒，江戸川，滝野川）にも及んでいる。とくに豊島区は貸地貸家業残高が55万円（23口）にも達していた。旧市街地では浅草48万円，小石川37万円，下谷34万円で残高の上位を占めていた。

ところで分析データの年賦貸付残高2,663万円の市街地別残高割合は，旧市街地54%（1,428万円，542口），新市街地40%（1,070万円，475口），多摩他6%（170万円，83口）である。ここでは旧市街地が中心をなしている。東京府農銀の貸出基盤と考えられる貸地貸家業への貸付は新市街地が中心となっているが，年賦貸付残高の中心は旧市街地となっているのである。これは，新市街

地で貸地貸家業者が行う不動産業務を，旧市街地では貸地貸家業以外の職種の者が行っていることが理由として考えられる。つまり債務者の職種では商業や旅館・飲食・金融そして会社役員・会社員となっているが，借入資金の用途では「不動産資金」が多いことをあらわしている。

では東京府農銀貸付先の基盤となっている貸地貸家業者の経済的特徴はなにかを次に検討しよう。1936年6月末の東京府農銀の貸地貸家業者への貸付金355口（805万円）の内，人事興信所（1937）に掲載されている人名（＝口数）は56人である。56人は貸地貸家業の全口数355口の16％に相当する。「貸付金1口調」と人事興信所（1937）によって貸地貸家業者の特徴をみると以下のことが判明する。

第一に，貸地貸家業の階層にかかわることである。貸地貸家業者は人事興信所（1937）では，貸地貸家業と書かれているものもないわけではないが，ほとんどが「地主」とか「地家主」「家主」と記されている。所得税は24名（全体の43％）が1,000円以上で，なかには多額納税者もおり，大地主とも考えられる。また区会議員や東京市市議会議員，府会議員もおり政治的力もある階層である。それゆえ限られた資料ではあるが貸地貸家業者は必ずしも「庶民」とすることはできない。もっとも所得税はばらつきがあり，貸地貸家業の階層は「多層的」（加藤 1988，174頁）である。このような階層が東京府農銀から資金を借り入れて貸地貸家業を経営している。

第二は，借り入れた資金の用途についてである。「貸付金1口調」に「用途」が記されているが，56人の内24人はただ「旧債償還」とだけ記されている。旧債がどのような用途であったか，またどのような金融機関のものであったかは，この資料からは明らかにできない。それゆえここでは新規資金（旧債償還のための貸付以外の貸付金）と考えられる残りの32名について示したのが表2-5-4である。主な「用途」は，家屋建築19口，土地買入7口，土地整理・埋立3口，営業資金3口となっている（重複あり）。注目される点は，宅地抵当で借り入れた資金が主として家屋建築に利用されていることである。当然のことではあるがほとんどが貸地貸家業にかかわる「不動産資金」として使われていることがわかる。

第 5 節 「市街地金融」の発展と不動産銀行の役割── 131

表 2-5-4 主要な「貸地貸家業者」の経済的性格と年賦貸付口（新規資金のみ，東京府農銀）

| | 氏　名 | 現在高 | 用　途 | 経済的性格 | | |
|---|---|---|---|---|---|---|
| 1 | 吉野元吉 | 10,802 | 家屋建築 | 家　主 | 767 | |
| 2 | 石井明三 | 16,312 | 旧債償還　建築資金 | 家　主 | 719 | |
| 3 | 二宮章一 | 10,645 | 家屋建築 | 地　主 | 1,067 | |
| 4 | 金田吉兵衛 | 49,381 | 土地買入 | 貸地家業 | 532 | 写真撮影業を営む |
| 5 | 鈴木孝一郎 | 29,933 | 土地買入 | 演芸場主 | 1,141 | |
| 6 | 田中善作 | 12,944 | 営業資金 | 家　主 | | |
| 7 | 田中卯之吉 | 19,645 | 旧債償還　家屋建築 | 地　主 | 702 | |
| 8 | 大森矯次 | 36,071 | 旧債償還　家屋建築 | 家　主 | 1,249 | |
| 9 | 大塚合資会社　大塚弥吉 | 43,194 | 家屋建築 | | 1,094 | 東京米穀肥料社社長 |
| 10 | 原忠三郎他2名 | 10,450 | 家屋建築 | 有価証券売買業 | | 多額納税者 |
| 11 | 大澤幸次郎 | 160,992 | 土地買入 | 貸地家業 | 1,528 | 多額納税者鉱山業 |
| 12 | 宇田川啓輔 | 16,320 | 土地整理 | 東京運河土地㈱取 | 325 | 東京市会議員 |
| 13 | 岩崎林三郎 | 13,299 | 土地埋立資金 | 巌勧業㈱取 | 696 | |
| 14 | 片桐興蔵 | 12,868 | 土地買入及家屋建築 | 土木建築請負業 | 3,647 | |
| 15 | 小山久吉他1名 | 11,522 | 家屋建築 | 地　主 | 934 | |
| 16 | 滝沢粂太郎 | 10,919 | 家屋建築 | 地　主 | 941 | |
| 17 | 石井弥吉 | 19,229 | 営業資金 | 土木建築請負業 | 1,073 | 王子煉瓦㈱取 |
| 18 | 浅見茂兵衛 | 23,708 | 家屋建築 | 地　主 | 912 | |
| 19 | 豊田金太郎 | 12,000 | 家屋建築 | 地　主 | 1,324 | |
| 20 | 柴田千右衛門 | 17,830 | 家屋建築 | 地主＝家主 | 492 | |
| 21 | 須田銘治 | 40,807 | 旧債償還　家屋建築 | 地　主 | 462 | 目黒区会議員 |
| 22 | 増山文吉 | 15,000 | 土地買入 | 金融業 | 1,413 | |
| 23 | 松原伝吉 | 12,530 | 家屋建築 | 地　主 | 1,626 | 東京市会議員 |
| 24 | 金子賀舞他 | 10,573 | 旧債償還並に建築 | 地　主 | 533 | |
| 25 | 田中幸吉 | 73,374 | 営業資金 | | | |
| 26 | 島村一郎 | 14,256 | 土地整理費 | 地　主 | 3,897 | 府会議員 |
| 27 | 島村作次郎他2名 | 11,656 | 家屋建築 | 地　主 | 1,416 | |
| 28 | 有山小一郎 | 28,653 | 旧債償還　家屋建築 | 地　主 | | |
| 29 | 鈴木重孝 | 20,400 | 土地買入 | 宮内事務官 | | |
| 30 | 岩井七之助 | 13,966 | 家屋建築 | 梅森乗合自動車社長 | 1,329 | |
| 31 | 横溝直也 | 18,586 | 旧債償還　整地費 | 地　主 | 220 | 東京市会議員 |
| 32 | 石井寅三 | 16,972 | 土地買入 | 土木建築請負業 | 668 | 元府会議員 |

出典：『東京府農工銀行合併調査付属諸表』人事興信所（1937）。
注1）現在高の単位は円，経済的性格内の数字は，所得税である（円）。
　2）経済的性格は，『人事興信録』に掲載されているものである。

第三は，主要な抵当物の特徴である。56 口の内，主要な抵当物である宅地の面積が 1,000 坪を超えるのは 29 口（600 坪以上 39 口）に及んでいる。600 坪以上は全体の 70% である。5,000 坪を超えるものは，麹町区の大澤幸次郎（芝区にある 5,034 坪〔坪あたりの鑑定価格は 55 円〕の土地を担保に 16 万円を借り入れ，土地買入に利用した），向島区の宇田川彦太郎（向島区の宅地 6,529 坪を担保に 8 万円を借り入れ，旧債償還した），荏原区の田中幸吉（北多摩郡の宅地 6,200 坪〔坪あたりの鑑定価格 22 円〕を担保に 73,374 円を借り入れ営業資金に利用した），中野区の深野芳三（中野区の宅地 9,812 坪〔坪あたりの鑑定価格 6 円〕を担保に 34,500 円を借り入れ旧債償還にあてた），世田谷区の鈴木重孝（世田谷区の宅地 7,400 坪〔坪あたりの鑑定価格 5 円〕を担保に 20,400 円を借り入れて土地買入をおこなった）である。

　大規模な宅地を抵当に借り入れた資金は比較的土地の買入や土地整理に利用されている。それに対して用途が家屋建築の場合，抵当物の面積は比較的小さいようである。広い方からみていくと，大塚合資会社 1,068 坪，柴田千右衛門 2,069 坪，須田鋳治 1,100 坪，金子 1,271 坪，島村作次郎他 1,450 坪くらいである。用途の中心が仮に家屋建築中心であったとすれば，当時の東京府農銀は，流動性のある宅地を担保に資金を重点的に融資していたようである。

　ところで貸地貸家業者が行う不動産業務は貸地貸家業者のみが行っているのではない。この点を大口貸出先で検討しよう。貸付残高が 10 万円以上の債務者は 24 名である。大口貸出先の特徴は，第一に職業が会社役員・会社員の中には不動産会社の経営にかかわっている者が多数いることである。例えば，荏原土地㈱の綿貫要之助は，職業が会社役員であるが，15,515 坪の土地を担保に 51 万円を東京府農銀から借り入れている。彼は荏原土地の社長であり，土地商会㈱の監査役でもある。用途は旧債償還資金であるが旧債は不動産資金として借り入れたものであろう。3 位の望月軍四郎は「動不動産の保管利用」を行う九曜社（1920 年設立）と横浜倉庫会社の社長である。さらに京浜電気鉄道㈱，湘南電気鉄道の取締役である。4 位の飯田延太郎は「鉱業及農業経営鉱区の売買仲介探鉱作業の請負金銭貸付」を行う南満州大興㈱の社長である。11 位の小川銀蔵（小川保全合名会社）はかつて「米穀商を営みしが現時主とし

て土地の経営に従事し地主として知られる」という。小川保全合名会社は「不動産売買賃貸」を営み昭和9年に設立された。13位の小島長兵衛は尾張屋と称して「土地建物管理業」を営み尾張屋土地会社取締役である。15位の箱根土地㈱の堤康次郎は箱根土地会社の専務取締役である。

第二に，不動産業以外に基本的な職業をもっているにもかかわらず，債務者の職業が東京府農銀によって貸地貸家業などの不動産業者としてあつかわれていることである。例えば綿貫要之助は「銅鉄商」だが荏原土地㈱の会社役員，大沢幸次郎は「鉱山業」（東京府多額納税者）だが「貸地貸家業」，田中幸吉（謙）は「東京製靴㈱」「田中製革所合名代表社員」だが「貸地家業」，鹿島登善は「酒問屋」だが「酒問屋・貸地家業」，原忠三郎は「有価証券売買業」（多額納税者）だが，「証券売買・貸地業」と記されている。

このように人事興信所（1937）で確認できただけでも会社役員・会社員と職業が記されていても不動産業と密接なかかわりをもっていること，しかも比較的大規模な土地会社に東京府農銀が融資していたことが確認できる。また不動産業以外に基本的な職業をもっていながら貸地貸家業を大規模におこなっていることがわかる。

### 4）大阪農銀の「無職」について

次に東京府農銀に半年遅れて勧銀に合併（1937年3月）した大阪農銀についてみよう[69]。同行も東京府農銀と同じように勧銀あてに1936年12月末の貸付金のデータ「貸付金1口調」を作成した。記載項目は東京府農銀と同じである。

「年賦貸付金1口調」に記されている1口5,000円以上の年賦貸付残高2,890万円（1,862口）は，1936年12月末の大阪農銀の年賦貸付残高3,756万円の77％に相当する（ちなみに同時期の定期貸付残高は1,005万円）。それゆえ集計データ1,862口は，大阪農銀の年賦貸付残高の性格をほぼ反映しているといえる。データを集計すると，年賦貸付金残高2,890万円の貸付先職業は，農業

---

69) 戦間期の大阪農銀と勧銀大阪支店の動向については，植田（1998）を参照。

4％（96口，119万円），工業10％（234口，292万円），商業22％（493口，632万円），不動産業11％（115口，307万円），その他9％（222口，271万円），会社役員5％（78口，155万円），無職39％（624口，1,116万円）となっている。東京府農銀と比較して注目されるのは，貸地貸家業などの不動産業はわずかに11％にすぎないことである。そして東京府農銀では書かれていなかった「無職」が39％と最大の割合を占め商業の22％を大きく引き離していることである。そこで問題になるのは，大阪農銀が合併のための資料に記載した「無職」の内容が何かということであろう。

「無職」と記された624口（名）を人事興信所（1937）で調べると，52名が掲載されていた（1名は2口あり）。第一に検討すべきは，職業が「無職」の経済的性格についてである。「1口調」で職業が「無職」とされている債務者は，人事興信所（1937）では，家主17名，地家主13名，地主8名，その他の不動産経営4名（阪神アパート経営，大南土地㈱取締役，城東土地㈱取締役，土木建築請負業），そしてその他は10名（傘商，足袋商，質商，呉服商，会社員，郵便局長，病院主，呉服商ほか，金久商店，興行主）と記されている。少なくとも52名中，42名が不動産関係（家主・地家主・地主・その他の不動産経営）の「職業」なのである。このことは大阪農銀の「職業」分類の中で最も大きな構成をなす「無職」とは，家主，地家主，地主なのではないかということを推測させる。すなわち東京府農銀では「貸地貸家業」と記されていたが，こうした不動産業を大阪農銀は「無職」と記したと考えられるのである。最大の割合を占めている大阪農銀の「無職」（家主・地家主）は，東京府農銀で最大の割合を示す貸地貸家業に対応しているということであろう。

第二に，これらの不動産関連業者が借り入れた資金を何に使用しているのか，その「用途」を検討しよう。用途が土地経営とは関係のないものは，わずかに7名（鉄工業資金，製布出資金，綿布製造，自動車製造ほか）にすぎない。それ以外はすべて土地経営と関係がある。その「用途」は，土地購入14名，土地加工（土地改良・土地整理・船囲場埋立・開墾資金・土地加工・受益者負担金・土地区画整理等）10名，貸家買入4名，貸家建築1名，住宅建築・修理8名，住宅経営2名，旧債償還6名であった。このように大阪農銀から借り入れ

た資金は，主として土地の購入・加工，住宅の建築や貸家建築に使用されている。この場合，抵当物件である宅地面積は1,000坪を超えており，土地経営のためであったと考えられる。つまり，少なくとも不動産業を営む「無職」は借り入れた資金を土地経営に使用しているのである。

　以上，1910年代の勧銀と1936年の大都市農銀について貸付先の職業と用途に留意しながら不動産業との関連を考察した。大都市所在の不動産銀行は不動産業と深く関わっているといえる。「狭義の不動産金融」は存在しているのである。1911年の勧銀・農銀法の改正はその本格的な始まりであったということができる。

（植田 欣次）

# 第3章　経済統制と不動産業への影響：1937-1951

　日中戦争とアジア太平洋戦争を経て，敗戦を迎え戦後改革が実施されたこの時期は，不動産業者の活動も戦争の影響を強く受け，自由な活動が抑制された時期であった。しかし，戦時期から戦災復興期を，単に「不動産業が停滞した時期」としてのみ捉えることは，以下の3つの理由から適切ではない。

　第一に，戦時期は，軍需工場の建設と工場労働者の農村からの移動によって，工業地帯の造成と住宅建設が進んだ時期だからである。昭和恐慌克服期から増加した大都市近郊の住宅地開発も，多くの場合日中戦争開始後である1930年代後半まで持続・拡大した。第2章でみたように，戦間期にその活動領域を拡げた不動産業者が，戦時期の開発（あるいは戦災復興期の再開発）に，どのような役割を果たしたのか否かを検討する必要がある。

　第二に，1930年代末から1940年代にかけて実施された不動産に対する価格統制が不動産業者に影響を与えたのは事実だが，地代・家賃への統制と土地価格への統制とでは，影響の内容が異なった。土地価格への統制にしても，宅地や農地それぞれに対する価格統制，および農地を宅地に転用した際の価格統制などが別個に存在した。不動産への統制に関する内容の相違によって，不動産業者の活動が抑制された側面とともに，活動の余地が残され，場合によっては戦時期の開発を担う主体となる側面の双方を理解する必要がある。

　第三に，戦時期は上述の諸統制のほか，工業開発に直接関わる産業基盤整備が進められたほか，防空上の理由から都市計画の強化や住宅営団の設立など，不動産業に影響を与えたいくつもの政策が存在した。戦災復興期には農地改革の実施や旧軍用地の転用などの政策が存在した。これらの公的政策は，どのような意図をもって戦時期に登場し，不動産業にインパクトを与えたのか。逆に不動産業者の活動領域は，これらの政策に規定されながら，どのように変化し

ていったのか。戦後不動産業と公的政策との関係を考えるうえで，これらの課題を検討することは重要である。

本章では，最初に戦時期から戦後改革期にかけての開発と統制，戦災と復興に関して概説したうえで，不動産業の動向について都市部と農村部に分けて検討し，最後に戦時期の不動産業の活動と不動産金融との関連について考察する。

## 1. 開発と地価・地代への統制

### 1）戦時経済・戦災復興と都市

表3-1-1は，1935年から1950年にかけての主要都市の人口の変遷を示したものである。戦時期に人口が増加し，1945年に一旦減少するものの，1950年にかけて再び増加するという傾向に関しては各都市共通である。戦時期の工業化に伴う人口の都市流入は，各都市で深刻な住宅問題を引き起こした。

他方で，人口の増加と減少の幅は都市によって大きく異なった。ここでは，京浜地区と阪神地区の大都市および名古屋市に注目すると，東京市（都制施行以後は区部），大阪市，名古屋市，横浜市，神戸市では，戦時期に周辺町村の編入（大阪市を除く）もあって人口増加が顕著であるが，1945年人口は1940年人口の半分以下（横浜市では65％）に急減している。しかし，1950年人口をみると，東京都区部が500万人台，名古屋市が100万人台と1935年人口に近づきつつあり（但し名古屋市においては1937年に周辺町村を編入している），横浜市においても大規模な周辺町村の編入を行った後の1940年人口に戻りつつあるのに対し，大阪市は200万人弱，神戸市は80万人弱であった。1935年の人口と比べると，大阪市においては約100万人，神戸市においても10万人を超える人口減少が確認される。

当該期における阪神地区に対する京浜地区の優位は，会社統計や工業生産額などからも確認できる。表3-1-2で，会社数の変化をみると，全国の会社数に占める東京府（都）の会社数の割合が，戦時期に20％台前半から後半に増加

表 3-1-1　都市人口の変遷（1935-1950 年）

(単位：千人)

| | 1935 | 1940 | 1945 | 1947 | 1950 |
|---|---|---|---|---|---|
| 東京都（区部） | 5,876 | 6,779[1] | 2,777 | 4,178 | 5,385 |
| 大阪市 | 2,990 | 3,252 | 1,103 | 1,559 | 1,956 |
| 京都市 | 1,081 | 1,090 | 866 | 1,000 | 1,102[2] |
| 名古屋市 | 1,083 | 1,328[3] | 598 | 853 | 1,031 |
| 横浜市 | 704 | 968[4] | 625 | 814 | 951 |
| 神戸市 | 912 | 967 | 379[5] | 607[6] | 765[7] |
| 福岡市 | 291 | 307 | 252[8] | 329 | 393 |
| 仙台市 | 220 | 224 | 238[9] | 294 | 342 |
| 川崎市 | 155 | 301[10] | 180 | 253 | 319 |
| 札幌市 | 197 | 206 | 220[11] | 260 | 314[12] |

出典）総理府統計局（1951）。
注記）1950 年で人口 30 万人以上の都市を挙げた。数値は何れも調査年次当時の境界による。市域変更は脚注の通り。
注 1 ）1936 年北多摩郡千歳村，砧村を編入。
2 ）1948 年葛野郡中川村，小野郷村を編入。1949 年愛宕郡雲ヶ畑村，岩倉村，八瀬村，大原村，静市野村，鞍馬村，花背村，久多村を編入。
3 ）1937 年下之一色町，西春日井郡庄内町，萩野村を編入。
4 ）1937 年橘樹郡日吉村の一部を編入。1939 年都筑郡川和町，新田村，中川村，山内村，中里村，田奈村，新治村，都岡村，二俣川村，鎌倉郡戸塚町，中川村，川上村，豊田村，本郷村，大正村，中和田村，瀬谷村を編入。
5 ）1941 年明石郡垂水町を編入。
6 ）1947 年 3 月有馬郡有馬町，有野村，武庫郡山田村，明石郡伊川谷村，櫨谷村，押部谷村，玉津村，平野村，神出村，岩岡村を編入。
7 ）1950 年 4 月武庫郡住吉村，御影町及び魚崎町を編入。
8 ）1940 年 12 月糟屋郡箱崎町，1941 年早良郡壹岐村，残島村，糸島郡今宿村，1942 年糸島郡今津村を編入。
9 ）1941 年名取郡中田村，六郷村，宮城郡岩切村，七郷村，高砂村を編入。
10）1937 年橘樹郡高津町，日吉村の一部，橘村，1938 年を橘樹郡宮前村，向丘村，生田村，稲田村，1939 年都筑郡柿生村，岡上村を編入。
11）1941 年札幌郡円山町を編入。
12）1950 年 4 月石狩支庁札幌村の一部，同年 7 月石狩支庁白石村を編入。

しているのに対して，大阪府や大阪市では戦時期はほぼ横ばいか若干減少傾向を示している。1951 年のデータをみても，東京都区部と大阪府はともに全国の会社総数に占める割合を高めているものの，格差は拡大していた。工業生産額（職工数 5 人未満も含む）においても東京市（都制施行以後は区部）が 1935 年 160 万円から 1938 年 333 万円に急増しているのに対し，大阪市は 1935 年の段階では東京市よりもやや少ない 150 万円であったものの，1938 年では 263 万円にとどまった（東京市政調査会 1935, 1938）。さらに，1951 年においては，東京都区部が 4 億 5,011 万円であるのに対し（東京都 1951），大阪は 3 億 2,017

表 3-1-2 会社数の変化

(資本金単位：百万円)

| 年次 | 全国 | | | 東京府（都） | | | 大阪府 | | | | | |
|---|---|---|---|---|---|---|---|---|---|---|---|---|
| | 会社総数 | 株式会社数 | 株式会社払込資本金 | 会社総数 | 株式会社数 | 株式会社払込資本金 | 会社総数 | | 株式会社数 | | 株式会社払込資本金 | |
| | | | | | | | | 大阪市 | | 大阪市 | | 大阪市 |
| 1935 | 84,146 (100) | 23,264 (100) | 14,197 (100) | 16,106 (19.1) | 4,553 (19.6) | 6,536 (46.0) | 10,645 (12.7) | 9,574 (11.4) | 2,563 (11.0) | 2,240 (9.6) | 2,574 (18.1) | 2,297 (16.2) |
| 1936 | 87,511 (100) | 24,752 (100) | 15,248 (100) | 17,280 (19.7) | 5,106 (20.6) | 7,130 (46.8) | 11,499 (13.1) | 10,297 (11.8) | 2,948 (11.9) | 2,586 (10.4) | 2,779 (18.2) | 2,499 (16.4) |
| 1937 | 85,042 (100) | 26,266 (100) | 17,655 (100) | 17,935 (21.1) | 5,861 (22.3) | 8,558 (48.5) | 10,923 (12.8) | 9,703 (11.4) | 3,309 (12.6) | 2,888 (11.0) | 3,458 (19.6) | 3,150 (17.8) |
| 1938 | 83,042 (100) | 28,294 (100) | 20,054 (100) | 18,628 (22.4) | 6,850 (24.2) | 10,181 (50.8) | 10,422 (12.6) | 9,240 (11.1) | 3,782 (13.4) | 3,324 (11.7) | 3,784 (18.9) | 3,411 (17.1) |
| 1939 | 85,122 (100) | 33,166 (100) | 23,014 (100) | 21,081 (24.8) | 9,086 (27.4) | 12,224 (53.1) | 10,734 (12.6) | 9,462 (11.1) | 4,728 (14.3) | 4,133 (12.5) | 4,157 (18.1) | 3,770 (16.4) |
| 1940 | 85,836 (100) | 35,497 (100) | 25,799 (100) | 22,621 (26.4) | 10,075 (28.4) | 14,029 (54.4) | 10,465 (12.2) | 9,063 (10.6) | 5,036 (14.2) | 4,342 (12.2) | 4,610 (17.9) | 4,172 (16.2) |
| 1941 | 90,778 (100) | 38,192 (100) | 27,835 (100) | 24,829 (27.3) | 11,009 (28.8) | 15,375 (55.2) | 11,165 (12.3) | 9,572 (10.5) | 5,535 (14.5) | 4,727 (12.3) | 4,794 (17.2) | 4,272 (15.3) |
| 1942 | 92,951 (100) | 38,377 (100) | 31,510 (100) | 25,036 (26.9) | 11,375 (29.6) | 17,707 (56.2) | 10,631 (11.4) | — | 5,440 (14.2) | — | 5,507 (17.5) | — |
| 1951 | 182,567 (100) | 116,886 (100) | 307,214 (100) | 72,923 (39.9) | — | — | 34,655 (19.0) | 26,032 (14.3) | — | — | — | — |

出典）商工省大臣官房統計課（1942），大阪市役所（1943, 1953），総理府統計局（1953）。
注）1951 年の会社数は，事業所統計調査の「法人」の事業所数とした。

万円にとどまっている（大阪市役所 1952）。

　戦時期から戦後改革期における京浜工業地帯に対する阪神工業地帯の経済的地位の相対的低下の理由については，阪神工業地帯が金属部門の比重が高いのに対し，京浜工業地帯は機械器具工業部門の比重が高く戦時期には機械器具工業が京浜地区に集中した点（天川 1976），在阪企業の本社機構や有力支社が東京へ集中し第三次産業部門の拡大を生み出した点（川島 1962, 32-33 頁）が，指摘されている。戦時経済は，京浜地区における都市の経済的地位を相対的に高める役割を果たしたと考えられよう。

## 2）日中戦争期の開発と都市計画

　戦時期における軍需工場の建設と都市における人口増加は，新たな工場用地

や住宅地の需要を生み出し，これに伴い大都市郊外や軍需工場が立地した農村部における開発が進められた。これらの動向に対して，政府による統制が本格的に実施されるのは1939年以降（本格的には1940年代）であった。そこで，地代や地価統制が本格化する以前（すなわち，1930年代後半）における不動産（あるいは不動産業者）に関する諸政策――ここではとくに産業基盤整備政策と都市計画行政の変化を検討する。

産業基盤整備政策については，1935年の地方官制改正によって府県行政への経済部の設置が可能となったことに示されるように，内務省地方局が地方庁の「産業行政」を重視するようになった点が重要である。産業行政に関する具体的内容は，1936年7月の府県経済部長事務打合会における内務大臣からの指示事項に含まれている。河川行政に関しては，今まで「治水」中心の行政であったものを「各種利水の需要を充つる」ことを指示した「河水統制調査」に関する指示があり，港湾行政に関しては「港湾は臨港地帯と共に一帯として」整備する必要性を説き，「工業港」の整備を指示した[1]。これまで地方行政のなかで，明確に位置付けられてこなかった産業基盤整備――とりわけ工業生産に必要な基盤整備の推進に関して，内務省が道府県に対し指示したのである。

道府県による産業基盤整備は，資金面においても優遇された。日中戦争開始後，大蔵省と内務省はともに地方債の発行を抑止する方針をとったものの，例外的に生産力拡充に関わる産業基盤整備に必要な地方債発行については認めた。その結果，電気事業，工業用水事業，河水統制事業，工業地帯造成事業，工業港建設事業などを目的とした府県による地方債の発行が許可された。神奈川県が実施した京浜工業地帯造成事業や相模ダムの建設を組み込んだ相模川河水統制事業は，その典型例であった（沼尻 2002，155-159頁）。次節で述べるように，これらの政策が戦間期に臨海工業地帯の造成を担った不動産業者の活動に影響を与えることになる。

日中戦争期の工業開発を支えたもうひとつの政策が，都市計画行政の一手法として実施された土地区画整理事業である。戦前において一般的に実施された

---

1)『内務時報』第1巻第8号，1936年8月，3-6頁。

土地区画整理事業には，都市計画法第12条に基づく組合施行土地区画整理と，第13条に基づく都市計画事業土地区画整理とがあった。日中戦争開始前から大都市近郊で広範に実施されていた都市計画法第12条に基づく組合施行土地区画整理は，戦時期の軍需工業化の展開に基づく大都市郊外の整備に引き続き利用されていた（沼尻 2002，149-152頁）。

戦時期の大規模な工業開発に対しては，都市計画法第13条に基づく都市計画事業土地区画整理も用いられた。日本製鉄の工場が建設された兵庫県広村（1937年事業決定），軍工廠の建設が進んだ相模原（1939年事業決定），戦時期に軍需工場の建設が急増した群馬県太田（1940年事業決定）などは，この制度を利用して市街地整備が進められた。

戦時期に都市計画法第13条に基づく土地区画整理がたびたび利用された理由は，この方式によれば地主の同意を得なくても公共団体が強制的に区画整理を実施することが可能であった点にある。兵庫県広村の場合，当初は土地収用法の適用が検討されたものの，結局，都市計画法第13条に基づく区画整理が実施された。その理由のひとつは，区画整理による方が早期に事業に着手できるという点にあった。組合施行土地区画整理と同様に，事業費を事業施行区域内の土地（替費地）の売却によって捻出することが可能であった点も，都市計画事業土地区画整理が積極的にもちいられた理由であった。

都市計画法第12条による土地区画整理事業の一般的な実施手法を述べれば，土地所有者は耕作者と作離料に関する協議を経て組合を結成し，自らの所有地の減歩を認め，減歩によって捻出された土地を道路の新設や拡張，公園など市街地の整備に用いるほか，替費地として売却することを通じて事業収入を得た。その際重要なことは，事業施行区域内の土地価格の上昇であった。個別の土地所有者に即してみた場合，土地価格の上昇率が高ければ，その分整理前の土地評価額と同一評価額分の土地面積は減少する。群馬県の太田における土地区画整理では減歩率は30％に達していた。日中戦争開始前から実施されていた農地から宅地への転用を通じての土地価格の高騰を前提とした都市計画の一手法が，土地価格への統制に未着手であった戦時期の土地造成事業に利用されたのである（沼尻 2002，149-155頁）。

戦時期に急増した工場立地に対して，産業基盤整備政策や土地区画整理事業が追いつかない場合も多数存在した。その際に重要な意味を持ったのが，県や市町村による工場誘致政策であった。戦時期に県や市町村が工場誘致政策に邁進した政策的背景としては，商工省が1935年から実施していた地方工業化政策の影響が大きいが，工場誘致による税収の増加への期待や産業が停滞傾向にあった中小都市の工業発展への期待が，県や市町村による工場誘致政策を積極的なものにした。これらの誘致政策の中心は工場用地の買収であった。市町村行政や市町村会は地元部落の有力者に働きかけて土地買収の斡旋を依頼し，地元有力者は自らの有する人的関係を利用して土地売渡に消極的な（あるいは反対する）土地所有者の説得にあたった。軍需工場の土地買収に際しては，軍部や警察が土地所有者に圧力をかけることも少なくなかった（沼尻 2002, 159-166頁）。

　戦時期には，後述する三菱地所のように，工場用地造成などを主とする管理設計・請負業務を伸ばす企業も存在したが（この点は本章第2節を参照），開発を企図し土地を買い集めるという不動産業者が持ち合わせていた機能が，戦時経済に利用されたケースは少なかった[2]。既存の土地所有や土地利用に関する権利関係には深く立ち入ることはせずに，農地を宅地に転用し土地所有者の資産価値を高めるための条件整備を行うことによって土地所有者の同意を得る民間（あるいは公共団体）施行の土地区画整理事業や，地方公共団体が地元有力者を説得し軍部警察の強権も発動することによって短期間で土地所有者からの土地買収を進め工場用地を造成することが一般的であった。

　他方で，これらの政策とは異なる原理を有した政策も存在した。土地区画整理事業と同様に都市計画の一手法であった用途地域制は，そのひとつである。用途地域制は，既存の所有・利用に対し都市計画に基づき公権力が土地利用に規制をかけるものであり，公法的性格を有しているという意味で，前述した産業基盤整備政策とは性格を異にした。もっとも用途地域制が戦時期に定着した

---

[2] 1941年の農林省調査によれば，工場立地に伴う土地買収の斡旋者は市町村などの公的団体やその役職者が斡旋者を務める場合が多数を占め，土地会社が斡旋するケースはごくわずかである（沼尻 2002, 165頁）。

とはいえない。用途地域指定を受けた都市数の累計は，1937年84都市，1938年90都市，1939年95都市と増加したが，既存の計画の追加・変更を1回以上行った都市も，1937年から1939年にかけて16都市増加した。これらの都市は多くの場合，都市計画区域内に工業化傾向が見られるために，住居地域や未指定地域を工業地域に変更するものであった（沼尻 2002，102-103頁）。公法的根拠を持って用途地域指定を行っても，現実の所有・利用を前提とした経済活動（そのひとつとしての工場立地）が戦時経済や当該地域の経済に重要な意味を持つと考えられた場合には，工場立地の後追い的に都市計画が変更されていった。

用途地域制を具体的に定めた市街地建築物法に関しては，1938年の改正によって防空上の理由などから，住居専用地区と工業専用地区が新たに設定された。しかし，1939年の同法施行令改正によって，用途地域指定以前から建設されていた建築物で用途指定の結果不適格建築物となった建物の増改築などを，地域指定後15年間に限って認めるとした規定について，猶予年限を撤廃して不適格工場の増改築を認めることとなった。こうして市街地建築物法による既存の建物への規制力は弱まる一方で，防空法（とくに1941年同法改正による防空空地地区の設定）による建築規制は強化された。

### 3）戦時統制と地代，地価，土地利用

1939年から1941年にかけて宅地建物や農地に対する新たな統制が実施された。地代家賃統制令（1939年10月18日公布，1940年10月19日に新たに地代家賃統制令公布），宅地建物等価格統制令（1940年12月21日公布），臨時農地価格統制令（1941年1月30日公布），臨時農地等管理令（同前）が制定され，宅地や農地の価格自体が統制の対象となり，農地については食糧確保の目的から農地としての利用そのものに統制が加えられた。以下，①これらの土地建物統制法規の実施が地価・地代や土地売買に与えた影響とともに，②戦時期以前から実施されていた産業基盤整備政策や用途地域制とこれらの統制との関連について，地代家賃の統制，土地価格の統制，土地利用統制の順に考察する。

1939年に制定された地代家賃統制令は，1938年8月4日以前からの地代ま

たは家賃については同年8月4日現在の額に，1938年8月5日以後本令施行前に地代または家賃が生じた場合には同年8月5日以後における最初の地代または家賃に据え置くことを定めたものであった。同令は，日中戦争開始後に工場労働者が急増した都市部において地代家賃が高騰したことへの対応策という性格が強かった。これに対して，1940年に新たに制定された地代家賃統制令は，旧地代家賃統制令施行後において新たに生じた地代または家賃を，別途定めた地代または家賃に関する適正標準に従って設定した額とし，その額を超えないことを定めたものであった（堀内・鮫島 1941, 2-6頁）。地代利回りを国債利回りの水準に誘導することを通じて，物価の抑制と民間資本への適正利潤を図ることが，同令の目的となった（瀬川 1995, 126-127頁）。

　地代家賃統制令の施行状況をみると，1939年10月20日から1942年10月末までの間に，新たに地代家賃を設定した際に必要となる地代届が20,295件，家賃届が117,307件提出され，このうち届出価格を適正と認めたものが，地代について6,649件，家賃について71,647件，減額を命じたものは，地代について1,131件，家賃について11,427件であった。地代家賃の増額許可申請も，地代12,544件，家賃36,207件と多数にのぼった。このうち，許可は地代4,062件，家賃15,082件，却下は地代3,479件，家賃9,725件であった[3]。また地代家賃統制令の違反についても，全国の取り締まり件数は70,593件にのぼっていた[4]。取り締まり件数の多さは，同令が守られないケースも一定数存在していたことを示すが，他方で地代家賃の統制を全面的に実施した結果，建築費の高騰の中で地代家賃が抑制され，借家経営が成り立ち難くなる状況が生まれた（本間 1987, 112-113頁）。借家の闇値上げに対しては，1941年に借家法が改正され，賃貸人自らが使用するなどの正当事由がある場合に更新拒絶，解約申入れができることが認められた（稲本・小柳・周藤 2004, 37-38頁）。

　次に，土地価格の統制についてみよう。宅地建物等価格統制令制定の趣旨としては，物価上昇傾向のもとで「換物思想」に基づく土地建物の思惑的売買が

---

3）地代家賃の届出申請数と地代家賃の増額許可申請数は，双方とも調査中のものを含んでいる。
4）以上の地代家賃統制令施行状況に関する数値は，杉田（1943, 4-6頁）。

盛んとなり価格を釣り上げたことが政策担当者の側で問題とされた。そのため，同令に基づく統制の内容も，土地建物の思惑的売買の統制に重点がおかれた。その特徴を，以下3点にまとめておこう。

第一に，宅地建物等価格統制令が対象とする統制の範囲は1939年9月18日以後有償行為により取得した宅地または建物，建築竣成した建物に限定されており，それ以前に取得した土地建物については統制範囲外にあった。

第二に，同令第5条には不動産販売業者に直接関わりのある条文「宅地ノ分譲ヲ為ス者ハ命令ノ定ムル所ニ依リ其ノ分譲ヲ為ス宅地ノ価格ニ付行政官庁ノ認可ヲ受クベシ」が設けられた。「最近に於ける宅地の分譲は不当に価格を吊上げたり宣伝広告などをして土地熱を煽つたりして色々弊害を醸して居りますので，特別に詳細な規定を設けた」ためであった。第5条の認可を受けるためには，その者は，分譲広告を出す前に分譲所在地を管轄する地方長官に申請書を提出し，認可を受ける義務が生じた（宅地建物等価格統制令施行規則第8条）。認可を受けた者は，分譲地への掲示や新聞紙・雑誌などの広告に，地方長官に提出した申請書記載事項のうち①申請人の氏名，職業及び住所，②分譲地所有者の氏名及び住所，③分譲地所在地の地番並びに分譲地の地目と坪数，④価格の受領の方法とその他売却条件，⑤分譲期間の各項目と，分譲計画図面（新聞紙や雑誌等への広告の場合，認可を受けた分譲価格の大要でも可），分譲地に加えた諸施設を記載する義務があった（同施行規則第9条）。広告に載せる分譲価格の大要については，「坪二円以上と云ふやうな書放しのもの，或は二円以上三十円までと云ふやうなものは現場に行つて見ますと二円の所は二十坪か三十坪しかなくて，あとは皆二十円だ三十円だと云ふやうな有様」では分譲価格の大要とはいえないので，「坪二円の所が三十坪なら三十坪，五円の所が五十坪なら五十坪」と記す必要があるとされた（中央物価統制協力会議1941a，28-31頁）。

第三に，同令第6条によって宅地以外の土地（農地など）が宅地として譲渡される場合も，この法令の対象となった。農地を宅地に転用し譲渡する場合の価格の基準については，法制定当初から「農地を宅地にすると云ふ場合に於きましては必ずしも農地の侭の値段で抑へるといふ趣旨ではないのでありまし

表 3-1-3 主要都市（六大都市及び広島・福岡）不動産売買件数・金額

(単位：件，千円)

| 都市 | 1939年上期 | | 1939年下期 | | 1940年上期 | | 1940年下期 | | 1941年上期 | |
|---|---|---|---|---|---|---|---|---|---|---|
| | 件数 | 金額 | 件数 | 金額 | 件数 | 金額 | 件数 | 金額 | 件数 | 金額 |
| 東 京 | 13,890 | 73,447 | 14,444 | 85,919 | 14,722 | 96,676 | 13,386 | 84,141 | 10,345 | 76,960 |
| 大 阪 | 6,278 | 51,525 | 4,816 | 46,690 | 4,759 | 55,913 | 3,984 | 47,300 | 3,224 | 41,906 |
| 名古屋 | 5,730 | 13,844 | 5,043 | 14,047 | 5,442 | 14,362 | 5,876 | 18,921 | 3,217 | 13,381 |
| 京 都 | 2,767 | 9,533 | 3,123 | 12,622 | 3,508 | 15,624 | 2,812 | 13,647 | 2,286 | 12,367 |
| 横 浜 | 3,063 | 11,480 | 3,158 | 12,272 | 3,081 | 11,617 | 2,818 | 10,608 | 1,855 | 11,735 |
| 神 戸 | 2,153 | 13,124 | 2,399 | 13,692 | 2,351 | 15,273 | 2,353 | 16,171 | 1,723 | 13,581 |
| 広 島 | 1,233 | 4,779 | 1,162 | 5,267 | 1,461 | 6,527 | 976 | 5,271 | 677 | 4,513 |
| 福 岡 | 2,101 | 3,893 | 1,803 | 3,677 | 2,102 | 4,700 | 2,058 | 5,850 | 1,344 | 5,406 |
| 合 計 | 37,215 | 181,626 | 35,948 | 194,186 | 37,426 | 220,692 | 34,263 | 201,909 | 24,671 | 179,849 |

出典）東京市政調査会（1942-1943）。
注）日本勧業銀行調査による。1941年下期と1942年上期については，合計値のみ判明。1941年下期件数 23,391，金額 222,042千円，1942年上期件数 25,519件，金額 217,766千円。

て，宅地としての価格も相当考慮に入れる」との見解が示されており（中央物価統制協力会議 1941a，35頁），1940年12月9日に商工次官通牒として出された「宅地以外の土地を宅地と為す場合の評価基準」によって，売買価格の基準は，田畑等の素地としての価格と，小作権価格や作離補償金などの価格，すでに発生している宅地の素地としての期待価格（投機的要素は認めない）の合算によって求めることと規定された．すなわち，宅地としての実質を備えていれば，農地に対しても宅地としての期待価格を認めるものであった．

土地区画整理施行地に対しても，1941年12月17日に物価局長官通牒として出された「土地区画整理施行地の取扱方に関する件」によって，宅地以外の土地を宅地に供する場合の売買価格は，田畑等の素地の価格と宅地の素地としての既成期待価格を合算すると規定された（杉本 1942，277-278頁）．

日中戦争期における土地建物統制法規制定後，土地の売買高と地価はどのように変化したか．表3-1-3は，主要都市における不動産売買高を示したものである．東京，大阪，広島などで，1940年下期から売買件数，金額ともに減少に転じており，1941年上期においてはどの都市においても件数，金額ともに減少している．表3-1-4は，市街地平均地価指数を示したものである．日中戦争期に地価は一旦上昇する傾向を示すものの，土地建物統制法規が制定される

表 3-1-4 市街地平均地価指数

| 年　次 | 東　京 | 大　阪 | 京　都 | 名古屋 | 横　浜 | 神　戸 | 日銀東京卸売価指数 |
|---|---|---|---|---|---|---|---|
| 1936 | 100 | 100 | 100 | 100 | 100 | 100 | 100 |
| 1937 | 100 | 100 | 100 | 100 | 105 | 100 | 120 |
| 1938 | 100 | 109 | 103 | 115 | 108 | 101 | 127 |
| 1939 | 130 | 109 | 108 | 126 | 108 | 100 | 145 |
| 1940 | 126 | 109 | 107 | 126 | 108 | 111 | 155 |
| 1941 | 128 | 111 | 107 | 126 | 112 | 111 | 171 |
| 1942 | 133 | 111 | 107 | 131 | 112 | 111 | 184 |
| 1943 | 139 | 120 | 106 | 140 | 132 | 128 | 198 |
| 1944 | 137 | 124 | 106 | 162 | 130 | 128 | 216 |
| 1945 (a) | 111 | 102 | 112 | 162 | 130 | 131 | 301 |
| 1945 (b) | 134 | 126 | 122 | 174 | 146 | 154 | 757 |
| 1946 | 383 | 156 | 311 | 236 | 156 | 182 | 1,891 |
| 1947 | 781 | 372 | 501 | 929 | 548 | 456 | 6,353 |

出典）東京市政調査会（1948），建設省住宅局（1951）。
注）日本勧業銀行調査による。調査開始年度を100とする住宅地，商業地，工業地の平均指数である。調査時点は毎年10月1日。但し，1944年は5月31日，1945(a)は5月1日，1945(b)は12月31日。

　1939年から1940年頃から地価上昇傾向はストップし，その後も物価上昇にくらべ抑制されていたことがわかる。土地建物に対する統制が，一定の実効性を有していたのは事実であろう。

　その一方で，戦時期の軍需工場の建設によって急速に開発が進んだ諸都市における地価上昇もみられた。「時局産業都市」の工業地地価における地価指数は，1936年100，1937年119，1938年156，1939年171，1940年192，1941年198，1942年209であり，同じ時期の卸売物価指数の上昇を超えた[5]（日本勧業銀行調査部　1943，2-8頁）。土地建物の統制によって投機的な土地売買が抑制されたことは事実であったが，他方で，軍需工場の建設によって人口が急増した都市での地価上昇は顕著だったのである。

　土地利用統制については，農地潰廃防止の目的をもって臨時農地等管理令が制定された。その詳細や実施過程に関しては本章第3節で取り上げるが，同法

---

[5]「時局産業都市」とは，室蘭，川崎，川口，四日市，尼崎，呉，宇部，八幡，門司，小倉，戸畑，若松，直方，飯塚，大牟田，佐世保である。

第 1 節　開発と地価・地代への統制── 149

の名称にも使われる「管理」という言葉の意味に，ここでは言及しておこう。「管理」とは，「農地或ひは耕作に利用し得る所の土地の所有権なり，或ひは所有権の権能である使用収益処分と云ふものを直接に奪ふと云ふことなくして，これに関与し，その使用収益処分と云ふものを国家が必要とする方向に向けし・・めると云ふやうな意味をもつてをります」(傍点は原文のまま)との意味を有していた (中央物価統制協力会議 1941a, 29 頁)。それゆえ同法は，私法上の土地売買契約自体に立ち入るものではなかった。同法に第 3 条の規定 (農地の所有者などが農地を転用する場合) 以外に，第 5 条の規定 (農地を転用するために所有権などを取得する場合) を定めたのは，農地を転用する目的で農地を買ったものの「第三条の許可の申請をした所が許可が得られなかったと云ふやうなときにはその農地に付いての売買契約と云ふものは私法上の関係に於て非常に錯綜してしまふ」ことを想定し，このような事態を未然に防ぐためであった (中央物価統制協力会議 1941a, 40 頁)。所有権の権能である使用収益処分に国家が「関与」するとはいえ，使用収益処分を直接奪うものではなく，私法上の売買契約を前提としていた[6]。実際には，軍需工場の建設に伴う農地転用は許可されるケースが多数を占めた。

　都市計画行政の一手法である用途地域制は，1940 年代においても存続するとともに，防空上の理由から，大都市では都市計画空地地区の指定や都市計画緑地が決定されるなど土地利用統制は強化された。ただし，空地地区指定は敷地面積に対する床面積の割合が規制されるため，指定区域内に土地区画整理組合事業地がある場合には土地所有者からの反発が強く，都市計画東京地方委員会に 1940 年 5 月に提出された空地地区の原案は修正を余儀なくされた (沼尻 2002, 184-187 頁)。近衛新体制のもとでの国土計画構想に基づき，1942 年には「工業規制地域及工業建設地域に関する暫定措置要綱」が閣議決定され，四大工業地帯とその周辺部への工場の新設が禁止され，全国 29 地域を「工業建設

---

6)　戦時農地法制を「私法と公法という法枠組を超えて，戦争経営のための統一的土地法を作り上げた」ものとして位置づける理解もあるが (岡田 1989, 233 頁)，上述の「管理」という言葉の定義からみて，同時代の行政担当者がそこまで意識してこれらの法を制定したとはいえないであろう。

地域」と指定したが，工業規制地域内とはいえ臨時資金調整法や諸事業法の許可を受けた場合には新設増設が認められるなどの例外規定が存在し，実際に許可されるケースが多く，工業建設地域に関しても具体的な地名は公表されず，工業建設に必要な基盤整備などについてもとくに触れられていなかった（西水 1975，31-38 頁）。

　以上，不動産に対する戦時統制の特徴は 2 点にまとめられる。第一に，地代家賃統制令や宅地建物等価格統制令に基づく地代・地価の統制は，都心部の商業地や既存の住宅地では一定程度機能したものの，新たな工場用地の造成の際に典型的に見られる農地から宅地に転用した土地に関しては，宅地としての地価を容認した（ただし投機的要素は認めない）という点である。地代・地価の騰貴を全面的に統制することを通じて戦争目的の開発を政府自らが公法的に進めるのではなく，兵庫県広村や神奈川県相模原の事例にみられるように，農地から宅地への転用に基づく資産価値上昇とその売却益を事業費とすることで開発を容認したのである。農地転用による開発の場合臨時農地等管理令による許可が必要であり，建築資材が不足する問題が存在したとはいえ，戦争目的の開発にかかわる内容であれば，民間の不動産業者における活動の余地は残されていたといえよう。

　第二に，土地利用そのものに対する統制も，借家権の強化や防空上の理由からの用途規制や建築規制の強化，臨時農地等管理令制定などを通じて行われたものの，このことは前述した農地から宅地への転用に伴う地価上昇を容認する方針と抵触する場合が多く，都心部の建物疎開などを除けば，これらの統制は必ずしも徹底して行われなかった。土地利用への公法的政策手法を強化せずに戦争目的の開発を進めようとすれば，そのような開発に同意しない小土地所有者や利用者が現れた場合，開発に必要な土地買収は困難となる。そこでこのような場合には，地元部落の有力者による人的関係を用いての土地所有者への説得や，軍部・警察の強権が利用された。

　このように，戦時期の不動産に対する統制は，都心部の商業地や既存の住宅地では一定の機能を有したが，農地転用を伴う郊外の市街地形成の論理を抜本的に変えることはなかった。それゆえ，第 2 節で述べるように，都心部の商業

地での不動産業者の活動は抑制される一方で、農地転用を伴う宅地造成を進める民間の業者や地主による開発は、種々の制約を受けつつもその活動を継続していったのである[7]。

### 4）戦災復興と地価，不動産売買

敗戦後，戦災復興都市計画や農地改革が実施にうつされる過程で，戦時期の土地建物統制法規のうち，宅地建物等価格統制令，臨時農地価格統制令，臨時農地等管理令は廃止された。他方で，地代家賃の統制については，戦後新たに地代家賃統制令が制定された。同法は，戦後のインフレ抑制策の一環としての意味を有したが，インフレのもとでの地代収入の抑制は，利用の促進を促すというよりも，借地権価格を高騰させる事態を生んだ。表3-1-5は，このことを示したものである。住宅地で借地権価格の高騰が著しいことがわかる。地代家賃統制令は，1950年に改正され，同年7月11日以後に立てられた建物と商工業を用途とする建物は統制の対象からはずれた。このことは，1950年代における都心部のビル建設増加を促した。

敗戦直後の段階で，復興行政を担った戦災復興院は，地券を発行して市街地全体の土地をいったん買い上げ，抜本的な市街地整備を進める構想を有していた（建設省 1959，45頁）。この構想は実現しなかったものの，1946年9月に制

---

7）日本における戦時期の不動産への統制の場合，なぜ土地所有・利用への公法的統制が必ずしも浸透せずに，地元部落の有力者による説得（これに軍部・警察等の強権が加わる）を介した土地買収が意味を持つのかという疑問点の本格的解明は，今後の課題である。試論的にこの点について述べれば，近代日本においては国家法のなかの私的土地所有権と都市計画法などの公法とが別個に移植され，そのうえこれらの国家法とは別に，部落法（地元部落のなかでの土地所有・利用慣行）が現実の地域社会のなかで意味を有していたこと（この点は，沼尻 2007を参照されたい）との関連が問われる必要があろう。このような土地所有の内容に規定されて，ⓐ現実の土地所有との関係が希薄な国家法のみによらずに，地元部落の土地所有・利用慣行に精通した有力者を介しての買収策が取られたと考えられるし，ⓑ国家法のなかでは，公法に対して私的土地所有権が重視された結果，戦時期であっても開発に伴う地価上昇それ自体を抑制する論理が生まれ難かったと考えられる。以上の点を踏まえて戦時期の不動産業をみると，ⓑの点が戦時期の不動産業の継続・拡大に重要な意味を持ちつつも，多数の土地所有者から土地を買い集める不動産業の業務内容と関わるⓐの点に関しては，地元部落の土地所有・利用慣行が規定的な意味を持ち，不動産業者は消極的な役割しか持ち得なかったのではないか。

表 3-1-5　東京における更地価格・借地権価格の変遷

(単位：円)

| 地帯別 | | 価格の種類 | 1938 | 1940 | 1946 | 1947 |
|---|---|---|---|---|---|---|
| 商業地帯（京橋区）・中位 | 一等地 | 更地坪当価格 | 2,000 (100) | 2,500 (125) | 3,000 (150) | 7,000 (350) |
| | | 借地権坪当価格 | 1,000 (100) | 1,250 (125) | 1,500 (150) | 4,000 (400) |
| | 二等地 | 更地坪当価格 | 350 (100) | 400 (114) | 600 (171) | 4,000 (1143) |
| | | 借地権坪当価格 | 131 (100) | 160 (240) | 300 (229) | 2,500 (1908) |
| | 三等地 | 更地坪当価格 | 430 (100) | 450 (105) | 500 (106) | 600 (140) |
| | | 借地権坪当価格 | 225 (100) | 191 (85) | 225 (100) | 300 (133) |
| 住宅業地帯（世田谷区）・中位 | 一等地 | 更地坪当価格 | 50 (100) | 60 (120) | 70 (140) | 800 (1,600) |
| | | 借地権坪当価格 | 7 (100) | 9 (129) | 11 (157) | 500 (7,143) |
| | 二等地 | 更地坪当価格 | 30 (100) | 40 (133) | 60 (200) | 500 (1,667) |
| | | 借地権坪当価格 | — (—) | — (—) | 9 (100) | 250 (2,778) |
| | 三等地 | 更地坪当価格 | 25 (100) | 30 (120) | 50 (200) | 700 (2,800) |
| | | 借地権坪当価格 | — (—) | — (—) | 7 (100) | 450 (6,429) |
| 小売物価指数 | | | 100 | 130 | 927 | 2,399 |

出典）橋本（1949，14-15頁）。
注）原資料で明らかに誤りとみなせる数値を訂正。カッコ内は1938年を100とする指数。

定された特別都市計画法では，土地区画整理の実施に際して，地主から1割5分の土地を無償で提供させることを定めた（同法第16条）。敗戦直後の段階で，戦災復興院は，市街地整備に関する公法的手法を戦時期よりも積極的に取り入れようとした。

しかし，このような戦災復興院の構想は，復興事業の早期の段階から後退していった。特別都市計画法が制定される以前の1946年5月7日閣議決定において，民間施行土地区画整理事業が戦災復興事業として認められ，東京では歌

舞伎町や恵比寿，六本木，田端など商業地と住宅地が隣接する地域で土地区画整理が実施された（波多野憲男 1988）。特別都市計画法における1割5分の無償収用規定は，特別都市計画法制定直後の1946年11月に公布された日本国憲法第29条第3項に反するとの疑念がGHQや法務庁から提起された結果，1949年に同法は改正され，土地区画整理施行地の宅地価格の総額が施行前の宅地価額の総額より減少したときは，その減少額を補償することとなった。その際，建設省都市局では宅地としての利用経済効率の増進度を増進率と定義し，整理後の宅地価格の総額算定に利用した。利用効率に応じた地価上昇を認める論理は，戦時期までの政策理念と共通するものであった（沼尻 2002, 217-222頁）。

戦災復興院による市街地整備に関する構想とは別個に，戦後改革期の都心部の土地所有には変化が生じていた。大阪都心部では，戦時期の企業整備や戦後改革期の財産税の課税によって，近世以来の系譜を持つ個人資産家などの所有地が処分される傾向が強まり，代わって大企業による土地所有の集中がみられるようになった（名武 2006）。

農地に関しては，農地改革の実施によって地主制が解体され，自作農を中心とする土地所有制度が確立した。その一方で，農地と宅地との関係については，戦後改革期においてもいくつかの問題を引き起こした。

ひとつは，都市計画区域内にある農地を，農地改革の対象とするか，対象から除外するか（＝自作農創設特別措置法第5条第4号に指定するか）という問題であった（詳しくは本章第3節参照）。もうひとつは，農地と宅地の価格差の問題の顕在化であった。敗戦直後の東京都議会では，農地改革の実施を主張する立場から，戦時期からの土地区画整理は自己の所有地の地価上昇をもくろむものとの批判がだされたが，他方で都市計画推進の立場からは，宅地としての発展可能性をもつ公有地までが低価格で農民に売却されることの問題性が指摘された（沼尻 2002, 230-236頁）。

敗戦後には，広大な旧軍用地が残された。旧軍用地は，大蔵省の方針に基づいて，1947年頃から国や地方公共団体の諸施設（自衛隊の兵舎・演習場，病院，学校など），農地，工場用地などに徐々に転用されていったほか，1950年代後

半以降日本住宅公団に対する国の現物出資にも利用された。その転用面積は，1963 年 10 月の時点で関東地方だけでも 429 平方キロメートルが確認され，その用途別内訳は，農地が 43.7％ と最も多く，公共施設 30％，米軍提供 14.0％，防衛庁 7.9％，製造業 3.6％ と続く（宮木 1964, 33-36 頁）。旧軍用地の農地への転用は農地改革の過程で実施されたが，他方で，これらの土地のなかには後に不動産業者による開発の対象となるものも存在した[8]。

　戦後改革期の不動産売買と地価の動向を確認しておこう。不動産売買について東京のデータを見ると，1946 年が土地件数＝15,205 件・35,280 筆，建物 18,083 件・22,329 棟であるのに対し，1948 年は，土地件数＝48,368 件・64,993 筆，建物 38,413 件・43,752 棟と増加した。1949 年において土地建物の売買件数は一旦減少するものの 1950 年・1951 年と持ち直し，以後 1953 年まで，土地売買件数 5 万件台，建物売買件数 3 万件台を維持する（東京都 1949-1954）。大阪については，1940 年代後半の動向は不明であるが，1950 年代前半の土地売買件数は 2 万件台，建物売買件数が 1 万件台であり（大阪市 1952-1954），東京と同様の傾向を示している。

　その一方で，東京と大阪の地価上昇には大きな違いがあった。表 3-1-4 からわかるように，敗戦直後においては，各都市ともに一般物価の上昇に比べ地価の上昇は緩慢であったが，なかでも大阪の地価上昇は東京をはるかに下回っていた。この傾向は，その後も続き，大阪の地価上昇が顕著となるのは 1949 年になってからのことであった（建設省住宅局 1951, 234 頁）。1950 年代前半における六大都市の地価を，取引価格と固定資産評価額別にまとめたものが，表 3-1-6 である。資料を作成した建設省が，取引価格と固定資産評価額の双方のデータを調査したのは，固定資産評価額においては現れにくい，都市の地位変化やそれに伴う思惑的売買の増加など，同時代における実際の宅地価格の変化が取引価格には現れると考えたためと推定できよう。名古屋の固定資産評価額に対する取引価格の高さが目立つが，この割合が名古屋に次いで高いのが東京であり，大阪は六大都市の中で最も低い。取引価格の平均値自体においても，

---

[8] 農地法を無視した形で，旧軍用地を買収しようとする不動産業者の動向の一端については中村（1954, 61-63 頁）。

表 3-1-6 六大都市別の宅地（更地）価格指数

(単位：円)

| | | 対象地点数 | 坪当宅地取引価格(A) | 坪当固定資産評価額(B) | (A)/(B) |
|---|---|---|---|---|---|
| 東 京 | 全地点平均 | 185 | 21,751 | 5,283 | 4.78 |
| | 住宅地平均 | 149 | 13,268 | 3,270 | 4.75 |
| | 商店街平均 | 28 | 70,232 | 16,978 | 4.76 |
| 大 阪 | 全地点平均 | 85 | 15,157 | 4,595 | 2.76 |
| | 住宅地平均 | 63 | 7,322 | 3,335 | 2.62 |
| | 商店街平均 | 18 | 56,500 | 11,085 | 3.50 |
| 名古屋 | 全地点平均 | 50 | 15,052 | 2,700 | 6.32 |
| | 住宅地平均 | 31 | 9,062 | 2,332 | 4.46 |
| | 商店街平均 | 15 | 29,763 | 2,435 | 10.81 |
| 横 浜 | 全地点平均 | 40 | 5,955 | 2,056 | 2.9 |
| | 住宅地平均 | 33 | 4,530 | 1,785 | 2.83 |
| | 商店街平均 | 3 | 26,666 | 8,570 | 3.04 |
| 京 都 | 全地点平均 | 48 | 6,140 | 2,191 | 3.01 |
| | 住宅地平均 | 27 | 4,166 | 1,353 | 3.23 |
| | 商店街平均 | 10 | 15,300 | 4,467 | 3.06 |
| 神 戸 | 全地点平均 | 39 | 10,462 | 3,992 | 3.25 |
| | 住宅地平均 | 31 | 6,113 | 2,577 | 3.27 |
| | 商店街平均 | 7 | 30,071 | 9,027 | 3.61 |

出典）建設省住宅局（1954）。
注）全地点には，住宅地と商店街のほか，工場地と農地を含む。

東京と大阪とでの開きがみられた。工業生産額や会社数のみならず，地価の面においても，東京と比較した際の大阪の停滞を読み取ることができよう。

(沼尻　晃伸)

## 2. 都市部の動向

本節では，戦時期の開発と統制のもとでの都市部における不動産業の動向に

ついて，①日中戦争開始後で土地建物への統制は未だである1930年代後半，②土地建物への統制が本格化する1940年代前半，③戦災復興期である1945-1951年の3つに時期区分して考察する。

## 1）1930年代後半における不動産業

　最初に住宅地の分譲についてみよう。私鉄会社による分譲に関しては，関東では目黒蒲田電鉄，東京横浜電鉄（1939年の両社合併後も東京横浜電鉄と称す），京成電気軌道，関西では阪神急行電鉄と南海鉄道の宅地分譲が，1930年代後半において確認できる。東京横浜電鉄の土地分譲をまとめたのが表3-2-1であるが，大正期から進められた沿線の土地買収と分譲が，1930年代後半においても継続されていた。1939年に買収した土地の分譲をただちに開始した目黒西郷邸跡地のケースや，小田原急行鉄道の住宅地分譲の一部を委託され分譲を実施した南林間のケースが存在するなど，その活動は拡がりをみせた。

　1930年代後半において分譲面積が急増したのが，京成電気軌道（以下，京成と略）であった。京成では，1935年6月から1938年11月の間に144,200坪，1938年12月から1941年11月の間に118,800坪の土地を分譲地（千住，堀切，お花茶屋，青砥，柴又，小岩，江戸川，市川，八幡，中山，海神台，谷津，検見川，稲毛，千葉海岸に分布）として売却した。この結果，京成の土地売却収入（土地家屋賃貸収入を含む）は，第54期から第55期（1935年12月-1936年11月）が95万円，第56期から第57期（1936年12月-1937年11月）が138万円，第58期から第59期（1937年12月-1938年11月）が150万円と急増した（京成電鉄 1967, 312-313頁）。「当社ノ土地分譲好況ニ刺激セラレ沿線各所ノ地主ヨリ住宅地トシテ開発希望続出シ居レルヲ以テ当社ハ順次其買収及整地ヲ行ヒ分譲ヲ続行スル予定ナリ」というように（京成電気軌道株式会社 1939a, 10-11頁），もともとの京成社有地のみならず，宅地開発を希望する沿線地主の意向が京成の土地分譲面積の増大につながったと考えられよう。関西では，阪神急行鉄道が1937年に武庫之荘住宅地70戸・計60,383坪の分譲を行い，南海鉄道が1938年から1940年にかけて3ヶ所25万平方メートルの分譲を行っている（京阪神急行電鉄 1959, 124-125頁，南海電気鉄道 1985, 221-222頁）。

表 3-2-1　東京横浜電鉄による土地分譲

(単位：坪)

| 分譲開始期 | 場　所 | 面　積 | その他 |
|---|---|---|---|
| 1937年上期 | 府立高等付近 | 1,267 | 旧東横電鉄社有地分譲 |
| 1937年下期 | 目黒区役所前 | 11,386 | 旧東横電鉄社有地分譲 |
| 1937年下期-1938年上期 | 戸　越 | 6,807 | 旧目蒲電鉄受託分譲 |
| 1937年下期-1939年上期 | 豪徳寺前 | 8,281 | 旧東横電鉄社有地分譲 |
| 1937年下期-1939年下期 | 守山公園 | 9,543 | 旧東横電鉄社有地分譲 |
| 1938年上期 | 中目黒 | 689 | 旧東横電鉄社有地分譲 |
| 1938年上期 | 片　瀬 | 15,300 | 旧東横電鉄受託分譲 |
| 1938年上期-同下期 | 雪ケ谷 | 4,184 | 旧目蒲電鉄受託分譲 |
| 1938年上期-1939年上期 | 代々木徳川邸跡 | 16,172 | 旧東横電鉄社有地分譲 |
| 1938年下期-1939年下期 | 宿　山 | 1,638 | 旧東横電鉄社有地分譲 |
| 1938年下期 | 石川台 | 1,404 | 旧目蒲電鉄受託分譲 |
| 1938年下期 | 横浜駅前 | 4,358 | 旧東横電鉄社有地分譲 |
| 1938年下期 | 三宿台（淡島） | 5,532 | 旧東横電鉄受託分譲 |
| 1938年上期-1939年上期 | 新丸子（第二） | 11,494 | 旧東横電鉄社有地分譲 |
| 1938年下期 | 五反田 | 605 | 旧東横電鉄社有地分譲 |
| 1938年下期-1939年下期 | 伊豆伊東 | 8,017 | 旧東横電鉄社有地分譲 |
| 1939年下期 | 下　馬 | 3,803 | 旧東横電鉄社有地分譲 |
| 1939年下期-1940年上期 | 箱根春山荘 | 34,259 | 旧東横電鉄社有地分譲 |
| 1939年下期 | 目黒競馬場跡 | 1,300 | 旧東横電鉄社有地分譲 |
| 1939年下期 | 大倉山 | 730 | 旧東横電鉄社有地分譲 |
| 1939年下期 | 元住吉無花果園 | 1,070 | 旧東横電鉄社有地分譲 |
| 1940年上期 | 祐天寺裏 | 2,228 | 旧東横電鉄社有地分譲 |
| 1940年上期 | 目黒西郷邸外地 | 7,030 | 1939.12目黒区上目黒西郷邸跡3万坪買収。 |
| 1940年下期以降 | 南林間 | 約40,000 | 1939.12.18小田急の経営する南林間都市住宅地分譲の受託（17万坪）のうち造成の終わった分。一区画の面積27-400坪。建物については2,000円までの住宅資金を7ヶ月賦償還という条件で貸付け斡旋。 |
| 1940年下期 | 渋谷区桜ヶ丘町 | 1,244 | |
| 1940年下期 | 大森区田園調布所在桜坂分譲地 | 1,232 | 受託分譲 |

出典）東京急行電鉄（1943），東急不動産株式会社総務部社史編さんチーム（1973）。
注）分譲開始年が1937-1940年に関するものを挙げた。

私鉄会社以外でも，三井合名不動産課では，豊島区巣鴨六丁目の土地分譲（約16,000坪）を1938年12月から開始した。この分譲地はもともと三井家所有であったが，日露戦後に負傷兵の療養施設建設のためにこの土地を政府に寄付し，その後同施設が移転することとなったため，あらためて同社が買い受けたものであった。三井合名では巣鴨の宅地分譲以前にも，1935年から荏原区戸越にある社有地の分譲を開始しており，巣鴨の分譲はこれに次いで実施されたものであった。設計監督については，戸越分譲地，巣鴨分譲地ともに社外の土木事務所が担当した（日本経営史研究所 1985a, 40-43頁）。

　信託会社も，戦間期から大都市近郊において土地分譲を行ったが，1930年代に入ってからも，換金難に悩んでいた大口土地所有者の所有地を分譲地として販売する事業が進展した。三井信託の場合，1938年までに取り扱った分譲地の面積（合計2,000坪以上のもの）は，約9万坪にのぼった（三井信託銀行三十年史編纂委員会 1955, 209頁）。三菱信託においても，1933年頃から，岩崎関係や三菱関係，華族，麒麟麦酒，津田英学塾，富士瓦斯紡績など法人から分譲委任を受け，分譲地の取扱状況は1939年に29口で最盛期を迎えた（三菱信託銀行株式会社調査部社史編纂室 1968, 297-299頁）。

　私鉄会社や財閥系企業とは別に，大正期から活発な活動を続けていた中小の土地分譲専業者も，1930年代後半において分譲地の販売を続けていた。片木篤らが作成した「郊外住宅地データベース」によれば，1930年代後半においても，東京近郊では大西土地拓殖，郊外土地，星野土地開拓，井之頭田園土地などが，大阪近郊では柴田土地建物，南商店土地部，中央土地拓殖，壽土地などの諸会社による土地分譲が確認できる[9]。これらの業者は，私鉄会社の郊外路線の開発に便乗し，用地の選定と買収―整地（造成）―宣伝販売（分譲）というサイクルをもって住宅地を開発した。事業の企画，整地造成などの業務の特殊性から，在来の不動産仲介業者とは一定の距離を置き，仲介手数料よりはるかに高収益の可能性を持つことによって，仲介業者よりも大きな経営規模の階層を業界内部に形成していったという（東京都宅地建物取引協会 1975, 127

---

9) 片木・藤谷・角野（2000）末尾の「郊外住宅地データベース」を参照した。

民間の土地区画整理組合による市街地整備も，1930年代後半において続けられた。1939年2月末における組合施行土地区画整理組合は，東京市において，現存地区数85（面積1,147万坪），事業完了地区17（面積93万坪），大阪市においては現存地区数66（面積1,190万坪），事業完了地区10（面積93万坪）にのぼった。土地区画整理の事業施行地では，組合自らが替費地を売却したほか，地主がアパートや貸家を建設し宅地化を進めた。前述した阪急の武庫之荘住宅地のように，私鉄会社と地主が共同施行による土地区画整理を実施して，私鉄会社が住宅地の分譲を行う場合や（尼崎市立地域研究史料館 2007，117-120頁），大阪市の神路土地区画整理組合のように，組合創立の際の役員選挙で，評議員に豊国土地株式会社・城東土地株式会社などの土地会社が選出される場合もあった（幸田 1942，128-129頁）。

　以上，1930年代後半における住宅地造成を進める不動産業者の動向をまとめると，戦時期における都市化の進展に伴って，都市郊外の開発が私鉄会社や中小の土地分譲専業者，土地区画整理組合などによって進められる一方で，財閥系企業で主にみられるように，すでに宅地化された大口土地所有者の所有地を買収し（あるいは委任を受け）分譲地として販売するケースも現れた。

　しかし，1930年代後半における新築住宅数をみると，東京市の場合，1936年23,563戸，1937年18,405戸，1938年16,369戸，1939年21,054戸，大阪市の場合1936年17,499戸，1937年18,914戸，1938年17,810戸，1939年14,264戸というように，新築住宅数は減少傾向にあった。このことと，戦時期における急激な都市人口の増加とがあいまって，空家率は，東京市の場合，1936年3.4％から1939年0.6％，大阪市の場合1936年2.9％から1939年0.9％と，急激に低下した（本間1987，95頁）。当該期の民間業者による不動産供給は郊外の開発による分譲地や分譲住宅の供給が中心であり，これらは急増する工場労働者に対する住宅（貸家）供給に直結するものではなかった[10]。

---

10) 東京市総務局都市計画課では，1930年代後半の住宅供給の減少を建築資材の高騰・入手難と賃金の高騰，家賃値上げの抑制による貸家建設の減少に求めた（東京市役所，1939年，1頁）。

工場用地の造成についてみると，第1節で述べたように，内務省が地方公共団体の事業としての産業基盤整備を重視した1930年代後半が，重要な画期となった。京浜工業地帯の造成（東京湾埋立による事業）や，福岡県苅田臨海工業地帯の造成（三菱地所買収地，三菱鉱業などによる事業）（三菱地所株式会社社史編纂室 1993a，455-457頁）など，民間事業として行われてきた臨海部の埋め立て事業が，県営事業として実施されるようになったからである。以後，戦時期において，臨海部の開発業者は公共事業の請負業者としての性格を強めた。ただし，東京湾埋立や若松築港などでは既存の造成地を企業に売却しながら，公営事業以外の臨海部の土地造成を進めたため，土地所有面積は1930年代後半から1940年代前半にかけて増加していた（沼尻 2002，139-140頁）。福岡県苅田臨海工業地帯造成事業においては，造成事業終了後において，公共用地などを除いた土地を三菱地所に売却する契約がなされた（三菱地所株式会社社史編纂室 1993a，456頁）。

民間施行土地区画整理事業や公共団体施行土地区画整理事業も，工場用地造成に重要な意味を持った。民間施行土地区画整理においては，東京の志村第一土地区画整理組合や志村第二土地区画整理組合のように，事業区域内において住宅地と工業地，緑地などに土地利用を区分して設計し工場用地を造成するケースも現れた（阿部 1937，4-5頁）。公共団体施行土地区画整理事業は，戦時期に増加した。1930年から1934年に認可された公共団体施行土地区画整理事業面積は109万坪であったが，1935年105万坪，1936年122万坪，1937年83万坪，1938年207万坪となった（沼尻 2002，137頁）。前節で述べたように，軍需工場の建設に伴って群馬県太田，神奈川県相模原，兵庫県広などで都市計画事業土地区画整理が実施されたことがその主たる要因であった。

このように，工場用地に関しては，戦時期に政府の政策が変化する過程で供給のあり方に変化が生じたが，以下の2つの点に留意する必要があろう。第一に，土地造成業者に影響を与えた公的政策は，内務省が主導した府県による産業基盤整備政策であったが，府県自らが土地造成を直営で行わない場合が多く，臨海工業地帯の造成は結局民間の業者に発注される場合が多かったという点である。第二に，戦時期の工場立地地点に関しては，工場用地の需要主体で

ある企業側の意向が重要な意味を持ち，立地地点決定後に都市計画事業土地区画整理が立案されるケース（日本製鉄広畑工場の立地に伴う広土地区画整理の実施）や，産業基盤整備が急遽実施されるケース（日本軽金属清水工場の立地に伴う県営静清工業用水の建設）などが多数存在したという点である（沼尻 2002, 143-146頁）。その場合，工場用地が農地である場合も多く，用地買収は県や市町村の工場誘致政策にもとづいて，地元の議員や有力者の説得によって（場合によっては軍や警察の圧力をまじえ）行われた。その結果，三菱地所のように，太平洋戦争期において急遽決定した軍需工場の建設にあたっての管理設計や土地買収業務に重きをおく企業も現れた（その特徴については，後述）。

この項の最後に，1930年代後半の商業地における不動産業の動向をみておこう。都心部におけるビル建設は，玉川電気鉄道における玉電ビル建設（1937年開始）や阪神電気鉄道における梅田阪神ビルディング建設など私鉄会社によるビル建設，あるいは三井合名不動産課による日比谷におけるビル建設計画などがみられるものの，いずれも日中戦争の開始とそのもとでの資金統制と建築資材統制のもとで中止や計画の縮少を余儀なくされた（東急不動産株式会社総務部社史編纂チーム 1973, 89頁，日本経営史研究所 1985a, 39-40頁，日本経営史研究所 1985b, 216-218頁）。地代家賃統制令は，貸ビル業収入を抑制した。そのため三菱地所においても，戦時期に都心部の新たな事業展開は見られず，軍需工場の建設との関連での事業部門に活路を見出そうとした。

## 2）土地建物への統制の開始と不動産業

地代家賃統制令と宅地建物等価格統制令の施行は，不動産業全体に大きな影響を与えた。とりわけ地代家賃統制令の貸家・貸ビル業に対する影響力は大きかった。大阪市が実施した貸家に関する調査（1940年1月1日現在に関して）によれば，調査対象家主1,944人のうち，貸家新築の意思がある者は81人（全体の4.2%）であるのに対し，意思をもたない者は1,863人（全体の95.8%）にのぼった。新築の意思を有しない者についてその理由をみると，「材料高き為」が494名（26.5%），「建築材料入手困難の為」が374名（20.1%），「資金不足の為」327名（17.6%）が多数を占めた。調査主体である大阪市社会部で

は，「『材料高き為』『家賃統制の為』或は『採算取れざるため』」等，要するに建築資材及び労賃が高いのにも拘らず家賃統制のため家賃収入の増加を図ることも意の如くならないため，新築を見合せてゐる者が六五一名あって総数の三四・九五％に達してゐる」点を深刻に受け止め，この時点の家賃統制が貸家供給を阻む役割を果たしていることを間接的に指摘した（大阪市社会部 1940, 12-15 頁）[11]。

東京横浜電鉄においても，地代家賃統制令施行後に上野毛貸住宅地の経営から手を引くことを決め，1949 年までに同社が経営していた貸住宅地を次々に廃止した（東急不動産株式会社総務部社史編纂チーム 1973, 65-66 頁）。都心部においても，三菱地所が所有・受託した丸の内貸事務所の貸付可能面積合計と坪あたり平均賃料，月あたり賃料合計を 1937 年と 1942 年で比較すると，貸付可能面積合計は 39,987 坪から 46,365 坪へ（16％増加），坪あたり平均賃料 7 円 5 銭から 8 円 4 銭（14％増加），月あたり賃料は 27 万から 37 万円（36.6％増加）というように，緩やかな増加にとどまっていた（旗手 2005, 179-182 頁）。

住宅地の分譲は，宅地建物等価格統制令の影響を受けた。同令により分譲価格の基準が定められたため，東京横浜電鉄では，利益は最高 1 割 3 分に抑えられ，従来のように 2 割から 3 割の利益を見込んだ販売はできなくなった（東急不動産株式会社総務部社史編纂チーム 1973, 68 頁）。1930 年代後半に分譲を行っていた財閥系の信託会社は分譲をストップし，中小の土地分譲専業者の活動も影を潜めることとなる。組合施行土地区画整理組合においても，投機を目的とした替費地購入が減少した結果，事業費調達が困難になる問題が生じた（塩田 1941, 15 頁）。

その一方で，宅地建物等価格統制令は，市街地としての実質が備わっている場合には，農地から宅地への転用にもとづく地価上昇を原則として認めてい

---

[11] その一方で，資材高騰のなかで貸家建設を進めようとした都市郊外の地主が存在した点には，留意する必要がある。小田原市に隣接する下府中村では，軍需工場の建設によって増加した労働者を対象としたアパート建設を進めようとする地主の動きが確認される（沼尻 2005, 3 頁）。都市近郊農村の場合，戦時期に都市化が進む一方で統制のもとで小作料収入が減少し小作地の利回りが低下するなかで，地主が資材高騰のなかであっても貸家やアパートの建設に前向きになるケースもあったように思われる。

た。そのため，私鉄沿線における開発は，同令施行後も実施された。東京横浜電鉄においては，手持ち分譲地の認可申請に半年の時間がかかったものの，1941年下期（6-11月）における田園都市業の営業利益は57万円にのぼった（東急不動産株式会社総務部社史編纂チーム 1973, 68頁）。

　1930年代後半から活発な土地分譲を開始した京成も，1940年代において土地分譲を続けた。同社の土地売却収入は，第60期から第61期（1938年12月-1939年11月）128万円，第62期から第63期（1939年12月-1940年11月）165万円，第64期から第65期（1940年12月-1941年11月）167万円にのぼった（京成電気軌道株式会社 1939-1941）。東京横浜電鉄による事業が滞った1941年前半においても，京成では「土地分譲ニ就テハ統制令ノ発布アリテ諸種ノ制限ヲ受クルコトトナリタルモ大都市住宅難ノ現状ニ鑑ミ交通業者ノ経営ニ関ル住宅地ノ開発ノミハ返ッテ奨励的便宜ヲ得ル結果トナリ当期中分譲セル東京新市域ノ堀切，柴又，青砥等当社沿線ノ住宅地開放ハ売行至極良好ニシテ，合計二万五百坪ニ上レリ」という状況で，必ずしも事業は停滞していなかった（京成電気軌道株式会社 1941a, 9頁）。1942年以降についての土地売却収入は不明であるが，1942年6月から11月については千葉市検見川台など11,500坪を売却し（京成電気軌道株式会社 1942, 9頁），1942年12月から1943年5月においては葛飾駅付近春日台住宅地の分譲に加え，「内務省ノ千葉県工業港建設及利根川放水路開鑿計画ニ依リ谷津海岸社有土地七万三千余坪ヲ売却」したとある（京成電気軌道株式会社 1943, 11頁）。宅地建物等価格統制令が実施された後も，私鉄沿線で住宅難解消に役立つと考えられた分譲地については，1942年から1943年頃までは造成・販売が続けられていた。

　とはいえ私鉄会社による分譲は自社沿線の部分的な開発であり，新たに設置される軍需工場で働く労働者向け住宅の建設を専門とするものではなかった。建築資材の不足・高騰のもとで住宅不足への政府の政策的対応として，府県及び市町村に対する低利融資とともに，公共団体が建設する労務者住宅に対して国家が損失の2分の1を補給する労務者住宅建設損失補償制度を実施した（杉田 1943, 6-8頁）。次いで，1940年11月19日閣議決定「住宅対策要綱」に基づき，1941年3月に「労務者其ノ他庶民ノ住宅ノ供給ヲ図ルコトヲ目的」と

した住宅営団法が制定され，同年5月1日に住宅営団が同潤会を吸収して設立された[12]。住宅営団は，当面の業務として5年間に30万戸の住宅（うち20万戸は土地つき分譲，10万戸は賃貸方式）を建設する計画を立てたが，実際に建設された住宅は1946年3月までに107,919戸であった（本間1987，104-108頁）。1943年11月30日の時点における契約戸数は，34,907戸で，このうち特定の企業に一括して分譲を行う一括分譲が21,656戸と最も多く，次いで特定の企業に一括して賃貸を行う一括賃貸が10,351戸，普通賃貸2,298戸，普通分譲1,002戸であり，一括分譲と一括賃貸で全体の9割以上を占めていた（塩崎2002，3頁）。

　1941年には，民間の貸家投資家による貸家供給を目的とした貸家組合法が制定された。軍需工場が急増し住宅問題が深刻化した川崎市では，川崎市と市内に工場を有する主要企業が出資し川崎住宅株式会社を設立し，住宅供給に努めた（沼尻2003，562-563頁）。しかし，1942年10月に厚生省が各地方長官に対し労務者住宅の所要数について調査した結果，世帯住宅約42万戸，共同宿舎約58万戸が新たに必要であることが判明しており，住宅難解消には程遠い状況であった（杉田1943，18頁）。建物に関しては，建築費高騰の中で住宅営団においても相対的に家賃が低廉な地方に賃貸住宅を建設することの困難が問題として指摘された（添田1943，6-7頁）。土地に関しては，運動場や競馬場跡地などを買収するケースとともに，京成から土地17,000坪を購入した千葉市検見川台の事業（分譲住宅282戸，賃貸住宅28戸）や（京成電気軌道株式会社1941b，11頁，住宅営団経営局経理課1943），土地区画整理施行地を利用した大阪府守口市の事業（分譲住宅46戸，賃貸住宅228戸）など，戦前来の民間の土地供給主体による造成地を利用する場合もあった。戦時経済統制のもとで中央政府による新たな住宅政策が展開されたものの，中央政府による資金や資材面での措置を除けば，土地取得や建物建設に関して新たな公的手法を用いるものではなく，それまでの土地建物の需給関係を大きく変えるものではなかった。

　工場用地の造成についても，地価の統制に加え，臨時農地等管理令や工業規

---

[12) 住宅営団の設立過程については，冨井（2002）が詳しい。

制地域及工業建設地域に関する暫定措置などによって土地利用規制が強められ，不動産業者の活動領域は狭められていった。その一方で，工場疎開に必要な四大工業地帯以外での工場用地の造成は急務とされた。工場疎開が急増した長野県では，1941 年 6 月に長野県鉱工業計画委員会を発足し，遊休工場の斡旋を行った（宮沢 1968，江波戸 1973）。商工会議所が，疎開工場のために用地の斡旋に乗り出すという試みもみられた（沼尻 2002，195-197 頁）。

　不動産業者のなかでは三菱地所が，1940 年代に入ってから，三菱系の軍需会社による新たな工場建設や大都市部からの疎開による工場建設に際して必要となる工場の設計，工場用地の買収，造成や，工場や社宅の建設などの業務に活路を見出し，これらの業務に見合った組織変更を行った点が注目される（旗手 2005，205-209 頁）。地代家賃統制令によって，丸の内の貸ビル収入が抑制された結果，1940 年代前半における同社の営業収益中①土地建物賃貸と②設計管理・請負工事の額は，それぞれ 1941 年① 330 万円② 94 万円，1942 年① 362 万円② 166 万円，1943 年① 373 万円② 246 万円，1944 年① 492 万円② 426 万円，1945 年① 345 万円，② 506 万円というように，管理設計・請負業務が急増した（旗手 2005，226-227 頁）[13]。

　ただし三菱地所においても，戦時期の政策の枠組みに規定され，臨海部などへの工場用地の造成を自ら進める道が閉ざされた結果，設計管理・請負業務の中身が，個別の工場立地に応じての土地買収や工場の設計・建設などを代行する業務に特化していったように思われる。例えば，三菱重工業名古屋発動機製作所に対する陸軍による増産要請に応えて 1942 年に建設された静岡発動機製作所の工場建設も三菱地所が担当したが（三菱地所株式会社社史編纂室 1993a，461 頁），土地買収に関しては陸軍が関与しており，陸軍は市行政を通じて土地所有者からの土地買収を強権的に短期間で行った（沼尻 2002，201-202）。同社の戦時期における管理設計部門の成長は，軍部による強権的な土地買収のう

---

[13] 同じ財閥系の不動産業者である三井不動産における設計監督部門への進出は，1945 年 1 月における三井土建総合研究所の設立と，同年 2 月に西本組を買収しこれを改組しての同年 5 月の三井建設工業の発足に示されるように，戦争末期であった（日本経営史研究所 1985a，64-66 頁）。

### 3）戦災復興と不動産業

　空襲による被害を受けた戦災復興期の都市において，住宅地の分譲は1940年代後半において東京急行電鉄で始められたものの小規模なものであった。私鉄会社による分譲が本格化するのは，住宅金融公庫融資付建売が始まる1950年代半ば以降であった。郊外地を対象とした中小の分譲専業者，月賦払による住宅建設販売も1940年代後半から存在するものの，業者は限定的であった。戦時期に分譲地を増やした信託会社は，1940年代後半は増加する不動産売買の媒介業務に活路を見出すが，宅地分譲を進めるまでには至っていなかった。

　農地改革の実施によって，私鉄会社が保有する未売却の分譲予定地や都市郊外の土地区画整理施行地においては，自作農創設特別措置法第5条第4号に該当する土地か否かが問題となった。このため，東京急行電鉄では10万坪以上の土地が売却不能となった（東急不動産株式会社総務部社史編纂チーム 1973，84頁）。土地区画整理組合においても，戦時期に設立し事業が未完了の組合の多くは事業を中断し，新規の組合施行土地区画整理組合の設立も減少した。敗戦後都市人口が減少し，農地改革によって自作農の耕作権が強化された結果，都市郊外における農地を宅地に転用しての宅地造成は，一時的にストップした。

　戦災復興期における事業としてむしろ注目されたのは，商業地に近い都心部の開発であった。1950年の地代家賃統制令の改正によって，商工業を用途とした建物は統制の対象からはずされた結果，その後都心でビル建設が増加した。三井不動産は東京・日本橋の三井別館の建設を1950年から開始し（1952年1月竣工）（日本経営史研究所 1985a，86-87頁），私鉄会社においても，関東では東京急行電鉄が戦時中に建設を中止していた玉電ビルを東急会館と名称変更し，1953年から建設を開始した（東急不動産株式会社総務部社史編纂チーム 1973，89-90頁）。関西では，阪神電気鉄道が全額出資で阪神ビルディングを設立（1951年），旧梅田停留場跡地に新阪神ビルを建設し（日本経営史研究所 1985b，345-346頁），京阪神急行電鉄も1952年に全額出資で阪急不動産を設立，同社は設立直後に1951年に阪急航空ビルを増築完成させた株式会社淀屋

橋ビルディングと神戸土地興業株式会社を吸収合併した（阪急不動産社史編纂委員会 1998, 96-97 頁）。

前節で述べたように，組合施行土地区画整理組合も都心部の戦災復興土地区画整理事業の一環として実施された。東京・歌舞伎町においては，地区内で復興協力会を組織し，同協力会員以外の地区内の借地権を買い取る形で，土地区画整理を実施するとともに，区画整理組合長が復興協力株式会社を設立し，店舗併用住宅の建設を進めた。また 1950 年 4 月に産業文化博覧会を開催し，その際に建設した建物を利用して興業街を建設（具体的には，産業館＝東京スケート，社会教育会館＝オデオン座，児童会館＝新宿劇場など）した（波多野 1988）。

都心部の商業地やその隣接地域で，新たな事業が実施された直接の契機は，戦災からの復興に加え，1950 年の地代家賃統制令改定を挙げることができるが，同時に前掲表 3-1-5 からわかるように，戦時期からの大都市市街地の地価上昇が緩慢であり，一般物価と比較した場合上昇率が極端に低かったこともひとつの要因であった。1947 年の時点において建設院では，戦災によって都市人口が減少したこと，戦災地区は既成市街地である程度値上がりしており都市の宅地価格としての限界に近いことから，戦災復興事業を実施しても地価は上昇しないと判断していた（建設院内地政研究会 1947, 557 頁）。しかし，1950 年になると，都市人口が増加し復興も軌道に乗り始めたことや農地改革によって都市郊外の開発が制約を受けていることを理由に，今後大都市の市街地価格は「じり高」傾向を続けるであろうとの予測が立ち始めた（日本勧業銀行不動産研究会 1950, 143-145 頁）。こうして，地価は 1950 年代初頭の建設ラッシュの過程で再び上昇を始めた。ただし，前節で述べたように，以上のことは，主に東京都や横浜市などでみられたことであり，戦後工業生産面や貿易面での地位が低下した大阪市に直ちに当てはまるものではなかった[14]。

戦災復興期において，戦時期に拡大した設計監理業務を生かしたのが三菱地所であった。北海道での炭住の設計，名古屋出張所における三菱電機や日東製粉の戦災復旧工事，大阪出張所における福山市の都市復興事業などが挙げられ

---

14) この点に関する同時代の認識として，大阪経済振興審議会（1953）がある。

る（三菱地所株式会社社史編纂室 1993a，546-551 頁）。同社の設計管理・請負工事収益は，戦争末期のように増加することはなく，営業収益全体に占める割合は，1950 年代に入ると徐々に低下傾向をたどるが，第 20 期（1946 年 8 月 11 日から 1949 年 10 月 31 日）においては，32.9％を占めていた（三菱地所株式会社社史編纂室 1993c，158-159 頁）。

　水島地区における三菱重工業の施設管理も，いったんは三菱地所に委託されたが，軍政部がこれを許可する目途がたたなかったため，大林組，竹中工務店，および地元有力者の出資によって，水島都市開発株式会社が発足し（1947 年 4 月），国は同社に三菱重工業の施設を貸下げた。しかし，三菱重工業の土地建物の多くが戦時補償特別税として国に物納された結果，水島都市開発が管理運営する物件は水島鉄道が中心となり，1952 年 3 月水島鉄道およびバス事業は倉敷市に買収された（水之江・竹下 1971，77-94 頁，141-160 頁）。

　戦時期に，臨海部の土地造成事業が府県による事業に変化したことや，軍関係の土木建築事業の請負が増加したことから，不動産業者のなかでも土木建築業に事業領域を伸ばす企業が増加したが，戦後においてもこれらの事業領域の活況が続くわけではなかった。これまで軍関係の土木事業を請け負っていた土建会社が，府県による工場用地造成と結びついた港湾浚渫事業に乗り出すことによって，公共事業の請負においても競争が進んだものと考えられる[15]。そのなかで，東京建物のように戦後いったんは建設業務にのりだすものの，やがて不動産販売業務に特化するものも現れた（東京建物 1968，48-49 頁）。

（沼尻　晃伸）

## 3.　農地転用の規制と実態

　本節では，戦時・戦後の食糧不足期における農地事情を概観するが，とくに戦時期における軍需工業化・地方工業化の流れの下での農地転用規制をめぐる

---

[15] 戦前，海軍からの受注が多かった水野組も，そのひとつであろう。五洋建設株式会社（1971）を参照。

実情について整理する。この時期は軍需工業化や軍事的利用のために農地の農外需要が盛んであった戦時期と，非農業的土地利用の需要がほとんど生じなかった敗戦直後期とに二分されるが，食糧不足の下で農地保全の必要性が高かったこと，公益的土地利用と土地所有者・耕作者の利害の差が表面化しやすかったこと等の点で共通している。同時にこの時期に採用された政策手法がその後の不動産法制に対して強い影響を与えた点でも重要な一時期である。

　戦時期における農地転用等をめぐる動向については，それを総力戦体制に向けた一元的統制への接近として把握することも可能であるが，その実態は農地転用の必要性（軍需工業化目的）と転用阻止の必要性（食糧増産目的）とが明確な基準なしに対抗し続けた過程であったといえる。また，転用が順調に進展したと見られる場合においても，軍事的必要性によって農地の売却を余儀なくされた農民の不満は強く[16]，敗戦によって戦時中の処理が係争化した事例も少なくなかった[17]。

## 1）農地潰廃・転用とその規制

　耕作農民以外の者が全耕地の半ばを所有し，耕作者の多くが彼らから農地を小作して農業を営むという地主制度＝小作農地制度は，農地の非農業的利用に際して，それを促進する側面と制約する側面の両傾向をもっていた。農地の売却・転用の決定がその土地の農業的利用に執着しない地主によってなされえた

---

16) 軍や軍需工場が十分な説明もなく農地買収を強要し，農民が交渉期間が短く，買収価格が低いこと等に対して見直しを要望している事実は多くの地域で見られる。一例として，沼津市史編纂委員会（2001）の海軍と地方自治体間のやりとりの記録参照（605-633頁）。

17) 軍需用地として売却を余儀なくされた土地は，まとまった国有地となったために，敗戦後には引揚者等の入植用開墾地として活用された場合が少なくない。これに対して，この土地を外から入ってくる者に提供するのでなく，元の所有者に買い戻させたり，その二三男に与えよという要望は強かったが，その過程で戦時期における農地買収の正当性が問題にされることが少なくなかった。戦後開拓における農地問題は，未墾地強制買収の問題も含めて，戦時期との連続性（軍需目的による強制的買収から入植地確保のための強制的買収へ）と断絶性（戦後における農民・地主の反発による係争化）を含んでいる大きなテーマである（その一事例として，開拓入植の多かった茨城県の場合について，西田・加瀬 2000，第四章）。

こと，零細・分散的な土地利用よりも地主の土地所有の方がより集積的である場合が多かったことといった事情は，農地転用を促進する方向に作用したといえる。これに対して，農地の耕作者の半ば以上が小作人であって，彼らが当該農地の継続的耕作に死活的な利害を有していたという事情は，地主による農地の売却・転用の決定が小作人との間に紛議を引き起こしやすいことを意味しており，仮にその紛議が回避できたとしても，農地購入者が通常の土地価格以外に小作農民に作離料を支払わざるをえないという関係をもたらした。戦時期に入り農家世帯員の軍需工業従事が増加したとはいっても，大半の農家は「職工農家」にとどまり，農業をやめることはせず，自家食糧確保のための農地耕作の重要性は減るものではなかったから，農地転用をめぐる地主と小作人の利害差は継続していたのである。

ところで，戦時期においては食糧不足対策として増産が至上命令であったから，農地の転用を阻止しようとする農林行政の姿勢は明確であった。加えて，農林省内にあって農地開発・改良を担当する官僚層は，府県耕地課長のポストを占めるとともに，民間団体としての帝国耕地協会・府県耕地協会の組織を整備して，毎年の国および県の耕地事業予算の確保に大きな影響力を及ぼしていた[18]。これに対して土木事業を担当する内務省土木局，産業再配置策を推進する商工省は，農地転用を容易にすることを求めて農林省の農地行政と対抗する傾向が強かった。

戦時期において現実に採用された農地関連立法としては，まず農地調整法（1938年）が重要である。この法律は1931年に政府案として提出されながら廃案になった小作法案の内容を含んでおり，「耕作者の地位の安定及農業生産力の維持増進」のために，農地をめぐる利害関係を調整する役割を負っていた。この目的を達成するための一方法として，同法は農地の所有者・耕作者が自らその農地を管理・耕作できない場合には市町村に農地管理・買取を申し出るべきこととし，市町村農地委員会がその農地としての利用を可能にするための措置をとるように定めていた。耕作放棄から転用へと至る可能性を考慮して，農

---

[18] この間の事情は帝国耕地協会の機関誌『耕地』各号に掲載されている各県の耕地協会，県耕地課の人事等に関する記事によって知ることができる。

地を農地として継続利用することを目指したのである。

　その後，戦時経済化の進展によって食糧不足が本格化してくると，農地の有効利用を強制する制度が必要とされ，臨時農地等管理令（1941年2月1日施行）が定められた。これは，農地転用規制を直接の目的としており，転用に際しては地方長官（または農相）の許可を要することとしている。そして，所有者，小作人本人が農地を他の目的に使用する場合（第三条），他の目的に使用するため農地の所有権・賃借権等を取得しようとする場合（第五条），行政庁が第三条・第五条に該当する行為をしようとする場合（第七条）の3つの場合について，転用の手順・条件を定めている。ただし軍機保護に関わる案件，50坪以下の小規模な転用，土地区画整理の対象となっている農地の転用等はこの許可を必要としないとされていた。また，同令施行規則第三条は，転用申請をなし得る条件として，①転用の目的が時局にとって重要なものであること，②付近農地への著しき被害，当該農地耕作者の生活不安等を引き起こさないこと，③当該農地が自作農創設事業によって自作地となったものではないことという三条件を満たすことが必要であるとしていた。

　この勅令の制定過程には，農地転用をめぐる利害関係が明瞭に反映している。この規則を必要とした農林省は，「工場用地等の為に潰地となりましたもの」，「工場其の他の住宅敷地等と為す目的を以て休閑して居る土地」，「将来潰地となるべき予想の下に休閑して居る土地」が多いことを問題とし，企業が「将来における増設」を見込んで農地を過大に購入して長期間遊ばせていることを批判していた（農地制度資料集成編纂委員会 1972，解説36頁）。これに対して内務省はこの規則の制定に強く反発し，農地使用の統制は農業目的・農外目的の優先度の比較によるべきであるにもかかわらず，「狭隘なる国土の合理的利用配分の問題」の決定を「農林大臣の権限として之を為すは適当ならず」と主張している。具体的内容についても，農地でない空地の農業利用強制を不可とするなど，戦時産業建設の観点を前面に出している（農地制度資料集成編纂委員会 1972，54頁）。しかし食糧の絶対的不足という条件の下で，農林省の意図が通って管理令が公布されたのである。

　他方，農地の価格統制に関しては，農地として継続利用する場合はもちろ

ん，「建物所有の目的に供せらるる為譲渡せらるる場合」以外の「耕作以外の目的に供せらるる場合」についても臨時農地価格統制令（臨時農地等管理令と同日施行）が適用された（中央物価統制協力会議 1941b, 58 頁）。これは地租法にもとづく賃貸価格を基準にして取引価格を農林大臣の定める一定倍率以内におさめることを義務付けたものである[19]。これに対して転用目的のうち「建物所有」のための取引には宅地建物等価格統制令（1940年11月25日施行）が適用され，個別取引ごとに地方長官に申請して価格の認可を受ける方式がとられていた（花島 1943, 192 頁）。しかし両勅令の適用対象の境界は微妙であり，それぞれを主管する農林行政当局と内務行政当局の権限調整が必要であった。たとえば，規則の解説においては，「都市計画法に依り宅地利用増進を目的とする土地区画整理地区内の農地」の転用についても一般的には臨時農地価格統制令が適用されるが，「宅地の目的」で譲渡される地片部分については宅地建物等価格統制令によると整理されており，その実際の適用には相当の幅があった（中央物価統制協力会議 1941b, 59 頁）。

　農地転用・農地価格をめぐるこれらの形式的規則が遵守されにくかったことは当然に予想されるが，国家政策の立場から強いられたこれらの規則が民事取引のあり方および民事取引に対する国家的対応のあり方と不整合にならざるをえなかったという事情が法令違反を蔓延させたといわれている。具体的には，第一に，これらの規則は取締規定であって効力規定とはなりえなかったこと，すなわち「統制違反行為があっても，罰則は受けるが，その契約行為自体は無効とはならなかった」こと，第二に，取締りを可能にするだけの官庁機構が整備されなかったことがその理由であった（坂根 2004, 27 頁）。実際，転用を目的として農地を買いたい需要者があり，売りたい農家があった場合に，両者ともに実際の取引価格ではなく法規の定める取引価格を口裏を合わせて報告するのであるから，その摘発は困難であったし，摘発されても民事取引の効力は否定されなかったのであるから，転用の歯止めとしての効力は限られたものであったといわざるを得ない。

---

19) 賃貸価格のない農地については地方長官が上限を定めることになっていた。

戦時期の農地潰廃の量的規模については，「1937-45年の耕作放棄を含む潰廃面積は50万haを超え，拡張面積25万haを大きく上回」っており（暉峻2003，106頁），単年度ごとにみても1939年を除いて一貫して潰廃が拡張を上回っていた（加用1977，坂根2002）。とくに1943-47年には潰廃面積がとびぬけて大きく，耕作放棄の急増を示している。戦時期には農地拡張の掛け声は極めて大きかったにもかかわらず，実質的にはそれまでに見られない勢いで農地の減少が進んでいたのである。地主米価の抑制方針の下で地主の採算が急激に悪化したために地主自身が土地改良事業を実施する動きは起こりえず，大規模な開墾計画は農地開発営団によって実行されることになっていたが，資材不足・労力不足の下で目標を大幅に下回る成果しかあげられなかったのである。

　軍需工業化のために急激に農地潰廃が進行している実情は，同時代の観察者たちによって記録されている。たとえば小野武夫は1943年度に実施した調査の報告書の中で，「新設される工場は，急速に操業開始をする必要上……既存の平坦地で而も整地その他手数を要しない土地」を望むので農地（とくに乾田）が好まれること，農地の減少面積は全国統計では大きくはないとしても当該農村にとっては「一大異変」で影響が極めて大きいこと，工業化の勢いの下では転用規制の条項は守られていないこと（例えば臨時農地等管理令は自作農創設地の転用は禁じているが，「僅かに創設された自作農地を維持せんが為，そこに工場の新設さるるを許可しないといふが如き事は，実際問題として考へられ」ないこと），農村民が農地転用による工場進出を待望しているのは「徴用工として徴用されると遠方の工場へ通勤せざるを得ない事情に直面するのを惧れ，事前に近傍の工場へ自ら進んで就業する」ことを希望しているためであること等，現場の実態を伝えている（日本学術振興会1947，169-181頁）。飛行場などの軍事施設への土地収容は軍事機密の関係で同時代においては調査・報道されることは少なく，統計も得られないが，戦争末期に至るまで飛行場や関連施設の増設・移転による農地取得が継続していたことが事例的には知られている[20]。

　臨時農地等管理令による農地転用の申請・承認状況については1941-43年に

---

20) たとえば佐久市では，敗戦直前の1945年7月に牧草地を海軍省へ貸与して滑走路にすることが決定されている（佐久市誌編纂委員会1996，1,167頁）。

ついて表3-3-1の統計が得られる。これによると以下のような特徴を確認することができる。第一に、転用が許可された面積で見ると、第三条（農地所有者本人による転用）が最も少なく、第五条（転用目的での農地取得）が最も多く、第七条（行政庁による転用）がその中間である。これに対してその件数では第五条が最多で第三条がこれに次ぎ、第七条は500件に満たない。したがって第三条、第五条の転用が個々の地主による小規模な転用であるのに対して行政庁による転用は一件が20町歩に近い大規模な開発であり、両者は質的に異なっていたことがわかる。第二に、許可率はどの場合も85％以上で高率であるが、とくに行政庁による転用は件数・面積ともに100％に近く、転用規制の役割をほとんど果たしていないと判断できる。ただし、行政庁による転用の場合に申請通りではなく「条件付き」の許可率が件数で20％台、面積で50％前後と高率であることは、農林省が開発そのものには同意しつつも、農業生産維持の観点から種々の注文を出していることを推察させるものであり、その限りで規則は機能していたといえる。第三に、許可面積に占める田の比率を見ると、全体では37％強であって畑の方がかなり多いが、第三条転用の場合は田の比率が10％台と極端に低いことがわかる。自分で自宅や貸家等を建築する場合には、転用が技術的に簡単な畑地を選好した傾向があったと推定されるが、同時に戦時食糧の基本である米作を重視していた農林省が田の転用を抑えたためでもあろう。それに対して、第五条、第七条の転用の場合にはすでに特定の用途に対して特定の場所が定められているために、そうした判断が働かず、農地全体に占める田の比率に近い数値になっていると判断される。

次に農地価格統制については、物価政策の立場から取引価格を厳しく規制すれば、所有者が農地売却を嫌って、農地を農地として有効に利用できる者への譲渡も制約されるし、転用需要も満たすことができなくなる。このため、取引価格の統制は消費財の公定価格に比較して市価追随的傾向が強かった。農地としての売買価格は農産物公定価格と間接的には連動せざるをえないので相対的には統制価格を定めやすかったのに対して[21]、宅地価格にはそうした基準がなく、行政庁が必要と判断する転用需要が満たされる水準に統制価格が設定される傾向があったと見られる。実際に転用のための農地売却価格の上限をどの

第3節 農地転用の規制と実態

表 3-3-1 臨時農地等管理令の施行状況

(単位：件、町歩、%)

| | | 申請件数 a | 合計 許可 計 件数 b | 合計 許可 計 面積 c | 合計 許可 うち申請通り 件数 d | 合計 許可 うち申請通り 面積 e | 不許可 件数 f | 不許可 面積 g | うち田の許可(面積) 合計 h | うち田の許可(面積) 申請通り i | 許可一件あたり平均面積 c/b | 許可率 件数 b/(b+f) | 許可率 面積 c/(c+g) | 条件付き許可率 件数 (b-d)/b | 条件付き許可率 面積 (c-e)/c | 田の割合 許可面積に対して h/c |
|---|---|---|---|---|---|---|---|---|---|---|---|---|---|---|---|---|
| 1941 | 第三条 | 5,288 | 4,468 | 1,814 | 2,743 | 1,531 | 586 | 297 | 319 | 155 | 0.4 | 88 | 86 | 39 | 16 | 18 |
| | 第五条 | 6,549 | 5,802 | 1,907 | 4,212 | 1,3.2 | 520 | 162 | 901 | 617 | 0.3 | 92 | 92 | 27 | 31 | 47 |
| | 第七条 | 155 | 145 | 3,415 | 111 | 1,742 | 0 | 0 | 1,542 | 938 | 23.6 | 100 | 100 | 23 | 49 | 45 |
| | 計 | 11,992 | 10,415 | 7,136 | 7,066 | 4,585 | 1,106 | 459 | 2,763 | 1,710 | 0.7 | 90 | 94 | 32 | 36 | 39 |
| 1942 | 第三条 | 5,056 | 4,290 | 1,515 | 3,017 | 1,349 | 513 | 209 | 212 | 136 | 0.4 | 89 | 88 | 30 | 11 | 14 |
| | 第五条 | 8,795 | 7,405 | 2,373 | 5,379 | 1,218 | 772 | 288 | 1,166 | 567 | 0.3 | 91 | 89 | 27 | 49 | 49 |
| | 第七条 | 191 | 161 | 2,329 | 117 | 1,431 | 5 | 54 | 1,181 | 721 | 14.5 | 97 | 98 | 27 | 39 | 51 |
| | 計 | 14,042 | 11,856 | 6,216 | 8,513 | 3,999 | 1,290 | 551 | 2,560 | 1,424 | 0.5 | 90 | 92 | 28 | 36 | 41 |
| 1943 | 第三条 | 3,471 | 3,047 | 1,787 | 2,379 | 1,544 | 386 | 199 | 186 | 116 | 0.6 | 89 | 90 | 22 | 14 | 10 |
| | 第五条 | 7,959 | 7,168 | 7,124 | 5,338 | 1,986 | 788 | 313 | 2,603 | 681 | 1.0 | 90 | 96 | 26 | 72 | 37 |
| | 第七条 | 171 | 168 | 2,686 | 134 | 1,318 | 2 | 15 | 1,219 | 580 | 16.0 | 99 | 99 | 20 | 51 | 45 |
| | 計 | 11,601 | 10,383 | 11,597 | 7,851 | 4,848 | 1,176 | 527 | 4,008 | 1,377 | 1.1 | 90 | 96 | 24 | 58 | 35 |
| 計 | 第三条 | 13,815 | 11,805 | 5,116 | 8,139 | 4,424 | 1,485 | 705 | 717 | 407 | 0.4 | 89 | 88 | 31 | 14 | 14 |
| | 第五条 | 23,303 | 20,375 | 11,404 | 14,929 | 4,516 | 2,080 | 763 | 4,670 | 1,865 | 0.6 | 91 | 94 | 27 | 60 | 41 |
| | 第七条 | 517 | 474 | 8,430 | 362 | 4,491 | 7 | 69 | 3,942 | 2,239 | 17.8 | 99 | 99 | 24 | 47 | 47 |
| | 計 | 37,635 | 32,654 | 24,949 | 23,430 | 13,432 | 3,572 | 1,537 | 9,331 | 4,511 | 0.8 | 90 | 94 | 28 | 46 | 37 |

出典）農地制度資料集成編纂委員会（19*2, 539-542頁）より。

レベルに定めるかについては，速やかな買収を意図する官公需要を重視して統制価格が定められたために，売り手が官公需要に農地を売ることを好み，民間企業が土地を取得できない状況が生じたと指摘されている[22]。

　農地の転用価格についてはいくつかの特徴が見られた。たとえば，戦時農業政策としての小作農優遇策によって耕作権が強化されたために，小作地を転用する際の作離料が上昇し，自作地転用価格と小作地転用価格の乖離が大きくなり，「価格」ではないために統制外に置かれていた作離料の統制が要求されている[23]。また，食糧政策上，田の転用が厳しく制限されているために畑の転用が多くなる傾向があったが，蔬菜・果物等の価格上昇の下で畑作の方が有利になった地方では，田畑に転用の難易度の差をつけずに農民が売却したい農地を売れるようにすべきだという要望も出されていた[24]。

　敗戦によって国家総動員法がなくなり，それに依拠していた臨時農地等管理令等も廃止されたが，食糧不足の下で農地統制は農地行政の運用において継続しており，かつ農地改革進行中に事態を複雑化させないために，転用は厳しく規制されていた。農林省の行政指導は，転用については，「申請書には詳細なる市町村農地委員会の意見書を添付せしめ，現地調査の上，当該農地を耕作以外の目的に供するか否かの必要性を検討し，他に適地がない場合を除き，収穫

---

21) 農地としての売買価格の最高額は 1941 年 1 月 30 日に田畑別，郡市別に告示されたが，全国平均では田で賃貸価格の 32 倍，畑で 39 倍であったのに対して，府県別では前者は 26 倍から 48 倍まで，後者は 27 倍から 69 倍という大きな開きがあったし，さらにその例外が必要な場合には申請によって個別に許可されることになっていた（農地制度資料集成編纂委員会 1972，解説 74 頁）。
22) 「官公署の買収価格が一般の振合よりも高められている事は……地主の個人的立場を過度に擁護する嫌ひなしとしない」，「公用徴収地の買収価格が高すぎる為，民需地の買収が困難の度を増加しつつある」，「郊外地価の値上りは官公署の買収に起因するところ多」い，といった指摘が見られる（花島 1943，193 頁）。
23) 土地価格は統制されているが「作離料に基準なし」であるため，「少きに失するときは農家を圧迫し，多きに過ぐるときは農家に徒らに営利観念を植付け其の弊害頗る多し」と考えられたからであった。山梨県内政部長より農林省農政局農政課長宛「農地潰廃状況に関する件」（1943 年 6 月 17 日，山梨県 2000，706-710 頁所収）。
24) 「現下の国策上，田潰廃を極度に抑制するため，比較的有利なる畑を喪失する者多し。……田地への工場立地を認むるか或は作付緩和につき相当考慮の要あり」（山梨県 2000，709 頁）。

少く耕作不便なる土地を選択せしめ，なるべく山林原野等を振り向けるようにしている」という運用がなされていた（農林省熊本農地事務局 1951，176-179頁）。

　農地面積は1946年以降，農業労働力の不足から過剰への逆転，入植希望者の殺到の下で拡張面積が増加するが，資材不足の下では1929-36年ほどの規模には達せず，1946-47年はいまだ潰廃面積の方が多く，1948年以降，ようやく拡張増加へ転じている（加用 1977，58頁）。

## 2）農村工業化と疎開

　農村工業化は当初は農村側の副業努力の一環とされていた。昭和恐慌からの回復をめざす農山漁村経済更生運動（1932年開始）の中で各農村が副業的な農産物加工製品を増産・販売する努力を続けたことを受けて，農林省は1935年に農村工業奨励規則を公布し農村工業の工場を経営する産業組合等に対して補助金を与え，農村の労力・資源の活用を奨励した。ただしそのための予算額は1935-37年度で254万円に過ぎず，ほぼ農村側の自発性に任されている実情であった。工業の内容は農林産物の加工がその大半であり，その後の軍需工業化のための農村工業化（軍需工業関係の部品工場など）とはつながらずに，労働力不足に転じた戦時期には大半が廃業することになった。この種の農村側からの工業化に際してはその敷地問題が意識されることはほとんどなく，また外部から従業員が入ることもないので，農地転用問題も住宅問題も生じることはなかった。

　これに対して戦時期に進展した軍需工業的な農村工業化は，戦時経済建設のための効率的工業化の視点から構想されている[25]。この方向は商工省が1936-37年に政策化し，商工省の地方工業化委員会に対応する組織が各県に設置されて，地域振興のための工場誘致意図とも絡み合いつつ政策が展開されていっ

---

25）牛山敬二は農村工業化を恐慌脱出策として農林省によって推進された第一段階と，「商工省ないし軍需省の『国土計画』『国防産業育成』」にそって推し進められた第二段階に区分しており，日中戦争開始前後の時期をその境界の時期としている（牛山 1975，230頁）。

た。

　地方工業化の農村における様相についてはいくつかの調査報告が残されている。たとえば，純農村であった兵庫県飾磨郡広村・八幡村に大規模工場が建設される計画が1937年2月に発表されると，「人口数千の一寒村が数年にして数万，十数万の大都市になる」計画なので「非常な興奮」をもたらし，「阪神地方からは早速工場敷地周辺の土地値上りの思惑業者が入り込み，相場は反当りより坪当りに」なって急上昇し，人夫の仮住宅が増加し，「全くの戦場騒ぎ」になったという。その後1941年4月，両村が合併して広畑町が発足し，耕地の6割程度が転用されるという徹底した開発が進行した（日本学術振興会1947，453-455頁。米花稔執筆）。

　こうした農村工業化方針による地域開発は戦時期に完了しなかった事例が多く，敗戦後においては開発が中断・放棄されることになった。広畑村では，「耕地の工場敷地化，道路化，河口のつけかへ等に伴ふ区画整理によって，耕地の換地指定が行はれて来たのであるが，工業化の打切りとともに，換地指定も亦著しく停頓し，未だに其の処理が完了せず，特に生産意欲を高揚すべき際，農民心理に良い影響を与へて居ない」と観察されており，全国的にも同様の「未完成工業地帯」が多数存在していたといわれている（日本学術振興会1947，461-465頁）。

　疎開は1940年頃から方針化されているが，計画的に実施されるようになったのは都市爆撃が頻繁になった1943年の9月以降である[26]。この動きは疎開先地域の不動産事情に大きな影響を及ぼし，不動産価格は「疎開の進行に伴ひ就中交通便なる地域に顕著なる騰貴を見せ」るに至った（辻1944，12頁）[27]。こうした中で，不動産業者が疎開の仲介を業務としていることや家主が家賃を引き上げている動きを批判する論調が新聞記事に多く現れている[28]。

　当初は都市部での空襲を逃れるために郊外に家族の居住地を移して，勤務者

---

[26] 東京では1943年9月末に警視庁内に疎開係が置かれ，計画の具体化が進んだ（「警視庁内に疎開係新設」『朝日新聞』1943年10月1日，夕刊1面）。
[27] なお，疎開関連を含んだこの時期の住宅事情については，神戸大学経済研究所（1985）に多数の関連記事が収録されている。

だけが都市部に通勤(ないし都市部で単身生活)するという方式が好まれたが,郊外における住宅の払底によってすぐにそれが不可能となり,より遠方の農村に行くほかはなくなるとともに,貸家志向は贅沢とされて貸間で済ませるべきことが主張されている(「疎開は遠方へ　貸間で我慢しよう」『朝日新聞』1944年6月3日)。さらに,こうした意図し準備した疎開ではなく,戦災で焼け出されて居場所のなくなった罹災者が行政によって疎開先を割り当てられるという事例が敗戦が近づくにつれて増加し,学校,倉庫,家畜小屋,バラック等に収用されざるをえない状況が広範化していった[29]。

敗戦とともに爆撃がなくなると,配給責任と住宅不足から都市の側は人口の流入を制限したが,農村部から疎開者が続々と戻ってくる事態になった(東京都 1979, 1,317-1,319頁)。疎開先の住宅事情が悪く,かつ就業機会がないことがその理由であった。

(加瀬　和俊)

## 4. 戦時下の「市街地金融」と不動産銀行

『日本勧業銀行史』の著者は,時局金融を補完する農業金融や市街地金融の意義を指摘することを忘れなかった。「軍需金融の華やかさに引きかえ,舞台裏の業務として地味で引き立た」ない「このいわゆる『補完的』業務もそれ自体戦時下において非常に重要な性質のもので」,「当行は中小商工業貸付に,自作農創設維持貸付に,また住宅建設貸付に,その独特の能力を発揮したのであった」(日本勧業銀行 1953, 679頁)と。

本節は勧銀大阪支店を素材として,ここで指摘されていた勧銀大都市支店の

---

28) 不動産業者の疎開への関与は一面では奨励されたが(「貸家の斡旋　業者の疎開協力」『朝日新聞』1944年1月22日),それにともなって家賃・間代が上がると不動産業者が批判されることもあった(「はね上る"郊外家賃"　はびこる悪周旋屋」『朝日新聞』1944年2月18日)。
29) 五加村の事例分析など参照(大石 1991)。

「独特の能力」の意義を解明することを意図している。

### 1）戦時下, 八大都市における「不動産金融」の展開と勧銀の地位

　戦時下の八大都市における「不動産金融」は1938年上期を底として1940年下期まで膨張過程にあった。すなわち, 八大都市における半年間の土地建物起債高は日中戦争開始後一時的に減少するが（1938年上期には9,901万円）, その後, 急速に増大し1940年下期の1億8,788万円のピークに達する。わずか2年半で1.9倍に増大, いかに「不動産金融」が膨張していたかがわかる。そして1941年以降, 紆余曲折はあるが縮小過程に入る。

　ところで「不動産金融」の膨張は, 東京市と大阪市に集中していた。1938年上期から1940年下期にかけての半年間の土地建物起債高は, 東京が4,145万円から9,104万円へ, 大阪市が2,019万円から3,934万円へと増加した。つまり八大都市増加額（8,887万円）の内6,874万円, 77％が東京市と大阪市によるのである。東京市と大阪市の起債は「件数金額共に群を抜いて多く, 就中東京市は件数に於て全体の48％, 金額に於て44％を占め, 又大阪市の起債高は他の六大都市の合計を略々相等しく, 市街地における不動産抵当の大口資金需要は特に大都市に於て顕著」[30] であった。

　「不動産金融」の担い手である金融機関の特徴をみると, 各期の不動産抵当起債額に占める勧銀の割合は, 1939-1940年では24-28％, 1941-42年では18-22％であり, 勧銀の地位は低下傾向にあった。「専門的不動産金融機関と称せられる本行の占める割合は僅に全体の2割程度に過ぎず, 本行の新規貸出額は依然首位を占むるとは云へ無尽会社及個人の夫れと大差なく, ……市街地に於ける不動産金融を担当する地位は極めて低い」（1941年上期）[31]。勧銀とは対照的に無尽の割合は1939年下期のわずか8％から太平洋戦争がはじまる1941年

---

30) 勧銀調査課「八大都市に於ける1口1万円以上不動産抵当起債状況調（昭和16年上期）」『調査資料別冊』第3号, 1942年3月, 3頁。なお本節の勧銀・農銀作成の資料は, 特別の断りがないかぎりすべて旧第一勧業銀行（現みずほ銀行）所蔵のものである。
31) 同前, 7頁。

下期には20%を占めるようになり，勧銀の18%を上回って第1位となる。また同様に個人は11%から18%へと増加し，勧銀と同じ割合を占めるに至る[32]。このように無尽や個人が進出しているのは，普通銀行や勧銀の統制が強化されるもとでその有利な条件で規模を拡大していたからであった。

戦時下の「不動産金融」で注目すべきは，抵当物件の内容が大きく変化したことである。1939年上期の八大都市の起債額の抵当物件の内訳は，土地建物50%，土地19%，建物17%，工場抵当法第3条にもとづくもの14%であったが，その後の特徴は建物のみの起債が大幅に上昇したことである。建物のみの起債割合は，1939年上期の17%から1941年下期には26%へと上昇，1942年下期でも24%を占めた。1940年下期に建物抵当が前期の17%から21%へ上昇，土地の18%を上回ったことについて，業務参考資料は「土地建物を一括抵当とするもの依然首位を占むるも，建物のみを抵当とするもの顕著なる増加を示し，……。之は本行，無尽会社，個人等の建物貸付の増加著しきに因る」(1940年下期)[33]と記している。主な不動産抵当金融機関が，建物抵当金融に大きく進出していることがわかる。これは後にみるように資材の不足の深刻化に伴う既存の建物売買の活発化に対応するものであった[34]。

## 2）戦時勧銀の基本的性格──勧銀はどのように考えていたか

1934-1938年の第三次勧農合併（東京，大阪，兵庫他14行）によって，日本の不動産金融制度の特徴である「勧農両行並立」は実質上，消滅した[35]。勧銀は，東京，大阪，神戸などの全国大都市に支店をもつ一大不動産銀行となった[36]。まず勧銀自身が勧銀と不動産業との関係をどのように見ていたかを検

---

32) 『金融経済資料別冊』26，45，60号。『調査資料別冊』3，7，11，15号。
33) 業務参考資料65号，1941年10月。
34) 以上第1項の記述の詳細は，植田 (2007) を参照。なおこの時期の主として地方銀行の不動産担保貸付を考察したものとしては，進藤 (1961)，朝倉 (1978，第6章) がある。
35) 第3次の合併の背景については，池上 (1991)，兵庫農銀の合併は，植田 (2000) 参照。
36) 合併していない農銀は，福島，茨城，神奈川，愛知，岡山の5行であった。これらの農銀は1944年に勧銀に合併された。

討しよう。勧銀は1942年12月に『当行新規貸付高の用途に関する調査』（調査資料別冊第9号）なる小冊子を作成した[37]。この調査は1941年下期の勧銀の新規貸付高1億2,817万円（27,892口）の「用途別分析」を行ったものである。従来の「抵当不動産の種類別並に借入者の業態別による貸付分析」では不十分との観点からなされた。

表3-4-1では，勧銀貸付額1億2,818万円について，どのような事業かつ用途に資金が利用されているかが示されている。新規貸付高の内訳は，経営資金83％（1億655万円），生活資金17％（2,163万円）となっている。ほとんどが経営資金である。

第一に注目されるのは，事業が不動産賃貸業（農業を除く）と不動産売買業への経営資金の貸出金は，それぞれ1,456万円，224万円で，両者をあわせた金額1,680万円は経営資金総額1億656億円の16％になることである。太平洋戦争開始時期の時局産業へのウエイトが高くなった時期にこれらの業種が16％という高さであったことは，勧銀都市支店での賃貸業とのかかわりの重要さを示唆している。

第二に注目されるのは，資金の用途が土地建物資金と自用住宅資金の貸付はそれぞれ4,069万円，1,237万円で合計した金額5,306万円が新規貸付高1億2,818万円の41％も占めていることである。すなわち勧銀の貸出金の主な用途はさまざまな職業階層の土地建物の購入資金なのである。

第三に注目されるのは，自用住宅（今日の住宅ローンであろう）が1,237万円にもおよび，不動産資金5,306万円（4,069＋1,237）の23％も占めていることである。自用住宅は「個人其他」を中心にさまざまな事業でみられる。零細な企業に勧銀が融資していたことと関係していたのであろう。

調査報告書は，用途の分析結果を次のように結んでいる。

---

[37] 1932年以降，新規貸付の調査は業務参考資料としてたびたびおこなわれていたが，新規貸付の「用途」自体を基本的な調査目的として作成したのはこのときが初めてのようである。「各店の貸付報告（旬報）」は1941年下期から改正され「貸付金の用途及び借入者の職業等を相当詳細に記入」することになった。こうした用途の調査は旬報の改正によって可能になったのであろう。調査者自らが記すように短期貸出の検討がなされていない不十分さはあるが，戦時下の勧銀の性格を知る上で貴重な資料である。

**表 3-4-1　勧銀の用途別新規貸付高（1941 年下期）**

(単位：千円)

| 用途<br>事業区分 | | 経営資金 | 内土地建物 | 生活資金 自用住宅 | 家計費等 | 小計 | 合計 |
|---|---|---:|---:|---:|---:|---:|---:|
| 鉱業 | | 1,274 | 1 | 45 | 43 | 88 | 1,362 |
| 工業 | | 35,183 | 8,675 | 1,224 | 570 | 1,795 | 36,978 |
| 農林水産業 | | 30,535 | 8,622 | 1,066 | 2,343 | 3,410 | 33,945 |
| 交通業 | | 964 | 253 | 86 | 37 | 123 | 1,088 |
| 商業 | 物品販売業 | 8,308 | 983 | 1,595 | 864 | 2,460 | 10,769 |
| | 不動産売買業 | 2,239 | 1,386 | 1 | 3 | 5 | 2,244 |
| | その他商業 | 2,736 | 204 | 232 | 70 | 303 | 3,041 |
| | 小計 | 13,286 | 2,574 | 1,830 | 939 | 2,770 | 16,057 |
| 雑業 | 不動産賃貸業（農業用） | 3,185 | 2,801 | 315 | 698 | 1,014 | 4,200 |
| | 同上（其ノ他） | 14,557 | 14,094 | 405 | 1,311 | 1,717 | 16,275 |
| | 土木建築請負業 | 736 | 12 | 249 | 3 | 253 | 989 |
| | 料理旅館貸席業 | 1,022 | 706 | 410 | 82 | 494 | 1,516 |
| | 其ノ他ノ雑業 | 1,500 | 721 | 489 | 82 | 572 | 2,073 |
| | 小計 | 21,003 | 18,336 | 1,870 | 2,180 | 4,051 | 25,055 |
| 其ノ他 | | 3,709 | 1,867 | 6,245 | 3,143 | 9,388 | 13,097 |
| 地方自治団体 | | 593 | 363 | | 0 | | 593 |
| 合計 | | 106,551 | 40,694 | 12,368 | 9,259 | 21,628 | 128,179 |

出典)『当行新規貸付高の用途に関する調査』（調査資料別冊）第 9 号, 1942 年 12 月.
注 1）経営資金は資金が実際流れる事業の種類により, 生活資金は借入者の主職業より分類されている.
　2）事業区分は臨時資金調整法に基づく事業資金調整標準による.「その他商業」は, 貿易業, 倉庫業, 金融業, 其ノ他ノ商業, 組合及団体を合計したものである.
　3）土地建物資金は土地（耕地林地等を含む）建物の購入及建築資金である.

　　経営資金及生活資金の両貸付全般を通じ顕著なる特色として看取し得ることは，各業態共に不動産の購入建築資金が大なることであり，……結局右の不動産の購入建築資金の貸付が当行新規貸付総体の半数近くに当り，之を以てすれば，通常当行に冠せられる不動産金融の名称は土地建物の取得造成等不動産の為にする金融を表現するものとみても不可なきものと思料せられるのである（傍点は引用者）。

すなわち重要なことは雑業だけでなくて各業態の設備資金の多くが不動産の購入資金であり，こうした資金が勧銀貸付の半数近くあるという。調査者は勧銀が「土地建物の取得造成等不動産の為にする金融」を行う機関であると結論づけている。ここには勧銀が第 2 章第 5 節で明らかにした「狭義の不動産金融」

の供給機関であることが指摘されている。勧銀は農村部・都市部を問わず全国に支店をもち営業しているが，大都市所在の支店についてはこのことはなおさら強くいいうることである。

### 3）大阪の「不動産金融」と勧銀大阪支店の地位低下

　日中戦争が勃発すると大阪府の不動産の売買高は1937年上期の5,977万円から1938年上期の4,814万円へと急減した。だが1939年下期には増加に転じ1940年上期の売買高は1937年上期の1.6倍にあたる9,792万円へと急増した。売買される不動産は「工場用若くは工場地帯の小住宅向不動産」に集中し，取引活況の地域は，府下，「市西北部淀川以北，阪神国道沿線」から「市東方東成区，布施市近傍或は京阪神国道沿線方面」へと「漸次移動」しつつあった[38]。不動産価格は，工場地帯の実需をもとに大幅に騰貴するとともに「周囲部並に郊外住宅地に影響」し，さらに「中心部熟成地帯に波及」[39]した。この時期の不動産売買・土地価格の上昇の波及は第一義的には市内中心部というよりはむしろ「周囲部宅地見込田畑」にあった。この「波及過程」は勧銀の起債に影響した（後述）。

　他方，抵当起債高（宅地建物等の不動産を抵当とする借入額）も売買高と同様に推移した。すなわち，不動産の起債高は1937年上期の3,337万円から1938年上期の2,789万円へと急減したが，1939年下期には増加に転じ1940年上期には4,394万円となった。

　ここで地代家賃統制令の影響をみておこう。1940年下期になると不動産売買高は前期より一転して9,792万円から7,940万円へと減少した。これは1940年秋以降に発令された地代家賃統制令，宅地建物等価格統制令，臨時農地等管理令，臨時農地価格統制令，等の諸法令によって「不動産の価格，利潤共に統

---

38) 大阪支店「支店長会議答申書」1939年5月。
39) 大阪市の「中心部」は，東区・西区・南区・北区・浪速区・此花区・天王寺区・港区・大正区であり，1925年4月の第二次市域拡張前に市域であった地域を指している。「周囲部」は東成区・西成区・東淀川区・西淀川区・住吉区・旭区の新市域を指している。業務参考資料，20号，1939年9月の新規貸付担保物所在地調より。

第4節　戦時下の「市街地金融」と不動産銀行　　185

表 3-4-2　大阪市における金融機関別不動産抵当起債状況（1万円以上）

|  | 1939年 | | 1940年 | | 1941年 | | 1942年 | |
|---|---:|---:|---:|---:|---:|---:|---:|---:|
|  | （千円） | （％） | （千円） | （％） | （千円） | （％） | （千円） | （％） |
| 勧　銀 | 5,369 | 24 | 4,927 | 21 | 4,257 | 14 | 2,402 | 9 |
| 興　銀 | 716 | 3 | 828 | 3 | 4,838 | 16 | 3,742 | 14 |
| 農　銀 | 0 |  | 0 |  | 0 |  | 0 |  |
| 普　銀 | 1,991 | 9 | 1,007 | 4 | 1,654 | 5 | 2,398 | 9 |
| 信　組 | 693 | 3 | 1,165 | 5 | 1,707 | 6 | 1,511 | 6 |
| 保　険 | 911 | 4 | 1,034 | 4 | 310 | 1 | 175 | 1 |
| 信　託 | 6,787 | 30 | 4,605 | 19 | 6,194 | 20 | 1,937 | 7 |
| 無　尽 | 3,016 | 14 | 5,143 | 22 | 6,102 | 20 | 6,543 | 25 |
| 不動産会社 | 39 | 0 | 371 | 2 | 495 | 2 | 440 | 2 |
| 商事会社 | 555 | 2 | 907 | 4 | 442 | 1 | 253 | 1 |
| 個　人 | 2,195 | 10 | 3,640 | 15 | 4,628 | 15 | 6,288 | 24 |
| 其　他 | 0 |  | 44 | 0 | 339 | 3 | 279 | 1 |
| 計　　b | 22,275 | 100 | 23,676 | 100 | 30,971 | 100 | 25,973 | 100 |
| 総計　a | 28,917 |  | 29,856 |  | 38,255 |  | 29,236 |  |
| 割合 b/a | 77 |  | 79 |  | 81 |  | 89 |  |

出典）「八大都市に於ける一口一万円以上不動産抵当起債状況調」『金融経済資料』別冊第26号，45号，60号。『調査資料』別冊第3号，7号，11号，15号。
注1）各年6月末の数値。
　2）計は，1口1万円以上の起債額を，総計は全起債額を示す。

制せられ，其利用処分まで制限」されたからであった。「不動産は茲に漸く商品的価値を喪失……，大阪府下に於ける不動産売買高は近年増加の一途を辿りしも前期に入りて俄然減少に転じ十月以降特に其傾向顕著なるを見た」。抵当起債高は1940年上期の4,394万円から同年下期の5,558万円へと大阪市，府下ともに増大した。不動産売買高が減少する中での抵当起債高が増大する事情は各種不動産統制令の影響が大きかったことを示している。すなわち，起債高が急増したのは「一時的の現象」で「各種不動産統制令により打撃を受けたる思惑筋の資金の需要多かりしこと，及普通銀行の金融硬化が商工業者をして不動産起債により資金を調達するの已むなきに至らしめた」[40]からであった。

表3-4-2は，大阪市における各期の不動産抵当起債額（＝不動産を抵当とす

---

40）大阪支店「支店長会議答申書」1941年3月。

る借入額）を金融機関別にみたものである。大阪市における1口1万円以上の不動産抵当起債高に占める勧銀の割合は，1939年上期の24％，1940年上期21％，1941年上期14％，1942年上期9％と減少し，「不動産金融」における勧銀の地位は急速に低下した。こうした「不動産金融」における勧銀の地位の低下は，八大都市共通の傾向で，その割合は1939年末24％，1940年末25％，1941年末18％，1942年末21％で，この時期20％前後であった[41]。ところが大阪市の割合は，1940年には21％を維持するものの1941年末には13％，1942年末には9％にまで減少し，大阪の低下は他の都市に比べて大幅であることがわかる。

それは勧銀大阪支店にとって「重大関心事」であった。支店長は1941年3月の支店長会議に向けての答申書で「注意すべきは昨年度に於て信用組合，無尽会社並個人等の貸出高が著しき増加を見，其の進出振り目覚ましきことなり」[42]と答申した。信用組合，無尽会社そして個人の貸出高が伸びているのは臨時資金調整法や銀行等資金運用令といった金融統制が及ばないからであった。だがこのことは他の都市にもいえることである。

太平洋戦争下のことではあるがこの点について支店長は以下のように述べている。

> 宅地見込地の評価に当り，当方は農地価格統制令及農地等管理令等の見地より観察し，又建物評価に当りては建築価格の値上りと利回とを如何なる程度に斟酌すべきかの考慮に当り，多少とも消極的評価に陥り易きに反し，前記業者等は簡単大雑把に観察し，積極的評価を為す為貸付可能額に於て相当の隔りを生ずる場合多く，金利の高率をも顧みず上記業者を利用するもの少からざる状態なり[43]。

ここには勧銀が宅地見込地や建物の鑑定価格を決定するに際し，不動産銀行として「消極的評価」をするのに反して無尽会社は「積極的評価」をすることが指摘されている。すでにみたように取引活況の地域は，府下の「市西北部淀川

---

41) 『金融経済資料』第33，53，78，120，142，159，174号。『調査資料』22，40号。
42) 大阪支店「支店長会議答申書」1941年3月。
43) 大阪支店『業務概況報告』1942年下期。

第4節　戦時下の「市街地金融」と不動産銀行──187

以北，阪神国道沿線」から「市東方東成区，布施市近傍或は京阪神国道沿線方面」へと「漸次移動」し，不動産の売買・土地価格の波及過程は第一義的に「周囲部宅地見込田畑」にあった。すなわち東成区・西成区・東淀川区・西淀川区・住吉区・旭区といった大阪市の「周囲部」の「宅地見込田畑」が取引の，そして起債の中心になりつつあった。大阪支店長の上記の発言はそうした事情を背景とするものであったと考えられる。このように大阪地方の土地取引・価格の上昇地域の編成替えが行われ，不動産抵当金融すなわち起債もその編成替えにそっておこなわれたために，大阪市周囲部の営業に制約のある勧銀の地位は著しく低下せざるをえなかった。勧銀の地位低下が大阪市において極端であったのは，大阪の大工場地帯としての地位が他の都市と比べて高かったからであろう。

太平洋戦争下での不動産取引は，不動産統制をはじめとするさまざまな統制の強化の中で制約を受けた。1942年にはすでに施行された各種の統制令の徹底化に加えて新たに企業許可，整備両令による中小企業の整理統合の厳行，不動産売却代金による「国債買入の要請」，「国土計画的見地よりする工業規制地域及工業建設地域指定」という「新事態の発生」をみた[44]。1943年になると不動産譲渡利得に対する課税，工作物築造統制規制の公布，防空空地・防空地帯の設定によって「売買双方共抑制」された。とくに国土計画にもとづく工場建設地域の制限と資材，労力不足による新規建築の制約は工場都市として発展してきた大阪市とその近郊に重大なる影響を及ぼし，大阪の不動産取引は「逐期漸減」，「不動産金融は益々不振」となった[45]。だが不動産の売買，価格，起債は単純に縮小傾向をたどったのではない。

工場地域の不動産の「需要は漸次減退の傾向を示し，価格も亦停頓の状態」であった。ところが「郊外住宅」（「人口疎開，都市中小商工転廃業者の郊外移転並に超重点産業への労務転換配置の先決要件たる労務者の住宅及厚生施設等の必要」

---

[44] 1942年6月2日に「工業規制地域及工業建設地域に関する暫定措置要綱」が閣議決定された。この決定によって四大工業地帯とその周辺地域における工場の新設を禁止すると同時に全国29地域を「工業建設地域」に指定した（沼尻 2002，183頁）。
[45] 大阪支店『業務概況報告』1942年下期。

のため）と「鉄筋コンクリート造建物」（「空襲に対し比較的安全」）の需要は非常に旺盛であるにもかかわらず，建築統制と資材労力の不足により新築はほとんど不可能であったので，これらの既存建物は「法外の高値を呼びつつある現状」であった（1943年臨時）。そのために1943年臨時営業年度の起債高は「件数減少せるも金額は最高位を示し飛躍的に大口化……。蓋し，起債高の大口化は重点産業の繁忙に伴ふ事業資金の需要激増を物語る」ものであった[46]。

こうした「既存建物」の高騰による売買高と起債高の増大は一時的な現象ではなく，1943年下期になって，ますます増大した。「統合企業方面或は軍需産業方面の事務所を必要とするもの増加し何れも交通難回避の為都心部に於ける大建築物に対する需要激増」した。また「軍需産業方面の設備拡充」では「既設工場に対する需要」が旺盛であった。

このように商店地での需要が皆無であるのとは対照的に，都心部の大建築物，既設工場そして郊外住宅地に対する需要は「資材難」と「空襲」を回避せねばならないという条件のもとでますます増大した。そのために1943年度下期の「売買高及起債高は茲数期間に比し何れも件数減少せるにも不拘金額は最高額」を示した。戦時下における八大都市の起債額は1940年下期をピークにして減少傾向にあったが，1942年下期以降，急増したのではないかと推察される。

1944年下期になると，都心部の時局的影響と国防上の家屋並に人口疎開によって「市街地需要は激減」，価格も「漸次消極化」した。1945年3月の空襲による焦土面積の拡大は，こうした様相を「一層深刻化」した。商業地は甚大なる被害を蒙り「見通し困難」，住宅地は「空家著増」「需要は足踏状態」，工場地の需要は「漸次停頓傾向」を示した。もはや1943年度までの限定された需要さえみることはできない。ただ郊外地並衛星都市の既設建物は空爆災害からの回避，罹災者の転出等にもとづく人口移動の激増により「大幅騰貴を招来」した。だがこうした建物の「需要激化」地域は，従来，勧銀の貸付対象とはならない方面であった[47]。

---

46) 大阪支店『業務概況報告』1943年臨時営業年度。
47) 大阪支店『業務概況報告』1944年下期。

第 4 節 戦時下の「市街地金融」と不動産銀行——189

### 4）勧銀大阪支店の「不動産資金」融資

　勧銀大阪支店は最初の支店として 1918 年に開設され，1937 年 3 月に大阪農銀[48]を合併した。同店は戦時期において勧銀最大の支店で都市支店を代表するものであった。図 3-4-1 は大阪支店の主要勘定を示したものである。勧銀は太平洋戦争末期に本来の貸出基盤である長期貸出（図の貸付金）から短期貸出を中心とする機関（事業会社への無担保手形貸付）へと大きく転換した。長期貸出残高は 1944 年上期末（同年 9 月末）の 1 億 5,406 万円をピークに急減するが，短期貸出残高は 1943 年頃から急増して 1944 年下期には長期貸出を上回るに至る[49]。そして太平洋戦争直後の 1945 年上期末には長期貸出が 1 億 624 万円に対して短期貸出はその 2.4 倍となった[50]。長期貸出の中でも変化が生じていた。戦時下の大阪支店の長期貸出は宅建と財団を担保とするものがほとんどであり，なかでも宅建脅付を中

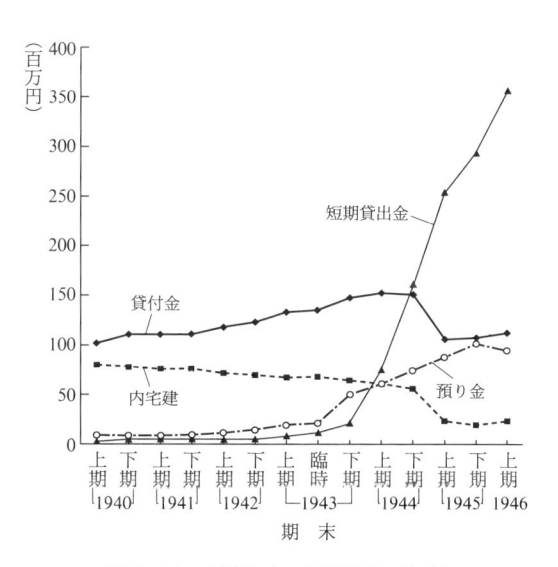

図 3-4-1　大阪支店の主要勘定（残高）

出典）勧銀大阪支店『決算概況報告』各期，同『業務概況報告』各期。
注）内宅建は貸付金中の宅建抵当貸付残高を示す。

---

48）戦間期の大阪農銀と勧銀大阪支店の動向については，植田（1998）参照。
49）短期貸出は公共団体や各種組合または 10 人連帯の産業者に限定されていたが，1942 年 2 月の勧銀法の改正で大蔵大臣の認可を条件に事業会社を含むすべてに貸し出すことができるようになった。この改正は勧銀に「不動産銀行としての最大限の自由を与え」たものであった（日本勧業銀行 1953, 677 頁）。
50）預り金の増大も注目される。1945 年上期末の預り金残高 8,873 万円の内，4,898 万円が特殊預金であるのでそれを考慮しても，短期貸出の増大に伴って預り金の増大を重視したことがわかる。

心としていたが（例えば1940年上期末の宅建貸付は有抵当貸付9,611万円の83％を占めていた），一貫して低落傾向をたどり，1945年上期末には23％にまで低落した。宅建にかわってその割合を高めたのは財団抵当貸付で，1943年下期には宅建貸付の残高を上回るに至った。

次に勧銀大阪支店が業務参考資料として1939年9月に作成した『大阪支店管内に於ける不動産金融の状況』によって勧銀大阪支店の1939年上期の貸付金の用途を検討しよう。1939年上期の大阪支店には1,703万円（1,424口）の借入申込があり，それに対して1,157万円が貸し付けられたが，それを用途別職業別に示したのが表3-4-3である。

第一に注目される点は，職業が貸地貸家業である者に対する貸出が全貸付額の21％を占めていることである。職業別に見た場合の主な貸出先は，商業26％，工業21％，貸地貸家業21％，そして其他18％となっている。大阪支店の主な貸出先は商業，工業，貸地貸家業であり3本建てともいうべき構成となっている。貸地貸家業者は商業者の26％には及ばないものの工業者とともに大阪支店にとって不可欠の顧客なのである。

第二に注目される点は，勧銀資金のほとんどが「不動産資金」として使われていることである。用途別の貸付高は，営業資金318万円（27％），不動産資金720万円（62％），其他120万円（10％）である。不動産資金が他の用途を大きく引き離し過半を占めている。「不動産資金」の内容は，住宅19万円（3％），貸地家498万円（69％），営業用187万円（26％），其他15万円（2％）となっている。つまり「不動産資金」の約70％が「貸地家」であり，「貸地家」への資金供給こそ大阪支店の宅建抵当貸付の基本的な内容であったが，「貸地家」への用途は，具体的には「投資向不動産購入資金」と「建築資金」であった[51]。

ここで「貸地家」へ資金を利用する職業階層をみておく必要がある。「貸地家」資金498万円の主な職業階層は貸地貸家業39％（193万円），商業29％（144万円），官公吏其他勤人・其他21％（102万円）である。貸地貸家業が最

---

51) 大阪支店『大阪市及近接地域における不動産抵当起債状況　大阪支店貸付金用途別並に職業別状況――1939年第3四半期』業務参考資料32号，1940年2月。

表 3-4-3　勧銀大阪支店の貸付金用途別職業別調（1939年上期）

(単位：千円，%)

| 職業別 | | 営業資金 | 不動産資金 | | | | | 其他 | 総計 | 職業構成% |
|---|---|---|---|---|---|---|---|---|---|---|
| | | | 住宅 | 貸家 | 営業用 | 其他 | 小計 | | | |
| 工業 | 軍需工業 | 614 | 0 | 10 | 823 | 7 | 841 | 18 | 1,473 | |
| | 平和工業 | 267 | 0 | 132 | 364 | 0 | 497 | 154 | 918 | |
| | 小　計 | 881 | 0 | 142 | 1,187 | 7 | 1,338 | 172 | 2,391 | 21 |
| 農林水産業 | | 31 | 5 | 142 | 4 | 1 | 154 | 43 | 229 | 2 |
| 商業 | 食料品販売業 | 137 | 4 | 319 | 68 | 1 | 392 | 16 | 545 | |
| | 衣料類販売業 | 62 | 0 | 103 | 16 | 2 | 121 | 0 | 183 | |
| | 其他物品販売業 | 598 | 44 | 421 | 83 | 15 | 565 | 32 | 1,197 | |
| | 其　他 | 287 | 0 | 596 | 103 | 3 | 702 | 0 | 990 | |
| | 小　計 | 1,084 | 48 | 1,439 | 270 | 21 | 1,780 | 48 | 2,915 | 26 |
| **貸地貸家業** | | **252** | **30** | **1,927** | **23** | **38** | **2,020** | **204** | **2,477** | **21** |
| 旅館下宿アパート業 | | 63 | 0 | 33 | 66 | 2 | 102 | 2 | 168 | 1 |
| 料理店待合業 | | 60 | 0 | 51 | 43 | 0 | 95 | 3 | 158 | 1 |
| 其　他 | | 792 | 35 | 522 | 197 | 14 | 770 | 498 | 2,061 | 18 |
| 官公吏其他勤人 | | 0 | 39 | 502 | 80 | 59 | 681 | 156 | 837 | 7 |
| 無　職 | | 9 | 30 | 214 | 0 | 7 | 251 | 71 | 332 | 3 |
| 合　計 | | 3,179 | 190 | 4,977 | 1,874 | 153 | 7,195 | 1,199 | 11,574 | 100 |

出典）『大阪支店管内に於ける不動産金融の状況』業務参考資料第20号。1939年9月。
注1）構成比の計が合わないのは単位未満を切り捨てたためである。
　2）用途の各金額は，旧債借替分と新規資金を合計したものである。

も多いが，むしろ注目されるのは貸地貸家業が39％にとどまっていることにある。「貸家」資金の60％余りが貸地貸家業者以外の商業者，其他・官公吏其他勤人によって借り入れられているのである。「貸地家」資金の主な借り主は貸地貸家業者のみならず商業者をはじめとする他の職種の階層なのである。否むしろ貸地貸家業者以外の階層こそ「貸地家」資金利用の主要な担い手であった。

　第三に注目すべきは，「営業用」の不動産資金である。「貸地家」には及ばないものの不動産資金の26％も占めているからである。とくに工業者で割合が高い。工業者は借り入れた「不動産資金」を「営業用」（工場用地の購入や工場建築資金であろう）に使っている。

これまで検討したように商業者，其他・官公吏其他勤人は借入金を主に「貸地家」に利用している。とくに商業者の場合，借入金を営業資金や営業用不動産資金に利用するよりもむしろ「貸地家」資金として利用している。このことは大阪支店の最も重要な貸出先である商業者貸付を規定する要因を複雑化する。その点を次にみよう。

　1939年上期の新規貸付について，大阪支店は次のような認識を持っていた。

> 当店資金の主要利用者たる商業者に対しても貸地貸家購入或は建築資金として66口，627千円を貸付け，其営業用資金の112口，722千円と比較し金額に於ては著るしき懸隔を見ず。更に貸地貸家業者に対する貸付は当然貸地貸家用の資金大部分を占め……従って当地方一般商取引の振不振が当店貸付状況に反映すべきは当然なるも，更に不動産殊に貸地貸家に対する需要の増減は最も顕著なる影響を及ぼすものと認めらる[52]（傍点は引用者）。

ここには大阪支店の主要な貸付先である商業者に対して商業用の営業資金とともに「貸地家」資金すなわち貸地貸家を購入あるいは建築するための資金が貸し出されていること，またそれゆえに大阪支店の貸付状況は「一般商取引の振不振」とともに，否それ以上に「不動産殊に貸地貸家に対する需要の増減」によって基本的には規定されることが指摘されている。

### 5）宅建担保貸出基盤の崩壊

　大阪支店の各期の宅建貸付額は，1940年から1941年までは600-800万円台（500-800口）であったが，太平洋戦争がはじまる1942年上期には355万円へと激減し，以後1944年上期までなんとか400-500万円を維持する。だが空襲が激化する1944年下期には205万円と半減，1945年上期には54万円（26口）

---

[52] 大阪支店『大阪支店管内に於ける不動産金融の状況（大阪支店調査）』業務参考資料20号，1939年9月，9頁。なおこの引用の数字は，「新規資金」のみで「旧債借替」は含まれていない。また引用の「営業用資金」とあるのは，不動産資金の「営業用」ではなく，不動産資金とは関係のない「営業資金」である。

と推移し,不動産銀行としての貸出基盤である宅建貸付は崩壊するに至る。大阪支店は宅建貸付が激減し崩壊する経路について以下のように2つの側面を指摘している。

> 従来不動産抵当による資金の根源は,(1)不動産の購入建物の新増築等不動産自体の取得に要する資金と,(2)既得の不動産を資金化して中小企業経営上の資金とするものの二大別し得べし。然るに前者の需要に対して……価格賃料並浮動購買力の抑制工業地域の規制資材の入手難等により不動産自体の需給の激減に伴ひ是等の資金需要は固より寥寥たるものあり。而して後者も亦中小企業の整理統合の躍進により資金を不要ならしむる結果,独り当店のみならず各方面共減少の一途を辿る状態なり[53]。

このように宅建貸付額が激減した理由として,①不動産価格や賃貸料統制,工業地域規制,そして資材の入手難によって不動産の購入・新増築の資金需要が減退したこと,②中小企業の整理統合により経営資金需要が減退,既得の不動産の資金化を不要ならしめたことが指摘されている。大阪支店の貸付金の主要な用途である「不動産資金」(=主に貸地家)と「営業資金」が戦時の統制によって不要ならしめられたのである。

ところで宅建貸付残高の減少は,これまでみた理由にもとづく新規の貸付が進まないということだけではなく臨時償還の急増という経路からももたらされた。まず日中戦争下から太平洋戦争初期の動きからみる。1939年下期の償還高は994万円でその内臨時償還は461万円であった。臨時償還の理由は,抵当物売却42%,手許余裕金32%,他と借替4%である[54]。このときの臨時償還では他との借替が著しく減少したが,それは「優良貸付特別利下の効果」であった(日本勧業銀行 1953,661-662頁)。1940年上期までは抵当物の売却による臨時償還が活発であったが,下期になると著しく減少した。これは「統制実施に基く最近の不動産市況を反映」(1940年下期)したものであった。臨時償還額の減少は,1942年になっても続いていた。皮肉にも経済諸統制は勧銀大阪支店貸付金の臨時償還額を減少させて「残高累増」をもたらしたのであった

---

53) 大阪支店『業務概況報告』1942年上期。
54) 大阪支店『業務概況報告』1939年下期。

(1942 年上期)。

　だが 1943 年度になると臨時償還額は再び増え始める。これは貸付額の減少とともに勧銀の宅建貸付残高を掘り崩す要因となった。『業務概況報告』によると償還高は「普通，臨時何れも前期に比し大幅の増加」(1943 年上期) となり，1943 年下期には企業整備の強化に伴って「転廃業者の共助金其他店舗売却代金等に依る臨時償還漸増」という状態であった[55]。臨時償還額が増加するのは，こうした「企業整備」の強化に伴って債務者が共助金からの収入や売却代金を得たからであった。

　最後に 1944 年度下期をみよう。

> 経済界の不況による投下資本の回収，建物疎開による買収代金其他手許余裕金を以てする臨時償還依然多きを加へつつある，一方普通償還又著増し，加ふるに今次空爆災害は嘗ては宅建貸付を根幹とせし当店にとりては其影響頗る甚大なるものあり，之が罹災関係債務者の臨時償還するもの殺到せるの有様[56] (1944 年下期)。

1945 年初頭の臨時償還の増大は，①手許余裕金の増大（不況による投下資本の回収，そして建物疎開による「買収代金」〔売却代金であろう〕増加の結果）②空爆災害によるものであった[57]。この当時において勧銀の「不動産金融」の基盤は壊滅的な打撃を受けたものと思われる。言い換えれば，勧銀は空襲を受けるとか建物疎開とかいった「不動産」そのものの価値が損なわれる状況になって決定的打撃を受けたと考えられる。だからこそ「嘗ては宅建貸付を根幹とせし当店にとりては其影響頗る甚大」と述べたのであった[58]。

　おわりに今後の課題について触れておきたい。第一は，戦前期における日本

---

55) 企業整備，転廃業者の共助金については原・山崎 (2006)，柳沢 (2005) 参照。
56) 大阪支店『業務概況報告』1944 年度下期。
57) 1945 年 3 月の「空爆災害により罹災債務者の臨時償還」は「激増」した。大阪支店『決算概況報告』1945 年下期。
58) ただ留意すべきは 1942 年上期から 1944 年上期までは，日中戦争期を大きく下回っていたとはいえ宅建貸付がなされ，また残高は 6,000 万円台を維持していた点であり，その意義を無視するわけにはいかない。不動産抵当金融機関における勧銀の地位が低下していたことを考慮するとき，不動産抵当金融機関による宅建貸付の果たした役割はこの時点まで極めて重要であったと考えられる。

の不動産業金融機関として勧銀・農銀をどのように位置づけるかという問題である。1911年以降，当時の政府の意向で勧銀・農銀は農業金融機関，水産業金融機関（水産銀行），商工業金融機関そして不動産業金融機関としてさまざまな機能を担ってきた。戦時下における勧銀の「独特の能力」というのは，戦時下に新たに付与されたというよりは，戦争が始まる前に築いていた機能であり，それを1944年上期頃まで発揮しつづけたという意味で重要であった。勧銀の主な貸出先のひとつが不動産業者という意味においても，また資金の用途が「不動産資金」であるという意味においてもそうであった。誤解を恐れずにいえば，特殊銀行たる勧銀・農銀は明治の末期から太平洋戦争が終わる頃までの30年余りにわたって不動産業金融機関として一貫して重要な役割を果たしてきたと考えられる。

　第二は，不動産銀行が今日まで再建されないできたことを戦後の金融制度史の中でいかに評価するかということである。勧銀大阪支店は，1944年上期頃までは，かろうじて宅地抵当金融の残高を維持するが，下期に入ると急減し，不動産銀行としての勧銀は崩壊するに至る。戦後の復興期に不動産銀行の設立が企画され，日本銀行の政策委員会が勧銀に不動産銀行として歩むことを強く要請することや（1949年8月29日），大蔵省が法案を準備するということはあったものの，遂に実現には至らなかった。勧銀が従来担っていた金融の多くは，戦後に整備された中小企業金融機関や農林漁業金融機関，そして住宅金融公庫などの金融機関が担うことになったのであろう。だが戦前期に勧銀の都市所在支店や大都市所在農銀が中心となって果たしてきた不動産業金融機関としての役割がいかなる金融機関によって担われてきたかは明確でないように思われる。

　これらは日本不動産業の「資産効果経営」を支えてきた「不動産業金融」の今後のあり方を考える上で重要なことである。

（植田　欣次）

# 第4章 高度成長と不動産業の発展：1952-1973

## 1. 経済成長と地価上昇

**1）人口移動と不動産業**

　本章ではいわゆる高度経済成長期における不動産業の分析をおこなう。一般に高度経済成長期のはじまりといえば、経済指標の多くが戦前水準に復帰し、経済白書に「もはや戦後ではない」とのフレーズが記された1955年が想起されるが、本章はもう少しさかのぼり、1952年で時期区分をおこなっている。時期を画する各法令の意義については後節で論じるが、この1950年代初頭は、50年に戦後の住宅難に対処すべく、住宅金融公庫が設置、翌51年には公営住宅法が制定施行された時期であった。また既存の不動産企業にとっても、講和条約により占領軍に接収されていたビルが解放され、建設資材の入手も容易になり、不動産業に戦後初のブームが訪れたのが52年前後のことであったという（蒲池 1979、51頁）。そして戦後不動産取引の基本法である宅地建物取引業法と、戦後農地法制の基礎をなした農地法が公布された1952年は、戦後の不動産業の法的枠組みが整備された時期であったということができるのである。

　戦後日本経済に高度成長をもたらした要因は、活発な企業の設備投資に加え、豊富な若年労働力の都市部への流入、そして彼らが形成した新しい世帯が生んだ旺盛な耐久消費財需要であったと考えることができる。まずはこの時代を象徴する人口移動の観点から不動産業との関連を見てゆくことにしよう。終戦時に約7,200万人であった日本の国内人口は、1947-49年の第一次ベビーブーム期を皮切りに増加を続け、1970年には1億人を突破した。しかし年間の増加率を見ると、第一次ベビーブーム期こそ、年平均3%を越えたものの、

その後は1％台を推移しており、いわゆる「人口爆発」といわれるほどの水準ではなかった。

にもかかわらずこの時期を通じて、日本の住宅不足・住宅難は、日本の中心的社会問題であり続けた。1954年鳩山内閣は、最重点施策のひとつとして「住宅対策の拡充強化」を掲げ、「一世帯一住宅」のスローガンのもとに「住宅建設一〇ヵ年計画」を策定し、翌55年には日本住宅公団が設立された。以後も住宅難を叫ぶ声は続き、政府は1966年、71年に相次いで第一期・第二期住宅建設五ヵ年計画を策定するなど、50年代はもとより60-70年代にかけて、住宅難は国内の主要な社会問題であり続けたのである。

比較的穏やかな人口増加にもかかわらず、厳しく逼迫する住宅需給。このコントラストを説明する要因は大きく2つに分けられる。ひとつは人口の「増加」ではなく「移動」を重視するアプローチ、もうひとつは戦後日本における家族態様の変化に注目するアプローチであり、むろん両者は密接に関連している。1950年代から60年代にかけての日本国内の人口移動は、当時「民族大移動」と称されるほど、大規模なものであった。それは主として農村から都市への人口移動という特徴を持ち、50年代には農業部門から都市部への「地すべり的」な人口流出が注目された。1953年から59年にかけての農業就業人口は29万人から17万人へと、約42％減少しており、これは新規学卒の農家子弟が、それだけ農村を離れ、都市へ移動して就業したことを意味していた（並木1960）。図4-1-1はこの時期の首都圏の人口増加率を示したものだが、首都圏都県の人口増加率が全国のそれを大きく上回っていることがわかる。国内の人口増加は低水準であっても都市部での人口増加は爆発的であったのである。1950年代初頭において600万人台であった東京都の人口は、65年には1,000万人を超え、なおも増加を続けた。人口集中の続く東京都内において不動産業の中心的市場が存在することは明らかであった。

しかし一方でこの間、都内の人口増加率は急速に鈍りつつあったことにも注目する必要がある。人口密度は1960年時点で4,778人/平方キロメートルに達しており、すでに飽和状態にあったのである。そのため人口増加率では首都圏外延部の千葉・埼玉・神奈川等の諸県の方が著しかった。またこれら近郊諸県

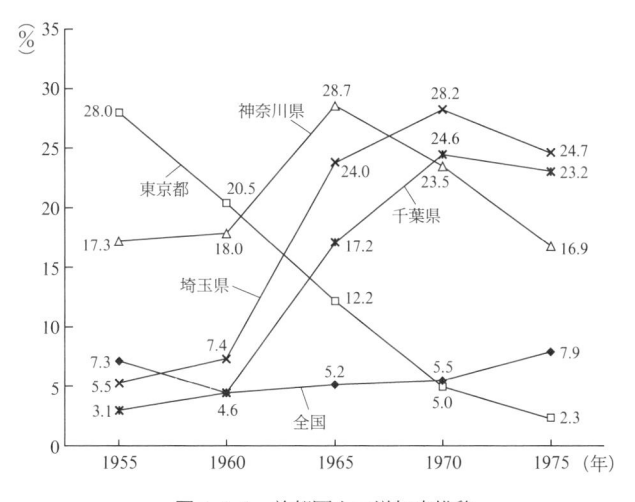

図 4-1-1　首都圏人口増加率推移

出典）総理府統計局（1955-1975）。
注）増加率の数値は5年毎の値である。

は劣悪化する都市環境を忌避して都内から流出してくる人々，あるいは農村部から流入し，借家生活を経た後，持ち家を購入しようとする勤労者の受入先ともなった。これらの近郊諸県では，流入人口の住宅需要に対応するため農地の宅地化が急速に進行する。この点については次節で詳説するが，50年代・60年代における住宅供給の主役のひとつがこうした近郊諸県であったことに，留意しておきたい。

　またこの時期の人口移動については，その年齢構成とライフサイクルにも注目する必要がある。当時中学校・高校を卒業した若者たちが「金の卵」と呼ばれ，集団就職で上京してくる現象が社会的風物詩となったように，都市部に移動してくる労働者は，新規学卒の若年層が多かった。しかし彼ら若い労働者たちが，即座に貸家に入居し，不動産業者の顧客となったとは限らない。彼らの多くは当初賃貸であっても，家賃を払うだけの所得はなく，多くは勤務先や，その寄宿舎に住み込みで生活したことが指摘されている（加瀬 1997）。彼ら「金の卵」たちが都市部に定着し，まずは貸家の住人となり，しかる後にマイホーム需要を発生させるまでには10-20年の時差が必要であった。このような

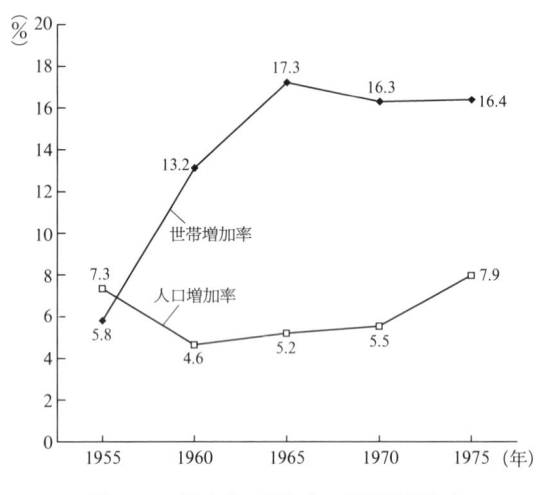

図 4-1-2　国内人口増加率と世帯数増加率

出典）総理府統計局（1955-1975）。
注）増加率の数値は5年毎の値である。

タイムラグを考慮する必要があるとはいえ，国内における未曾有の規模の人口移動は，日本国内の住宅市場に強い影響を与えることとなった。都市部の住宅需給は流入する人口の前に，逼迫の度合いを強めることになったのである。

もう一点，当時の住宅需給の構造を規定した要因として重視されるべきなのは，同時期における世帯構成の変化である。高度経済成長を支えた国内の耐久消費財（例えば洗濯機，冷蔵庫，白黒テレビなどの，いわゆる「三種の神器」）の需要発生について，若年層が都会に移動し，世帯が増加することによって生じた需要の追加効果が重要であったことは，しばしば指摘されており（吉川 1997，124頁），この点住宅需要も同様の性格をもっていたといえる。図4-1-2は人口増加率と世帯増加率を対比したものであるが，一見してわかることは，比較的安定している人口増加率に対して，世帯増加率の上昇の方が甚だしいという事実であり，これは一世帯あたりの人数の減少傾向を意味している。実際に，1950年から70年にかけて世帯一戸あたりの平均人数は4.97人から3.69人へと減少しており，これには今述べた人口移動要因の他にも，都市部における大家族から核家族への家族形態の変化，さらに女性一人あたりの出産数の減少等の諸要因が影響したことが考えられる。いずれの要因も新規の不動産需要を発生させると同時に，需要される不動産の質的変化を要求するものであり，この間不動産業は大きな変化を要求されることになった。

## 2）住宅供給の動向 —— 貸家の時代

　戦後日本人の居住形態は，基本的に家族を単位とする持ち家を中心としてきた。1950年から75年にかけての『国勢調査』によれば，普通世帯に占める「持家」の比率は55年に67％を示した後，漸減しつつも75年においても58％を占めていた[1]。しかしこの数値は持ち家が居住形態の中心であることを示すと同時に，高度成長期において賃貸住宅の比率が増加していたことをも示している。先にも述べたように，当時都市部の住宅需要を担った地方からの若年層は，当初は住み込み等で働きつつも，漸次賃貸住宅へと移動していった。こうした新たな住宅需要に対応したのは，多くは民間ベースで急速に建造された「貸家」，具体的には木造共同住宅であった。1962年の東京都内において，民間の木造アパートが54,637棟・499,861戸存在したという調査がある（不動産業界沿革史出版特別委員会 1975, 260頁）が，これは当時の都内人口の約25％に相当しており，都市部に流入し，住み込みから独立した若年層の多くは，こうした住宅に居住していたものと考えられる。

　このことは住宅の建築動向からも裏付けることができる。表4-1-1は新築された住宅数を種類別に示したものであるが，1950年代は一貫して持ち家建築比が減少し，対照的に貸家建築比が増加していることを明瞭に見ることができる。60年代に入ると持ち家と貸家の建築数は拮抗するようになり，「分譲」を持ち家に，「給与（社宅等）」を貸家に算入すると，63-65年のわずかな期間であるが，貸家建築が持ち家建築を上回ったのである。1950年代から60年代の前半は，明らかに「貸家」（居住者からすれば「借家」）の時代であったと言えるだろう。

　しかし「貸家」の時代は，いいかえれば『住宅貧乏物語』の時代でもあった。急速に流入する人口に対応するために，短期間で，また資金が不十分ななかで建築された貸家住宅の住宅規模は，持ち家に比べて狭小であり，設備面でも劣悪なものが多かった。1965年『国勢調査』による住居の一人あたり畳数平均は持家で5.76畳であったのに対し，借家では3.53畳，東京等都心部では

---

[1] 国勢調査は調査員来訪式の調査であるため，単身者世帯に対する把握力に若干欠ける部分がある点には留意する必要がある。

表 4-1-1 着工新設住宅戸数推移

| 年次 | 持家 戸数 | 比(%) | 貸家 戸数 | 比(%) | 給与 戸数 | 比(%) | 分譲 戸数 | 比(%) | 計 戸数 | 比(%) |
|---|---|---|---|---|---|---|---|---|---|---|
| 1951 | 164,886 | 78 | 25,677 | 12 | 15,151 | 7 | 4,796 | 2 | 210,510 | 100 |
| 1952 | 174,517 | 72 | 42,460 | 18 | 15,971 | 7 | 9,566 | 4 | 242,514 | 100 |
| 1953 | 174,201 | 71 | 44,791 | 18 | 16,899 | 7 | 11,106 | 4 | 246,997 | 100 |
| 1954 | 160,346 | 64 | 57,681 | 23 | 20,351 | 8 | 11,290 | 5 | 249,668 | 100 |
| 1955 | 168,578 | 65 | 58,363 | 23 | 17,918 | 7 | 12,529 | 5 | 257,388 | 100 |
| 1956 | 180,746 | 59 | 84,422 | 27 | 20,509 | 7 | 23,009 | 7 | 308,686 | 100 |
| 1957 | 191,691 | 60 | 90,432 | 28 | 21,223 | 7 | 17,749 | 6 | 321,095 | 100 |
| 1958 | 188,656 | 56 | 110,657 | 33 | 20,474 | 6 | 18,202 | 5 | 337,989 | 100 |
| 1959 | 204,280 | 54 | 137,028 | 36 | 22,569 | 6 | 16,698 | 4 | 380,575 | 100 |
| 1960 | 233,259 | 55 | 145,874 | 34 | 30,098 | 7 | 14,939 | 4 | 424,170 | 100 |
| 1961 | 265,575 | 50 | 213,942 | 40 | 40,492 | 8 | 15,954 | 3 | 535,963 | 100 |
| 1962 | 263,091 | 45 | 261,300 | 45 | 39,714 | 7 | 22,017 | 4 | 586,122 | 100 |
| 1963 | 305,669 | 44 | 307,239 | 45 | 46,703 | 7 | 29,132 | 4 | 688,743 | 100 |
| 1964 | 322,093 | 43 | 335,908 | 45 | 57,016 | 8 | 36,412 | 5 | 751,429 | 100 |
| 1965 | 377,297 | 45 | 367,972 | 44 | 55,995 | 7 | 41,332 | 5 | 842,596 | 100 |
| 1966 | 407,810 | 48 | 349,281 | 41 | 52,039 | 6 | 47,449 | 6 | 856,579 | 100 |
| 1967 | 486,305 | 49 | 382,121 | 39 | 61,423 | 6 | 61,309 | 6 | 991,158 | 100 |
| 1968 | 547,347 | 46 | 484,997 | 40 | 71,585 | 6 | 97,746 | 8 | 1,201,675 | 100 |
| 1969 | 582,467 | 43 | 563,412 | 42 | 71,592 | 5 | 129,141 | 10 | 1,346,612 | 100 |
| 1970 | 617,189 | 42 | 615,615 | 41 | 87,978 | 6 | 163,774 | 11 | 1,484,556 | 100 |
| 1971 | 617,520 | 42 | 602,747 | 41 | 71,236 | 5 | 172,257 | 12 | 1,463,760 | 100 |
| 1972 | 688,141 | 38 | 799,724 | 44 | 67,406 | 4 | 252,310 | 14 | 1,807,581 | 100 |
| 1973 | 764,996 | 40 | 702,928 | 37 | 70,487 | 4 | 366,701 | 19 | 1,905,112 | 100 |
| 1974 | 680,763 | 52 | 358,800 | 27 | 43,365 | 3 | 233,172 | 18 | 1,316,100 | 100 |
| 1975 | 704,154 | 52 | 376,128 | 28 | 38,213 | 3 | 237,791 | 18 | 1,356,286 | 100 |

出典）建設省計画局（1951-1975）。
注）1973年以降沖縄県を含む。％は四捨五入の影響で合計値が100になっていないものがある。

3.3畳であったのである。こうした狭小の貸家ですら，都市部での供給は十分でなく，供給不足が生んだ貸し手市場は，借家人の住環境を，その再生産が困難な水準にあることを容認していた。72年の建設省調査で，騒音等を理由に「子どもが産まれたらアパートを出る」等という非人道的契約内容が結ばれるケースが東京において30％以上，大阪において40％以上という結果が出るという状況だったのである（早川 1979，12頁）。とはいえ，このような「貸家」供給の拡大は，当然不動産賃貸業，仲介業のビジネスチャンスを拡大するものであった。とくに都市部に流入する人口に対して賃貸住宅を紹介する仲介業の

必要性は高くなったものと考えられる。

　こうした貸家優位の情勢は，1965年以降になると再び持ち家優位へと転換してゆく。借家の減少は最大の比率を占めていた民営（設備専用）の住宅供給が63年以降伸び悩んだこと，さらに設備共用の民営借家がこれも63年をピークに急速に減少していったことによる。こうした現象は基本的には国内住宅環境の改善傾向を反映していたといってよいだろう。都市流入層の年齢上昇と生活水準の向上のなかで，彼らの借家から持ち家への転換が発生し，また新しく流入してくる若年層からも旧式の設備共用の借家が忌避されつつあったことが原因であったと考えられる。公営・公団による借家供給も64年を境に頭打ちとなり，こちらは68年を境に再び上昇に転じるものの，持ち家優位の趨勢を覆すには至らなかった。

　1970年代に入ると不動産・建築会社による分譲住宅の供給が目立って増加してゆき，都市流入層のマイホーム需要を満たしてゆくことになる。「いつかはマイホーム」が多くの勤労者世帯にとっての「夢」であり「目標」であった時代において，借家に居住しつづけることを望む家族は多くはなく，都市部に流入した人口の多くは，借家から持ち家への移行を実現していった。「貸家（借家）の時代」は社会問題としての住宅難の時代から，マイホームブームへの過渡期としての役割を担った時期であったということができるのである。

### 3）地価上昇と不動産市場

　日本経済の急速な経済成長と，それに伴う工業開発，人口移動は，同様に地価の急速な上昇をもたらした。日本不動産研究所が算定した全国市街地価格指数をみると，1955年を100とした指数は60年に280，65年に768，70年に1,395へと達し，15年間で約14倍の上昇をみせた。この間の卸売物価指数と消費者物価指数の上昇率が，それぞれ1.15倍，1.88倍であったから，この間の実質地価上昇率は7-12倍であったことになる。「所得倍増」といわれた勤労者所得も，この間の上昇分は4倍弱であり，この時期の地価は，一般物価，国民所得の伸びをはるかに上回るペースで上昇を続けたのである。月給は倍増しても，地価の上昇がそれを上回り，マイホーム取得の負担をますます重いもの

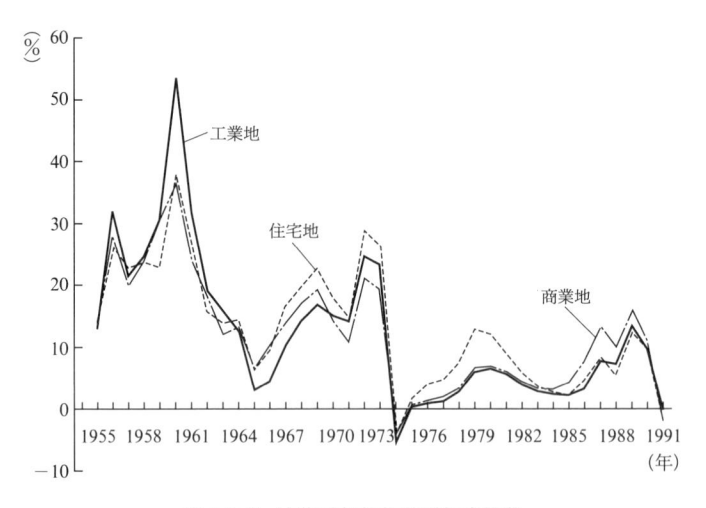

図 4-1-3　市街地価格指数増加率推移

出典）日本不動産研究所（1955-1993）。

としていた当時の世相をうかがうことができる。

　このような地価の上昇をもたらした要因は何であっただろうか。図4-1-3は市街地価格指数上昇率を商業地，工業地，住宅地別に見たものであるが，時期によって地価上昇率の高い地目が異なっていたことがわかる。1957年から64年までは工業用地の地価上昇率が，基本的に住宅地・商業地の地価上昇率を上回っている。この傾向は，とくに六大都市においてより顕著にあらわれており，この時期の地価上昇は大都市圏における工業用地需要に牽引されたものであったということができる。この時期は60年，池田内閣の「国民所得倍増計画」により，産業基盤の整備が重点事項とされ，62年の全国総合開発計画（一全総）により四大工業地帯と新産業都市における工場用地整備が集中的に実施された時期であった。こうした政府の政策と投資ブームと呼ばれた「岩戸景気」のなかで，企業の設備投資熱が高まり，工業用地に対する実需を発生させていたのである。

　なかでも1961年の地価上昇は突出しており，工業地において53％の地価上昇，六大都市では87％の地価上昇が記録されている。この数値は70年代の

「狂乱地価」のそれをも上回るものであった。この急激な地価上昇の原因は，工業用地の不足という実需要因と，日銀の金融緩和の影響が相乗して発生した地価上昇であったといわれている（吉川ほか 1993）。しかしこの地価上昇は宅地の地価上昇をも誘発したため，政府は62年4月に宅地制度審議会を設け，宅地の価格安定・流通の円滑化のための手段について諮問を行うに至った。

その後地価上昇はやや沈静化し，以後60年代の地価上昇率は概ね10%台を推移したため，その後70年代に入るまで地価上昇が社会的注目を集めることは少なくなった。とはいえ，上昇率の低下は65年で底を打ち，その後再び増加傾向へと転じてゆく。65年以降の地価上昇は，それ以前と異なり，住宅地の上昇率に先導される形で推移するようになる。工業開発の土地需要が一段落し，それに伴って都市部に流入してきた労働者層の住宅需要がこの時期本格化したとみることができるだろう。こうした住宅地価に牽引される地価上昇は，その後の安定成長期にも継続するが，80年代後半の，いわゆるバブル経済期においては，商業地の地価上昇が牽引的役割を果たしたのである。

当時の住宅賃貸価格についても触れておきたい。「貸家」すなわち賃貸住宅が，重要な位置を占めたのが1950年代から60年代前半までの特徴であったと述べてきたが，その家賃の伸びは地価の上昇に比べて，相対的に鈍いものであった。1956年から70年にかけての1m$^2$あたり家賃は，一戸建210円から494円，長屋建240円から547円，アパート548円から772円といずれも3倍を超えない水準であり，先に述べた地価上昇に比べ，その伸びは当該期の所得上昇率とほぼ均衡するものであった（長谷川 1972, 41頁）。このように抑制された家賃水準の背景には，地代家賃統制令の存在があった。1946年公布の同令は，地代家賃に対する「認可統制額」を設定することで地代・家賃の統制を目指したものである。50年改正により新規着工住宅や商工業用建物の統制が解除され，56年の改正では床面積30坪（66年より99m$^2$）以上の家賃について適用が除外されたが，なお小規模の貸家・貸間については，その後も家賃の統制価格が機能していた。こうした統制法規は，地価上昇期における家賃の連動を阻止し，公営住宅の未成熟な日本の住宅政策の下で，国民の住生活に資したと評価できる。しかし一方で統制により家賃を抑制した結果，家主側の防衛的

表 4-1-2　不動産業事業所数

| 分類 | 全国 | | 東京 | | | | 大 | |
|---|---|---|---|---|---|---|---|---|
| | 1972年 | 構成比 | 1972年 | 構成比 | 増加率 | 1969年 | 1972年 | 構成比 |
| 総計 | 154,687 | 100 | 32,400 | 100 | 0 | 32,370 | 15,641 | 100 |
| 賃貸業（貸家・貸間業除く） | 9,452 | 6 | 2,887 | 9 | 53 | 1,888 | 1,535 | 10 |
| 貸家・貸間業 | 100,769 | 65 | 19,803 | 61 | −14 | 22,910 | 9,694 | 62 |
| 建売・土地売買 | 8,767 | 6 | 1,466 | 5 | 42 | 1,031 | 957 | 6 |
| 不動産代理・仲介 | 29,684 | 19 | 6,881 | 21 | 23 | 5,616 | 3,156 | 20 |
| その他 | 6,015 | 4 | 1,363 | 4 | 47 | 925 | 299 | 2 |

出典）総理府統計局（1969a, 1972a）。
注）構成比と増加率の単位は%。

行動として，高額な敷金が慣習化することになった事実も指摘されている（全宅連不動産総合研究所 1999b, 169頁）。また低い家賃水準が，貸家住宅の供給を阻んだとの議論もあり得るが，農家等の貸家供給者は，地価との比較よりも，農業収入との比較で貸家供給を決断したとの見方もあることから，この点は今後実態面での検証が必要である。

　急速な工業化と設備投資の活発化が，工業用地需要を増加させる。その一方で工業化が農村部の過剰人口を吸収し，彼らの住宅需要が都市部において発生する。開発に伴うデベロッパーの事業機会と，人口移動に伴う仲介事業の機会発生――その後，やや時間を置いて都市部に定着した労働者のマイホーム需要が発生し，それに工業開発で実績を積んだ新興デベロッパーが分譲事業に機会を見出し事業参入する。列島改造ブーム以前の不動産業の動向は以上のようにまとめることができるだろう。

### 4）不動産業の動向

　戦後における不動産企業の業態について，『事業所統計』をもとに見てゆくことにしよう。表4-1-2は東京，大阪，愛知における，事業所の業態と構成比をまとめたものである。事業所数で見たときに全国で最も多いのが，「貸家・貸間業」である。これは自らが貸家やアパートを所有し，それを賃貸に出して家賃収入を得る業態であり，約60％の事業所がこのカテゴリーに含まれる。こうした事業所は都市部において古くから下宿業を営んでいるケースや，農家

| 阪 | | 1972年 | 構成比 | 愛知 | |
|---|---|---|---|---|---|
| 増加率 | 1969年 | | | 増加率 | 1969年 |
| 30 | 12,034 | 7,549 | 100 | 15 | 6,549 |
| 33 | 1,156 | 466 | 6 | 18 | 395 |
| 30 | 7,451 | 4,391 | 58 | 5 | 4,191 |
| 61 | 594 | 498 | 7 | 120 | 226 |
| 21 | 2,618 | 1,959 | 26 | 20 | 1,637 |
| 39 | 215 | 235 | 3 | 135 | 100 |

が所有農地を転用して貸家や木造アパートを建築したようなケースが多く、事業所としては最も零細な業態である。従業員数5名未満の比率が99％で、法人経営でなく個人経営の業態をとっているものが95％であり、高度経済成長期の住宅需要を支えた貸家経営は、このような個人経営の貸家・貸間業者に担われたのであった。しかし70年代に入るとこれらの零細な業態が減少し始めており、賃貸住宅供給の停滞と、供給する財の高度化に伴う業態の再編が進んでいたことを、うかがうことができる。

　こうした零細の貸家・貸間業者は自力で賃貸相手を募集することは少なく、多くは仲介となる業者に募集を依頼することが多かった。「不動産代理・仲介」はこうした仲介業者をふくむカテゴリーである。この種の仲介業も、当時は零細規模の事業所が多く、従業員4名以下のものが82％を占め、また非法人比率も66％と、「貸家・貸間業」の次に多かった。こうした不動産仲介業者は自己資金が少なくても開業が可能であることから、新規参入の多い業態であったといえる。1952年の宅地建物取引業法は、主としてこうした仲介・売買等流通業務にあたる業者を登録・免許制としたものであったが、その後もこうした零細仲介業者の数は、業界の主要部分をなしており、70年代にあってもなお増加傾向にあった。

　こうした小規模な、主として仲介業務を取り扱う事業所と対照的であったのが、「建売・土地売買」に分類される業者であった。この業態は従業員4人以下の零細比率が65％と最も低く、100人以上の大規模事業所の55％をこの業態で占め、法人比率も72％と高いカテゴリーであった。土地の開発、分譲に携わるこれらの業種を、この時期「デベロッパー」と呼ぶようになった。旧財閥系不動産会社に加え、電鉄系の不動産会社等が、当初は工業用地開発に、その後宅地造成と分譲事業に参入し、この業態の中核をなしていったのである。

この「デベロッパー」という呼称は，1960年代の開発事業者が従来の「不動産屋」「千三ツ屋」等の蔑称のイメージを払拭するため，1962年の日本生産性本部の視察団がアメリカの都市開発を視察した際に取り入れた用語であるといわれている。従来の流通・仲介を主とする不動産業から開発を主とする業態への転換の旗手を任ずる企業にとって，「デベロッパー」の呼称は，新しい不動産業を象徴する呼称であった（蒲池 1979, 29頁）。最後の「賃貸業」とは，主としてオフィスビル等の賃貸を行う業態である。三菱地所を筆頭とする古くからのビル会社が多く，数こそ少ないが大企業比率も法人比率もやはり高い部門である。

古くから続くビル経営を行う「賃貸業」と，資本力を武器に開発に邁進し「デベロッパー」となった「建売・小売業」が主として大企業層によって担われ，一方で当時の巨大な人口移動に対して急遽賃貸住宅を建設，提供した「貸家・貸間業」と流通の斡旋を行った「不動産代理・仲介業」の部門を，多数の新興零細的個人事業所・企業が分業的に支えることになった。この時期の不動産業はこうした業態の棲み分けの上に，一種の「二重構造」を形成していたのである。

（永江 雅和）

## 2. 地価上昇と農地転用

### 1）戦後農地法制と農地転用

不動産市場が取り扱う主要な財は土地と建物であるが，ここでは土地の供給源としての農地の転用動向について検討する。仔細にいえば，土地の供給源としては農地転用の他にも山林・原野，公有水面の埋立・干拓，および用途規制の緩和による建築可能な床面積の拡大などが考えられる。とくに埋立地の造成・分譲は，いわゆる千葉方式に代表される当時の不動産業の業態を語る上で重要な分野であるが，これについては後節に譲り，ここでは農地からの土地供給に議論を限定することにしたい[2]。規模の面をいえば，1956-75年の農地転

用面積は約56万haであり，これは同時期の埋立面積累計約5万3千haの10倍以上の規模であった。戦後不動産市場への土地供給源として農地からの転用が主要な位置を占めていたことをまずは確認しておきたい。

　戦後農地の宅地・工業用地への転用については，強い法的規制が働いていたことが知られている。その中心となったのが，1952年に制定された農地法であり，戦後農地改革の成果を守り，自作農の地位を保全することを目的に制定された同法は，その第一条において「農地はその耕作者みずからが所有することを最も適当であると認め」る，自作農主義の理念を掲げ，「土地の農業上の利用関係を調整し……農業生産力の増進」を図ることを目的とするものであった[3]。したがって同法は農地の転用に関しては厳格な規制を設けており，農地を農地以外のものにする（転用）には都道府県知事または農林大臣の許可を受けなければならず（法第四条），また農地を農地以外のものにするために転用目的売買をする場合も，同様の許可を必要とする（法第五条）ことを定めていた。

　ただ，農地法の制定に前後して，農地改革対象地の取り扱いに関する重要な規制緩和が行われたことには注目する必要がある。農地改革実施時点では，改革の対象となった農地が耕作されなくなった場合，これを政府が統制価格により買い戻す，先買い権規定が定められていた。しかし，この規定は1950年土地台帳法改正による賃貸価格の廃止により効力を失っており，これによって農地についての地価統制は解除され，創設自作農地についても転用の途が開かれていたのである（岩本 2002, 502頁）。

　農地法における農地転用の許認可権限は，都道府県知事，または農林大臣にあったが，実際の法運用過程においては，市町村の農業委員会が検討のうえ，県に進達する形式がとられた。同委員会は1951年に成立した行政委員会であり，戦後農地改革を担った農地委員会に加え，農業調整委員会，農業改良普及委員会が統合されたものであった。委員は農地委員会と同様に公選であった

---

[2] 農地を農業目的で売買する行為も広義の不動産取引に含まれるが，本節では原則として除外する。
[3] 農地法制については，とくに断らない限り，全宅連不動産総合（1999b）による。

が、農地委員会の特色であった階級別選挙は廃止され、全層選挙によって選ばれた地域農業者の代表としての性格を持つことになる。農業委員会は旧3委員会の業務内容をすべて継承したため、食糧管理制度にもとづく農産物出荷割当量の算定や、農事指導にも関わったが、最大の業務は農地法にもとづく農地移動・転用についての許認可・進達であった。市町村農業委員会が許可進達した転用申請を都道府県や農林省レベルで否決するケースは極めて稀であり、その意味で同委員会は、事実上地域農業者の代表による「農地法の番人」として、地域農地管理の中枢的役割を果たしたのである（田代 1993, 316頁）。委員会の事務所は通常市町村役場内に設置され、転用希望者が申請をおこなった場合、各地域担当の委員が現地確認を実施し、毎月の委員会で審議された上で、県に進達されるという手順が取られた。委員会に申請なく農地を転用する「違法転用」については、「三年以下の懲役又は百万円以下の罰金」が課せられていたが、実際に委員会がこのような厳罰主義で臨むことは稀であり、多くの場合は始末書の提出等で処理し、悪質な場合は県に無効申請を進達するといった処置で対応されることが多かったのである。

**2）農地転用の動向**

　農地転用面積と地価の動向について、全国的な推移をみてゆこう。表4-2-1は農地法にもとづく転用許可・届出の実績である。1953年から75年にかけて、累計約58万haの農地が宅地もしくは工業用地に転用されたことになる。ただこの間の転用面積の増加率には波が存在し、転用面積が前年比を大きく上回った転用の「波」は、この間に4回観察することができる。この時期をみると、それぞれの転用の「波」は、当時の日本経済の景気サイクルと密接に関わっていたことがわかる。

　まず「第一の波」となった1956-57年は、高度経済成長の口火を切った「神武景気」の時期に相当する。旺盛な輸出と国内企業の設備投資に支えられた経済成長は、企業にとっても設備投資関連の土地需要を発生させた。また当時は鳩山内閣による「住宅建設一〇カ年計画」のさなかでもあり、55年には日本住宅公団も発足し、好景気のなかで民間分譲者による開発も活発化していた。

しかし，この時期には依然として農地法の開発規制は強く，もっぱら「駅周辺の農地を通り越し，若干の距離を置いた丘陵地帯（山林）などがまず開発された」のである（蒲池1979, 52頁）。このような無秩序な開発は当時「ドーナツ現象」とも呼ばれ，その後問題化するスプロール（虫食い）現象のはしりとなった。農地法による転用規制が強く働く一方で，地域におけるゾーニングがほとんど構想されないまま開発が進められた時期であったといえる。

表 4-2-1 全国農地・採草放牧地の転用許可・届出実績

| 項目 年次 | 件 数 | 面 積 (ha) | 累 計 (ha) | 増加率 前年比 (%) |
|---|---|---|---|---|
| 1953 | 114,617 | 5,731 | 5,731 | |
| 1954 | 125,755 | 6,298 | 12,029 | 9.9 |
| 1955 | 115,606 | 5,488 | 17,516 | −12.9 |
| 1956 | 154,412 | 6,958 | 24,475 | 26.8 |
| 1957 | 187,702 | 9,293 | 33,768 | 33.6 |
| 1958 | 203,894 | 9,119 | 42,887 | −1.9 |
| 1959 | 230,228 | 11,115 | 54,002 | 21.9 |
| 1960 | 258,597 | 15,009 | 69,011 | 35.0 |
| 1961 | 310,972 | 21,033 | 90,044 | 40.1 |
| 1962 | 297,121 | 20,233 | 110,277 | −3.8 |
| 1963 | 358,418 | 24,626 | 134,904 | 21.7 |
| 1964 | 417,955 | 28,753 | 163,656 | 16.8 |
| 1965 | 421,397 | 26,502 | 190,159 | −7.8 |
| 1966 | 431,721 | 28,032 | 218,190 | 5.8 |
| 1967 | 458,617 | 29,544 | 247,734 | 5.4 |
| 1968 | 478,605 | 30,549 | 278,284 | 3.4 |
| 1969 | 600,407 | 42,876 | 321,160 | 40.3 |
| 1970 | 578,047 | 46,519 | 367,679 | 8.5 |
| 1971 | 577,762 | 47,609 | 415,288 | 2.3 |
| 1972 | 609,357 | 50,705 | 465,993 | 6.5 |
| 1973 | 608,661 | 52,532 | 518,525 | 3.6 |
| 1974 | 420,858 | 34,247 | 552,772 | −34.8 |
| 1975 | 387,026 | 25,507 | 578,279 | −25.5 |

出典）加用（1977）。
注 1）1972年以降復帰後の沖縄を含む。
　 2）1970年以後の数値は抽出調査による推計を補正した推定総数値。

「第一の波」は1959-61年の間で，「岩戸景気」の時期に相当する。これは前節で述べたように，一全総にもとづく太平洋ベルト地帯と新産都市建設による工場用地実需の発生，および日銀の金融緩和が，急速な地価上昇をもたらした時期であった。またこの時期には農地行政にも重要な変化が見られた。1959年の農林次官通達による「農地転用許可基準」は，開発政策に必要な転用農地の基準を定めたものであったが，これは実質的に農地転用の容認と受け取られた。その結果，この時期全国的に展開された自治体の工場誘致政策ともあいまって，50年代末から60年代初頭にかけて，工場用地向けの農地転用が急増

したのであった。「第三の波」はオリンピック景気の 1963-64 年であり，東京オリンピックの開催ムードに伴って，東海道新幹線の開発，首都高速道路の建設など，旺盛な建設需要が発生した時期であった。

　そして最後の「第四の波」は，65 年不況を経た後の「いざなぎ景気」のさなか，1969 年にはじまる。国内雇用の吸収先が製造業から建設業・サービス業などの非製造業部門に移行する過程で起こった好景気のなかで，この時期は宅地地価に牽引された地価上昇が発生した。この時期の農地転用急増については景気要因の他にも説明があり，例えば野口悠紀雄は 69 年度の土地税制改正による長期譲渡税の時限付き緩和の効果を指摘している（野口 1989，37 頁）ほか，都市計画法による「線引き」前の「駆け込み転用」の影響，さらに都市部農地における宅地並み課税論議の影響などが指摘されている（永江 2005）。この第四の波は，その後のドルショックによる金融緩和と列島改造ブームに牽引され，戦後最も激しい農地転用を発生させた。73 年のオイルショックにより転用面積が急減するまでの 69-72 年の間に転用された農地面積は約 24 万 ha に及んだのである。

　この間の農地価格の動向についても確認しておこう。図 4-2-1 は，日本不動産研究所調査による田畑売買価格の増加率をグラフ化したものである。これは市街地について作成した前節の図 4-1-3 と比較してかなり形状が異なる。最も大きな相違点は 1950 年代前半における農地価格の上昇率の高さであり，これは主として前節で述べた農地価格統制の撤廃の影響によるものであった。すでに述べたように，戦時期から占領期にかけての国内農地は，市街地と異なり厳格な地価統制下にあり，統制農地価格は戦後のインフレーションの下において，かなりの過小評価となっていた。1950 年の地価統制撤廃後，農地価格は当時の物価水準に適応すべく急上昇したのである。もう一点，市街地価格指数に見られる 60 年代初頭の地価上昇の影響が，こちらの農地価格には見られない。ただしこれは，使用した数値が転用が見込まれる農地を排除して地価算定をおこなった，日本不動産研究所による『田畑価格調べ』であるため，工場用地需要による農地価格上昇が数値に反映されづらくなっている可能性がある。その後 65 年以降の宅地主導の地価上昇期に入ると，農地価格と市街地価格の

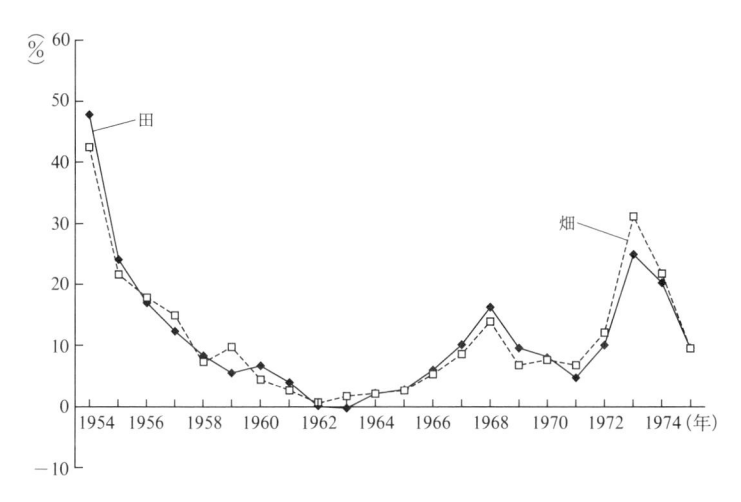

図 4-2-1　田畑売買価格増加率推移

出典）加用（1977）。
注1）1958 年までは日本勧業銀行調査，59 年以降は日本不動産研究所調査による。
　2）田・畑とも等級は「普通」の数値。

動きは相関性が増していることが指摘されている（西村 1995）。また全国農業会議所『田畑売買価格等に関する調査結果』によれば，転用農地価格については，畑価格が田価格よりも高い水準にあったことが示されている。これは転用に伴う造成コストが畑地の方が安価であったことによるものと考えられる。

### 3）工業化と農地転用

　農地転用の具体的な動向について，埼玉県八潮市の事例をみてゆくことにしよう。同市は東京都に隣接する近郊農村であったが，戦後急激な工場進出と人口流入が発生し，大規模な農地転用が発生した。都内以上の人口増加率を示したこれら近郊諸県の農村部は，前節で述べたようにこの時期の土地問題の変化を最も象徴的に体現する地域であったといえる[4]。表 4-2-2 は八潮市内の農地転用面積の推移であるが，同市内では 1958 年から 75 年にかけて，514ha の農

---

4）以下八潮市のケースについては，断りのない限り『八潮市農業委員会議事録』による。

表 4-2-2　八潮市農地転用面積推移

(単位：アール，％)

| 年度 | 第四条 | | | | 第五条 | | | | 転用計 | | |
|---|---|---|---|---|---|---|---|---|---|---|---|
| | 田 | 畑 | 計 | 比率 | 田 | 畑 | 計 | 比率 | 田 | 畑 | 計 |
| 1958 | 5 | 37 | 42 | 12.5 | 86 | 209 | 295 | 87.5 | 91 | 246 | 337 |
| 1959 | 51 | 67 | 118 | 7.5 | 1,110 | 345 | 1,455 | 92.5 | 1,161 | 412 | 1,573 |
| 1960 | 10 | 96 | 105 | 4.2 | 1,701 | 711 | 2,412 | 95.8 | 1,710 | 807 | 2,517 |
| 1961 | 53 | 65 | 118 | 4.6 | 1,880 | 599 | 2,479 | 95.4 | 1,933 | 663 | 2,597 |
| 1962 | 42 | 102 | 144 | 6.4 | 1,596 | 516 | 2,112 | 93.6 | 1,637 | 619 | 2,256 |
| 1963 | 64 | 166 | 230 | 7.7 | 2,254 | 518 | 2,773 | 92.3 | 2,319 | 684 | 3,003 |
| 1964 | 77 | 201 | 278 | 10.4 | 1,814 | 592 | 2,406 | 89.6 | 1,891 | 793 | 2,684 |
| 1965 | 152 | 281 | 433 | 15.6 | 1,852 | 486 | 2,338 | 84.4 | 2,004 | 767 | 2,771 |
| 1966 | 118 | 176 | 294 | 10.3 | 2,141 | 421 | 2,562 | 89.7 | 2,259 | 597 | 2,856 |
| 1967 | 226 | 306 | 533 | 14.0 | 2,761 | 519 | 3,280 | 86.0 | 2,988 | 825 | 3,813 |
| 1968 | 299 | 458 | 756 | 13.5 | 4,247 | 612 | 4,860 | 86.5 | 4,546 | 1,070 | 5,616 |
| 1969 | 1,211 | 755 | 1,966 | 28.7 | 4,134 | 745 | 4,879 | 71.3 | 5,344 | 1,500 | 6,844 |
| 1970 | 419 | 276 | 695 | 21.8 | 2,001 | 499 | 2,500 | 78.2 | 2,420 | 776 | 3,195 |
| 1971 | 377 | 290 | 667 | 26.7 | 1,318 | 517 | 1,835 | 73.3 | 1,695 | 806 | 2,501 |
| 1972 | 409 | 324 | 734 | 26.5 | 1,474 | 566 | 2,040 | 73.5 | 1,883 | 890 | 2,773 |
| 1973 | 479 | 232 | 711 | 30.4 | 1,271 | 358 | 1,629 | 69.6 | 1,751 | 590 | 2,340 |
| 1974 | 392 | 308 | 699 | 28.6 | 1,227 | 520 | 1,747 | 71.4 | 1,619 | 828 | 2,446 |
| 1975 | 241 | 97 | 338 | 26.4 | 593 | 352 | 945 | 73.6 | 834 | 450 | 1,283 |
| 計 | 4,626 | 4,237 | 8,863 | 17.2 | 33,459 | 9,085 | 42,544 | 82.8 | 38,085 | 13,322 | 51,407 |

出典）『八潮市農業委員会議事録』より作成。
注1）面積は1966年4月まで町、反で記載されていた。本表では1歩＝3.3058㎡で集計。
　2）比率は第四条計と第五条計の転用計に対する比率（％）。

地転用が確認されている。50年時点の市内農地面積が『農業センサス』によれば1,358haであったから，単純計算すると市内の約38％の農地がこの間転用されたことになる[5]。農地法の四条・五条別でみると，比率としては80％以上が所有権変更，もしくは賃借権設定を伴う五条転用であり，同市の農地転用は戦後自作農から第三者に農地が転売される形での転用が主流であったことがわかる。ただし69年以降は，所有権移動を伴わない四条転用の比率が増加している。

　もう少し時系列的にみてゆこう。八潮市域で戦後農地転用が本格化したのは

---

[5] ただし『農業センサス』は属人主義，農業委員会の業務は属地主義であるため，両者の統計数値の比較には慎重を要する。

1959年のことであった。前年まで年間3ha程度に過ぎなかった農地転用がこの年一挙に5倍近い15haに増加し，60年には25haと，大規模な農地転用が発生した。このきっかけとなったのは，八潮村（当時）が成立させた「工場誘致条例」である[6]。1956年の合併以来，財政難に苦しんでいた同村では同条例で「村長の指定した工場に対し村の会計年度における当該工場に係る村の固定資産税収入額に相当する額の範囲内で奨励金を交付」することを定め，村内への工場誘致をはかった[7]。この結果工場関連の農地転用が市域内で激増することになり，59-64年間の五条転用の約58％が工場用地向けに行われた。

1950年代末から60年代前半における工業用地需要の発生は，前述のように，全国的にみられた動向であった。当時の自治体には八潮市同様財政難に苦しむ市町村が多く，また農村部次三男の雇用吸収先としても，工場誘致が期待される事情があった（沼尻 2005）。また先に述べた農林次官通達「農地転用許可基準」も農業委員会内部で検討議題とされており，転用容認ムードの追い風になったものと考えられる。工場誘致に際して農業委員会は，調査委員会を設置し，関係者に事情を聴取するなど，周囲の農業環境に対する調査をおこない，また大規模な工場進出に対しては換地を斡旋し，特定農家の耕地に工場用地が集中することのないよう調整するなど，調整的役割を果たしたが，工場誘致そのものに阻止的に働くことはなかった。

しかしこうした急速な農地の工業用地転用は，農地改革時に所有農地の多くを買収の対象とされた旧地主層の強い反発を買うこととなった。1959年10月に農業委員会宛に旧地主層から提出された陳情書には，「自作農を急速に創る手段として強制的に買上げられた（農地が――引用者）十年も経たない今日，……工場敷地等で売買されゆく事は，政府の親心に反する」と，解放された農地を安易に手放す農家とそれを許容する農業委員会に対する批判が展開されている。しかし一方で同文には「工場が出来る事は我が八汐村（ママ）が飛躍的に発展し延いては村財政上もプラスになる事は誠に喜ばしき状態で村民の一員として私

---

6）八潮市は1956年に旧八條・潮止・八幡村が合併して八潮村として成立。その後64年に町制，72年に市制に移行したが，以下，便宜上統一して「八潮市」と表記する。
7）八潮村『工場誘致関係綴』八潮市立資料館蔵。

達も心から賛意を表するものであります」とも記されており，創設自作農地の転用に反発しつつも，工場誘致に正面から反対はできない，旧地主層の複雑な立場が表明されている。委員会は63年まで転用農地が創設農地だった場合，「創」の印を記し，創設農地の転用動向を把握しようとしているが，前述の創設農地の政府先買い権規定が消滅した時点で，創設農地の転用を他の農地と差別化して規制する法的手段は残されておらず，また村内の多数を占める旧小作層の多くも，そうした事態を望んではいなかった。

また急速な工場進出は，農業委員会のチェックにも関わらず，周囲の農業環境を急速に悪化させていった。近隣農地の埋立・造成や，その後の工場等の操業により，「（進出企業が——引用者）用水路を塞いでしまい水稲の作付不能になりました」（63年），「知らぬ間に隣地が埋め立てられ用排水はもとより出入の道も無く非常に困却」（65年）等の苦情が次々と寄せられるようになったのである。こうした環境悪化は，意欲ある農家の経営意欲をも低下させることによって，後述する農家による兼業的貸家経営への進出のひとつの背景となった。農地改革の記憶も新しい1950年代における農地転用は，このように地域においてさまざまな軋轢を生じさせつつも，しかしそれでも急速に進行したのである。

この時期の工業用地向け転用と不動産業との関連について，述べておきたい。次に述べる住宅地向け転用に比べ，工業用地向けの農地転用の場合，八潮市域においては進出企業が直接農地を購入するケースが多く，臨海埋立等とは異なり，仲介という点で，不動産企業の介在の余地は少なかった。しかし土地の造成や工場の建築等については，金融機関からの融資を受けることも多く，造成・建築を行う建設会社がローンを組むことがあった。同市域においては，工場建設について，後述するように住宅会社である殖産住宅相互㈱が積極的にローン形式での融資活動を実施していたことがわかる。造成と工場建築に加え，ローン形態をとった資金融資を実施することで，建設業と金融業が融合した形のビジネスモデルを展開させつつあったことが確認できるのである。

## 4）住宅地への農地供給

　1950年代、工場誘致ブームに牽引された農地転用は、60年代後半に入ると宅地需要向けに、その性格を変容させた。65-75年の農地転用に占める工業用地転用はわずか17％程度を占めるに過ぎず、替わって住宅関連の転用が53％と過半を占めるに至った。こうした60年代中盤における工業需要から住宅需要への転換についても、八潮市の事例は全国的動向と一致するものであった。

　住宅需要について、もう少し細分化してみよう。住宅関連の転用目的のなかで最も多かったのが「住宅」の項目であり、これは基本的に自家用住宅のための用地を購入することを意味していた。購入者の職業欄記載は自営業者、公務員等広範な層にわたったが、最も多かったのは「会社員」「工員」であり、法人によるこの項目での購入は少なかった。これは当時自宅を建築する際、土地・建物を一括購入する「建売」ではなく購入者が住宅用地を購入し、然る後、建設会社に住宅建築を依頼する形式が多かったためである。建築理由として62年以降から申請書の書式中に「勤務先の工場近くに住宅を建てたいので」「現在借家のため、住宅を建てたい」「環境の良い当地に住宅を建築したい」などと記載されたケースが多数見受けられるようになる。市内への工場進出に牽引される形で流入した労働者層の住宅需要、また借家に居住していた若年労働者層のマイホームへの買い替え需要、さらに都内の環境悪化による、郊外へ流出してきた都市住民の移転需要など、さまざまな要因からこの時期の八潮市域内に住宅需要が発生したことがわかる。住宅購入者がこうした土地を自力で探すことは難しく、住宅用地斡旋をおこなう不動産仲介業の需要がそこには発生したことになる。

　また50年代における特徴として、五条転用であっても「売買」でなく、「賃借権設定」が行われ、土地は賃借でその上に住宅を購入・建築するケースが多く見られたことがあげられる。こうしたケースは後に所有・用益関係を複雑化させたためか、60年代以降は減少し、ほとんどが「売買」のみとなっていった[8]。その他「住宅」のなかには一部「分家住宅」との記載があるものが存在

---

8）農業委員会における聞き取りによれば、後年区画整理を行う際に、土地所有者と建物所有者の間の調整が非常に複雑化したという。

する。これは農家世帯主が子弟に農地を贈与，もしくは売り渡すケースであり，財産分与の一環として行われることもあった。都市計画法制定以前には，はっきりとした明記のないものもあり，特定が難しいが，こうした相続を通じた農地転用は，都市計画法の面的規制の抜け道として小規模ながら重要な意味合いを持っていた[9]。

「貸家・アパート」については後に述べるが，四条転用で農地所有者が転用を実施し，自ら貸家・アパート経営に進出する場合と，五条転用で第三者に農地を転売し，買い受けした者が貸家・アパートを建築・経営する場合とが存在した。近郊農村であった八潮市における貸家の供給は，全国的傾向に比べればやや遅れ，60年代後半に入って本格化している[10]。八潮市においては前者の場合が多く，1958-75年の間の「貸家・アパート」の約63％を四条が占めていた。五条転用の賃貸住宅として目立つ事例は，68年に市内八條和之村に建設された日本住宅公団による賃貸住宅（約11ha）であり，五条転用での「貸家・アパート」はその影響で68年の数値が突出している。この事例を除けばこの時期不動産企業による賃貸住宅経営は本格化しておらず，そのほとんどが農家による兼業的貸家経営であったといえるだろう。ただ四条転用の「貸家・アパート」の項も69年の数値が非常に突出している。69年は全国的に見ても転用面積が急増した年であるが，四条転用の場合，所有権の移動がないため，先に述べた長期譲渡税の緩和の影響は考えにくい。前年の公団住宅建設を受けて貸家建築ブームが発生したものか，もしくは都市計画法による「線引き」を控えて，市内農家の多くが貸家経営に進出する決断をするケースが多かったとみるべきか，であろう。また五条転用では足立区，葛飾区，台東区など，都内居住の個人が申請欄に多く見られる。都内の個人・業者が不動産用地を，近郊農村部に求めはじめた動きと見ることができるだろう。

「社宅」の項目は，市内進出企業による従業員宿舎や独身寮，さらに戸建の

---

9) 都市計画法制定後は，市街化調整区域内農地の宅地転用許可要件として「分家住宅」が重要な位置を占めるようになった関係で，明記されるケースが多くなった。
10) 都内の世田谷区等では，少なくとも60年代初頭より農家による「貸家・アパート」による転用が本格化していた（永江 2007）。

表 4-2-3　八潮市用途別五条転用

(単位：㎡)

| 年次 | 件数 | 総計面積 | 住宅 | 分家住宅 | 社宅 | 宅地拡大 | 貸家・アパート | 建売住宅 | 車庫・駐車場 | 作業場・資材置場 | 農業施設 | 店舗営業所倉庫・物置 | 工場 | 道路・学校等公共 | その他 |
|---|---|---|---|---|---|---|---|---|---|---|---|---|---|---|---|
| 1958 | 59 | 283 | 88 | 3 | 5 | 1 | 0 | 0 | 0 | 40 | 0 | 3 | 116 | 27 | 0 |
| 1959 | 113 | 1,520 | 260 | 0 | 66 | 7 | 0 | 0 | 0 | 22 | 0 | 77 | 1,076 | 10 | 3 |
| 1960 | 159 | 2,412 | 331 | 3 | 28 | 6 | 0 | 0 | 6 | 10 | 21 | 89 | 1,649 | 269 | 0 |
| 1961 | 236 | 2,479 | 287 | 36 | 54 | 4 | 0 | 0 | 4 | 22 | 0 | 174 | 1,771 | 72 | 55 |
| 1962 | 249 | 2,112 | 323 | 90 | 99 | 4 | 0 | 0 | 4 | 80 | 4 | 195 | 1,232 | 81 | 1 |
| 1963 | 362 | 2,773 | 469 | 118 | 156 | 8 | 30 | 0 | 1 | 280 | 0 | 365 | 1,281 | 41 | 24 |
| 1964 | 449 | 2,495 | 587 | 137 | 193 | 5 | 25 | 0 | 16 | 193 | 12 | 213 | 1,036 | 78 | 1 |
| 1965 | 518 | 2,338 | 736 | 77 | 154 | 13 | 132 | 0 | 17 | 112 | 6 | 383 | 572 | 133 | 5 |
| 1966 | 527 | 2,562 | 727 | 54 | 285 | 14 | 124 | 0 | 2 | 175 | 25 | 297 | 368 | 490 | 1 |
| 1967 | 682 | 3,280 | 874 | 61 | 233 | 20 | 97 | 64 | 16 | 251 | 7 | 433 | 1,143 | 79 | 2 |
| 1968 | 752 | 4,860 | 1,208 | 21 | 507 | 9 | 1,311 | 16 | 11 | 259 | 0 | 513 | 697 | 297 | 11 |
| 1969 | 967 | 4,879 | 1,475 | 37 | 729 | 36 | 513 | 33 | 77 | 271 | 37 | 820 | 586 | 266 | 0 |
| 1970 | 471 | 2,500 | 560 | 0 | 166 | 7 | 185 | 590 | 8 | 233 | 14 | 294 | 392 | 28 | 25 |
| 1971 | 519 | 1,833 | 455 | 6 | 147 | 21 | 132 | 135 | 33 | 137 | 58 | 206 | 411 | 27 | 25 |
| 1972 | 464 | 1,933 | 359 | 10 | 145 | 35 | 276 | 153 | 68 | 185 | 55 | 258 | 279 | 15 | 56 |
| 1973 | 334 | 1,629 | 254 | 14 | 85 | 11 | 194 | 207 | 62 | 240 | 0 | 127 | 331 | 14 | 51 |
| 1974 | 340 | 1,603 | 367 | 13 | 61 | 18 | 152 | 109 | 95 | 421 | 0 | 235 | 102 | 22 | 10 |
| 1975 | 241 | 945 | 185 | 16 | 33 | 14 | 116 | 87 | 51 | 229 | 0 | 151 | 60 | 3 | 0 |
| 計 | 7,442 | 42,434 | 9,663 | 693 | 3,144 | 231 | 3,286 | 1,393 | 471 | 3,159 | 239 | 4,833 | 13,102 | 1,951 | 268 |

出典）『八潮市農業委員会議事録』各年次より作成。

注1）その他には電力会社による「鉄塔」などが含まれる。
2）却下・保留分も集計に加えて算出してあるが、明らかに重複が判明するケースは除外しているため、他表と一部数値が合致しない。
3）申請書には複数の申請目的が記載されているケースがあるが、原則として最初に記載された理由で集計した。

# 表 4-2-4　八潮市用途別四条転用

(単位：アール)

| 年次 | 総計 件数 | 総計 面積 | 住宅 | 宅地拡大 | 車庫・駐車場 | 作業場・資材置場 | 農業施設 | 倉庫・物置 | 店舗・営業所 | 貸家・アパート | 工場 | 道路 | 学校等公共施設 | その他 |
|---|---|---|---|---|---|---|---|---|---|---|---|---|---|---|
| 1958 | 15 | 42 | 15 | 1 | 0 | 5 | 16 | 0 | 0 | 0 | 0 | 0 | 0 | 6 |
| 1959 | 32 | 118 | 62 | 10 | 0 | 1 | 9 | 19 | 0 | 0 | 17 | 0 | 0 | 0 |
| 1960 | 24 | 105 | 30 | 0 | 0 | 0 | 9 | 7 | 2 | 0 | 0 | 0 | 0 | 57 |
| 1961 | 28 | 118 | 61 | 2 | 1 | 11 | 15 | 0 | 0 | 0 | 27 | 0 | 0 | 0 |
| 1962 | 31 | 144 | 68 | 0 | 0 | 23 | 26 | 7 | 7 | 14 | 0 | 0 | 0 | 0 |
| 1963 | 50 | 230 | 54 | 9 | 2 | 3 | 10 | 53 | 11 | 46 | 2 | 2 | 0 | 40 |
| 1964 | 59 | 278 | 20 | 6 | 0 | 9 | 43 | 13 | 29 | 107 | 18 | 2 | 10 | 24 |
| 1965 | 85 | 367 | 64 | 7 | 3 | 31 | 42 | 10 | 9 | 178 | 9 | 0 | 14 | 0 |
| 1966 | 74 | 294 | 24 | 7 | 1 | 13 | 21 | 9 | 6 | 203 | 5 | 0 | 0 | 7 |
| 1967 | 113 | 533 | 58 | 7 | 5 | 45 | 58 | 5 | 6 | 307 | 30 | 2 | 0 | 10 |
| 1968 | 149 | 757 | 122 | 8 | 0 | 28 | 14 | 19 | 20 | 533 | 10 | 5 | 0 | 0 |
| 1969 | 305 | 1,966 | 177 | 6 | 30 | 97 | 24 | 49 | 14 | 1,499 | 0 | 1 | 70 | 0 |
| 1970 | 116 | 695 | 70 | 6 | 13 | 30 | 4 | 45 | 23 | 485 | 0 | 1 | 0 | 18 |
| 1971 | 123 | 677 | 55 | 9 | 8 | 6 | 14 | 45 | 13 | 459 | 10 | 4 | 55 | 0 |
| 1972 | 146 | 734 | 92 | 19 | 13 | 25 | 0 | 9 | 12 | 539 | 8 | 9 | 10 | 0 |
| 1973 | 102 | 711 | 76 | 11 | 96 | 59 | 2 | 26 | 5 | 413 | 23 | 0 | 0 | 0 |
| 1974 | 100 | 700 | 67 | 0 | 21 | 12 | 0 | 40 | 32 | 471 | 0 | 1 | 55 | 0 |
| 1975 | 71 | 338 | 35 | 3 | 17 | 6 | 0 | 19 | 10 | 241 | 3 | 6 | 0 | 0 |
| 計 | 1,623 | 8,807 | 1,150 | 108 | 210 | 401 | 307 | 374 | 195 | 5,494 | 161 | 33 | 213 | 161 |

出典：『八潮市農業委員会議事録』各年次より作成。

注 1 )　その他には「雑種地」、「芽生地」などが含まれる。
2 )　却下・保留分も集計に加えてあるが、明らかに重複が判明するケースは除外しているため、他表と一部数値が合致しない。
3 )　申請書には複数の申請目的が記載されているケースがあるが、原則として最初に記載された理由で集計した。

社宅等を総合してまとめたものである。企業によるこうした社員向け住宅建築は，60年代前半までそれほど多くはなかったが，60年代後半に一時的活況をみせ，65-75年にかけての農地転用の10％弱をこうした企業による住宅建築が占めた。形態としては四条転用による土地賃貸形式は皆無であり，すべて五条転用による土地購入の上で建設が行われている。従業員に対する福利厚生の面もあっただろうが，地価上昇期における資産保有的観点からも，この時期企業による土地購入が推進されたものと考えられる。

1967年以降になると「建売住宅」と記載された住宅転用が見られるようになる。申請者の職業欄には，「不動産業」「宅地建物取引業」「建築請負兼不動産売買業」「土地建物及仲介」と記されており，不動産企業の住宅分譲への本格的参入をみることができる。それ以前にも住宅会社が用地を斡旋し，事実上分譲に近い住宅供給があったことは確認できるが，全国的にみても，不動産企業が農地を購入の上造成し，住宅を建築した上で販売する今日的住宅分譲の方式が定着したのがこの時期であったといえるのである。

## 5）農家副業的貸家経営の展開

農家による貸家経営について，もう少し述べておきたい。都市近郊部農家のこのような貸家建築は，1970年前後の住宅難との関連で注目され，また従来こうした貸家における家賃水準が敷地の地代部分に満たない程の低水準であることが指摘されてきた（新沢・華山 1970）[11]。しかしこの点を農家経営の観点から分析した石田頼房は，当時の農家経営にとっての貸家経営参入を決定付ける要因は，家賃水準が地代を満たすかどうかではなく，同一耕地における農業経営との収益額の多寡，および投入する労力との比較であることを明らかにした（石田 1972）。石田が分析した川崎市のケースでは，平均的な貸家経営の所得は同規模の土地の蔬菜経営に比べ，約4倍の収益と470時間（ハウス栽培では1,800時間）の労力節減が可能であったという。無論このケースにおいても

---

[11] 新沢等は同書において，こうした貸家建築農家への公的融資の推進を主張したが，しかし76年の同書第二版において，こうした政策が土地の供給を抑制し，地価上昇を招くとして自ら議論を撤回している。

当時の地価水準から見て，家賃収入は土地を販売した場合における銀行預金利子水準にも満たないものであったが，地価上昇期にあって，とくに必要に迫られない場合にあっては，農地を販売するよりも貸家として経営・利用する方が財産保全の観点からも有利だという判断に，合理性があったのである。

　石田の分析ケースと同様，八潮市域も都市近郊の蔬菜作地帯であり，1953年時点の農業生産額の4割以上を蔬菜収入が占める状態であったため，農家による貸家経営は，蔬菜作農業との選択で決断されたものと思われる。その意味で1955年における蔬菜価格の暴落と，その後の価格低迷による農業経営の不安定化が農家の決断に与えた影響は大きかった（八潮市史編さん委員会 1989, 1,015頁）。さらに50年代末以降の工場誘致とそれに伴う農業環境の劣悪化は，農家経営上の選択肢としての「貸家」経営の相対的有利性を高めてゆくものであった。農業生産と異なり収益が安定しており，なにより投入労力が大幅に節減可能な貸家経営は，高齢化と兼業化が進む市内の農家にとって魅力的な兼業選択のひとつとして選択されていったのである。

　むろん農地を転用し，貸家経営を営んだからといって，即座に収益を上げられるとは限らなかった。融資不足により貸家建築が頓挫する事例も存在し，また自己資金により建築された木造アパートは，専門業者建築のものに比べて設備が劣り，また構造が脆弱であるため，建築後短期間で改修が必要となり，結局資金難から建物を手放さざるを得ないケースが多く見られたという（実 1978）。その後賃貸住宅に要望される設備水準が上昇し，貸家経営にも多額の設備維持資金と市場に対する知識が必要とされてゆくに従い，こうした農家兼業的な貸家の多くは，大手化した仲介業者にそのノウハウの多くを依存し，場合によっては貸家を売り渡し，経営からの撤退を迫られてゆくことになるが，そうした状況が本格化するのはもう少し先のことである。

　以上のような農家副業的な不動産業は，前節で分析に用いた『事業所統計』における「貸家・貸間」層に含まれる，もしくは『事業所統計』でも把握されない零細不動産業者の底辺を形成していたといえる。こうした都市部・近郊部の農家による兼業的貸家貸間業が，当時の不動産賃貸市場の最底辺を広範に支える層であった。彼らの多くは自力で店子を募集するノウハウは持たず，そこ

に仲介能力を持った不動産企業の需要が発生した。また一部には農家副業的貸家・貸間業から出発した不動産事業所が、近隣の農家のネットワークを利用した仲介業に進出したケースもあった[12]。零細な副業的不動産賃貸業者の賃貸を仲介する不動産業者もまた、当時においては零細なものが多く、先に述べた不動産業の「二重構造」の下部を形成していたのである。

### 6）住宅向け転用に関わる金融動向

　最後に以上のような住宅関連農地転用に関わる金融面について触れておきたい。八潮市農業委員会資料には1961年以降、転用に関わる資金力に関する記載事項がある。記載欄には、転用に関する見積金額に加え、申請者の預金額、企業の場合資本金、さらに融資を受ける場合の融資予定額の記載が求められていた。工場については61年当初から一部融資が確認でき、その後被融資物件比率は高まっていった。しかし一方で住宅建築についての融資例は少なく、61年当初融資は皆無であり、63年以降わずかながら融資が得られるケースが確認されるようになるに留まった。融資元を特定できる資料は多くないが、社名が確認できるのが、日本住宅建設㈱と殖産住宅相互㈱である。とくに殖産住宅相互㈱は、1950年に積立式月払いの住宅会社として発足したが、51年に土地部を発足させ、住宅用地の斡旋を開始した。さらに土地・建物費用の月賦を一括して引き受ける「家と土地の月払い」をキャッチフレーズに、急速に業績を伸ばした企業である（殖産住宅相互株式会社，1970）。同社は65年以降、急速に八潮市域内における融資件数を伸ばしており、一般住宅以外にも、自営業者の一般店舗や貸家、工場・事務所・社宅といった法人向け建築についても融資を拡大していたことが確認される。とはいえ工場等に比べ、住宅で融資が行われている比率は決して高くなく、公的融資も含め、旺盛な住宅需要に対して十分な金融的支援が行われていたとはいいがたい。こうした状況を受けてか、農家による貸家経営が行われる場合、67年以降一部農地を切り売りし、その売却益をもって貸家を建築するというケースが増加していった。こうした行動が

---

12) 八潮市内ではそのようなルーツを持つ不動産企業を少なくとも2社確認することができる。

貸家の規模・設備を狭小・零細なものとし，農地の一層の細分化，地域のスプロール化の促進要因となったことを指摘しておく必要がある。

（永江 雅和）

## 3. 市街地の動向

### 1）都市空間と不動産業

　前節では，高度成長期の急速な都市化のプロセスにおいて農地が工業地や住宅地へと転用され，その際に農家による副業的な不動産経営が大量に発生していった様が観察された。そこで本節では市街地の側から光をあて，高度成長期における不動産業の特徴を引き続き明らかにしていきたい。具体的には都市空間の 3 大区分である工業地・住宅地・商業地のそれぞれに即して，いかなる事業がどのような業者により展開されていたのかを追う。

　先行研究では高度成長期の不動産業に関して，主に大手業者の動向に即してその特質が語られてきた[13]。これに対して本節では，不動産供給の現場である都市空間に即してバランスよく観察することで，高度成長期における不動産業の実像に迫りたい。とりわけ住宅地については，不動産の需要者である都市住民のライフ・ステージに沿って都市部不動産供給の特質を明らかにする。

### 2）工業地の動向

　先行研究でも指摘されてきたように，高度成長期には工業用地造成や宅地造成などの開発事業が不動産業の事業分野として急速に拡大した。「デベロッ

---

13) 高度成長期の不動産業に関しては，日本住宅総合センター（1994，1995，1996）や全宅連不動産総合研究所編（1999a），石見尚（1990）などにおいて，不動産業の発展期であること，大規模造成や貸しビル・マンションなど建築物の高層化が盛んに行われたこと，専業の不動産業者以外に他業種からの多角化による参入が顕著であったこと，住宅金融が発達したことなどが指摘されてきた。また，宮本（1980）や大泉（1991）などの土地・住宅問題研究においては，資本による土地集中・土地支配の進行や大手不動産業者による開発独占が指摘されてきた。

パー」としての不動産業者は，歴史的に，あるいは他の事業分野における不動産業者のあり方と比較したときに，どのような特質を備えていたのだろうか。重化学工業の発展を背景として盛んに行われた石油化学コンビナートなどの臨海工業地帯開発を事例として，この点を検討したい。

この時期の工業地帯開発としてよく知られているのが，三井不動産による京葉臨海工業地帯市原地区の浚渫埋め立て事業である[14]。この事業は，千葉県からの要請を受けて三井不動産が市原地区の約88万坪について3年がかりで浚渫埋め立てしたもので，1961年7月に完工した。この際，事業資金が「千葉方式」と称される方法により調達されたことが，デベロッパーとしての三井不動産との関連において重要である。千葉方式とは，千葉県が事業主体となる県営方式をとりつつも財政負担を回避するために，造成後に当該工業地帯に進出する予定企業にあらかじめ土地分譲代金等を納めさせて，事業を推進する方式である。この方式の問題点は，進出予定企業が未定であったり途中で進出辞退や代金の滞納が生じたりする可能性があることであったが，三井不動産は信用力を背景としてこのリスクを負い，企業誘致や滞納時の立替払いをもおこない，県にかわって事業資金調達の円滑化をはかりつつ浚渫埋め立て工事を進めたのであった。

高度成長期の工業開発は，工業地価格の急上昇をもたらした。開発の対象となった工業地域には，戦前にすでに一定の工業集積があり外延的に規模を拡大していったケースと，農漁村地域を計画的に開発したケースとがあり，戦後の工業開発においてはしばしば後者のケースが選択された。重化学工業用地の供給という性格上，広大な土地が必要であるとともに，公害問題への関心が高まっていたためである。その先駆的な事例が，茨城県鹿島灘沿岸においておこなわれた鹿島臨海工業地帯の開発である[15]。この鹿島開発においては，用地取得に際して，土地所有者が各々の所有地の4割を提供し6割を新たな農業団地から還元されるという方式が採用された[16]。農漁村は工業地帯へと変貌し

---

14) 京葉臨海工業地帯の開発と，後述の「千葉方式」の詳細については，千葉県開発局（1968a，101-121頁）および日本経営史研究所（1985a，119-121頁）を参照されたい。
15) 以下，鹿島開発に関しては注記のない限り鹿島開発史編纂委員会（1990）による。

都市の地域構造が変化すると同時に，農業者においてもこれを機に商業や工業に転業・転職していくケースが多くみられた（佐藤 1975，297-302 頁）。この過程において地価は著しく上昇していった。

ところで，この鹿島開発においても，三井不動産はデベロッパーとしての役割を果たしている。茨城県が開発計画立案のために設置した研究会に三菱地所・住友不動産とともに参加し，鹿島港の航路浚渫工事を実施したことに加え，企業誘致にあたっても重要な役割を果たした。どの地域に工場を新設するかという点は，当該企業の経営戦略に大きくかかわる事項であるため，誘致活動は水面下で行われた。その際，鹿島開発は開発規模が大きかったために，区画ごとに個々に誘致するのではなく，県知事側が三井・三菱・住友の各系列企業でそれぞれ 200 万坪ずつという大枠をつくり，三井不動産には三井系列企業の進出とりまとめを依頼したのである（鹿島開発史編纂委員会 1990，224 頁）[17]。知事と三井不動産社長が接触した 1961 年頃から進出企業 18 社が公表された 1966 年までの間に，三井不動産は企業誘致を進めるとともに茨城県との間で約 200 万坪の工業用地分譲予約協定を締結し，進出企業が決定するまで用地費を年賦払いした（日本経営史研究所 1985a，206-207 頁）。

限られた事例ではあるが，ここで，これらの事例から読み取れる高度成長期の工業開発に携わった不動産業の特質を，四点にまとめておきたい。

第一に，規模の点では，こうした工業地開発の事業規模が比較的大きいため，デベロッパーにとっては投資額が大きく，仲介や管理など他の不動産事業分野に比較して，強靱な経営体力が求められることである。そのため，リスクの高いプロジェクトにあっては，デベロッパーのなかでもとりわけ規模の大きな業者に受託の可能性が限られていた。全体として，大規模な業者に有利な事業分野であったといえよう。

---

16) 用地の取得には，鹿島臨海工業地帯開発組合があたった。この組合は，開発用地の取得・管理・処分を行うために 1964 年に設立された一部事務組合で，分担金の割合は茨城県 90％，地元 3 町村計 10％であった。
17) なお，三菱系列に関しては鹿島地域への進出を検討していた三菱油化に依頼し，住友系列に関しては三井不動産社長を通じて接触をはかった。

第二に，事業の推進主体という点では，この時期に形成された多くの工業地域にみられるように，工業開発が国・地方自治体による産業政策や地域政策の一環としての性格を備えていたために，事業計画の当初から，国・地方自治体などの公的セクターが主導したり大きく関与したりするケースが多かったことである。不動産業者にとっては，マンション開発や賃貸ビル建設に見られるように，構想から竣工まで一貫して自らあるいは他の民間業者と提携しつつ進めていくスタイルではなく，公的セクターとの役割分担に応じて事業を進めることが求められた。同時に，その収入源も公的資金からの支払いであった。

　第三に，事業の個別性が強いことである。デベロッパーにとっては，国や地方自治体が描く将来構想に沿い，また当該地域の地理的・社会的な特質を踏まえた上で，そのつど事業内容を設定する必要があった。例えば浚渫埋め立ての際の技術面については，地域ごとに異なる自然条件に対応する必要があった。また事業資金の面でも，地方自治体の個別の財政事情に規定される側面が強い。さらに，京葉臨海工業地帯開発や鹿島開発における三井不動産の役割のように，個々のプロジェクトの要請に臨機応変に対応する必要があった。

　第四に，都市形成に対する影響がきわめて大きいことである。高度成長期に行われた工業開発は，従来の農漁村地域に巨大な工業地帯を出現させた鹿島開発にみられるように，産業構造の面でも住民生活のありようにおいても，当該地域社会の一大転換をもたらすものであった。不動産業は，そもそもその活動が都市を形成するという性格を兼ね備えているが，高度成長期の工業地帯開発は，都市の物理的な側面だけではなく，長期にわたる経済的な性格をも規定することにつながった。さらにその工業地帯開発は，自ずとそこで従業する労働者の住宅団地や消費需要をまかなう商業地の形成を引き起こす。都市形成への影響における，大規模性・長期性・連鎖性が特徴である。

## 3）住宅地の動向

　高度成長期には都市化が著しく進展したため，都市部での住宅需要が急増した。数多くの経験談において語られてきたように，都市部への転入者は，まず民間の借家や企業の給与住宅に入居し，その後所得の増加や家族形態の変化に

伴って持家取得を検討するケースが多かった[18]。このような高度成長期にみられた住宅階梯に沿って，住宅地を活動の場とする不動産業の特徴をみていくこととしよう。

　第一に，多くの都市転入者の最初の生活空間となった大衆向けの借家は，主として零細業者によって供給されていたことである[19]。住宅統計調査によれば，高度成長期に，住宅総数に占める借家の比率はおよそ3割から4割へと拡大したが，そのうち公営住宅や給与住宅（社宅）などを除く民営借家は，実数ベースで1958年の約322万戸から1973年の約789万戸へと増加しており，1973年における住宅総数の27.5％を占めている（総理府統計局 1958b, 1973b）。この民営の借家は，個人事業者により経営されるものが中心であった[20]。そしてこの個人による借家経営は，業主を含めた従業者が1-2名である小規模な経営がほとんどであり，個人業主と家族従業者を除いた雇用者の割合は全従業者の6.6％にとどまる[21]。高度成長期における都市部の住宅供給は，個人経営の資産利用的な不動産経営に大きく支えられていたのであった。同時に，こうした個人経営の借家所有者と入居者とを仲介する主体も，地域に密着した中小規模の仲介業者が多かった。

　第二に，戦前以来の所有関係の展開を観察すれば，都市部における持地・持家比率の増加が確認できる。戦前期において東京の市街地で大土地所有が形成されていたことに示されている通り，都市住民の住宅は借地・借家によるもの

---

[18) こうした都市住民の住宅とのかかわりは，俗に「住宅すごろく」と称される。なお，民間借家から持家へと「コマ」を進めるプッシュ要因として，民間借家の家賃水準が高いことや，ファミリー向け民間借家の絶対数が少ないことがよく知られている。
19) これらのルーツには，本章第2節に示された都市近郊農家が所有地を宅地転用したケースや，戦前以来の都市地主が相続した土地・建物を利用するケースなどがあるが，いずれも資産利用的な貸家経営ということができる。
20) 事業所数ベースのデータではあるが，総理府統計局（1976a）第5表によれば，1975年5月15日時点の「貸家業・貸間業」事業所数114,885のうち，民営・個人経営の事業所は107,438であり，その比率は93.5％，同じく民営・法人事業所数の比率は6.1％である。ただし，経営規模は法人事業者の方が大きいとみられるため，戸数ベースでは個人経営借家の比率は93.5％よりも小さくなるはずである。
21) 総理府統計局（1976a）第11表による。同表からは，個人による貸家・貸間業の事業所の98.3％が従業者1-2名の事業所であることが確認できる。

が大部分を占めていた。都市部における不動産所有の大衆化は，戦後とりわけ高度成長期に政府の持ち家政策と住宅金融の発展を背景としつつ生じたものであった。

　第三に，そうした持ち家を供給する際に，大手の事業者によりマンションやニュータウンなどの大規模で大量生産的な手法による開発が盛んに行われた。持ち家という，住宅階梯の上段にのぼろうとする都市住民は，高度成長期に拡充された住宅ローンなどの金融を利用し，家計からの長期に亘る多額の支出をともなう新しい住宅購入方法と，郊外のベッドタウンや集合住宅における新たな居住スタイルをセットにして受け入れることとなった。

　第四に，借家と持家とを問わず，住宅供給の主体は民間不動産業者が中心であった。確かに，戦前・戦後を通じた長期的なスパンにおいては，高度成長期は公団・公営住宅の建設が盛んな時期であった。しかしながら，先進諸国との比較においては日本の公的住宅供給が低調であったことがよく知られている。そのため高度成長期における都市化の進展は，日本における不動産業の発展に直接結びつくものであった。

　総じて，高度成長期における住宅供給は，大手事業者による大規模開発型の持ち家供給と，近世以来存続してきた業態である零細な個人経営借家供給との２本柱により象徴される。後者の，各々の規模は小さくとも住宅供給全体に占める割合が大きい借家経営を，大手の不動産業者が手掛けなかった理由としては，こうした借家経営は，入居者の入れ替わりが頻繁で経営が不安定な上に，改修や近隣トラブルなどへの個別で煩雑な対応が必要であったという事情を挙げることができる。さらに，この時期には，郊外ニュータウンの開発やマンション分譲など，事業規模が大きいプロジェクトが盛んに行われたために，あえてそうした煩雑な事業分野に進出する必要もなかった。多くの産業で組織化や系列化が進行した高度成長期に，不動産業はその基底部において，借家需要者である都市住民の視点にたてば，不明瞭で前近代的な膨大な数の個別事業者の乱立という実態を放置したまま，新たな大規模開発に邁進し量的拡大を進めていったのである[22]。

## 4）商業地の動向

　戦後における市街地価格の動向は，しばしば地価上昇率の3つの山によって端的に説明される。第一のピークは，1960年代前半における工業地価格の上昇を牽引力としていた。第二のピークは，1970年代前半の「列島改造ブーム」期における住宅地価格上昇に代表される。そして第三のピークは，1980年代後半の「バブル」期における商業地価格の上昇が契機となった。高度成長期に「台風の目」となった工業地や住宅地と比較して，高度成長期の商業地の動向に関して従来注目されることが少なかったのは，このためである。以下では，工業地や住宅地との比較の視点もとりいれて，不動産業との関わりにおけるこの時期の商業地の展開を跡づけることとする。

　経済の高度成長は，都心商業地における事業所の急増をもたらした。それは，次の2つの現象をともなっていた。第一に，物理的側面では高層化が大きく進展したことである。戦前期のオフィス街としては赤煉瓦ビルの建ち並ぶ丸の内地区が有名であるが，これを除く地区においてはビル建築は散在する程度にすぎなかった。例えば東京・日本橋地区と大阪・船場地区は，ともに近世における代表的な商業地であり，戦前期においても日本有数の大規模な事業所集積地であったが，そこでは木造2階建て職住一体型の伝統的な商家建築が主流であった。少数ながら戦前期にこれらの地区において建設された銀行や生命保険会社の本社ビルは，ランドマークとして存在感を示していたのである。そのため戦後の経済復興を背景として1950年代に生じたビル・ブームは，日本の商業地を視覚的に大きく変化させることとなった[23]。

　第二に，それらのオフィスビルの所有関係に注目すれば，「自社ビル」と「貸しビル」という相反する形態が，総量が拡大するなかでともに発展していったことが重要である。まず自社ビルについては，この時期の企業活動が土

---

[22] 不動産業界における各階層別の業界諸団体は高度成長期に結成されている。しかし，これらの業界団体の結成は，民間借家の需要者である都市住民にとっての利便性が向上するような，システムの標準化につながる性格のものではなかった。

[23] 三井不動産による超高層ビルの建設は1968年竣工の霞が関ビルが端緒である。このビルは地上36階，高さ147メートル，延べ床面積15万6,000m²で，客用エレベーター29台を備えていた。

地抵当融資に大きく支えられていたことにも起因して，自社ビルにて営業を行うことが当該企業の経営体力を象徴するものという価値観が醸成され，大企業がこぞって建設に乗り出した。本章第4節で詳述するように，丸の内地区で賃貸ビルを経営する三菱地所は，高度成長期にビル群の大規模な建て替えをおこなったが，大型で最新設備を備えたビルが必要となった理由のひとつとして，「日本経済の発展とともに優良会社が自社ビルを保有しようとする動きがでてきた」ことを挙げている（三菱地所社史編纂室　1993b，101頁）。三菱地所が警戒したように，オフィスビルの需要者を一定数と想定すれば，自社ビルの増加は貸しビルのテナント減少に結びつく。また，商業地の土地市場という視点においては，当該の企業が自己所有地に建設し自ら利用する自社ビルが増加することは，それ以降の比較的長期に亘って販売・賃貸のいずれにおいても不動産市場の表舞台にあらわれないであろう，いわば眠った不動産の増加を意味する。

　ただし，上述の通り高度成長期においては，オフィス需要の絶対的拡大を背景に貸しビル業も同時に著しく発展した[24]。貸しビル業のルーツは明治期に求めることができ，戦間期に一定の発展を遂げたものの，戦時・戦後復興期における地代家賃統制令とGHQによるビル接収の影響により低迷が続いていた。また，新ビルの建設に際しても，政策上の重点産業ではない不動産業への融資は限定的であったために，資金難であった。こうした状況が解消されたのは1950年代のことである。地代家賃統制令の対象からビル賃料が除外され，接収解除がすすみ，資金調達の面でも建築協力金としてテナント入居予定者から前もって資金を徴収する方式が編み出され，既存ビルからの賃料の増加と新ビル建設の進展をみた。

　このように発展への扉が開かれていった貸しビルの供給主体は，多様であった。三菱地所や東京建物のように，専業の不動産業者が大きな資本投下により賃貸事業目的で建設した場合に加えて，高層化の副産物である延べ床面積の余剰部分を利用して，自社ビルを兼ねた貸しビルの経営を副業的に行う非不動産

---

24) 戦時・戦後復興期および高度成長期の貸しビル業の展開については，名武なつ紀（2004）による。

企業もあった。そのため経営主体の規模も，超高層ビルを経営する上場企業を頂点に，既存の数十坪程度の所有地を利用して貸しビル業を兼営する他産業の事業者まで幅広い。

　事業空間を貸し出す不動産業としてとらえれば，この貸しビル業は，近世よりみられる貸店舗業の系譜を引く業態である。ただし，ビル形態においては高層化により敷地面積の何倍もの延べ床面積が実現できるため，1棟に複数のテナントを入居させることができるし，自社ビルの一部を貸し出すことも可能であった。テナントにとっては土地との関係は希薄化していくし，経営主体という点では，他業種からの参入が容易になる。ビル管理や貸しビル専門のテナント仲介業といった，あらたな不動産業の業態を生み出しつつ，貸しビル業は不動産業の主要な事業部門として，その地位を確立していった。

　ところで，大阪の都心部では，「列島改造ブーム」と称された時期に，商業地の土地取引はむしろ沈静化していった（名武 2004）。不動産抵当融資や貸しビルの建設など，土地の多面的な利用が可能となり，小規模な土地所有者にとって土地保有の意義が増大し，本業の事業空間としてだけではなく，不動産の所有自体に固有の価値が認められるようになったためである。同時に先述の通り，高度成長期において商業地は工業地や住宅地に比較すればその地価上昇率が低かったため，投機的資金が値上がり幅の大きい郊外へと流出し，都心部の土地市場は比較的安定していたのである。

## 5）不動産業の階層性

　先行研究でも共通の認識となっているように高度成長期は不動産業にとって画期となった時代である。日本経済の高度成長や都市化の進展を背景として，工業地・住宅地・商業地のすべてにおいて市場規模拡大の条件が生じ，臨海工業地帯開発やマンション開発のような新たな技術段階に応じた大規模開発が盛んに行われた。そしてこの過程で長期的な地価の上昇を前提とした経営が確立していった。市場規模・事業内容・経営体質のいずれにおいても，不動産業はそれ以前とは異なる段階に入ったといってよい。

　一方，本節において高度成長期における不動産業の展開を都市空間に即して

観察してきた結果，従来語られてきたイメージとはやや異なった不動産業の特徴も明らかとなった。それは，前節において「二重構造」ととらえられた，不動産業の階層性である。住宅地と商業地においては，膨大な数の資産利用的な零細不動産業者がその基底部で活動を展開していた。不動産業者の階層は幾重にもわたっているが，その最下層に位置するこうした業者による不動産供給が現実には需要の大きな部分を満たしてきた事実は，高度成長期の都市部における不動産供給の特徴として強調されてよいだろう。

(名武 なつ紀)

## 4. 大手不動産企業の事業展開

### 1) 不動産業の階層性と都市

　不動産業者に階層性のあること，しかもその頂点に立つリーディング・カンパニーと無数の零細業者とではその規模に格段の開きがあることは，これまでに確認してきた通りである[25]。おそらくこうした規模の違いは，各々の不動産業者の事業内容や，不動産業をとりまく諸要因とのかかわりにおいても本質的な相違をもたらしているであろう。本節では，高度成長期の日本における代表的な不動産企業の事業展開を追い，この点を考察する[26]。

---

25) 橘川 (1996) によると，1973年時点の上場会社売上高ランキングでは，①三井不動産，②三菱地所，③東急不動産，④有楽土地，⑤住友不動産，⑥太平洋興発，⑦大和団地，⑧角栄建設，⑨大京観光，⑩藤和不動産の順となっている。このうち本節では，①②③⑤に東京建物を加えた大手不動産企業5社の動向を通じて，高度成長期の不動産業の特徴を把握する。

26) 本節の課題にとってはリーディング・カンパニーの動向を，最下層に位置する資産利用的な貸地貸家業者の具体的な展開と対比させる必要があるが，こうした業者はその経営自体が零細で個人業者が中心であるため，資料的制約が大きい。そこで本節では，大規模事業者の側からの考察を上述の視点より行うことで，この課題に接近することを試みる。

## 2) 三井不動産株式会社

　高度成長期の不動産業界において三井不動産は，売上高ベースで1位の座にあった。本章第3節で述べられているように，高度成長期の経済発展と都市化の急進は，工業地・住宅地・商業地の各々において不動産需要を旺盛にして市場拡大の条件を作り出したが，この時期の三井不動産は，その全用途に亘って事業を全面的に展開し，経営の3本柱とした。

　まず，従来より事業の中核であった商業地における賃貸ビル事業については，1960年竣工の日比谷三井ビル（地上9階・地下5階，延床面積は他社分を含め約90,359m²）などの東京都心部に加え，大阪・横浜・神戸・札幌などの各都市にも賃貸ビルを建設していった[27]。また工業地においては，先述の京葉臨海工業地帯市原地区の浚渫埋め立て事業をはじめとして，千葉港中央地区・千葉県浦安地区・三重県川越地区・大阪府泉北地区などの大規模開発を手掛け，工業地開発事業は同社の大きな特徴となった。住宅地についても，旺盛な住宅需要に対応して1960年より宅地造成事業に進出し，神奈川県藤沢市の湘南ニュータウン片瀬山（開発総面積約62.3万m²，分譲開始1967年）や大阪府和泉市の泉丘陵住宅地（開発総面積約43万m²，分譲開始1967年）などの大規模な造成事業を東京・大阪都市圏において展開していった。

　この結果，同社の収入構造は大きな変化を遂げた。1955年度には，全収入の内，建物賃貸から約75.9％，宅地分譲と業務用地等売却とをあわせた不動産売却6.1％となっていたのに対し，1967年度には埋め立て工事31.7％，建物賃貸26.2％，不動産売却17.7％となるに至った（日本経営史研究所 1985a，108頁，表2-6）。また，図4-4-1に示されている通り，1972年3月期の売り上げ構成は不動産売却が約44％，建物賃貸が約16％であり，その他には浚渫・埋め立て・築造工事が約37％となっている。ビル賃貸事業の比率が縮小し，次第に開発業者としての性格を強めていったのである。

　収益という面では，ビル賃貸事業は優良な物件であれば長期的に安定した収入が得られる。これに対して不動産販売や工業地の造成事業は，プロジェクト

---

27) 以下，三井不動産の事業展開の事実関係については日本経営史研究所（1985a）による。

| 三井不動産 | 不動産販売 | 建物賃貸 | その他 |
| 三菱地所 | | | |
| 東京建物 | | | |
| 住友不動産 | | | |

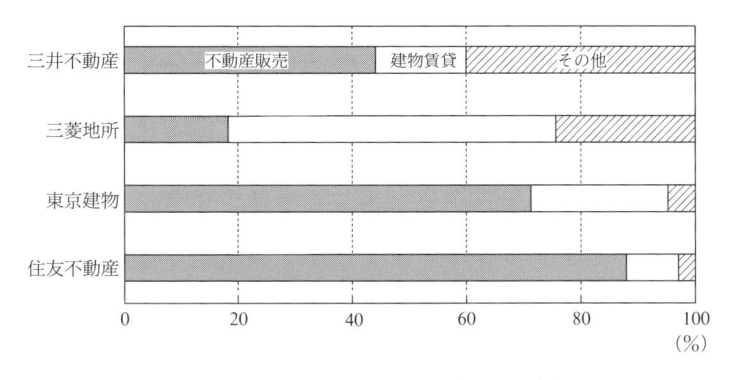

図 4-4-1　財閥系 4 社の売上構成（1972 年）

出典）日本経済新聞社（1972）より作成。
注）東京建物は 1972 年 6 月期，その他は 1972 年 3 月期のデータ。

の個別性が強い上に，成否が分譲開始時の景気に左右されやすく，収入が得られる期間も比較的短期にとどまる。そうした不安定性の高い事業分野の比率をあえて拡大していった同社の経営戦略は，高度成長期という固有の時代背景を得て，むしろ莫大な売り上げ高の達成に帰結した。三井不動産の事業展開は，日本経済および都市の急成長と一体化することにより，企業自体も加速的に浮揚していった点に特徴がある。

### 3）三菱地所株式会社

　高度成長期の三菱地所は，売上高では三井不動産に及ばなかったものの，経常利益においては 1 位となっていた。この利益率の高さは，丸の内のビル群に代表されるビル賃貸事業に支えられていた。

　他社と同様に高度成長期の三菱地所は，住宅地の分譲やマンション開発，工業地の浚渫埋め立て事業などにも進出し，多角化を図った[28]。また，設計監理部門は，東京商工会議所や富士銀行本店などの事務所建築のほか，大型の工場や大学校舎の設計も受託した。しかしながら，先の図 4-4-1 に示されているように，同社の売り上げ構成をみると，高度成長期末においても依然として建

---

[28] 以下，三菱地所の事業展開の事実関係については三菱地所社史編纂室（1993a，1993b）による。

物賃貸収入が全収入の57%を占めており、他社と比較した場合に賃貸事業が占める割合は際立っている。同社所有の営業用建物は、1953年時点で69棟、総延べ床面積約32.6万㎡であったが、1973年時点では42棟、約81.4万㎡となっている[29]。

高度成長期のビル事業は、丸の内地区だけではなく、有楽町駅前などの他地区や名古屋・札幌などの他都市においても展開された。しかしビル事業の中核は、同社の収益という点でも日本の都市形成に与える影響力の大きさにおいても、やはり丸の内地区の経営にあった。高度成長期の丸の内地区では、「丸ノ内総合改造計画」と呼ばれる大規模な都市再開発事業が実行された。これは、三井不動産や東京建物などによる戦後建設されたビルと比較して、戦前の赤煉瓦のビルが設備の面で遅れをとっていたことが背景となっていた。1959年より約15年間をかけ、30棟の旧ビルを取り壊すとともに13棟の新ビルを建設し、同時に街路の拡幅やグリーンベルトの設置を行った。

ところで、借地借家業は近世以来の伝統をもつ不動産業の主要業態のひとつであるが、そこでは2つの経営類型が存在してきた。相続した地所や家屋において資産利用的な借地借家経営を行うタイプと、投資の一部として土地・建物を購入し借地借家経営を行うタイプとである。三菱地所の丸の内事業は、日本におけるオフィスの高層化やビルの賃貸事業の先がけであり、近代的なオフィス街を形成した開発として、常に時代の最先端と評価され注目されてきた。しかしながら、そうした視覚的な先進性とはうらはらに、明治期に取得した土地における連続的な不動産経営という点では、先祖伝来の不動産のメンテナンスを行いつつ利益を得ていった伝統的な不動産業と本質的に共通性を持っている[30]。

不動産業の分類は、仲介・販売・賃貸などにしばしば分類される。こうした

---

[29] 三菱地所社史編纂室（1993a、1993b）および三菱地所社史編纂室（1993c、190-191頁）の表「営業用建物総延床面積の推移」より。

[30] 橘川（1996）においては、三井不動産と比較して、三菱地所が保守的な事業展開をたどった要因として、その初期条件の違いが指摘されている。すなわち、戦前以来、都心部に豊富なビル事業用地を所有してきた三菱地所に対し、三井不動産はそうした経営資源に乏しく、他分野に事業機会を求めざるを得なかったという見解である。

諸業務のなかで賃貸事業の特徴は，不動産が常に手元にある状態を保持している点である。他に類をみない一等地である丸の内に伝来の土地を保有するという歴史的条件に加え，そこで賃貸事業という安定性の高い事業を行ってきたことが，不動産企業としての三菱地所の地位を支えてきた背景である。

### 4）財閥系4社の比較

戦後の不動産企業を分類する際に，しばしば旧財閥系の不動産企業として三井不動産・三菱地所・東京建物（旧安田財閥系）・住友不動産の4社が並列的に論じられる。確かに，丸の内を経営する三菱地所に象徴されるように，不動産企業にとっては，初期条件としての保有不動産の立地や規模がその後の経営動向の規定要因となっており，創立の経緯は重要な意味を持つ。しかしながら，企業の収益規模や事業内容といった他産業で通例もちいられる指標をもって不動産会社を分類しようとしたとき，この4社の共通性が高度成長期においてむしろ徐々に弱められていったことがわかる。

まず企業規模についてみると，これら2社と東京建物・住友不動産の2社との間で格差が大きい。半年間の売上高ベースでみると，1954年時点で，三井不動産が約5億5,579万円（1954年3月期）であったのに対し，東京建物は約1億845万円（同6月期），高度成長期末の1972年では三井不動産の約328億円（1972年3月期）に対し，住友不動産が約193億円（同3月期），東京建物は約20億円（同6月期）であった[31]。この結果，1973年の不動産企業売上高ランキングにおいては，三井不動産が1位，三菱地所が2位，住友不動産が5位となっており，東京建物は上位10社に入っていない。また同年の経常利益ランキングは，三菱地所1位，三井不動産2位，東京建物6位，住友不動産8位となっている[32]。

事業内容についても，4社の売り上げ構成（図4-4-1）から明らかなように，

---

31) 日本経済新聞社（1954）および同（1972）より。それぞれ半年間の売上高である。
32) 以上，1973年の不動産企業ランキングについては，橘川（1996，120頁，表5-1・表5-2）による。原資料は日本経済新聞社『会社年鑑《上場企業版》』（一部は社史）であるため，上場企業のみのランキングである。

各々異なった構造をとっていた。明治期に丸の内地区を払い下げられた三菱地所を除く3社は，戦前からの資産を利用した賃貸事業のみでは成長に限界があり，高度成長期に不動産販売などの事業分野に進出していかざるを得なかったからである。

　東京建物の場合，戦前期には国内において貸しビル事業・借地借家事業・不動産担保金融事業を，また海外においても不動産事業を展開していた[33]。戦前期の国内貸しビル事業の規模はさほど大きくなかったことが指摘されているが（粕谷 1995），在外資産を喪失するなかで八重洲の本社ビルをはじめとした国内ビルの存在が再建の手がかりとなった。1956年に建設部門の廃止を決定し不動産業に専念する方針を固めた同社は，売買，賃貸，仲介・鑑定，宅地造成を事業の4本柱と位置づけ，多角化に努めた。都市化の進展に対応して住宅事業を重視し，1968年に開始したマンション分譲事業は，オイルショック後も同社の大きな特徴となっていく。

### 5）東急不動産

　高度成長期，三井不動産・三菱地所に次ぐ業界第3位の不動産企業は，東急不動産であった。同社は1953年に東急電鉄の全額出資により設立された不動産会社であるが，不動産事業の起源としては，戦前に田園調布の開発を行った田園都市株式会社に求められる[34]。関西の阪急不動産とともに電鉄系の不動産企業であることから，沿線の住宅地分譲を基盤としていたが，高度成長期にはオフィスビル等の賃貸事業にも進出した。

　具体的には，1960年に発表した「長期5カ年計画」において，安定収入源の拡大を目的として5年間で6ヶ所6棟計延約53,000m$^2$のビル・アパートを建設する計画を定めた[35]。そして，自由ヶ丘東急ビル（1961年竣工，地上9

---

[33] 以下，東京建物の具体的な事業展開については東京建物（1998）による。
[34] 以下，東急不動産の具体的な事業内容については東急不動産（1973）による。
[35] 同社による最初の賃貸オフィスビルは，東京都渋谷区に1958年に竣工した南平台東急ビル（地上10階・地下1階，分譲アパート部分を除く延べ面積約4,429m$^2$）である。このビルは上層部に分譲アパートを併設していた。

階・地下2階,延べ面積5,814m²),麻布東急アパート(1961年竣工,地上9階,延べ面積約4,610m²,54戸)等の賃貸ビル・アパートを順次建設し,計画を達成した。

こうした東急不動産の動向は,三菱地所や東京建物がビル賃貸中心の事業構成から住宅事業へも進出していった動向と好対照をなしている。しかし,事業の多角化をはかり多様な事業機会の確保と経営基盤の強化を図っていった点では,共通している。また1972年3月期の売り上げ構成は,住宅地開発を内容とする「田園都市業」87%に対し,ビル・アパート業は11%に過ぎない[36]。依然として住宅地事業が同社最大の事業分野であった。

1955年,同社は政府の住宅政策に協力するとして「東急住宅5万戸建設計画」という量的目標を発表した。同時に事業内容の再検討を行い,土地分譲中心からアパートや社宅用集合住宅などの中高層住宅の建設・分譲を含むものへと再編成するとともに,東急沿線以外の地区も事業エリアとして,多様化を図った。以後,高度成長期に進展した土地所有の大衆化,持ち家比率の上昇と足並みをそろえる形で,ニュータウン建設や建て売り住宅「東急ホーム」の発売,また潜在的な需要を掘り起こす方策として三菱銀行と提携した住宅ローン「東急ホームローン」の開発を行った[37]。これら諸事業にあたっては,住宅地の環境や住宅デザインを重視し,戦前以来のブランド・イメージを保持しつつも,顧客層の幅を広げていった。

## 6) 階層性と事業内容・都市形成

大手事業者の事業展開を観察した結果を,2つの視点から整理しておきたい。

第一は,事業内容についてである。本節で取り上げた大規模不動産企業の多

---

[36] 日本経済新聞社 (1972) より。なお,「田園都市業」とは同社内で用いられる事業名称であり,社史によれば,都市郊外に田園情緒豊かな住宅都市を建設するという理念の下で行われる住宅地開発事業を指すものとして戦前期に同社の勘定科目として設定された。

[37] 同社のニュータウン建設の第1号は,「多摩川ニュータウン・津田山」で,1962年以降,5回計302区画を分譲した。

くは，戦前には賃貸事業中心の構造をとっていたが，高度成長期には販売事業を強化して，売上高の拡大をはかった。先にも触れたように，賃貸事業においては事業主体である不動産企業自体がその事業対象である不動産を所有し続ける。そのため，長年に亘って同一の不動産が事業対象に据えられることとなり，優良物件であれば間断なく賃料収入が確保でき，収益の安定性が高い。これに対し販売事業の場合は，事業対象となっている不動産との関わりは販売と同時に消滅し，当該の不動産は購入者の所有下に入り，当面の間は不動産業の対象から除かれ眠ったままとなる。企業にとっては，事業対象となる不動産を次々と獲得し続けなくてはならないために長期的な安定性は乏しいが，販売価格の高騰時には莫大な利益の源泉となる。

　こうした異なる特性をもつ2つの事業形態のうち，高度成長期においてはとりわけ販売事業の伸長が際立っていた。地価が物価から乖離して高騰し続けたことに加え，市街地拡大により対象不動産の入手が容易であり，販売業から高い利益が得られたためである。高度成長期においては，大手不動産企業と不動産との関わりが，量的にかつてない規模で拡大する一方で，個別物件との関連は短期的となり，それ以前の時期と比較して大量生産・大量消費型の特性を備えることとなった[38]。

　一方で，規模の面では不動産業の底辺に属する無数の貸地貸家業者は，そもそもが資産利用的な業態であるため，高度成長期にあっても各々特定の不動産に依拠した賃貸業を行う。ここにおいては歴史的に形成された個別物件との関連が経営の存立基盤そのものなのであり，大手業者のような地価動向に応じた業態転換は一般的ではなかったとみられる。

　いまひとつの視点として，都市形成との関連を眺めてみよう。不動産業は同時に都市を形成する産業でもある。高度成長期に大手不動産業者の手によって行われた臨海工業地開発やニュータウン開発，都心部の再開発プロジェクトは，まさに今日に至る日本の都市構造をつくりあげていく事業であった。大規模な不動産業者の動向は，都市形成の規定要因のひとつであったといえる。こ

---

[38] 先述の通り，高度成長期にあってなお賃貸事業を軸とした経営を持続させた三菱地所の例は，日本全国のなかでも超一等地を有するという固有の歴史的事情にもとづく。

れに対して，本章第3節で確認したような，膨大な数の小規模アパートの経営者や中小仲介業者は，個々にはそのような影響力をもたない。むしろ既存の都市構造や都市形成の段階にいかに対応して経営を行うかが焦点なのであり，都市形成のいわば従属変数であった。都市形成との関係性という点では，不動産業者の規模の違いは，しばしば本質的な違いとして表れたのである。

(名武 なつ紀)


## 5. 都市開発を促進する法制度の整備

### 1）出発点におけるいくつかの重要な前提

本節の課題は，高度成長期における不動産業の発達の前提となった法制度の内容と特徴を，制度それ自体の形成過程を踏まえつつ分析することである。その産業が取り扱う「不動産という商品」のもつ特殊な性格を考慮すると，「不動産業の発達の前提となった法制度」という言葉で何を理解するかということ自体が，じつはかなり面倒な問題である。その捉え方次第では，極めて広範な法領域に目配りする必要が出てくるが[39]，その点の立ち入った検討は本書で

---

[39] 不動産という商品——土地と建物——は，私法的な側面だけでみても，それが最終ユーザーによって使用されるためには，素地の取得，その開発・整備，建物の建築，販売・流通，融資・担保，賃貸・管理，修復・リフォーム，建替え・再開発など，じつに多様な性質の取引行為と営業活動を必要とする。しかも，その取引・営業活動は，決して完全に自由な市場でなされるわけではない。不動産私法の領域でも，その商品のあり方・内容は借地・借家法，建物区分所有法などで枠付けられるし，その取引についても宅地建物取引業法などの枠付けがある。と同時に，その商品の開発・生産・流通・使用は，現代社会では自ずから都市計画・都市整備法制（宅地・市街地の開発法制を含む），建築法制，道路その他のインフラ整備法制，それらを枠づける国土・地域・都市開発政策などのさまざまな公法的・行政的な関与——規制と誘導——の下でなされざるをえないから，そこには，多様で複雑な公法的諸制度が不可避的に登場してくる。また，不動産がそのユーザーの安全や健康・衛生，生活環境などに重要なかかわりをもつがゆえに，私法的な取引・営業行為それ自体についても，公法的・行政的な規制が課される場合が少なくない。これらを全体としてどのように整理して把握し，他国と比較した場合の「日本における不動産業の発達の特徴」を見出すかということも，今後企図されてよい一個の研究課題であろう。

はさしあたり控えるとして，以下では，高度成長期の不動産業の発達を理解するうえで一応は知っておく必要があると思われる法制度を，ある程度広い視野から概観していくこととする。この考察を始めるにあたり，あらかじめ確認しておく必要があるのは，1952年の段階ですでに存在していたいくつかの重要な制度的な所与・前提の内容である。

第一は，都市計画制度や建築法制の面での戦後改革の不在である。一時みられた都市計画法改正の動きは完全に流産し，1950年の建築基準法の制定も，旧市街地建築物法の抜本的な整備というにはほど遠いものであった。後者はむしろ，建築行政の警察行政から自治体行政への転換，羈束的な「建築確認」制度の確立，全国一律の「最低基準」の国による決定という原則の維持などを通して，戦前来の「建築の自由」の発想をあらためて根づかせる契機とさえなったともいえる（原田編 2001a, 71頁以下）。

第二は，戦災の被害の甚大さを背景に，住宅政策の重要な支柱となる住宅金融公庫法（1950年）と公営住宅法（1951年）はすでに制定されており，公的主体の関与する住宅政策の範囲は量的にも質的にも限定しつつ，不足する住宅の建設と供給を基本的に民間自力建設に依拠していこうという住宅政策の基本的な方向がつとに確定されていたことである。このことは，ひとつには，民間事業者が関与すべき住宅・不動産市場拡大の広大な領域が将来に向けて残されたこと，いまひとつには，上の第一点とあいまって，その住宅・不動産市場の拡大が都市計画や市街地整備との十分な連携を欠いた「自由な」宅地開発を伴って進む可能性が生み出されたことを意味していた（原田 1885，原田 2001a）[40]。民間事業者による宅地建物取引に関しては，1952年という比較的早い時期に宅地建物取引業法が——それも事業者側からの社会的信用確保の要請を背景として——制定されている（稲本ほか 2004, 90頁）が，その事実も，急速に拡大していこうとする民間住宅市場の特徴の一端を反映するものだったといえるのではなかろうか。

---

40) これらは，同じ時期の英独仏などとは大きく異なる条件であった。日本の住宅法制と政策論理をそれらの諸国と比較した場合にみられる大きな違いの内容については，原田 (2001c) を参照されたい。

第三は，極端な住宅不足を背景に展開した借地・借家判例法の急速な発展である。1941年の法改正で導入された「正当事由」の一般条項の解釈理論だけでなく，債務不履行や無断譲渡転貸を理由とする契約解除を制限する判例理論が確立され，借地・借家関係の制度的枠組は戦前のそれとは一変した。継続賃料の上昇抑制の契機を含むこの判例法の発展は，新規の借地（貸地）や民間借家（貸家）の供給のあり方に――借地と借家では当然にも異なった態様においてであるが――直接・間接の影響を与えていくことになる[41]。他方，戦中から戦後期にかけて実施されていた地代家賃の統制は，1950年7月の改正で，商業・事業用の建物と敷地のすべて，および，住宅用のものも含め同年7月以降建築に着手した建物とその敷地には適用されないことが確定されていた。最後の点は，いうまでもなく，民間貸家の自力建設の促進助長を意図したものである。

　第四は，農地改革とその成果の維持を謳った農地法（1952年）の存在である。一方での，農地の所有構造の根本的な変化と農地価格の統制の撤廃，他方での都市計画制度の不備（都市サイドからの土地利用計画とそれにもとづく開発規制の不存在）を前提として，農業内部的な要請から維持された農地転用統制は，戦後自作農の農地所有にいわば「利用転換は規制されるが，価格は自由に決定できる土地商品」たる性格をまとわせ，戦前期にはなかった農地転用問題（隔絶した転用地価水準の形成とその波及や，「転用統制＝宅地供給抑制」論の登場など）を惹起していくことになる（原田編 2001a，81頁以下）。

## 2）住宅建設政策の展開と産業復興のための開発・土地立法

　続く1950年代を特徴づけたのは，住宅建設政策のそれなりの推進と産業復興のための開発・土地立法の展開であった。前者に関しては，日本経済が成長軌道に乗り，大都市や太平洋ベルト地帯など工業地域への一般勤労者の集中・

---

41) やや先回りの話になるが，とくに借地については，戦後期から1950年代にはなお続いていた新規の借地供給が1960年代半ば頃から著しく減少していく要因のひとつとなる。地域差や位置的な差異，住宅用と事業・営業用での違い等の問題も含めて，詳細は，瀬川（1995，14, 18, 146頁以下，174頁以下）参照。借家での影響は後述する。

移動が増大していることを踏まえて日本住宅公団法（1955年）が制定され，地方公共団体を超えた範囲で大規模な宅地・市街地の開発と住宅建設を行う主体が創設された。1954年の土地区画整理法も，宅地開発事業の重要な手段を提供する。ただし，新設住宅の建設・供給の大宗を担ったのは，民間自力建設のそれであった。

　他方，後者（産業復興のための基盤整備）に関しては，都市内部では1952年に耐火建築促進法が制定され，耐火中層建物のための公庫融資の拡充措置が逐次実現された。また，道路整備や港湾整備のための立法も相次ぎ，土地区画整理法は，道路整備のための重要な手段としても位置づけられた。この最後の点では，1949年に特別都市計画法に導入された「減価補償金」の規定が減歩に関する一般原則とされたこと（法109条）に留意しておく必要がある。

### 3）高度成長前半期の拠点開発政策と都市開発立法の動向

　さらに，高度成長が本格的に進行した1950年代後半から60年代には，一方では，①国主導の地域開発・拠点開発政策を支えるための諸立法が展開すると同時に，他方では，②とくに大都市地域での新しい都市開発を目指す立法が登場した（詳細は，原田編 2001a，86頁以下，渡辺 1977）。

　前者＝①については，50年代後半から60年代の初めにかけて，高速道路を含む道路整備のための立法が相次いでいる。電源開発のための立法も相次ぎ，工業立地関係では，1958年の工業用水道事業法と下水道法，水質保全法，工場廃水法，59年の工業立地調査法などがある。また，とくに首都圏については，首都圏整備法（1956年）にもとづく第一次首都圏整備基本計画（1958年）の方針に即して，一方では既成市街地での工業等の立地規制を図りつつ（59年の「首都圏の既成市街地における工業等の制限に関する法律」），他方で，圏域内で指定された「市街地開発区域」への工場誘致を進めるための制度（58年の「首都圏市街地開発区域整備法」）が整えられた。1959年の「農地転用許可基準」の制定も，このような都市的土地利用と新規市街地開発の拡大の動きに対応したものである。

　こうしたなかで1960年代初頭には，主要には公共用地と工場用地の取得価

格の上昇に起因して戦後第一回目の地価高騰が発生し，以後，用地取得をより容易かつ安価にするための一連の措置が打ち出される。1961年の「公共用地の取得に関する特別措置法」と「公共用地の取得に伴う損失補償基準要綱」（閣議決定），62年の「首都圏市街地開発区域整備法」の抜本改正（新法律の制定に近いもの），1963年の不動産鑑定評価法などである。

そして，1962年10月の一全総は，すでに進んでいた以上のような動きの上に立って「拠点開発方式」を打ち出し，太平洋ベルト地帯に加えて新たな工業開発拠点を設定し，その両者を交通通信施設で連結しつつ，重化学工業を中心とした産業構造の高度化を推進しようとした。そのために，1962年の新産業都市建設促進法，64年の工業特別地域整備促進法が制定され，1964年には市町村の工業用地造成事業等のための農地転用許可基準の緩和なども行われた。また，1963年には近畿圏整備法，66年には中部圏開発整備促進法が制定され，首都圏整備法も65年に大幅な改正を受ける（「グリーンベルト構想」の放棄を含む）。各地の地方自治体が「企業誘致合戦」のような動きを見せたのも，こうした状況の下であった。なお，大都市圏計画の場合であれ，新産都市・工特地域の場合であれ，臨海部の工業地帯の造成に際しては1921年制定の公有水面埋立法が大きな役割を果たした。このことは，自然の海浜の大量消失というその反面の結果とともに，特記しておく必要がある。

さきの②，すなわち，大都市地域の都市開発の面でも，新しい立法動向が進展した。一全総は，「地域格差の是正と大都市の過密・過大化の弊害の解消」という目標も掲げていたが，その地域開発政策は，現実には，大都市圏への産業と人口ならびに中枢管理機能の集中・集積をいっそう促進させたからである。それに伴い，1960年頃からは，新しい形態・構造・性格の市街地の建設・整備を目指す立法が次々と登場した。日本の都市，とりわけ大都市は，まさに新たな発展段階を迎えようとしていたのである。

主要なものとしては，1961年6月の市街地改造法（略称）と防災建築街区造成法，同月の建築基準法改正による「特定街区」制度の創設，61年11月の宅地造成等規制法，62年の建物区分所有法，63年7月の新住宅市街地開発法，同月の建築基準法改正による「容積地区」制度の創設（高さ制限の撤廃），64

年の「住宅地造成事業に関する法律」、耐火建築・中高層建築の促進に対応するため増改築や借地権譲渡転貸の許可制度等を実現した 66 年の借地法改正、同法であわせて行われた空中・地中の区分地上権の創設（民法改正）、流通業務市街地整備法などがある。先に触れた 1965 年の首都圏整備法改正も、東京の巨大都市化と中枢管理機能の集中の趨勢に積極的な対応を進めようとしたものであった。そして、こうした都市・市街地の開発政策の進展に伴い新たな地価高騰が、今度はむしろ住宅用地を中心として問題となってきたのを受けて、60 年代半ばからは新しい地価対策の必要が盛んに議論されていくことになる。

　上記の立法のうち主要なものに多少のコメントをしておくと、市街地改造法は、立体換地に似た手法や面的な土地収用をも取り入れた都市再開発のための法律で、大阪駅（61 年-）や新橋駅（64 年-）での駅前広場や複合用途ビルの建設等に使われた。防災建築街区造成法は、地方都市の商店街等の共同不燃化の促進に寄与した。建物区分所有法は、区分所有の集合住宅・マンションやオフィスビルの建設に不可欠な制度を整えたものであり、第一次（63-65 年）、第二次（68 年-）のマンションブームをもたらすことになる。他方、建築基準法改正による特定街区制度は、容積地区制度とも結びついて、日本の超高層ビル第一号となった霞が関ビルの建設を可能にした。そして、1965 年に東京でまず指定された容積地区制は、容積率 1000％という新宿副都心の建設を可能にし、超高層・高容積時代の本格的な幕開けをもたらすことになる。1966 年には池袋サンシャインシティ地区の再開発のための新都市センター開発株式会社も設立された。こうした超高層ビルの建設事業に最大手の不動産会社が積極的に関与していったことは、本章第 3、第 4 節で紹介されている通りである。

　それに対し、新住宅市街地開発法＝新住法は、大都市圏への急速な人口集中に対処するため、用地の全面買収という手法を用いて郊外地域に大規模な住宅市街地を——鉄道・道路等の交通手段の整備ともあわせて——まったく新たに建設するための法律であり、先発していた千里ニュータウンへの適用に加えて、多摩ニュータウン、泉北ニュータウン（いずれも 64 年 12 月の決定）などを実現させた。他方、宅地造成に関する二法律は、都市周辺部での民間事業者

による宅地開発の増加を前提として，一方では，社会問題ともなった粗悪な分譲宅地の造成を規制するとともに，他方では，認可された民間の宅地造成事業を公的に支援しようとしたものである。そしてほぼこの頃から，大手の民間不動産会社が郊外住宅地の大規模な開発事業（他の節では，これも「ニュータウン」と呼ばれていることがある）に積極的に進出し始めていく。

なお，以上のような宅地・住宅の開発・建設・供給動向の背後には，国の住宅政策が1960年代の半ば以降，明確に持家促進政策[42]の方向を取り始めていたという事情があったことが，当然に留意されなければならない。1965年6月には地方住宅供給公社法，66年6月には住宅建設計画法が制定され，民間金融資本による中長期の住宅ローン供給の仕組みも，次第に整備されていった（原田 1985，390頁以下，本章第6節第4項）。ただし，住宅金融公庫の役割と比重がそれによってただちに低下していったわけではないことにも注意しておく必要がある。

### 4）都市・市街地開発政策と関係立法の特徴および問題点

ところで，以上のような都市・市街地の開発立法の展開に関しては，さらに以下のような諸点にも注意しておく必要がある（原田編 2001a，91頁以下）。

第一は，超高層の街区・地区の場合であれ，大規模な新住宅市街地の場合であれ，じつは事実上の建設計画が事前に進行しており，それぞれの法律はその計画の実現を法制度上で基礎づけるために後から整えられたという場合が少なくなかったことである。その結果，第二に，とくに特定街区や容積地区などの適用に際しては，従前から計画に関与してきた民間不動産会社の要求に即して，制度上で想定された以上の高容積・高密度化を認める結果をもたらしたという（石田 1987b，256頁）。

他方，第三に，必ずしも新たな立法措置がない場合にも，実際にはさまざまな新しい内容をもった都市・市街地の開発整備事業が既存の制度や手法に依拠して着手され，推進され始めていた。例えば，日本住宅公団施行の土地区画整

---

[42] なお，ここでいう持家には，戸建分譲住宅はもとより分譲マンションも当然に含まれる。

理を活用した，新住法の枠外での大規模団地の建設や筑波研究学園都市の建設計画の着手（1963年-，同学園都市建設法の制定は1970年のことになる），東京オリンピックのための施設建設や関連諸事業の実施，東京・大阪等での地下鉄網の建設事業などであり，それらは当然にも，民間不動産業にとっての重要なビジネスチャンスを拡大した。

そして第四に，以上のような諸事業の立案・実施については，住宅公団や各種の道路公団などに加えて，大阪府企業局，新宿副都心公社，池袋での前記の新都市開発センター株式会社など，民間資金を導入した企業的性格をもった事業主体が活用された。最終的な超高層ビル建設を担う大手不動産会社も，当然に当初からそこに関与していたわけである。

第五に，この時期には，公的土地取得法制の大幅な進展が見られた。その象徴が新住法による新しい都市計画事業としてのニュータウン建設事業である。そこでは，開発予定区域内の土地の全面買収（収用権と先買権もある）と，造成・整備・建設された土地・建物の私人等への再譲渡というシステムが——すでに先行して認められていた工場用地の場合（前記62年の首都圏市街地開発区域整備法改正）に追加する形で——個人向けの住宅用地についても登場した（そのことの意味は，渡辺・稲本編 1982，194頁以下〔藤田宙晴執筆〕参照）。しかもその事業に際しては，周辺地域での大規模な土地区画整理事業もあわせて施行されたから，それもまた不動産業の新しいビジネスチャンスを生み出すものとなったはずである。

ただし，第六に，こうした事業手法も，住宅・宅地の供給拡大には確実に寄与したものの，地価抑制という点では有効な手立てを具備してはいなかった。また，工業団地の開発の場合をも含め，そうした事業手法の適用は一定の限られた区域に限定されていたから，他の広範な諸地域では，全体的な土地利用計画と土地利用規制の仕組みを欠いたまま，新規の宅地・市街地の開発が——多様な規模・性格の事業・営業主体により，かつさまざまな形で——スプロール現象をも伴いつつ進められた。その結果，この時期を通じて推進された宅地開発政策は，却って地価の高騰を誘発し，その影響を広い地域に拡散させていったのである。その事態に対処するため，すでに1965年11月に第一回地価対策

閣僚協議会が開かれ,「地価対策について」が決定された。そこでは,地価高騰の主要因を急激な都市化現象に伴う宅地需給の不均衡に求めて,基本的な対処策を,既成市街地の高度利用を含む宅地供給の拡大に見出す考え方が明確に打ち出されており,それが以後の土地政策における基本路線となっていく。

確かに,1950年代半ばから60年代後半にかけての大都市圏への人口集中は,極めて急激なものであった。1955-65年の10年間の東京大都市圏の人口増加率は42%にも達している。しかも,流入人口の大部分は若年層で,その世帯規模は全国平均はもとより大都市圏の既存世帯よりもずっと小さかったから,大都市圏の世帯数は,人口増加率を上回る勢いで伸張した。では,この急増する人口と世帯にどのような住宅と居住環境が確保されていったのか。この観点から眺めると,上述のような都市・市街地の開発政策は,反面で都市形成のあり方にさまざまなひずみをもたらし,各種の都市問題を激化させる側面を伴ったことを否定しえない。本項の最後に,そうした問題点を概観しておこう。

例えば,①中高層のビルや高速道路等の建設が進む傍らで,いわゆる「木賃アパートベルト地帯」がこの時期に形成された。東京都の民間借家比率は,1955年の33.7%から65年の51.8%に急増するが,その増加分の大部分は過密・狭小・低設備の木賃アパートであった。大阪でも同様の「文化住宅」地帯が形成された。この時期に見られた零細・小規模な不動産事業者の増大は,この状況を背景としていたのである。そして,この事実はまた,判例法をも含めた借家法の存在は――大都市に集中する若年世帯の住宅不足が継続し,新規契約の家賃額が契約自由に委ねられているなどの条件下では――このような形での民間借家供給を阻害する要因とはならなかったことを示していた[43]。

他方,②急速な幹線道路の整備と自動車交通の増大,不十分な土地利用・建築規制下での中高層マンション等の建設などは,大気汚染,道路騒音,日照被害その他の都市環境問題を惹起した。これらは,各地の工業都市での公害の発生,河川・地下水・海水等の汚染問題などともあいまって,現代社会の新しい社会問題となり,1967年8月には公害対策基本法が制定された。その流れのなかで1973年に公有水面埋立法も改正され,以後の浚渫・埋立事業には大き

な制約が課されることとなる。

　同様に，③大都市周辺部の宅地開発をめぐっても，住宅・宅地価格が上昇を続ける一方で，遠隔化による通勤難，粗悪な整備水準の市街地の拡大，スプロール化による土地利用の混乱と優良な農地・自然環境・文化財等の潰廃などの問題が発生し累積された。農地の転用価格の上昇といわゆる「農地の資産保有化傾向」の強まりも，こうした状況下で農家の兼業化が進行したこととあいまって生じてきたのである。筆者はこれを「農地の土地商品化の第二段階」と呼んできた[44]。また，大規模な宅地開発が集中した地域では，地方自治体の公共公益施設整備の負担増や既存の住環境の破壊等の問題が深刻化した。1960年代半ばからの「宅地開発指導要綱」の登場とその普及・一般化は，民間事業者等からの強い反発もあったとはいえ，こうした事態に対する自治体側からの対抗措置であった。

　これらの事実とそれを背景とした各種の住民運動・公害反対運動等の強まり，革新自治体の増加の趨勢などに着目すれば，60年代の後半には，従来の都市開発政策のあり方の一定の見直しが必要となっていたことは明らかであった。1968年7月の参議院選挙を前に自民党が「都市政策大綱」（同年5月26日）を公表し，他の社会・公明・民社・共産の各党もそれに対抗する形で各自の都市政策の基本方針を発表したのは，まさにこの問題が国政レベルでも重要な争点となっていたからにほかならない。このような状況の下で，1968年6月に新都市計画法が制定されるのである。

---

43) この点を正確に論ずるためには，家主側の経営採算のあり方，民間借家への政策的支援の欠落などを含め，他のさまざまな諸要素を考慮に入れる必要があるが，制度的観点からみれば，裁判所に申し出て調停または裁判で継続賃料（「相当な家賃」）を決定してもらうこと以外には家賃規制の仕組みがなかったこと，そして家主側には数年単位での契約更新・賃料値上げと，所得や家族構成の変化による比較的短期間での借家人の交替を事実上期待できたことが大きな意味をもったのではないかと思われる。なお，民間借家の狭さの問題については，この時期には公営住宅はもとより公団賃貸住宅もやはり相当に狭いものだったことを想起しておく必要がある。より広い家族向けの民間借家が供給されえなかった理由は，決して借家法による借家人保護の強さだけの問題ではなかったのである。

## 5）新都市計画法の制定と都市・開発・土地法制の再編

　新都市計画法は，1967年7月12日に法案が国会に提出されたのち，4国会にわたる継続審議を経て，一部修正のうえ成立した。その制定の背景をみると，同法が，ほぼ相前後して始まっていた都市・開発・土地法制の全体的な見

---

44) なお，この「農地の資産保有化傾向」の強まりは，農地転用統制の存在とは直接的な関係はない。詳細は以前の拙稿に譲り（原田編 2001a，82頁以下，原田 1987・1988），要点のみを記しておこう。もともと農家は，よほどの理由がない限り，生活と生存の基盤である農地を手放そうとはせず（渡辺 1977，84頁以下のいう「生存権的土地財産権」），それは転用統制の有無にかかわらない。だから，申請すれば転用許可が出ることが明らかな場合でも，不動産開発業者が特定の位置のある農地を取得するには，その所有者が売却に同意するに足る対価（自作地有償移動における自作地価格とは隔絶した転用価格）を支払うことが必要になる。法制度上では転用統制を適用除外される公共転用の場合でも，実際には上記と同じ論理が作用し，容認されていた。そして，転用統制の存在にもかかわらず，現実の農地転用面積は1960年代を通じて，転用価格の上昇を伴いつつ，大幅に増加し続けた（現在につながる統計数値がとられ始めた1967年には，なお3万7800haであったが，1970年には5万7100ha，そしてピークの1973年には6万7700haとなる）。他方，農業サイドでは1960年代に，兼業化（農家所得の増大），農作業の機械化，米価上昇等の新たな要因が進展し，兼業化を深める農家にとっても農地を売却すべき理由はいっそう減少した。農地を保有し続けることによる税負担もさしたるものではなかった。この農業・農家サイドの要因（税負担の軽さを含む）と，転用価格の上昇に起因する農地価格（自作地価格）の持続的な上昇とがあいまったところに，「農地の資産保有化傾向」が現象したのである。なお，転用価格の上昇が自作地価格の上昇をもたらすメカニズムについては，いわゆる「呼び値」としての価格上昇だけでなく，不動産譲渡所得税制上での優遇措置（とくに公共転用の場合は優遇の度合いが極めて大きい）にも後押しされて，転用売却をした農家の多くはその代金をもって新たな，より広い面積の自作地＝代替地を，当該地域の従来の自作地価格を大幅に上回る価格で購入するという行動パターンが――場合によっては玉突き的なその連鎖をも伴いつつ――一般化したことに注意しておく必要がある。
　このようにみてくると，「農地転用統制の存在が農地の転用価格と宅地価格の上昇をもたらし，秩序ある新規市街地の開発を妨げた」という見方は，およそ採りえないことがわかる。そのことは，本文で後述する市街化区域内農地（転用統制を解除され，任意に転用可能な「土地商品」となった農地）についても同じく転用価格の高騰が発生し，計画的な市街地形成は必ずしも実現されえなかったことをみても明らかである。筆者の見解では，この側面での問題の根幹は，むしろ都市サイドの諸法制（都市計画と市街地の開発・整備にかかわる諸法制）の日本的特質にあった。そのこととの対比で付言すれば，西欧諸国でも農地の開発・転用はあらかじめ一律に規制されているのが大原則なのであり，その諸国ではその大前提の上で，望ましい都市形成をいかに計画的に実現していくかを目指して精緻な都市法の体系が作り上げられてきたということをあらためて認識すべきである。

直しと再編の動きのなかで、その中核をなす基幹的法律として登場したことは明らかである。

　すなわち、その大きな背景をなしたのは、高度経済成長政策の上方修正（例えば、1967年3月の「経済社会発展計画」参照）と二全総の策定であった。1969年5月の二全総は、一全総とは異なり、大都市や既成工業地帯への産業・資本と人口の集中・集積をむしろ正面から肯定し、その力を活用して、いわば中央の中枢管理機能によって管理される開発可能性を全国土に拡大していく方向を打ち出した。その開発政策の遂行には、産業基盤を中心としたさらなる公共土木投資が必要となるが、民間資金の導入を図りつつそれを実現していけば、さらなる高度成長も実現できるし、それまでの経済成長がもたらしたさまざまなひずみも自ずと解決されるという発想がそこには見出される。

　この二全総の開発政策の前提となっていたのが、前記の自民党「都市政策大綱」であった。田中角栄議員の主導下で策定された右大綱は、「この都市政策は日本列島全体を改造して、高能率で均衡のとれた、ひとつの広域都市圏に発展させることをめざすものである」としたうえで、次のような重点項目を掲げていた。第一は、国土総合開発法の全面改正と新しい国土計画の樹立、第二は、とくに大都市での民間デベロッパーを主力とする再開発・立体化・高層化と、近郊市街地の計画的な造成・建設、第三は、広域ブロック拠点都市の育成と新たな大工業基地の建設、第四は、「公益優先」を基本理念とし、都市・工業・農業・自然環境等の適正配置を目指す土地利用基本計画の確立、第五は、そのような国土改造に向けた民間資金の活用である。そして、土地問題や都市開発に関するこの大綱の考え方は、二全総のなかでより詳細な「検討項目」にまとめられ、以後、その各項目が個別の政策や立法に具体化されていったのである。

　事実、この時期以降、新都市計画法のほかにも、次のような政策・制度の再編の動きが急速に展開した。1968年10月の首都圏整備第二次基本計画は、東京の巨大都市化を肯定し、都心部の再開発による業務管理中枢機能の強化を重点課題として位置づけた。また、同年11月の第二回地価対策閣僚協議会の決定＝「地価対策について」は、①都市計画の推進と都市再開発法の制定による

土地の有効利用，②中高層住宅の建設促進と未建築地の利用，③土地税制の改善，④諸般の施策による土地需給の緩和などを打ち出した。そして，このうち③については，69年4月の租税特別措置法改正により，個人の譲渡所得課税方式の改正が行われた（長期保有土地の分離軽課と短期保有土地の分離重課）。これが，個人（農家を含む）の土地売却の急増と「土地成金」を生み出す一方，法人企業の土地所有を拡大させる結果をもたらしたことはよく知られている。そして，地価はいっそうの高騰を続けた。

他方，①にあった都市再開発法は，従前の市街地改造法と防災建築街区造成法にかわる新法律として69年6月に公布され，新都市計画法とあわせて6月14日に施行された。これにより，都市の土地の「高度利用と都市機能の更新」（法1条）のための新しい事業制度が，民間デベロッパーも参加可能な形で整えられたのである。当時，新都市計画法および次に見る建築基準法改正とあわせて「都市三法」と呼ばれたように，同法の制定は，本格的な高層都市の時代の到来を予感させるものであった。

70年6月の建築基準法の改正も，まさにその動きに対応するものであった。この改正は，新都市計画法に対応して用途地域制の詳細化と「義務」化，容積率規制の全面適用などを行うと同時に，第一種住居専用地域以外での高さ制限の撤廃や「総合設計」制度の創設にみられるように，市街地の高度利用と高層・高容積化を明確に指向したのである。

加えて，70年8月の第三回地価対策閣僚協議会では，緊急に実施すべき施策として，①都市計画法による市街化区域と市街化調整区域の線引の早期完了，②市街化区域内農地の宅地利用の促進，③大規模宅地開発の推進，④農村地域での工業開発等による宅地需要の分散の4点が示された。このうちの②については，市街化区域内農地の宅地並み課税の原則が1971年3月の地方税法改正で定められたが，これは，結局，所期の目的を達し得ないで終わる。むしろ，急いで行われた市街化区域の線引（①）は，逆に膨大な農地（全国では30数万ha）を市街化区域内に取り込み，いわば「転用の自由な土地商品」となったその「現況農地」が，漸進的にはスプロール的な開発・転用を受けつつも，そのかなりの部分は高い地価評価の下で長期的に残り続けていくという結

果をもたらすことになるのである（その理由については，原田 1987・1988，原田編 2001a）。

　ところで，この時期のこうした宅地供給の拡大策は，民間住宅産業と民間住宅金融の成長を背景に60年代後半期を通じて本格的に定着してきた持家促進政策と，直接的に呼応するものでもあった。事実，71年3月決定の第二期住宅建設5ヵ年計画は，勤労者の持家取得の大幅な増加を想定しつつ，第一期5ヵ年計画中の建設戸数を280万戸も上回る958万戸という目標戸数を掲げていた。同年3月の多摩ニュータウンの入居開始，6月の勤労者財産形成促進法と積立式宅地建物販売業法の制定，初の住宅金融専門会社の設立（三井・三和・大和などによる日本住宅金融が第一号）などを想起するだけでも，当時の住宅政策の方向は容易に確認することができよう。要するに，経済も都市も住宅も，成長・拡大・建設の一点張りを指向していたのである。

　同様に，上の④の点も，71年6月の農村地域工業等導入促進法で実現された。同法は，「新都市計画法に対する農業側からの領土宣言」ともいわれた農業振興地域の整備に関する法律＝農振法（69年7月制定，農振農用地区域での農地転用規制の大幅強化がその重要な内容をなす）とは矛盾する側面も伴っていたが，米の生産調整と米価据置を契機とした農政上の要請と，工場の地方分散の要請とがあいまってその制定を促した[45]。さらに，翌72年6月には，工業再配置促進法，新都市基盤整備法，公有地拡大推進法が相前後して制定された。そして，翌7月の田中内閣の成立と日本列島改造論の打ち出し・二全総の一部改定は「列島改造ブーム」を巻き起こし，戦後二回目の地価高騰のピークをもたらしていく。新都市計画法とその線引制度は，そうした事態を抑止するうえでは特段の効果をもちえなかったのである。田中内閣による73年3月の新国土総合開発法案の国会上程は，以上のような政策動向の頂点を極めるものであったといえよう。

---

45) 米の生産調整の導入は，すでに1970年2月の農林事務次官通達「水田転用についての農地転用許可に関する暫定基準の制定について」による水田の転用許可基準の緩和措置をもたらしていた。なお，1972年5月の土地改良法改正による創設換地制度の導入も，農村工業導入のための工場用地の創出取得を意図したものである。

この，二全総から列島改造論の時代の政策指向に終止符を打ったのは，同年10月の石油危機という外在的要因がもたらした高度経済成長の終焉であった。新国土総合開発法案もそのままでは日の目をみることをあたわず，大幅な修正のうえ，1974年6月に国土利用計画法として成立することになる（この経緯は，渡辺 1977〔この箇所のみ，執筆者は戒能通厚〕を参照）。

（原田 純孝）

## 6. 高度成長期の不動産金融──迂回的資金供給から直接的資金供給へ

### 1）概　観

　前節までの検討で明らかとなったように，高度経済成長と工業化・都市化の進展は，工業地，商業地，住宅地といった農地以外の不動産への需要を喚起し，開発等を通じて不動産業が大きく発展するビジネスチャンスをもたらした。本節では，不動産業者がビジネスチャンスをつかむためのひとつの重要な要素となる金融の側面について検討する。

　まず，高度成長期における不動産業者全体の資金調達状況の推移についてみよう（表4-6-1）。1955-59年度，60-64年度，65-69年度，70-74年度の四期間における自己資本と金融機関借入の増加額は，それぞれ509億と775億円，1,473億と3,917億円，4,752億と1兆4,460億円，1兆1,838億と8兆1,780億円というように，金融機関借入の増加額の方が，すべての時期において大幅に上回っている。自己資本と減価償却累計の合計額と比較しても，金融機関借入の増加額が常に上回っている。全産業ベースにおいても，四期間における金融機関借入が資金調達において重要な位置を占めているが，自己資本と減価償却累計の合計額が金融機関借入に匹敵ないしは上回っている。不動産業にとって金融機関借入の重要性は，総じて高かったとひとまずいってよいだろう（もっとも，製造業と比較して全産業に占める金融機関借入の絶対額は小さい）。

　しかしながら，本節で重要視したいのは，不動産業における「その他借入」の増加額の割合が，4,830億円（65-69年度），1兆8,210億円（70-74年度）と

**表 4-6-1** 不動産業者の資金調達状況（増加額）の推移（1955-74 年度）

**不動産業（全体）**

|  | 1955.4-60.3 | 1960.4-65.3 | 1965.4-70.3 | 1970.4-75.3 |
|---|---|---|---|---|
| 金融機関借入 | 78 | 392 | 1,446 | 8,178 |
| その他借入 | — | — | 483 | 1,821 |
| 社　債 | 1 | 3 | 14 | 49 |
| 資　本 | 51 | 147 | 475 | 1,184 |
| 減価償却累計額 | 23 | 119 | 376 | 906 |

**製造業（全体）**

|  | 1955.4-60.3 | 1960.4-65.3 | 1965.4-70.3 | 1970.4-75.3 |
|---|---|---|---|---|
| 金融機関借入 | 1,817 | 5,359 | 9,665 | 22,462 |
| その他借入 | — | — | 597 | 1,540 |
| 社　債 | 139 | 343 | 683 | 842 |
| 資　本 | 1,437 | 3,335 | 5,536 | 9,286 |
| 減価償却累計額 | 1,214 | 4,021 | 8,682 | 17,928 |

**全産業**

|  | 1955.4-60.3 | 1960.4-65.3 | 1965.4-70.3 | 1970.4-75.3 |
|---|---|---|---|---|
| 金融機関借入 | 3,866 | 10,017 | 22,132 | 63,359 |
| その他借入 | — | — | 2,132 | 5,909 |
| 社　債 | 356 | 778 | 1,401 | 2,734 |
| 資　本 | 2,391 | 5,636 | 10,424 | 21,098 |
| 減価償却累計額 | 2,371 | 7,432 | 15,941 | 33,318 |

出典）1955.4-60.3 は大蔵省理財局経済課（1963），1960.4-75.3 は大蔵省証券局資本市場課（1976）。
注）単位は 10 億円（端数は四捨五入）。増加額＝各 5 年間の残高の差額として計算した。ただし，減価償却累計額＝各年度の減価償却費＋特別減価償却費。基本的に，資本＝資本金＋新株式払込金＋資本剰余金＋利益剰余金。なお，1962 年度までのその他借入は金融機関借入に含まれているため，その他借入の増加額が一部計算できない。

相対的に大きい点である。「その他借入」の増加額が，金融機関借入の増加額に比べてきわめて小さい製造業と比較すると，その差は歴然としていることがわかる。すなわち，製造業と比較すると，実は，金融機関以外からの借入が，不動産業者にとってかなり重要であったのである[46]。

周知のように，いわゆる融資準則において，不動産業は，建物供給業（住宅を除く），土地供給業とも，運転資金・設備資金の双方について，乙種に指定

されていた[47]。1957年12月の銀行局通達においても，不動産業は「不要不急業種」として，旅館貸間業・興業娯楽業と同列に位置付けられており[48]，1963年8月，融資準則廃止の通達が出された際も，「ビルディング（高級と考えられるアパート以外の一般住宅を除く）興業用建物の建設又は取得のための資金およびその他不動産買収等の資金」は，娯楽，奢侈，サービス関係資金と同列の「不要不急融資」として，「今後もその規制を行なう必要がある」とされていた[49]。

このように，不動産業は，必要な資金を金融機関から直接十分には借り入れることができなかったため，金融機関以外（製造業等）からの借入金にも大きく依存せざるをえないという側面が存在した。すなわち，金融機関→製造業等→不動産業，という資金の流れの存在が示唆されているといえよう。見方をかえれば，融資準則は，金融機関の不動産業向け融資に対して抑制的であったがゆえに，融資準則のなかで優先順位の高い製造業等を迂回する形で間接的に融資が行われるという尻抜けになる側面が存在したと考えてよいだろう。

なお，四期間における社債の増加額は，5億円，34億円，144億円，494億円と全産業に比べて相対的に小さい。

次に，各金融機関の不動産業向けの貸出残高の推移，総貸出残高に占める不動産業向け貸出残高の比率の推移，についてみよう（図4-6-1，図4-6-2）。なお，植田（2002，30-33頁）は，高度成長期における金融機関タイプ別の投資資金貸出の産業ごとの配分について検討し，1950年代終盤から1970年代終盤にかけて，「不動産・建設業」への貸出を増大させたのは「短期金融機関」（都

---

46) なお，1970年代半ば頃になると，不動産業でも金融機関借入の増加額の割合が徐々に増加しているが，これは後述するように「金融効率化」行政や「列島改造ブーム」などによるものと考えられる。
47) 日本銀行「産業資金貸出優先順位表」東京大学経済学部図書館所蔵，1947年6月改正。
48) 大蔵省銀行局「不要不急融資等の抑制について」（蔵銀1,712号）1957年12月23日，大蔵省銀行局（1961）所収。
49) 大蔵省銀行局「金融機関資金融通準則の廃止に伴う措置について」（蔵銀1,283号）1963年8月16日，大蔵省銀行局（1966）所収。なお，1959年11月，「土地造成（不要不急業の使用向のものは除く）」向きの融資は「不要不急融資」から除外されている。

258 ──第4章　高度成長と不動産業の発展

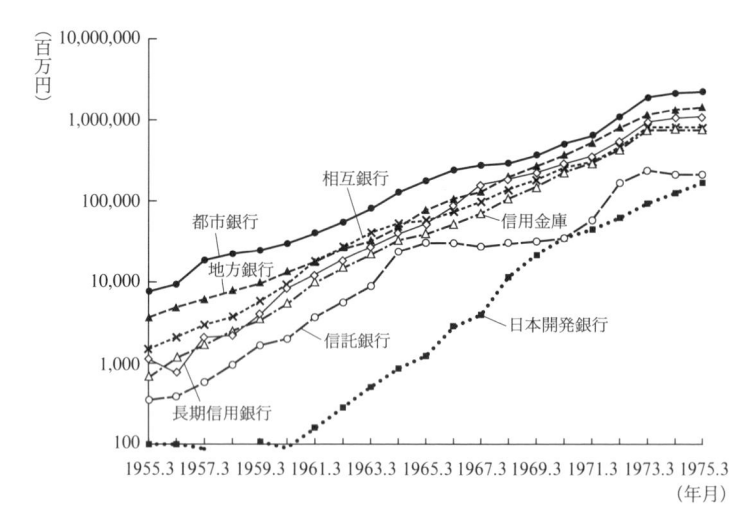

**図4-6-1**　各金融機関における不動産業向け貸出残高の推移（1954-74年度末）

出典）日本銀行統計局（1955-1975）。

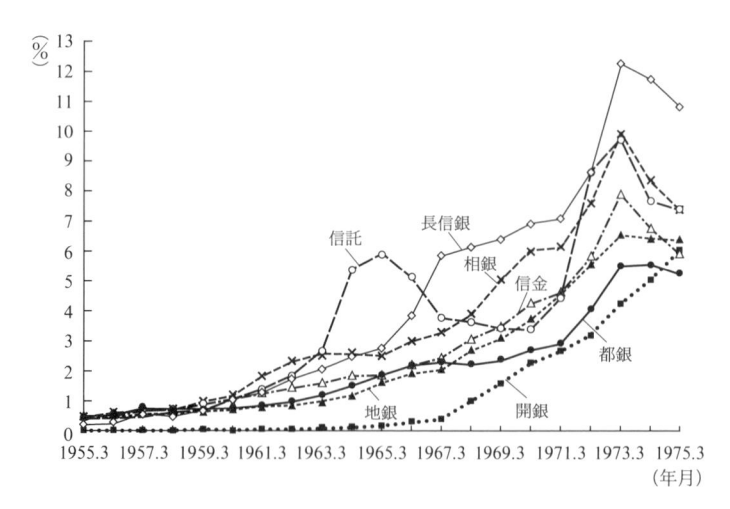

**図4-6-2**　各金融機関の総貸出に占める不動産業向け貸出残高比率の推移（1954-74年度末）

出典）図4-6-1に同じ。

銀・地銀・相銀・信金）であり，「長期信用金融機関」（長信銀・信託・生保）は1970年頃まではインフラと製造業に重点的に貸出を行ったと指摘している。本節では，植田（2002）に学びつつも，不動産業向け貸出のみを対象とし，より細かな金融機関別分類を行うことで，高度成長期における不動産金融にかかわる特徴についてよりいっそう明確にしたい。

1954-74年度末における不動産業向け貸出残高が最も多いのは一貫して都市銀行であり，54年度末79億円→64年度末1,870億円→74年度末2兆3,025億円と激増している。とりわけ，1970年度末以降は，0.7兆円（70年度末）→2.2兆円（73年度末）と伸びが著しい。しかしながら，都市銀行の貸出残高に占める不動産業向けの比率でみると，54年度末0.5％→64年度末1.9％→74年度末5.3％と相対的に小さく5％台に達するのは72年度末であることにも留意しておきたい。

地方銀行の不動産業向け貸出残高は，54年度末39億円→64年度末808億円→74年度末1兆5,465億円と推移しており，1960-63年度末および66年度末を除き，都市銀行に次ぐ貸出額を誇っている。貸出残高に占める不動産業向けの比率は，54年度末0.5％→64年度末1.7％→74年度末6.4％と，60年代末頃から，都市銀行より若干高くなっている。

相互銀行，信用金庫の不動産業向け貸出残高は，それぞれ54年度末16億円，7億円→64年度末587億円，426億円→74年度末8,256億円，7,983億円と，いずれも無視し得ない金額を誇っており，相互銀行と信用金庫をあわせると，地方銀行と匹敵ないしは凌駕する規模となる。ちなみに，1960-63年度末は，相互銀行が地方銀行の貸出額を上回っている。貸出残高に占める不動産業向けの比率は，それぞれ54年度末0.5％，0.4％→64年度末2.5％，1.9％→74年度末7.4％，5.9％であり，相互銀行は相対的に高く，信用金庫もやや高いといえる。

長期信用銀行の不動産業向け貸出残高は，54年度末12億円→64年度末548億円→74年度末1兆1,002億円と推移しており，1950年代後半までは相対的に小さいが，60年代に入ると大きく上昇し，1965年度末以降，66年度末を除き，地方銀行に次ぐ金額を誇っている（66年度末は地方銀行を上回っている）。

貸出残高に占める不動産業向けの比率は，5.9％（66年度末）→ 7.1％（70年度末）と漸増傾向にあり，72年度末に12.3％と10％台を突破，その後も相対的に高い水準で推移している。

信託銀行，日本開発銀行の不動産業向け貸出残高は概して小さいが，1970年代以降はやや上昇傾向にある。信託銀行の貸出残高に占める不動産業向けの比率は，54年度末0.5％→ 64年度末5.9％→ 74年度末7.4％と，63年度末に早くも5％台に達している。他方で，日本開発銀行の貸出残高に占める不動産業向けの比率は，1.6％（68年度末）→ 6.0％（74年度末）と，60年代末頃から急激に上昇しており，73年度末に5％台に達している。

以上の検討から，高度成長期において，都市銀行や地方銀行は概して不動産業向けの融資にそれほど重点を置いていなかった一方で，長期信用銀行や信託銀行は1960年代半ば頃から不動産業向けの融資に重点をシフトさせつつあったといって差し支えないだろう[50]。植田（2002）との関連でいえば，高度成長期において，「短期金融機関」の内，不動産業への融資割合を増加させていたのは，主として相互銀行や信用金庫であって，都市銀行や地方銀行ではないこと，「長期信用金融機関」の内，少なくとも長期信用銀行と信託銀行は不動産業への融資割合を増加させていたことが明らかとなったのである[51]。とくに，1990年代後半において破綻することとなる長信銀が，早くもいざなぎ景気の頃から，不動産業向け融資の割合を急速に増加させている点は，興味深いといえよう。

このような不動産金融にかかわる構造変化の背景として，当時の各金融機関の「業態の同質化」の進展，資本自由化をひとつの契機として展開された「金融効率化」行政のなかでの「金融機関間の競争行動の促進」方針，「企業の自己金融力の増大」懸念があいまった結果[52]，長期信用銀行や信託銀行におけ

---

[50) 例えば，日本不動産銀行は，昭和40年代以降，「重点三業種（建設業・不動産業・私鉄業）」および「住宅金融」といった「不動産金融」に注力したとされる（日本債券信用銀行 1993，199-208頁）。
51) もっとも，植田（2002）は「不動産・建設業」への融資割合を検討しており，不動産業のみへの融資割合を検討している本節とは，単純には比較できない。
52) 大蔵省財政史室（1991b，347-351頁），西村（2003，45-51頁）。

る製造業を中心とする貸出基盤の一部が，都市銀行にパイを奪われ，不動産業へシフトしたのではないかと考えられる。

## 2）工業地（埋立造成）と金融

既述のように，高度成長期前半における地価上昇は，工業地で最も著しかった。ここでは，京葉工業地帯と京浜工業地帯の埋立造成を題材として検討することで，工業地とかかわる金融メカニズムの動向の一端を明らかにしたい[53]。

京葉臨海工業地帯の埋立造成にあたっては，千葉県と三井不動産が中心的役割を果たした。その資金調達方法としては，①予納金方式（「千葉方式」），②民間資本導入方式（「出洲方式」），およびそれらを補完するものとして，③地方債の発行，があげられる[54]。京葉工業地帯で最初の埋立工事となる市原地区88.3万坪（総事業費39億円，1958年4月着工）に際して，当時の千葉県は財政的に苦しい状況にあり，起債が困難な状況であったため，いわゆる「千葉方式」が採用された。これは，工業用地造成費用・産業基盤整備費用等のほとんどを進出企業が負担するというものである。三井不動産は，埋立事業主体である千葉県から浚渫埋立工事を一括受注する代わりに，進出企業の決定に協力，進出企業が予納金を滞納した際などには，代納するという条件を受け入れていた。実際，同社は，基本協定締結の翌日1957年10月23日，漁業補償金（総額12億5,200万円）の第一回分1億2,500万円を進出企業に代わって立替払いしている。

ここで，当時の「間接金融優位」[55]という金融構造から，進出企業は予納金を支払う際，金融機関からの融資に依存するケースが多かったと推測でき

---

53) 以下，京葉工業地帯における埋立造成事業については，とくに断らない限り，千葉県開発局（1968a, 15-101, 137-178頁），千葉県開発局（1968b, 51-63, 79-93頁），日本経営史研究所（1985a, 117-131, 198-212頁）を参照している。
54) この他，進出企業自体がその調達する資金によって工業用地を造成する自社埋立方式があり，例えば，1962年のオリエンタルランド進出決定の際に，この方式がとられている。
55) 大蔵省財政史室（1991a, 11-15頁）。

る。結局，埋立造成にかかわる資金は，予納金方式を通じて，金融機関→進出企業（製造業等）→開発主体という形で，迂回的に供給される側面があったと考えてよいだろう。

　千葉港中央地区185万坪の埋立工事（総事業費294億円，1964年4月着工）の際には，「出洲方式」（民間資本導入方式）が採用された。これは，総事業費の3分の1を県が負担し，3分の2を三井不動産が負担する代わりに，造成した土地の3分の2に相当する面積の土地を三井不動産へ分譲するというものである[56]。また，工事の半分は，同社が施工することも取り決められていた。本地区の埋立の主眼は，「千葉港の公共港湾施設の建設整備」にあり，公害の危険のある企業を排除するという「企業立地の制約」があったことから，進出企業からの予納金に大きく依存する従来の「千葉方式」をとることが難しく，このような「出洲方式」がとられたといわれている。実際は，「出洲方式」採用の背景として，千葉県財政の改善と三井不動産の利潤機会拡大の要求があいまったことが考えられる。もちろん，1959年石油コンビナートが操業を始めた四日市で，その直後から健康被害の苦情が多発したことを契機として，60年代前半には公害問題という概念が社会的に広く認知され始めており，千葉県が当時の社会情勢に敏感に配慮した可能性も否定できない。結局，三井不動産の負担額は140億円（3社で200億円）となったが，調達に苦心したのは，漁業補償の現金払い分12億円であり，これは日本不動産銀行の協力を得たとされる。

　次に，地方債の発行による埋立造成事業の資金調達について，やや具体的にみよう。千葉県が京葉臨海工業地帯の埋立事業に際して最初に起債したのは，1958-61年度の計11.5億円である。その内訳は縁故債が8.2億円（新日本窒素引受6.6億円，三井不動産引受1.1億円，千葉銀行引受0.5億円）であった。62年度以降，起債総額は年30億円前後に増加するが，起債総額に占める縁故債の比率が約70％と高い状態は63年度まで継続している。

　1964年度において，千葉港中央地区の漁業補償（総額48億円）の内，36億

---

[56] なお，三井不動産を窓口に，三菱地所と住友不動産がそれぞれ15％ずつ，権利・義務を分担することとなった。

円（起債総額の62.0%）が交付公債によって支払われたため，縁故債の比率は11.3%にまで低下した。65年度においても，漁業補償は，交付公債によって支払われており，起債総額のなかで大きなウエイトを占めている。

続いて，不動産業者の検討に移ろう。ここでは，三井不動産の埋立造成関連の資金調達状況について，長期借入金先とその期末残高から，その傾向を窺うこととする（三井不動産 1956, 1960, 1965, 1970）。市原地区埋立事業とかかわる1960年度末時点の長期借入金において，その使途が京葉地区埋立工事とされたのは，日本生命2.8億円（長期借入金総額の13.8%），朝日生命1億円（4.9%）であり，また，埋立工事の施行と関連する浚渫船の建造費については，第三・三栄丸が日本不動産銀行5.1億円（25.1%），第二・三栄丸が日本長期信用銀行1.1億円（5.4%），日本開発銀行0.6億円（3.0%）であった。この時点の長期借入金先は，系列外の生命保険会社や長期信用銀行が中心であり，系列金融機関や民間銀行はみられない[57]。ちなみに，当時の三井不動産では，漁業補償金の立替払い（1.3億円）や千葉県の県債一部引受（1億円）クラスの資金調達においても，「当時の当社の信用力では，非常な努力が必要であった」といわれている。なお，三井不動産は浚渫船を自社保有したが，これは，当時，各社の浚渫船が京浜地区等でフル稼働であり，市原地区に回す余裕がなかったためとされる（江戸 1986, 151-152頁）。

1965年度末時点の長期借入金において，その使途が埋立工事の施行にかかわる浚渫船建造費等とされたのは，三井信託銀行51.2億円（長期借入金総額の28.0%），日本不動産銀行34.7億円（19.0%），日本生命14.7億円（8.1%），千葉銀行12.8億円（7.0%），日本興業銀行5.9億円（3.2%），三井生命4.4億円（2.4%）であった。この時点になると，全体的に金額が大きくなっており，その内訳も系列金融機関が中心的となり，また長期信用銀行だけでなく，地元銀行の千葉銀行からの資金供給もみられるようになっている。

---

57) このとき三井信託銀行・三井銀行といった系列金融機関は，オフィスビル（三井第三別館）の工事資金（三井信託銀行5.1億円，長期借入金総額の25.0%，三井銀行1.8億円，8.6%）を供給していた。なお，ここで系列とは二木会24社のことを念頭においている（産業動向調査会 1982）。

最後に、京浜臨海工業地帯の埋立造成に関わる金融についても、概観しておく。京浜臨海工業地帯では、大黒町地先（1955年6月着工）、根岸湾（59年2月着工）、平潟湾（63年11月着工）、本牧埠頭（63年1月着工）の埋立とも、基本的に「予納金方式」と地方債の発行によって、資金調達がなされた。ただし、「中小工業の健全な育成」を図ることを目的とした金沢地先（71年2月着工）の埋立の際には、大企業による予納金を見込むことができないことから、横浜市が西ドイツにおいて、各1億マルク（約94億円）のマルク債を3回にわたって募集するという形で、資金調達が行われた[58]。

### 3）商業地（貸しビル）と金融

ここでは、オフィスビル関連への資金供給について、三菱地所を主な題材として検討することで、商業地とかかわる金融メカニズムの動向の一端を明らかにしたい[59]。高度成長期において、三菱地所は、東京丸の内を中心に、延床面積5万$m^2$以上の賃貸ビルを16棟も建設している（橘川 1996、125-128頁）。以下では、これらビル建設等に関わる資金調達について、具体的な使途まで判明する長期借入金を中心にみよう（表4-6-2）。

1956年度末時点における同社の長期借入金は59億円で、内17億円（28.3％）が松尾鉱業他40社からの新丸ノ内ビル建築目的の借入金である。続いて、三菱電機他14社からの東京ビル建築目的の借入金9億円（15.5％）、日本長期信用銀行からの接収解除ビル改修工事目的の借入金8億円（13.6％）となっている。賃借人（テナント）からの借入金は、原理的には埋立の予納金方式に相当するとみてよいだろう。また、金融機関からの借入金の使途が主として設備資金や改修目的なのは、予納金を取ることができないことに起因すると考えられる。

---

58) 横浜市港湾局臨海開発部（1992、31-38、57-152頁）、横浜市総務局市史編集室（2002、271-278頁）。なお、大黒町地先の埋立は、1955年度に開始されており、「土地売却代金を先取りして埋立資金に当てるという予納金方式を採用したのは、自治体の中でも早い例」とされる。

59) 以下、三菱地所については、とくに断らない限り、三菱地所（1956、1960、1965、1970）を参照している。

**表 4-6-2** 三菱地所の長期借入金先，期末残高とその使途の推移（1956-70 年度末）

[1956 下]

| 借入先 | 金額 | 使途 | 系 | 比率 | 利率 |
|---|---|---|---|---|---|
| 松尾鉱業他 40 社 | 1,667 | 新丸ノ内ビル建築 | | 28.3% | 日歩 5 厘 |
| 三菱電機他 14 社 | 911 | 東京ビル建築 | ○ | 15.5% | 日歩 5 厘 |
| 日本長期信用銀行 | 800 | 接収解除ビルヂング改修工事 | | 13.6% | 日歩 2.5 銭 |
| 丸紅飯田他 13 社 | 689 | 第三丸ノ内ビル建築 | | 11.7% | 日歩 5 厘 |
| 三菱信託銀行 | 600 | 第三丸ノ内ビル・永楽ビル設備 | ○ | 10.2% | 日歩 2.5 銭等 |

[1960 下]

| 借入先 | 金額 | 使途 | 系 | 比率 | 利率 |
|---|---|---|---|---|---|
| 丸紅飯田他 40 社 | 1,987 | 大手町ビル建築 | | 20.3% | 日歩 5 厘 |
| 三菱鋼材他 45 社 | 1,576 | 新大手町ビル建築 | ○ | 16.1% | 日歩 5 厘 |
| 三菱信託銀行 | 1,111 | 大手町・三菱商事・千代田ビル設備・永楽ビル建築 | ○ | 11.3% | 日歩 2.6 銭等 |
| 松尾鉱業他 33 社 | 880 | 新丸ノ内ビル建築 | | 9.0% | 日歩 5 厘 |
| 三菱商事他 3 社 | 867 | 三菱商事ビル建築 | ○ | 8.8% | 日歩 5 厘 |

[1965 下]

| 借入先 | 金額 | 使途 | 系 | 比率 | 利率 |
|---|---|---|---|---|---|
| 三菱信託銀行 | 8,855 | 日本ビルヂング増築他 | ○ | 19.2% | 非開示 |
| 明治生命 | 4,170 | 長期運転資金 | ○ | 9.0% | 非開示 |
| 日興不動産他 84 社 | 3,327 | 新東京ビル建築 | | 7.2% | 日歩 5 厘 |
| 日本不動産銀行 | 2,903 | 富士製鉄ビルヂング建築 | | 6.3% | 非開示 |
| 太陽生命 | 2,800 | 長期運転資金 | | 6.1% | 非開示 |
| 日本興業銀行 | 2,082 | 国際ビルヂング建築 | | 4.5% | 非開示 |
| 松坂屋他 43 社 | 2,045 | 大手町ビル建築 | | 4.4% | 日歩 5 厘 |
| 東京グリル他 16 社 | 2,016 | 東京ビル建築 | | 4.4% | 日歩 5 厘 |
| 三菱樹脂他 7 社 | 1,673 | 三菱電機ビル建築 | ○ | 3.6% | 日歩 5 厘 |

[1970 下]

| 借入先 | 金額 | 使途 | 系 | 比率 | 利率 |
|---|---|---|---|---|---|
| 三菱信託銀行 | 12,795 | 設備資金他 | ○ | 12.6% | 非開示 |
| 三菱銀行 | 9,408 | 長期運転資金 | ○ | 9.2% | 非開示 |
| 明治生命 | 6,895 | 長期運転資金他 | ○ | 6.8% | 非開示 |
| 日本興業銀行 | 5,575 | 設備資金 | | 5.5% | 非開示 |
| モルガン・ギャランティー信託 | 3,574 | 設備資金 | | 3.5% | 日歩 5 厘 |
| 日興ビルディング他 76 社 | 3,536 | 新東京ビル建築 | | 3.5% | 日歩 5 厘 |
| 日本長期信用銀行 | 3,489 | 設備資金 | | 3.4% | 非開示 |
| 太陽生命 | 3,400 | 長期運転資金 | | 3.3% | 非開示 |
| 日立製作所他 69 社 | 3,370 | 日本ビル建築 | | 3.3% | 日歩 5 厘 |

出典）三菱地所（1956, 1960, 1965, 1970），産業動向調査会（1981）．
注）金額の単位は 100 万円（端数は四捨五入）．系○は金曜会 28 社．比率＝長期借入金総額に占める比率．網掛は借入先が金融機関のもの．

借入金利息については，テナントからのものは日歩5厘で，金融機関からのもの（2.5銭程度）に比べて著しく低利である。当時，1955年の数量景気とそれに続く神武景気という好景気のなかで，オフィスビルは概して売り手市場の状況にあったため，テナントは資金を長期間低利で寝かせるというコスト（ないしは金融機関からの高い借入金利と三菱地所への低い貸付金利の差額分のコスト）[60]を負担してまで，オフィスの確保を図っていたといえよう。

1960年度末時点における同社の長期借入金は98億円で，内20億円（20.3％）が丸紅飯田他40社からの大手町ビル建築目的の借入金である。続いて，三菱鋼材他45社からの新大手町ビル建築目的の借入金16億円（16.1％），三菱信託銀行からの大手町ビル等の建築目的の借入金11億円（11.3％）となっている。ここでも，概して，金融機関からの借入金は，設備資金や改修目的のものが多く，テナントからの借入金利息は低利である。ちなみに，「運転資金」については，基本的に短期借入金でまかなわれていたとみられるが，昭和30年代においては，明治生命，太陽生命といった生命保険会社が最も大きく，続いて，三菱銀行，三菱信託銀行といった系列銀行，そして，常陽銀行のような地方銀行からの借入が，大きなウエイトを占めていた。

このように，昭和30年代における同社の手がけたオフィスビルの建築に際しては，テナントからの低利資金の供給が総じて重要な役割を果たしており，長期信用銀行や系列金融機関からの長期借入金がそれを補完するという関係にあったといえる。もっとも，これは，当時のビル建設において，金融機関があまり重要な役割を果たしていなかったことを必ずしも意味しない。当時，テナントの資金繰りに大きな余裕があったとは想定しがたく，テナントは金融機関からの借入にある程度依存していたと推測されるからである。金融機関→テナント（製造業等）→不動産業という形で資金が流れる面があったと考えるのが自然であろう。また，テナントのなかで，系列企業からの資金供給が比較的重要な位置を占めていた点にも留意しておきたい。

なお，同社の昭和30年代における資本市場からの資金調達額は，社債発行

---

60) 後述のような金融機関→テナント（製造業等）→不動産業という資金の流れを前提にすれば，金利差の分はテナントのコストとなっていたとみなすことができる。

が年間4-8億円程度（61年以降）であり，増資に伴うもの（プレミアム込み，無償分は除く）が10億円（56年），31億円（58年），73億円（61年），55億円（62年），74億円（64年）であった（三菱地所 1993b, 190-191頁）。

このような傾向は，昭和40年代に入ると変化し始める。1965年度末時点における同社の長期借入金は461億円で，内89億円（19.2％）が三菱信託銀行からの日本ビル増築等を目的とする借入金である。続いて，明治生命からの「長期運転資金」42億円（9.0％），日興不動産他84社からの新東京ビルの建築目的の借入金33億円（7.2％）となっている。同社の長期借入金において，テナントからの資金だけではなく，系列金融機関や長期信用銀行からの資金供給がかなり重要な位置を占めるようになっているといえる。

1970年度末時点における同社の長期借入金は1,019億円で，内128億円（12.6％）が三菱信託銀行からの「設備資金」等を目的とする借入金である。続いて，三菱銀行からの「長期運転資金」94億円（9.2％），明治生命からの「長期運転資金」等69億円（6.8％）となっている。これらの「設備資金」や「長期運転資金」の使途が，ビル建築等に関わるものか，レジャー事業やマンション・宅地・別荘地分譲事業といった同社の当時の多角化事業に関わるものかは，残念ながら，資料の制約により不明である。

ちなみに，「運転資金」については短期借入金でまかなわれていたとみられるが，昭和40年代においては，生命保険会社に代わって，三菱銀行，三菱信託銀行といった系列銀行が最も大きく，続いて，富士銀行，第一銀行，大和銀行といった都市銀行，そして百五銀行のような地方銀行が，大きなウエイトを占めていた。

このように，昭和40年代に入ると，同社のビル建築に関わる資金は，概して，テナントだけでなく，系列金融機関や長期信用銀行から，長期借入金という形で直接供給される傾向が強まりつつあったといってよいだろう。ビル建築資金における金融機関の役割が，より直接的かつ重要なものへと変化したともいえる。この背景として，融資準則の撤廃や「列島改造ブーム」のなかで，製造業を中心とする金融機関（とくに長期信用銀行）の貸出基盤の一部が不動産業へシフトしたことが考えられる。

なお，同社の昭和40年代における資本市場からの資金調達額は，社債発行が年間10-120億円程度であり，増資による資金調達（プレミアム込み，株式配当・転換社債の転換分は除く）が83億円（68年），228億円（73年）であった。社債発行による資金調達額が大きく増加しているのが，特徴的といえよう（三菱地所 1993b, 190-191, 328-329頁）。

最後に，三井不動産についても若干ながらみておく。同社の東京での大型ビル事業は，日比谷三井ビルと霞が関ビルの2棟のみであったが，当時の「超高層ビル」を象徴する霞が関ビル（1968年竣工）の建築総所要資金172億円については，テナント関係69億円，金融機関からの借入金100億円（三井生命，日本生命，朝日生命，第一生命，東邦生命，三井銀行，三井信託銀行，日本不動産銀行，日本長期信用銀行，日本興業銀行から各10億円）と，系列金融機関と長期信用銀行からの借入の比率が大きく，自己資金はわずか3億円に過ぎなかった。また，テナント関係は借入金ではなく，「敷金および保証金」という形で金利負担なく資金調達がなされている（日本経営史研究所 1985a, 215頁）。もっとも，テナントの側からみれば，不動産業者から金利が支払われない分だけ，最初から負担する資金量が相対的に少なくて済んだ可能性もある。基本的には，昭和40年代における三井不動産と三菱地所のビル建設にかかわる金融メカニズムは類似していたと考えてよいだろう。

### 4）住宅地（住宅ローン・宅地造成）と金融

既述のように，高度成長期における住宅地の地価上昇は，「列島改造ブーム」に乗った1970年前後が著しかった。ここでは，高度成長期後半に主として焦点をあわせ，住宅地にかかわる金融メカニズムの動向の一端について，明らかにしたい[61]。

周知のように，高度成長期当初，住宅ローンにおいて重要な役割を担ったのは，住宅金融公庫である。高野（1997, 233頁）の推計によれば，1955年度末における同公庫の住宅ローン貸出残高は，657億円にのぼり，金融機関の住宅

---

[61] 以下，住宅ローンについては，とくに断らない限り，高野（1997）を参照している。なお，住宅関連農地転用の金融については，本章第2節を参照されたい。

ローン貸出残高の 98.8％を占めていた。その後も同公庫の住宅ローン貸出残高は増加の一途をたどり，1959 年度において 1,266 億円（金融機関の住宅ローン貸出残高の 92.1％），1964 年度において 3,073 億円（67.6％）に達した。少なくとも 1950 年代の住宅ローンにおいて，住宅金融公庫は圧倒的な地位を占めていたといってよいだろう。

もっとも，この時期において，大企業は従業員福祉政策として，「持家融資」を「活発に推進」しており，その資金は金融機関からの借入れに依存していたとされる[62]。このような「迂回融資」により，個人への長期融資のリスクが企業に転嫁されていたといえる。なお，「迂回融資」の具体的な量については，残念ながら，資料の制約により不明である。

1960 年代後半以降になると，住宅金融公庫の住宅ローン貸出残高は，69 年度末において 5,802 億円（金融機関の住宅ローン貸出残高の 29.8％），74 年度末において 2.1 兆円（17.7％）と大きく増加しているにもかかわらず，その地位は著しく低下している。これは，「40 年不況」に伴う産業資金の需要減退や「列島改造ブーム」のなかで，民間金融機関が急速に住宅ローン貸出を増加させたためにほかならない。

民間金融機関の住宅ローンの嚆矢は，1961 年 4 月から開始された日本勧業銀行の「住宅プラン」，北海道拓殖銀行の「ホーム・プラン」とされる。その後，三菱銀行の「ホーム・プラン」，三井銀行の「住宅預金」，三和銀行の「住宅ローン」など，都市銀行が一斉に開始する。当初，住宅ローンの年利は 10％前後と高く，貸出期間も 5 年程度と短かったが，72 年 4 月時点では，貸出期間 6-10 年のものが年利 9％程度，貸出期間 11-15 年のものが年利 9.5％程度と，徐々に貸出期間の延長や金利の引き下げが進んでいる。そのなかで，以下にみるように急速に住宅ローン貸出額は増加していくこととなる[63]。

ここで，1965-74 年度末における民間金融機関別の住宅ローン残高の動向についてみよう（図 4-6-3）。まず，民間金融機関のなかで，最も大きい地位を占めるのが，全国銀行である。その金額は，326 億円（65 年度末）→ 4,330 億円

---

62) なお，金融機関はこのような貸出を「企業向けの設備資金」として整理していた。
63) 住宅金融公庫（1980，59-62 頁），西村（1994，358-360 頁）。

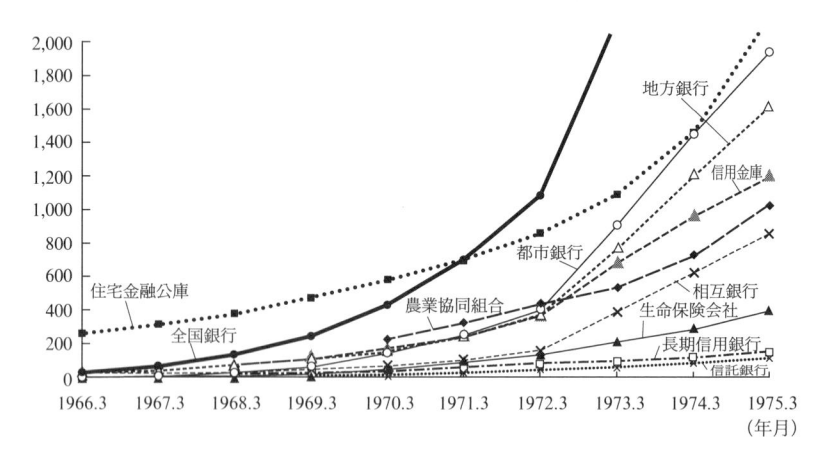

**図 4-6-3　個人向け住宅ローン残高の推移（1965-74 年度末）**

出典）住宅金融公庫（1980, 246-249 頁）。
注）単位は 10 億円（端数は四捨五入）。各年度末のデータ。なお，法人向け（企業・団体等）住宅ローンは含まない。

（69 年度末）→ 4.6 兆円（74 年度末）と著増している。全国銀行のなかでは，当初，都市銀行が 79 億円，地方銀行が 189 億円（65 年度末）と地方銀行の方が大きかったが，70 年度末に両者の関係は逆転，74 年度末において都市銀行 1.9 兆円，地方銀行 1.6 兆円となっている。もっとも，全国銀行の総貸出に占める住宅ローンの割合は，0.2％（65 年度末）→ 1.3％（69 年度末）→ 5.8％（74 年度末）と増加しつつあるものの，それほど大きくなかった点には留意する必要があろう。

その他，民間金融機関のなかで重要な役割を果たしたのが，信用金庫，相互銀行，農業協同組合といった中小企業金融機関等である。それぞれの住宅ローン貸出残高は，信用金庫 1,819 億円（69 年度末）→ 1.2 兆円（74 年度末），相互銀行 124 億円（65 年度末）→ 657 億円（69 年度末）→ 8,525 億円（74 年度末），農協 2,230 億円（69 年度末）→ 1.0 兆円（74 年度末）と，いずれも都市銀行や地方銀行に比肩する金額を誇っている。

また 1971 年の日本住宅金融（母体行：三井，三和，大和など）設立以降，住宅ローンサービス（第一勧銀，富士，三菱，住友など），住総（信託銀行），総合

住金（第二地銀）など，住宅金融専門会社（いわゆる「住専」）が相次いで設立されている。住専は，その資金を専ら母体行からの借入金に依存しており，貸出金利が高くならざるをえなかったが，母体行の基準では融資されないような一般市民層を対象として，住宅ローンの取り扱いを急速に拡大していくこととなる[64]。

次に，宅地造成にかかわる金融についてみよう。ニュータウン建設の金融メカニズムは，開発主体が用地買収と造成のための資金調達を行って，入居者からの分譲収入でその資金の返済に充てるという形をとるのが一般的である。したがって，用地買収・造成から分譲収入が得られるまでの開発期間においていかに資金調達を行うか，が重要な問題となる。

宅地造成にかかわる金融において，重要な一翼を担ったのは，住宅金融公庫である。同公庫の宅地造成貸付額は，土地取得資金と造成資金をあわせて，5.5億円（54年度）→ 10.5億円（59年度）→ 135億円（64年度）→ 324億円（69年度）→ 1,124億円（74年度）で推移しており，土地取得面積は大きいときで，462万坪（64年度），762万坪（68年度）に達している（住宅金融公庫1980，86-91頁）。もっとも，以下でみるように，開発主体が公的セクターか民間かで，資金調達の方法はやや異なる。

公的セクター（地方公共団体）によるニュータウン建設の場合，用地買収の費用は交付公債によって[65]，宅地造成の費用は一般会計からの借入金や住宅金融公庫からの融資によって，まかなわれるケースが多い。

例えば，大阪府によって開発され，「大規模住宅地の開発，新都市建設の先駆」として「代表的なニュータウン」とされる大阪府の千里ニュータウン（計画面積1,160ha, 事業年度1961-68年）の開発資金の調達について，総投資額1870億円の内，用地買収費98億円は交付公債（1年据置7年償還，金利7.8％）によって，造成資金は住宅金融公庫による宅地造成貸付41億円と大阪府の一般会計からの借入金（1966年度末までで40億円）などによって，まかなわれて

---

64) 日本債券信用銀行（1993, 212, 320頁），西村（1994, 362-364頁）。
65) なお，埋立造成における漁業補償の支払と宅地造成における用地買収の支払は，主に公債によってなされるという点で，パラレルな側面があるといえる。

いる。なお，国庫補助金は1967年度末までで5億円と小さい。これらの調達資金は，1962年度以降，本格的に開始された分譲事業に伴う収入によって，償還・返済されていった。ここで，入居者が支払う宅地・建物代金は，金融機関から住宅ローンを組むことで支払われるケースが多かったと考えられる。なお，この千里ニュータウンの開発事業は，大阪府の泉北ニュータウン（計画面積1,520ha，事業年度1964-74年），東京都の多摩ニュータウン（計画面積2,801ha，事業年度1965-77年）などの大型プロジェクトを誘発していったとされるが，住宅金融公庫による宅地造成貸付額は，それぞれ164億円，111億円と少なくなかった[66]。

民間によるニュータウン建設の場合，不動産業者の用地買収等の費用は，顧客（個人等の入居者）からの建築前受金が重要であり，街路や上下水道といった公共施設整備の費用は地方債の発行等によりまかなわれ，ニュータウン入居者からの税収によって償還されることが，一般的とされる（日下1970，86-101，157-164頁）。ここで，顧客（入居者）が支払う建築前受金は金融機関から住宅ローンを組むことで支払われるケースが多かったと考えられる。

結局，宅地造成にかかわる資金は，金融機関（住宅ローン）→顧客（個人等の入居者）→開発主体という形で，迂回的に供給される側面があったといってよいだろう[67]。

もっとも，高度成長期後半になると，1970年度末時点における三井不動産の長期借入金690億円の内，153億円（22.2％）が宅地造成等を目的とする三井信託銀行からの借入金であったように，宅地造成においても民間金融機関が直接的な形で重要な役割を果たすようになる（三井不動産1970）。ちなみに，地方の宅地造成については，「地方金融機関が当社に用地買収資金を融資し，その資金で当社が地主に用地買収代金を支払い，その手取り金を地主が地方金

---

66) 大阪府（1970，241-266頁），住宅金融公庫20年史編さん委員会（1970，263-269，275-282頁）。
67) もちろん，開発主体が公的な場合，この関係が成り立つのは分譲事業開始以降に限定される。なお，先にみた大企業の「持家融資」が関連する場合，金融機関→大企業→顧客→開発主体という形でのさらなる迂回的な資金供給の側面も存在すると考えられる。

融機関に預けるという資金循環」が成立していたとされる（日本経営史研究所 1985a，284-285頁）。

　最後に，本節の検討をまとめる。高度成長期前半において，不動産業への融資は，進出企業・テナント（製造業等）や顧客（個人等の入居者）を経由して，概して迂回的に供給される傾向があった。この背景として，融資準則による規制，製造業の資金需要が旺盛ななかで相対的にハイリスクな不動産業が融資先として敬遠されたという金融機関側の要因と，不動産が総じて売り手市場の状況下，不動産の需要者（製造業等や個人）からローコストの資金供給を受けることが可能であったという不動産業者側の要因があったと考えられる。また，三井不動産が埋立に伴う漁業補償の現金払い分を日本不動産銀行から調達したように，限界的な部分では，金融機関による直接的な資金供給が重要な役割を果たしていた点も看過できない。高度成長期後半になると，「金融効率化」行政や「列島改造ブーム」のなかで，不動産業への直接的な融資が急増していく。ただ，それでも総貸出に占める不動産業向け融資の比率は5％前後（参考：製造業向け40％）であり，1980年代バブル期の状況とは大きく異なっていた点には留意する必要があるといえよう[68]。

（邉　英治）

---

68）さらに，1980年代バブル期には，ノンバンクを経由する銀行の不動産業への迂回融資という不健全な迂回的資金供給が，銀行の不動産業への融資において大きな位置を占めることとなる。第5章第6節を参照されたい。

# 第 5 章　土地神話と不動産業の変転：1974-2004

## 1. 「土地神話」の極大化と崩壊

### 1）地価上昇局面の不動産市場（1974-1991 年）

　本章では，第一次石油危機以降の 1974-2004 年の時期における日本不動産業の展開過程を振り返る。この時期は，前の時期と比べて，不動産市場の量的規模が総じて伸び悩んだ点では，一貫していた。しかし，地価の動向に目を向けると，様相が一変する。1974-91 年の地価上昇局面と，1992-2004 年の地価下落局面とに，大きく二分されたからである。地価が上昇から下落へと局面変化をとげるなかで，日本の不動産業においては，「土地神話」が極大化したのち，崩壊した。

　まず，1970 年代半ばから 1980 年代にかけての地価上昇局面に目を向けよう。この時期に日本の人口は，1974 年 10 月 1 日の 1 億 1,057 万人から 1991 年 10 月 1 日の 1 億 2,410 万人へ，17 年間で 12.2％増加した。一方，日本の世帯数は，1975 年 10 月 1 日の 3,360 万世帯から 1990 年 10 月 1 日の 4,067 万世帯へ，15 年間で 21.1％の伸びを示した[1]。1 世帯あたり人員は，1975 年 10 月 1 日には 3.28 人であったが，1990 年 10 月 1 日には 2.99 人となった。

　1957 年 10 月 1 日-1974 年 10 月 1 日の 17 年間に日本の人口は 21.6％，1960 年 10 月 1 日-1975 年 10 月 1 日の 15 年間に世帯数は 58.9％，それぞれ増加していた。したがって，1970 年代半ばから 1980 年代にかけての時期には，前の

---

1）本章で使用する日本の人口，世帯数は，総務省・政策統括官・統計研修所『日本の長期統計系列』，http://www.stat.go.jp/data/chouki/02.htm，2007 年 4 月現在の「第 2 章　人口・世帯」による。

表 5-1-1　日本の土地利用の地目別構成比

(単位：%)

| 年 | 宅地 | 住宅地 | 工業用地 | その他 | 農用地 | 森林 | 原野 | 水面・河川・水路 | 道路 | その他 | 合計 |
|---|---|---|---|---|---|---|---|---|---|---|---|
| 1975 | 3.3 | 2.1 | 0.4 | 0.8 | 15.3 | 67.0 | 1.1 | 3.4 | 2.3 | 7.6 | 100 |
| 1990 | 4.2 | 2.6 | 0.4 | 1.2 | 14.1 | 66.8 | 0.7 | 3.5 | 3.0 | 7.6 | 100 |
| 2002 | 4.8 | 2.9 | 0.4 | 1.5 | 12.8 | 66.4 | 0.7 | 3.6 | 3.4 | 8.3 | 100 |

出典）不動産協会（2005）。原資料は，国土交通省『土地利用現況把握調査』。

時期に比べて，人口増加率，世帯数増加率とも，大幅に低下したわけである。このことは，不動産市場の量的規模の伸び悩みをもたらした。昭和50年代（1975-84年）には，日本の不動産業は「低迷時代」を迎えたといわれている[2]。

ここで，表5-1-1により，日本の土地利用の地目別構成比が，1975-90年の時期にどのように変化したかをみておこう。この時期に減少が目立ったのは農用地（15.3%→14.1%）と原野（1.1%→0.7%）であり，増加が目立ったのは，宅地（3.3%→4.2%，そのうちの住宅地〔2.1%→2.6%〕とその他宅地〔0.8%→1.2%〕）と道路（2.3%→3.0%）であった。これらの土地利用の変化は，この時期の不動産市場において，需要拡大の担い手となったのは，工業用地ではなく，住宅用地や商業用地であったことを示唆している。

総じて，1974-91年の時期には，日本の不動産市場の量的規模は伸び悩みをみせたといえるが，このことは，不動産業の業容拡大が一貫して低迷したことを決して意味しない。表5-1-2からわかるように，日本の不動産業の総売上高は，1980-86年度には20兆円前後にとどまっていたが，1987年から急増し，1990年度には40兆円を突破した[3]。全産業総売上高に占める不動産業総売上高の比率も，1987年度以降，急伸した。同様の傾向は，売上高についてだけでなく，付加価値額についても観察された。日本の全産業総付加価値額に占め

---

2) 例えば，不動産協会（2007，2頁）参照。
3) 表5-1-2では，1988年度の日本の不動産業総売上高が40兆円となっているが，これは，四捨五入の結果であり，実際には39兆9,780億円であって，わずかに40兆円に及ばなかった。

る不動産業総付加価値額の比率は，1980-86年度には3.1-3.4％にとどまっていたが，1987-92年度には4.2-4.7％の水準で推移するようになった（建設省建設経済局不動産産業課 1990, 1992）。

日本の不動産業の売上高が1987年以降急増した背景には，地価の急上昇があった。1974-91年の時期にも，地価は上昇傾向をたどり，不動産業において資産効果経営を展開する条件が継続したのである。ここで，資産効果経営について，簡単に説明しておこう。

不動産業を他の産業と区別する最大の特徴は，事業対象である不動産が資産としての価値をもち，その資産価値が変動する点に求めることができる。第二次世界大戦後の日本では，不動産の資産価値の中核を占める地価が，長期にわたって継続的に上昇した。そして，地価上昇→不動産評価額拡大→含み益増加→不動産担保借入れ拡大→不動産に関する需要と投資の増大→不動産業の業容拡大と要約できる，資産効果に立脚した成長のメカニズムが観察された。資産効果経営とは，このメカニズムに依存して事業拡大を図る不動産業経営のことである。

日本では，資産効果経営を可能にする地価上昇が，1970年代後半から1991年までにかけての時期にも，引き続き生じた。この時期の地価上昇について

表 5-1-2　日本の不動産業総売上高の推移（1980-2003年度）

| 年度 | 不動産業総売上高 A（兆円） | 全産業総売上高 B（兆円） | A÷B×100（％） |
|---|---|---|---|
| 1980 | 17 | 820 | 2.1 |
| 1981 | 18 | 881 | 2.0 |
| 1982 | 17 | 902 | 1.9 |
| 1983 | 19 | 921 | 2.1 |
| 1984 | 20 | 991 | 2.0 |
| 1985 | 22 | 1,059 | 2.0 |
| 1986 | 23 | 1,057 | 2.2 |
| 1987 | 32 | 1,117 | 2.9 |
| 1988 | 40 | 1,272 | 3.1 |
| 1989 | 39 | 1,308 | 3.0 |
| 1990 | 42 | 1,428 | 2.9 |
| 1991 | 38 | 1,475 | 2.5 |
| 1992 | 36 | 1,465 | 2.5 |
| 1993 | 36 | 1,439 | 2.5 |
| 1994 | 33 | 1,439 | 2.3 |
| 1995 | 34 | 1,485 | 2.3 |
| 1996 | 36 | 1,448 | 2.4 |
| 1997 | 34 | 1,467 | 2.3 |
| 1998 | 33 | 1,381 | 2.4 |
| 1999 | 32 | 1,384 | 2.3 |
| 2000 | 30 | 1,435 | 2.1 |
| 2001 | 32 | 1,338 | 2.4 |
| 2002 | 34 | 1,327 | 2.5 |
| 2003 | 34 | 1,335 | 2.5 |

出典）建設省建設経済局不動産業課（1990, 1992, 1996），国土交通省総合政策局不動産業課（2005）。

表 5-1-3　日本の基準地価と名目 GDP（1977 年＝100）

| 年 | 全国住宅地 | 全国商業地 | 東京圏住宅地 | 東京圏商業地 | 名目 GDP |
|---|---|---|---|---|---|
| 1985 | 151.2 | 137.7 | 177.3 | 164.3 | 174.3 |
| 1991 | 225.0 | 226.7 | 421.3 | 444.4 | 252.3 |
| 2003 | 164.3 | 101.7 | 188.7 | 95.5 | 268.2 |

出典）不動産協会（2005）。原資料は、国土交通省土地・水資源局（2004）など。

は、表 5-1-3 から、次の諸点を確認することができる。

第一は、地価上昇が、バブル景気が発生した 1986-1991 年の時期に、きわめて著しかったことである。1977-85 年には、全国住宅地・全国商業地・東京圏商業地の基準地価の上昇率は、名目 GDP（国内総生産）の成長率を下回った。東京圏住宅地の基準地価上昇率だけは、名目 GDP 成長率を上回ったが、両者の差はわずかであった。これに対して、1985-91 年には、基準地価上昇率が、全国住宅地・全国商業地・東京圏住宅地・東京圏商業地のいずれについても、名目 GDP 成長率を凌駕した。

第二は、バブル期の地価上昇が、東京圏でとくに顕著だったことである。1985-91 年に、全国住宅地基準地価は 1.49 倍、全国商業地基準地価は 1.65 倍になった。これに対して、東京圏住宅地基準地価は 2.38 倍、東京圏商業地基準地価は 2.70 倍にも上昇した（ちなみに、当該期に名目 GDP は 1.45 倍になった）。その結果、1977-91 年を通してみると、全国では基準地価上昇率が名目 GDP 成長率に及ばなかったのに対して、東京圏では基準地価上昇率が名目 GDP 成長率を大きく上回るに至ったのである。

第三は、バブル期の地価上昇が、住宅地よりは商業地において著しかったことである。全国についても東京圏についても、基準地価上昇率は、1977-85 年には、住宅地の方が商業地より高かった。しかし、1985-91 年になると、いずれの場合でも、商業地基準地価上昇率が住宅地基準地価上昇率を凌駕した。

1974-91 年の地価上昇局面では、銀行の不動産業向け融資が拡大した。不動産業金融は、とくに 1980 年代後半のバブル景気時には本格的な展開をみせるようになり、ノンバンクを経由する迂回融資が大きな役割をはたすようになった。また、1980 年代には、民間事業者の活力の利用をめざす規制緩和型の都

市開発政策が積極的に展開された。

### 2）地価下落局面の不動産市場（1992-2004年）

次に，1992-2004年の地価下落局面に目を転じよう。地価上昇から地価下落への転換をもたらすきっかけとなったのは，1990年に実施された不動産業向け融資の総量規制であった。地価下落は，バブル景気の崩壊を受けて1992年に始まり，その後，10年以上にわたって継続した。

表5-1-3が示すように，基準地価は，1991年から2003年にかけて，全国住宅地で27.0％，全国商業地で55.1％，東京圏住宅地で55.2％，東京圏商業地で78.5％も，下落した。この間，日本のGDPは，低水準ながらも6.3％の成長をとげたから，地価下落は，突出した現象となった。基準地価の低落率からわかるように，1992年に始まった地価下落は，東京圏でとくに顕著だった。また，住宅地でよりも商業地での方が，低落率が大きかった。

地価下落局面が始まったことによって，日本の不動産業は，大きな変化に直面することになった。それは，第二次世界大戦後一貫して続いてきた資産効果が消滅し，逆に「マイナスの効果」が発生するという変化であった。もはや，不動産業における資産効果経営の継続は，不可能になったのである（橘川 2005）。

この時期に日本の人口は，1991年10月1日の1億2,410万人から2002年10月1日の1億2,744万人へ，2.7％増加した[4]。一方，日本の世帯数は，1990年10月1日の4,067万世帯から2000年10月1日の4,678万世帯へ，15.0％の伸びを示した。1世帯あたり人員は，1990年10月1日には2.99人であったが，2000年10月1日には2.67人となった。

人口増加の頭打ちがいっそう明確になったことに加えて，地価下落が生じたことによって，1990年代になると，日本の不動産業は，不況色を強めた。表5-1-2からわかるように，不動産業の総売上高は，1991-94年度に減少し[5]，

---

4）その後，日本の総人口は，2005年に減少に転じた（厚生労働省大臣官房統計情報部編『平成17年 人口動態統計の年間推計』，2005年12月22日，http://www.mhlw.go.jp/toukei/sakuin/hw/jinkou/suikei05/index.html。

1997年度以降，35兆円を下回る水準で推移するようになった。全産業総売上高に占める不動産業総売上高の比率も，1991年度から，2.1-2.5％の水準で低迷し続けた。

　ここで，表5-1-1により，日本の土地利用の地目別構成比が，1990-2002年の時期にどのように変化したかをみておこう。この時期に減少が目立ったのは農用地（14.1％→12.8％）と森林（66.8％→66.4％）であり，増加が目立ったのは，宅地（4.2％→4.8％，そのうちの住宅地〔2.6％→2.9％〕とその他宅地〔1.2％→1.5％〕）と道路（3.0％→3.4％）とその他（7.6％→8.3％）であった。これらの土地利用の変化は，この時期の不動産市場においても，需要拡大の担い手となったのが，工業用地ではなく，住宅用地や商業用地であったことを示している。

　1992年以降の時期には，1974-91年の時期と比べて，不動産市場の量的規模の伸び悩みが，いっそう顕著になった。1993年から規制緩和型の土地・住宅政策が再開されたが，すぐには効果をあげなかった。地価下落により，資産効果経営は，過去のものとなった。日本の不動産業における「土地神話」は，バブル経済によって極大化したのち，バブル終焉とともに崩壊に向かったのである。

（橘川 武郎）

## 2. ビジネスチャンスの変化と不動産業

### 1）開　発

　1991／92年を転換点にして地価上昇局面と地価下落局面とに二分される1974-2004年の時期には，日本の不動産業をめぐるビジネスチャンスのあり方も，大きく変容した。それに対応する形で，不動産業の業況も，変化をとげた。本節では，これらの点に光を当てる。不動産業の事業内容は，多岐にわた

---

5）厳密にいえば，日本の不動産業の総売上高は1992-93年度に一時的に増加した（35兆9,642億円→35兆9,687億円）が，その増加幅は僅少であった。

る。それを機能に即して分類すると，開発，分譲，賃貸・管理，流通，補修，に大別することができる。以下では，この順序で，各事業について掘り下げる[6]。

　開発とは，不動産業のビジネス全体の流れのなかで初期段階を担当する事業であり，土地の利用可能性を具現化するものである。1970年代後半から2000年代前半までの時期における日本の不動産業の開発事業については，業況の推移の違いにもとづいて，①第一次石油危機以降，後退の一途をたどったもの，②バブル景気時に業容が拡大したものの，その後は業容が縮小したもの，③バブル景気時の拡大とバブル崩壊後の縮小を経て，1990年代末‒2000年代初頭に業容が再び拡大したもの，の3つのタイプに区分することができる。

　石油危機後衰退した①のタイプの典型的な事例としては，浚渫埋立プロジェクトを指摘しうる。環境影響評価制度を導入した1973年の公有水面埋立法の改正により，日本における浚渫埋立事業は，大きな制約を課せられることになった。①のタイプのもうひとつの事例としては，ニュータウン開発をあげることができる。高度経済成長期に大都市近郊で活発に展開されたニュータウン開発は，石油危機後，衰退の道をたどることになった。これは，大都市郊外への大規模な人口流出が一段落したことに加えて，1969年の新都市計画法にもとづく線引き制度の実施により多くの開発適地が市街化調整区域に組み込まれたこと，1970年代にはいると地方公共団体による開発規制が強化されたこと，宅地開発指導要綱等による行政指導を通じて公共公益負担が増大したこと，規制強化が事業期間を長期化させ宅地保有コストの拡大をもたらしたこと，などによるものであった。その結果，日本の宅地供給量は，1972年度にピークに達したのち，表5‒2‒1のAにあるように，一貫して減少傾向を示すようになった。

　バブル期に拡大し，その後縮小した②のタイプの開発事業としては，リゾート開発が典型的である。1970年代後半から，週休2日制の普及による余暇の増大や娯楽ニーズの多様化などを背景にして，大規模なスキー場・マリーナ・

---

6) 以下の記述は，不動産協会（2005），同（2007）によるところが大きい。

表 5-2-1 日本の宅地供給量・リゾートマンション発売戸数の推移（1973-2002 年度）

| 年度 | 宅地供給量 A（百 ha） | リゾートマンション発売戸数 B（戸） |
|---|---|---|
| 1973 | 228 | 8,407 |
| 1974 | 197 | 3,257 |
| 1975 | 163 | 3,618 |
| 1976 | 150 | 1,257 |
| 1977 | 135 | 1,226 |
| 1978 | 135 | 754 |
| 1979 | 134 | 2,108 |
| 1980 | 124 | 905 |
| 1981 | 118 | 321 |
| 1982 | 114 | 1,605 |
| 1983 | 112 | 1,471 |
| 1984 | 108 | 793 |
| 1985 | 102 | 828 |
| 1986 | 104 | 1,975 |
| 1987 | 103 | 2,672 |
| 1988 | 107 | 11,564 |
| 1989 | 103 | 12,583 |
| 1990 | 108 | 16,273 |
| 1991 | 112 | 9,319 |
| 1992 | 110 | 5,028 |
| 1993 | 104 | 1,910 |
| 1994 | 108 | 2,365 |
| 1995 | 106 | 717 |
| 1996 | 101 | 426 |
| 1997 | 94 | 565 |
| 1998 | 88 | 339 |
| 1999 | 84 | 318 |
| 2000 | 86 | 664 |
| 2001 | 69 | 693 |
| 2002 | 67 | 677 |

出典）A は国土交通省総合政策局不動産業課監修（2005）。B は不動産協会（2005）。

ゴルフコース等や宿泊可能な複合リゾート施設が，全国各地に姿をみせるようになった。1983 年には千葉県浦安市で東京ディズニーランドがオープンし，ウォーターフロントにおけるリゾート開発に先鞭をつけた。このようなリゾート開発ブームを一挙に加速したのが，1987 年の総合保養地域整備法（いわゆる「リゾート法」）である。リゾート法にもとづき，1994 年 3 月末までに 41 道府県で基本構想が認可され，リゾート開発は地域振興の目玉となった。表 5-2-1 の B にある通り，1974 年度以降低迷していた日本のリゾートマンションの発売戸数は，リゾート法施行以降急増し，1988-90 年度に年間 1 万戸の大台を超えて，1990 年度には 1 万 6,273 戸に達した。

リゾート法とバブル景気の影響で急拡大した日本のリゾート開発事業は，バブル崩壊とともに，急激に縮小した。リゾートマンションの発売戸数は，1991 年度から減少傾向に転じ，1995 年度以降，年間 1,000 戸を下回る水準で低迷するようになった（表 5-2-1 の B）。リゾート開発の不振は長期化し，リゾート法の適用第一号となったシーガイア（宮崎県）が 2001 年に，ハウステンボス（長崎県）が 2003 年に，それぞれ会社更生法の適用を申請した。全国各地でリゾート開発構想の多くが，頓挫したのである。

バブル期の拡大とバブル崩壊後の縮小を経て，1990年代末-2000年代初頭に再度業容を拡大した③のタイプの開発事業としては，都市再生プロジェクトをあげることができる。1974-2004年の時期における日本の都市再生事業の展開過程については，項を改めて掘り下げることにする。

## 2）都市再生事業

高度経済成長期のビルブームは，石油危機の発生によって一段落し，1978年竣工のサンシャインシティ（東京）を除けば，目立ったビル建設は行われなくなった。しかし，1980年代にはいると，都市再生事業の先駆けともいえる，質の高い「街づくり」プロジェクトが登場するに至った。1981年に完成した日比谷シティ（東京）では，4棟のビルが建設されたが，それらは，街区内で空中権[7]を売買したことで，注目された。また，1986年には，都市再開発法（1969年制定）にもとづく，初の民間主導の市街地再開発事業として，アークヒルズ（東京）が竣工した。

バブル景気が始まると，都心部の再開発やウォーターフロントの開発などを中心にして，都市再生プロジェクトは，最盛期を迎えた。表5-2-2のAにある通り，日本のオフィスビル着工面積は1987-92年に高水準を記録した。オフィスビル着工ブームは東京圏で著しく，東京圏でのビル着工は，全国のそれよりも長く，1985-93年に活発化した。ただし，バブル期には，大阪圏でのビル着工床面積も増大した。社団法人不動産協会は，当時の状況について，「50年代末（昭和50年代末＝1983-84年ごろ——引用者），国土庁（現・国土交通省）や各種のシンクタンクなどから，極めて旺盛な需要予測が発表されたこともあり，推計需要床面積の10年分を3年で着工するほどのビル建設ラッシュとなりました。ディベロッパー以外の企業も続々とビル事業に参入し，バブルと呼ばれた地価高騰に拍車をかけました」（不動産協会 2007，17頁），と説明している。前節で述べたように，バブル期の地価上昇は東京圏の商業地においてとく

---

[7] 空中権は，土地の上部空間を利用する権利と，隣接敷地等の容積率の移転を受けて利用する権利とから成る。日比谷シティでは，日比谷国際ビル等が，プレスセンタービルの余剰容積の譲渡を受けた。

表 5-2-2 日本のオフィスビル着工床面積と空室率（1982-2003 年）

| 年度／年 | オフィス着工床面積 A（ha） | | | 事務所ビル空室率 B（％） | | |
|---|---|---|---|---|---|---|
| | 全　国 | 東京圏 | 大阪圏 | 東京以外の全国 | 東　京 | 大　阪 |
| 1982 | 1,066 | 296 | 146 | 2.6 | 1.3 | 2.4 |
| 1983 | 1,145 | 352 | 174 | 2.3 | 0.8 | 1.4 |
| 1984 | 1,311 | 385 | 213 | 2.5 | 0.7 | 1.5 |
| 1985 | 1,510 | 488 | 245 | 2.5 | 0.2 | 0.7 |
| 1986 | 1,527 | 615 | 203 | 2.9 | 0.2 | 0.9 |
| 1987 | 1,745 | 713 | 250 | 3.5 | 0.3 | 1.4 |
| 1988 | 1,929 | 731 | 281 | 3.1 | 0.3 | 0.9 |
| 1989 | 2,177 | 728 | 384 | 1.9 | 0.2 | 0.4 |
| 1990 | 2,452 | 907 | 392 | 1.0 | 0.2 | 0.2 |
| 1991 | 2,227 | 804 | 307 | 0.7 | 0.2 | 0.3 |
| 1992 | 1,850 | 686 | 205 | 0.8 | 0.5 | 0.4 |
| 1993 | 1,280 | 366 | 148 | 2.4 | 1.8 | 2.0 |
| 1994 | 1,107 | 271 | 124 | 5.1 | 2.9 | 4.1 |
| 1995 | 1,097 | 291 | 170 | 6.8 | 4.7 | 5.7 |
| 1996 | 1,180 | 276 | 201 | 5.2 | 4.7 | 5.4 |
| 1997 | 1,119 | 275 | 142 | 4.5 | 4.2 | 4.8 |
| 1998 | 859 | 236 | 121 | 4.9 | 3.4 | 4.7 |
| 1999 | 880 | 355 | 90 | 6.6 | 3.7 | 6.4 |
| 2000 | 817 | 308 | 90 | 8.0 | 3.7 | 6.7 |
| 2001 | 832 | 335 | 91 | 5.7 | 3.2 | 10.9 |
| 2002 | 683 | 227 | 85 | 5.9 | 2.8 | 10.0 |
| 2003 | 755 | 289 | 75 | 7.2 | 4.1 | 12.2 |

出典）A の 1982-93 年度は建設省建設経済局不動産業課監修（1994）、1994-2003 年度は国土交通省総合政策局不動産業課監修（2005）。B の 1982-84 年は建設省建設経済局不動産業課監修（1994）、1985-97 年は三井不動産株式会社企画調査部調査課編（1999）、1998-2003 年は不動産協会（2005）。

注1）A は、年度データで、建築基準法第 15 条第 1 項にもとづく建築工事届における使途別事務所の集計値。工事届における着工予定日に一括して計上。東京圏は東京都・神奈川県・千葉県・埼玉県。大阪圏は大阪府・京都府・兵庫県。
　2）B は、各年 4 月 1 日現在。東京は都心 5 区ほか。大阪は大阪市ほか。

に激しかったが、それは、このようなメカニズムが作用したからである。

　ビル建設ラッシュを受けて、バブルおよびその直後の日本では、千葉県幕張や横浜みなとみらい21などの都市臨海部の開発が進展するとともに、1990年に大阪ビジネスパーク・御殿山ヒルズ（東京）、1991年に横浜ビジネスパーク、1992年に天王洲アイル（東京）、1993年に新梅田シティ（大阪）・大川端リバーシティ21（東京）・世田谷ビジネススクエア（東京）、1994年に聖路加病

**表 5-2-3** 東京 23 区内の大規模オフィスビルの竣工延床面積と 3 大都市の事務所新規実質賃貸料の推移（1988-2003 年）

| 年／年度 | 東京 23 区内大規模オフィスビルの竣工延床面積 A（ha） | 事務所新規実質賃貸料 B（円／坪，月額） | | |
|---|---|---|---|---|
| | | 東　京 | 大　阪 | 名古屋 |
| 1988 | 83 | 23,470 | 12,990 | 9,522 |
| 1989 | 100 | 26,850 | 13,520 | 9,691 |
| 1990 | 108 | 30,000 | 14,210 | 10,119 |
| 1991 | 104 | 35,650 | 16,560 | 11,166 |
| 1992 | 114 | 33,750 | 19,360 | 12,528 |
| 1993 | 118 | 28,420 | 17,470 | 12,589 |
| 1994 | 183 | 23,580 | 16,090 | 11,900 |
| 1995 | 92 | 20,040 | 15,180 | 11,583 |
| 1996 | 119 | 18,670 | 14,770 | 11,320 |
| 1997 | 74 | 17,940 | 14,150 | 11,330 |
| 1998 | 99 | 17,460 | 13,770 | 11,260 |
| 1999 | 36 | 16,740 | 13,230 | 11,040 |
| 2000 | 72 | 16,190 | 12,880 | 10,870 |
| 2001 | 91 | 15,990 | 12,320 | 10,790 |
| 2002 | 125 | 15,670 | 11,670 | 10,650 |
| 2003 | 216 | 15,310 | 11,230 | 10,530 |

出典）不動産協会（2005）より作成。
注 1）Aは年次データ，Bは年度データ。
　2）Aは，東京 23 区内にある事務所部分の延床面積が 1ha 以上の新築大規模オフィスビルが対象。竣工延床面積には，事務所の部分のみを計上し，店舗・住宅・ホテル等の部分を含まず。
　3）Bの実質賃貸料とは，正味 1 坪に対して，預託金の運用益（年率 6％で算出）を含めた賃料で賃貸条件を一律に比較するため算出したもの。実質賃貸料＝（預託金額×運用率÷12＋賃料月額）÷（1－共用負担率）。運用率は，年率 6％。共用負担率は，契約面積に含まれる共用負担面積の割合。

院再開発（東京）・恵比寿ガーデンプレイス（東京）などが相次いで竣工し，都心部の再開発が進んだ。しかし，バブル崩壊から数年経過すると，ビル建設ラッシュは完全に終息し，全国的に「ビル不況」と呼ばれる状況が現出した。表 5-2-2 のAにあるように，日本のオフィスビル着工床面積は，1998 年度以降，年間 1,000ha の大台を割り込むようになった。

　ここで注目する必要があるのは，都市再生事業の場合には，前項でみたリゾート開発事業の場合とは異なり，1990 年代末から 2000 年代初頭にかけての時期に，再度活発化したことである。その点は，1999-2001 年度に東京圏のオフィスビル着工床面積が増大し，年間 300ha を上回る水準に達した（表 5-2-2

のA）ことに示されている。表5-2-3のAからわかるように、東京23区内の大規模オフィスビルの竣工延床面積は、2002年には、バブル期およびその直後（1989-93年）を上回る水準に達し、2003年には、過去最高の1994年の183haを凌駕して216haに及んだ[8]。2002-04年に東京では、丸の内ビル、汐留地区再開発計画A-I街区、品川グランドコモンズ、六本木ヒルズ、COREDO日本橋、丸の内オアゾなどの大規模な都市再生プロジェクトが、次々と竣工したのである。

　1990年代末-2000年代初頭の都市再生事業の活発化は、バブル期のビル建設ラッシュとは、2つの点で異なっていた。第一は、それが、政策的に誘導されたものだったことである。経済波及効果が大きい都市再生事業は、バブル崩壊後の長期不況を克服し、日本経済を再生させるための重要施策のひとつとして位置づけられた。そのため、「平成9年から10年にかけて（1997年から1998年にかけて──引用者）、政府の経済対策においても再開発事業の促進のための数々の施策が打ち出され、都市基盤整備公団（現・都市再生機構）や民間都市開発推進機構の活用など体制整備が図られるとともに、認定再開発事業制度、特定事業参加者制度の創設や再開発事業の迅速化・支援のための措置が講じられるなど、事業環境の改善が図られ」た（不動産協会 2007, 20頁）。2002年に都市再生特別措置法が施行されたのも、このような流れに沿う動きだったのである。

　第二は、1990年代末-2000年代初頭の都市再生事業の活発化が、東京に限定された現象だったことである。表5-2-2のAが示すように、バブル期とは異なりこの時期には、大阪圏のオフィスビル着工床面積が増大することはなかった。この点は、日本全国のオフィスビル着工床面積についても、同様であった。1990年代末-2000年代初頭の都市再生事業の活発化は、いわゆる「東京一極集中」の所産でもあったわけである。

---

[8] このため、2003年には東京におけるオフィスビルの供給過剰が社会問題化し、「2003年問題」と呼ばれた。

## 3）分　譲

　顧客ニーズに対応するよう加工した不動産を顧客に対して販売するのが，不動産分譲事業である。不動産分譲事業では，宅地や戸建住宅，マンションなどを供給する住宅分譲事業が中心となる。

　表5-2-4は，日本の住宅に関するストックデータを，1973-2003年の時期についてまとめたものである。同表からわかるように，この時期には，住宅ストック数，1住宅あたり延床面積とも，着実に増大した。住宅ストック総数の伸びは，居住世帯数の伸びを上回り，空家率は，1973年の5.5％から2003年の12.2％へ2.2倍になった。なお，持家率が1980年代半ば以降伸び悩むようになったのは，表5-2-5のAにあるように，貸家の新設着工戸数が増大した[9]ためである。不動産分譲事業の中心となる住宅分譲事業では，戸建住宅やマンションなどを販売する。表5-2-5のAとBでは，表5-2-4の場合とは異なり，分譲戸建住宅や分譲マンションなどを含む分譲住宅が，持家とは別に計上されている。

　表5-2-5のAからわかるように，日本の分譲住宅の年間新設着工戸数は，

表5-2-4　日本の住宅に関するストックデータ

| 調査年 | 住宅ストック数（千戸） | | | | 持家率（％） | 空家率（％） | 1住宅あたり延床面積（m²） | | |
|---|---|---|---|---|---|---|---|---|---|
| | 総数 | 居住世帯のある住宅 | 持家 | 借家 | | | 総数 | 持家 | 民営借家 |
| 1973 | 31,059 | 28,731 | 17,007 | 11,723 | 59.2 | 5.5 | 77.1 | 103.1 | 36.0 |
| 1978 | 35,451 | 32,189 | 19,428 | 12,689 | 60.4 | 7.6 | 80.3 | 106.2 | 37.0 |
| 1983 | 38,607 | 34,705 | 21,650 | 12,951 | 62.4 | 8.6 | 85.9 | 111.7 | 39.2 |
| 1988 | 42,007 | 37,413 | 22,948 | 14,015 | 61.3 | 9.4 | 89.3 | 116.8 | 41.8 |
| 1993 | 45,879 | 40,773 | 24,376 | 15,691 | 59.8 | 9.8 | 91.9 | 122.1 | 42.0 |
| 1998 | 50,246 | 43,922 | 26,468 | 16,730 | 60.3 | 11.5 | 92.4 | 122.7 | 42.0 |
| 2003 | 53,891 | 46,863 | 28,666 | 17,166 | 61.2 | 12.2 | 94.9 | 123.9 | 44.3 |

出典）国土交通省住宅局住宅政策課（2005）。
注1）住宅総数には，居住世帯のある住宅のほか，空家，一時現在者のみの住宅，建築中の住宅を含む。
　2）居住世帯のある住宅には，所有関係不詳分を含む。

---

9）例えば，年間新設着工戸数の点で，1984年度以降，貸家が持家（分譲住宅を除く）を上回る状況が継続するようになった（表5-2-5のA。貸家が持家を下回ったのは，1994年度，1999年度，2000年度のみである）。

表 5-2-5　日本の住宅に関するフローデータ（1974-2004 年）

| 年度／年 | 新設住宅着工戸数 A（千戸） | | | 着工新設住宅の1戸あたり床面積 B (㎡) | | | マンション供給戸数 C | | |
|---|---|---|---|---|---|---|---|---|---|
| | 持家 | 分譲住宅 | 貸家 | 持家 | 分譲住宅 | 貸家 | 着工(千戸) | 竣工（千戸） | ［うち首都圏超高層（戸）］ |
| 1974 | 665 | 217 | 339 | 102.3 | 70.9 | 50.8 | — | 123 | [ — ] |
| 1975 | 730 | 251 | 409 | 104.8 | 70.2 | 51.4 | — | 71 | [ — ] |
| 1976 | 703 | 319 | 474 | 108.3 | 72.7 | 50.5 | — | 49 | [ — ] |
| 1977 | 715 | 354 | 434 | 111.0 | 74.6 | 53.2 | — | 70 | [ — ] |
| 1978 | 677 | 352 | 441 | 115.1 | 77.6 | 54.6 | — | 99 | [ 174] |
| 1979 | 714 | 346 | 399 | 118.9 | 81.8 | 55.0 | 130 | 103 | [ 189] |
| 1980 | 583 | 311 | 296 | 119.3 | 83.5 | 57.1 | 146 | 111 | [ 176] |
| 1981 | 557 | 257 | 307 | 120.3 | 82.9 | 54.9 | 139 | 118 | [ 179] |
| 1982 | 574 | 227 | 334 | 122.0 | 80.6 | 52.2 | 115 | 124 | [ — ] |
| 1983 | 471 | 239 | 405 | 124.1 | 77.2 | 48.6 | 129 | 102 | [ — ] |
| 1984 | 473 | 230 | 482 | 125.5 | 77.4 | 46.5 | 126 | 113 | [ — ] |
| 1985 | 460 | 227 | 544 | 127.4 | 79.8 | 46.8 | 126 | 112 | [ 328] |
| 1986 | 480 | 220 | 679 | 130.2 | 81.5 | 45.7 | 116 | 108 | [ 481] |
| 1987 | 563 | 256 | 887 | 130.6 | 84.4 | 45.2 | 141 | 107 | [ 648] |
| 1988 | 497 | 299 | 842 | 131.3 | 88.3 | 47.1 | 170 | 123 | [ 1,511] |
| 1989 | 499 | 322 | 821 | 134.0 | 88.9 | 45.8 | 186 | 148 | [ 1,729] |
| 1990 | 474 | 387 | 767 | 136.8 | 83.7 | 45.1 | 248 | 164 | [ 1,439] |
| 1991 | 448 | 273 | 582 | 137.3 | 89.6 | 47.4 | 165 | 186 | [ 2,351] |
| 1992 | 482 | 217 | 687 | 137.5 | 90.3 | 48.7 | 111 | 173 | [ 2,853] |
| 1993 | 537 | 290 | 652 | 137.1 | 88.7 | 51.1 | 158 | 117 | [ 1,525] |
| 1994 | 581 | 378 | 574 | 138.8 | 89.2 | 52.9 | 227 | 136 | [ 2,656] |
| 1995 | 551 | 345 | 564 | 137.4 | 90.6 | 52.3 | 198 | 190 | [ 1,421] |
| 1996 | 636 | 352 | 616 | 141.0 | 93.1 | 53.0 | 200 | 200 | [ 1,161] |
| 1997 | 451 | 351 | 516 | 139.2 | 92.4 | 52.0 | 211 | 182 | [ 2,423] |
| 1998 | 438 | 282 | 444 | 139.0 | 92.8 | 51.2 | 166 | 184 | [ 2,120] |
| 1999 | 476 | 312 | 426 | 139.3 | 95.4 | 53.2 | 192 | 169 | [ 3,164] |
| 2000 | 438 | 346 | 418 | 139.0 | 97.5 | 53.0 | 218 | 173 | [ 7,743] |
| 2001 | 377 | 344 | 442 | 137.0 | 98.1 | 51.4 | 223 | 203 | [ 8,338] |
| 2002 | 366 | 316 | 455 | 135.8 | 96.1 | 50.0 | 198 | 209 | [ 7,995] |
| 2003 | 373 | 334 | 459 | 134.8 | 95.0 | 48.8 | 202 | 199 | [ 14,984] |
| 2004 | 367 | 349 | 467 | 134.2 | 95.9 | 47.4 | 207 | 186 | [ 12,516] |

出典）建設省住宅局住宅政策課（1993），国土交通省住宅局住宅政策課（2005），より作成。
注1）A, B は年度データ。C は年次データ。
　2）表 5-2-4 の持家の場合とは異なり，この表の持家には，分譲住宅を含まず。
　3）超高層マンションは，20 階建て以上のマンション。

1976-80年度，1989-90年度，1994-2004年度（1998年度を除く）に30万戸を超えた。1970年代後半とバブル期に増大した点では持家の年間新設着工戸数と変わりがなかったが，バブル崩壊後の1990年代半ば以降の時期については，大きな違いがみられた。1997年度以降，持家の年間新設着工戸数が減少傾向をたどったのに対して，分譲住宅のそれはほぼ横ばいで推移したのである。景気回復対策として，1996年度以降，住宅金融公庫融資の大幅拡充，住宅ローン控除制度の拡大などの措置がとられたが，このうちの住宅金融公庫融資の拡充は，住宅分譲にとくに追い風となった。また，都心回帰の傾向が強まり，新設住宅着工戸数に占める新設マンション着工戸数の比率が，1997年度以降，ほぼ一貫して15％を上回るようになった（国土交通省住宅局住宅政策課 2005，42頁）[10]ことも，住宅分譲の業容維持に貢献した。

　そのマンションの供給戸数の推移は，表5-2-5のCに示してある。資料上の制約があり，着工・竣工とも，分譲用と賃貸用との合計値であるが，マンション分譲のおおよその動向は，このデータから読み取ることができる[11]。日本のマンションの供給戸数は，石油危機後低迷を続けたが[12]，着工ベースでは1988年から（ただし，1992年を除く），竣工ベースでは1990年から（ただし，1993，94年を除く），ほぼ一貫して年間15万戸を超えるようになった。バブル崩壊後のマンション供給の堅調が目立つわけであるが，これは，分譲マンションの1戸あたり価格が低下したこと，都心回帰が進み超高層マンションの建設ラッシュが生じたこと，などによるものである。

　1970年代の後半には，いわゆる「億ション」の登場が話題となったが，その後，マンションの分譲価格は，バブル期の一時的高騰を経て，低下傾向をたどった。首都圏のマンションの1戸あたり平均分譲価格は，1985年に2,683万円（専有面積1m²あたり42.7万円，以下同様）だったものが，バブル景気時の

---

10) ただし1998年度だけは，この比率が，一時的に低下し，14.1％にとどまった。
11) 首都圏超高層マンション竣工戸数の内訳は，2003年については分譲用が1万1,299戸，賃貸用が3,685戸，2004年については分譲用が9,511戸，賃貸用が3,005戸であった（国土交通省住宅局住宅政策課 2005，43頁）。
12) この点では，1976年の建築基準法の改正で日影規制が導入されたことも，影響を及ぼした。

1990年には6,123万円（93.4万円）と急上昇したが，その後は，1993年に4,488万円（70.4万円），1998年に4,168万円（58.7万円），2003年に4,069万円（54.5万円），と低落したのである（建設省建設経済局不動産業課 1996，72頁，国土交通省総合政策局不動産業課 2005，57頁）。

一方，表5-2-5のCが示すように，2000年代にはいると，首都圏を中心にして，超高層マンションの建設が相次いだ。これは，都心回帰のニーズを反映したものであるとともに，政府や東京都が実施した一連の政策的支援[13]を反映したものでもあった。1990年代末-2000年代初頭の東京における都市再生事業の活発化は，ビル部門だけでなく，住宅部門でも観察されたのである。

表5-2-5のBからわかるように，1974-2004年の時期に，分譲マンションを含む分譲住宅の1戸あたり床面積は，多少の波を含みながらも，総じて拡大した。1戸あたり床面積の点で，持家に対して分譲住宅が劣位である点に変わりはなかったが，バブル崩壊後，両者間の格差が多少縮小した点は，注目される。

### 4）賃貸・管理

分譲事業では不動産が売買の対象となるが，不動産の利用形態は，それだけにとどまるわけではない。所有者自らが不動産を利用することもあるし，所有者が不動産を賃貸して運用することもある。賃貸するケースでは，所有者ないし第三者が，当該物件を管理・運営することが求められる。不動産業における賃貸・管理事業では，所有物件を自ら賃貸して賃貸料を得る業務や，賃貸物件の管理・運営を所有者から受託して顧客（利用者）サービスに関する手数料を得る業務が，中心となる。

不動産賃貸事業の重要な一角を占めるビル賃貸事業は，1980年代から2000年代初頭にかけての時期に，どのような動きを示しただろうか。この点を，表

---

[13] 1997年の高層住居誘導地区の創設やマンション等共同住宅の容積率制限の合理化，1998年の建築基準法改正による連担建築物設計制度の導入などが，これにあたる。また，この時期に，東京都は都心居住推進本部を，政府は都市再生本部を，それぞれ発足させた。

5-2-2 と表 5-2-3 によって,振り返ることにしよう。表 5-2-2 が示すように,1980 年代前半には東京で空室率が低下し,それにともなって,東京圏でオフィス着工床面積が拡大した。このような動きは,やがて大阪圏,そして全国へと広がり,既述のように,1989-91 年のバブル期には,ビル建設ラッシュが生じた。しかし,バブル崩壊を受けて,1993 年に東京,大阪,その他地域の空室率は大幅に上昇し,一転して,ビル不況が現出した。ビル不況は,1990 年代末-2000 年代初頭に東京で都市再生事業の活発化がみられたことを除けば長期化し,とくに大阪では,2001 年以降,空室率が 10% を超えるに至った。

表 5-2-3 からわかるように,東京・大阪・名古屋の事務所新規実質賃貸料は,バブル期に上昇したものの,バブル崩壊後は低下した。この面では,東京・大阪・名古屋のあいだに大きな違いはなく,バブル崩壊後の東京の賃貸料低下率が大きかったため,東京の事務所新規実質賃貸料が大阪・名古屋のそれに比べて高位であるという都市間格差は,縮小に向かった。つまり,1990 年代末-2000 年代初頭の東京での都市再生事業の活発化も,東京における賃貸料の低下という,大きな流れを変えることはできなかったのである。このことは,日本のビル賃貸事業においても,地価上昇を背景とする賃貸料上昇に依拠した,資産効果経営が終焉したことを,意味している。

ビル賃貸事業とともに不動産賃貸事業の重要な一角を占めるのは,住宅賃貸事業である。表 5-2-4 と表 5-2-5 により,1970 年代半ば-2000 年代半ばの住宅賃貸事業の動きを,ごく簡単に振り返ろう。

表 5-2-4 にある通り,1973 年に 1,172 万戸であった日本の借家ストック数は,2003 年には 1,717 万戸に増加した。ただし,全住宅ストック数に対する借家ストック数の比率は,この期間に,37.7% から 31.9% へ,5.8 ポイント低下した。借家中の多くの部分を占める民営借家[14]の 1 住宅あたり延床面積は着実に拡大したが,それでも,持家のそれに比べれば,はるかに狭小なままであった。

---

14) 2003 年の借家ストック数 1,717 万戸の内訳は,民営借家が 1,256 万戸,公営借家が 218 万戸,公団公社借家が 94 万戸,給与住宅借家が 149 万戸であった(国土交通省総合政策局不動産業課 2005, 12 頁)。

ここで注目する必要があるのは，表5-2-5からわかるように，1980年代に貸家の新設着工戸数が急伸したことである。1980年代には着工新設貸家の1戸あたり床面積は，前後の時期に比べて縮小しており，この時期には，やや狭小な貸家が大量に供給されたことになる。このような現象が生じた背景について，建設省住宅局住宅政策課（1993, 19頁）は，「家賃の安定的な伸び，建築費の相対的な安定，低水準の金利等により貸家経営の意欲が高まったこと，若年人口及び単身世帯が増加したこと」などを指摘している。なお，貸家の年間新設着工戸数は，分譲住宅のそれとは異なり，バブル崩壊後の時期には縮小した。

## 5）流　通

　流通事業は，不動産業全体のなかで，きわめて重要な意味をもつ事業分野である。なぜなら，「不動産は，売買や賃貸借等の流通を通じて所有者や利用者が変わり，その価値を永続的なものと」するからである。また，不動産流通業は，経済全体のなかでも，小さくない役割をはたしている。というのは，「取引当事者の新生活や新事業は，経済的な波及効果を伴うことから，不動産流通の活性化は，高い経済的効果をもたらす」ためである[15]。

　不動産流通業の特徴のひとつは，中小業者のウエイトが大きい点に求めることができる。本書の序章で指摘したように，「不動産は非常に差別化された財である」ため，不動産流通を円滑に進めるためには，個別物件ごとのきめの細かい対応が求められる。これが，中小不動産流通業者の存在理由となっている。

　日本の不動産業界では，1960年代末から1970年代にかけて，大企業が相次いで流通事業に参入したため，不動産流通業における大手業者・中小業者間の分野調整が，社会問題化した。しかし，この時期にも，不動産流通を担う宅地建物取引業者の数は，急増した。1967年度に4万5,295だった宅地建物取引業者数は，1975年度には8万8,122，1985年度には10万8,337，1991年度は14

---

[15] ここでの引用は，いずれも，不動産協会（2005）「流通」からのものである。

万 4,064，と推移した（建設省建設経済局不動産業課 1994，11 頁）。

　ところが，バブル崩壊後の時期には，このような状況に大きな変化が生じた。1991 年度をピークにして，日本の宅地建物取引業者数が減少傾向に転じ，2003 年度には 13 万 298 となった（国土交通省総合政策局不動産業課 2005，13 頁）。中小不動産流通業者の淘汰が進んだわけであるが，これは，基本的には，資産デフレが継続するなかで，高値で住宅を取得した消費者の買い替えが進まないなど，不動産取引が停滞したためである。取引が成立した場合でも，成約平均価格は，大幅に下落した。バブル期の 1991 年 1-3 月にそれぞれ 6,338 万円と 4,083 万円だった首都圏の既存戸建住宅成約平均価格と既存マンション成約平均価格は，2004 年 1-3 月には 3,259 万円と 2,012 万円にまで低落した（不動産協会 2005）。成約価格の下落もまた，中小不動産流通業者の淘汰を促進したのである。

### 6）補　修

　開発，分譲，賃貸・管理，流通の各事業以外で，不動産業者が携わっている重要な事業分野に，補修（リフォーム）事業がある。日本における不動産補修事業の市場規模は，1989 年度の 3 兆 4,000 億円から 1996 年度の 5 兆 7,400 億円まで拡大したあと，いったん縮小したが，1999 年度から再び増加傾向に転じ，2002 年度には 5 兆 6,100 億円まで回復した（不動産協会 2005)[16]。

　不動産補修事業は，2 つの点で注目すべき事業分野である。ひとつは，日本の他の不動産関連諸事業とは異なり，バブル崩壊後の時期にも，着実に業容を拡大させたことである。これは，補修の必要な住宅ストックが増大したこと[17]，1995 年の阪神・淡路大震災の影響等により長期不況下でも耐震改築ニーズが高まったこと[18]，などによるものである。いまひとつは，不動産流

---

16) ここであげた数値は，日本における狭義の不動産補修事業の市場規模であり，住宅着工統計上，新規住宅に区分される増築・改築戸数の工事費や，リフォーム関連の家庭用耐久消費財，インテリア商品等の購入費などを加えた広義の不動産補修事業の市場規模を算出すると，1989 年度が 5 兆 7,800 億円，1996 年度が 9 兆 600 億円，2002 年度が 7 兆 3,100 億円となる（不動産協会 2005）。

通業の場合と同様に，中小不動産事業者の役割が大きいことである。ここでも，その根拠は，「不動産は非常に差別化された財である」点に求められる。ただし，かつて不動産流通業でもそうであったように，最近では，不動産補修事業への大手不動産業者の参入が目立っている。補修事業をめぐる日本の不動産業界のあり方は，遠くない将来に様変わりするかもしれない。

(橘川 武郎)

## 3. 不動産企業の動向

### 1）企業数と規模別構成

　第一次石油危機以降，地価上昇局面から地価下落局面へと事業環境が大きく変化するなかで，日本の不動産企業は，どのような動きを示したのであろうか。表5-3-1は，不動産業における法人数・事業所数・従業員数の推移を，1970年代初頭-2000年代初頭の時期について示したものである。この表から，不動産企業の大まかな動向について，次のような事実を読みとることができる。

　地価上昇が継続した1972-1991年には，不動産業に携わる法人，事業所，従業員の規模が，いずれも拡大した。具体的には，法人数は，5万5,045社から21万9,253社へ4.0倍，事業所数は15万4,687ヶ所から28万7,269ヶ所へ1.9倍，従業員数は40万3,931人から92万4,240人へ2.3倍になった。その結果，全産業に占める不動産業の比率は，同じ期間に，法人数では5.7％から10.4％へ，事業所数では2.9％から4.3％へ，従業員数では0.9％から1.5％へ，それぞれ上昇した。

---

17) 不動産協会（2005）「リフォーム」によれば，2003年時点における日本の総住宅数は5,387万戸，居住世帯のある住宅数は4,684万戸であったが，後者の2分の1弱にあたる約2,300万戸が，1980年までに建てられた住宅ストックであった。
18) 日本では，2005年から2006年にかけて，マンションやホテル等を対象にした耐震設計の偽装事件が，大きな社会問題となった。この事件の背景としては，日本における耐震設計ニーズの高まりを指摘することができる。

表 5-3-1 日本の不動産業における法人数・事業所数・従業員数

| 年度／年 | 法人数（社） | 事業所数（箇所） | 従業員数（人） |
|---|---|---|---|
| 1972 | 55,045 (5.7) | 154,687 (2.9) | 403,931 (0.9) |
| 1975 | 93,101 (7.7) | 177,327 (3.2) | 468,719 (1.0) |
| 1978 | 112,952 (7.9) | 214,089 (3.5) | 531,163 (1.1) |
| 1981 | 142,079 (8.3) | 238,358 (3.7) | 628,877 (1.2) |
| 1986 | 167,916 (9.0) | 257,862 (3.8) | 712,643 (1.3) |
| 1991 | 219,253 (10.4) | 287,269 (4.3) | 924,240 (1.5) |
| 1996 | 260,985 (10.6) | 292,358 (4.4) | 934,106 (1.5) |
| 2001 | 270,555 (10.4) | 290,339 (4.6) | 922,419 (1.5) |

出典）建設省建設経済局不動産業課（1994），国土交通省総合政策局不動産業課（2005）。
注1）法人数は年度データ，事業所数と従業員数は年次データ。
　2）（　）内は，全産業に占める比率（％）。

　これに対して，地価が下落に転じた1991-2001年には，不動産業に携わる法人，事業所，従業員の規模の伸び悩みが目立つようになった。法人数は，かろうじて増勢を維持したが，全産業法人数に占める不動産業法人数の比率は，1996-2001年に若干低下した。一方，不動産業に従事する事業所や従業員の規模は，1996-2001年には縮小した。ただし，この時期には他の産業でも事業所数や従業員数が減少したため，これらの面での全産業に占める不動産業の比率は低下しなかった（事業所数については，若干上昇した）。

　地価上昇局面での規模拡大が，事業所数や従業員数についてよりも，法人数について，より顕著だったことは，1法人あたりの事業所数や従業員数が減少したこと，別言すれば，日本の不動産業の中小零細性[19]が強まったことを，意味する。1991年度における日本の不動産業の資本金別法人数（総数21万9,253社）は，資本金200万円未満が6万822社（構成比27.7％，以下同様），200万円以上500万円未満が6万1,356社（28.0％），500万円以上1,000万円未満が4万6,508社（21.2％），1,000万円以上5,000万円未満が4万3,240社（19.7％），5,000万円以上1億円未満が4,106社（1.9％），1億円以上10億円未満が

---

19) 全産業に占める不動産業の比率は，事業所数や従業員数についてよりも，法人数についての方が，はるかに高水準となるが，この事実は，日本の不動産業の中小零細性を反映している。

2,933社（1.3%），10億円以上が288社（0.1%）であった（建設省建設経済局不動産業課 1992，8頁[20]）。この時点で，日本の不動産企業の過半は資本金500万円未満，4分の3以上は資本金1,000万円未満の中小企業で占められていたのである。

## 2）大企業の動向

　日本の不動産業界では，企業規模の違いによって，事業分野や経営行動が大きく異なる。この項ではまず，大企業の動向を追うことにする。筆者は，かつて，1970年代後半-1980年代の地価上昇局面における，日本の不動産大企業の動きを概観したことがある（橘川 1990，115-117頁）。そこでは，売上高と経常利益のそれぞれに関する不動産業上位10社ランキングを，1978年度，83年度，88年度について作成し，それらにもとづいて，およそ次のような結論を導いた。

①地価急騰以前の1978-83年度には，著しく売上高を伸ばした企業が存在した（大京観光，藤和不動産，住友不動産）一方で，減収となった企業もいくつかあり（小田急不動産，有楽土地，ニチモ），全体として企業間格差が拡大して，売上高ランキングの変動が著しかった。

②地価急騰が進んだ1983-88年度には，減収を記録した企業が例外的となった（東急不動産1社のみ）点や，上位7社（1位から順に，三井不動産，大京[21]，三菱地所，東急不動産，住友不動産，藤和不動産，大和団地）の売上高の伸び率がやや鈍化したのと対照的に8位以下の企業の売上高伸び率が上昇した点などからわかるように，売上高に関する企業間格差が縮小し，不

---

[20] 1991年度における日本の全産業の資本金別法人数構成比は，資本金200万円未満が26.0%，200万円以上500万円未満が29.5%，500万円以上1,000万円未満が22.4%，1,000万円以上5,000万円未満が19.2%，5,000万円以上1億円未満が1.6%，1億円以上10億円未満が1.0%，10億円以上が0.2%であった（建設省建設経済局不動産業課 1992，8頁）。これと同年度におけるわが国の不動産業の資本金別法人数構成比との間には，大きな違いはない。日本において，中小零細性は，不動産業に特有の現象ではないということができる。

[21] 大京観光は，1978年10月に社名を大京へ変更した。

動産業界全体としての増収傾向が定着して，売上高ランキングの変動があまりみられなかった[22]。

③ 1978-83 年度の経常利益の伸びに比べて，1983-88 年度の経常利益の伸びの方が，総じて大きかった（唯一の例外は，1978-83 年度に経常利益を 6.9 倍にした大京観光である）。

④ 1978-88 年度の 10 年間を通じて，地上げにとくに力を入れた住友不動産[23]（1978 年度経常損失 5,800 万円〔ランキング外〕→ 88 年度経常利益 297 億 7,800 万円〔3 位〕）や，都市部のマンション分譲にきわめて積極的に取り組んだ大京[24]（経常利益 1978 年度 12 億 1,600 万円〔10 位〕→ 88 年度 239 億 2,500 万円〔4 位〕）・藤和不動産（経常利益 1978 年度 2 億 8,100 万円〔19 位〕→ 88 年度 55 億 400 万円〔8 位〕）などが，顕著に経常利益を伸ばし，その結果，経常利益ランキング全体が激しく変動した。

⑤ 1978 年度，83 年度，88 年度のいずれの場合でも，建物賃貸に力点をおく不動産企業に関しては，経常利益ランキングが売上高ランキングを上回る傾向がみられた（例えば，三菱地所は，売上高ランキングでは 2 位〔1978 年度〕ないし 3 位〔1983，88 年度〕にとどまったが，経常利益ランキングでは一貫して 1 位を維持した）[25]。これとは対照的に，分譲事業に力点をおく不動産企業の多くは，売上高ランキングに比べて経常利益ランキングの方が低

---

[22] 売上高に関する不動産業の上位 7 社ランキングは，1983 年度と 1988 年度とでは，変化がなかった。

[23] バブル景気が始まる前の 1986 年の時点で，住友不動産の高城申一郎社長（当時）は，「不動産会社の力は地上げ能力で決まる。土地を一つにまとめ上げ，土地の経済効率を高める錬金術こそデベロッパーのノウハウだ。住友は他人にまかせるのではなく，職員がドロにまみれて地上げをやってきた。この職員群が今日の住友をつくった。安い時期に買った土地のストックが今，実りつつある。向う数年間は，これまでの成長パターンでやっていける」(「特集 不動産業──土地離れ経営は可能か」『日経ビジネス』1986 年 11 月 10 日号，23 頁），と述べている。

[24] 1988 年度（1987 年 10 月-88 年 9 月）の大京の総売上高に占める中高層住宅販売高の比率は，82％に達した。

[25] 三菱地所の場合，1988 年度の総売上高に占める賃貸事業収入の比率は，57％に達した。これに対して，その比率が 26％にとどまった三井不動産の場合には，1978，83，88 年度を通じて，売上高ランキングでは 1 位を維持したが，経常利益ランキングでは 2 位にとどまった。

**表 5-3-2** 売上高による日本の不動産企業上位 20 社ランキング（1995 年度）

(単位：億円)

| ランク | 企業名 | タイプ | 売上高 | 経常利益 | 資本 A | 負債 B | 資産 A＋B |
|---|---|---|---|---|---|---|---|
| 1 | 三井不動産 | 総合 | 6,644 | 84 | 5,315 | 18,626 | 23,941 |
| 2 | 大京 | 販売 | 5,649 | 73 | 2,104 | 13,873 | 15,977 |
| 3 | 三菱地所 | 賃貸 | 4,047 | 293 | 4,246 | 15,018 | 19,264 |
| 4 | 東急不動産 | 販売 | 2,641 | −165 | 993 | 7,305 | 8,297 |
| 5 | 藤和不動産 | 販売 | 2,482 | −61 | 73 | 6,812 | 6,885 |
| 6 | 住友不動産 | 総合 | 2,453 | 48 | 2,655 | 11,891 | 14,545 |
| 7 | ダイア建設 | 販売 | 1,991 | 39 | 632 | 4,116 | 4,749 |
| 8 | リクルートコスモス | 販売 | 1,977 | 9 | 949 | 4,250 | 5,199 |
| 9 | 大和団地 | 販売 | 1,070 | 9 | 551 | 1,948 | 2,499 |
| 10 | 東京建物 | 総合 | 844 | −134 | 1,020 | 3,132 | 4,152 |
| 11 | 積和不動産 | 賃貸 | 607 | 7 | 73 | 159 | 231 |
| 12 | 扶桑レクセル | 販売 | 555 | 12 | 61 | 698 | 758 |
| 13 | ニチモ | 販売 | 554 | 5 | 234 | 1,183 | 1,417 |
| 14 | 三井不動産販売 | 総合 | 490 | 14 | 844 | 1,591 | 2,434 |
| 15 | セザール | 販売 | 468 | 46 | 261 | 653 | 914 |
| 16 | エルカクエイ | 販売 | 462 | −19 | 40 | 1,747 | 1,787 |
| 17 | 有楽土地 | 総合 | 445 | 7 | 268 | 1,398 | 1,666 |
| 18 | 地産トーカン | 販売 | 424 | 4 | 195 | 352 | 546 |
| 19 | フジ住宅 | 販売 | 351 | 5 | 65 | 486 | 552 |
| 20 | 関西積和不動産 | 賃貸 | 293 | 24 | 186 | 116 | 302 |

出典）建設省建設経済局不動産業課（1996）より作成．
注 1）調査対象は，上場企業ないし店頭公開企業で，総売上高に占める不動産関連売上高の比率が 50％以上の企業のみである．
　 2）主要な事業にもとづく企業のタイプ分けは，原資料による．

位であった（1988 年度の売上高ランキングと経常利益ランキングをみると，大京は 2 位と 4 位，藤和不動産は 6 位と 8 位，ニチモは 8 位と 9 位であった）．

　以上の分析結果をふまえて，バブル崩壊後の地価下落局面における不動産大企業のあり方をみようと作成したのが，表 5-3-2 である．同表が 1995 年度を表示対象としているのは，日本の不動産業に関する最も包括的な統計資料である『不動産業統計集』が，同年度についてだけ，主要不動産企業の網羅的な財務分析を行っているからである（建設省建設経済局不動産業課 1996，33-42 頁）．

　表 5-3-2 は，いくつかの興味深い事実を伝えている．第一は，バブル崩壊をはさんで，業界地図に激変が生じたことである．1988 年度と 1995 年度の売上

高ランキングを比べると，上位4社（1位三井不動産，2位大京，3位三菱地所，4位東急不動産）については変化がなかったが，5-10位については，全面的に異動が生じた。1988年度の売上高ランキングで5-10位にはいった6社のうち，住友不動産（1988年度5位→1995年度6位，以下同様），大和団地（7位→9位），ニチモ（8位→13位），東京建物（9位→10位），有楽土地（10位→17位）の5社が順位を落とし，順位をあげたのは，藤和不動産（6位→5位）1社だけだった。その代わりに，1988年度には上位10社ランキングに登場しなかったダイア建設（7位），リクルートコスモス（8位）の2社が，1995年度の売上高上位10社ランキングには名をつらねた。

第二は，バブル崩壊をはさんで，業績が著しく悪化したことである。1988年度の経常利益ランキングに登場した上位10社について，1988年度の経常利益と1995年度の経常利益とを比べると，三菱地所763億円→293億円，三井不動産456億円→84億円，住友不動産298億円→48億円，大京239億円→73億円，東京建物98億円→マイナス134億円，東急不動産67億円→マイナス165億円，大和団地58億円→9億円，藤和不動産55億円→マイナス61億円，ニチモ50億円→5億円，大阪建物（ダイビル）[26] 47億円→58億円，となる。大阪建物を除く他の9社は，いずれも経常利益を大幅に減らし，東京建物・東急不動産・藤和不動産の3社にいたっては，1995年度に経常損失を計上した。地価下落局面での不動産大手企業の業績悪化は，広範かつ深刻なものだったのである。

第三は，バブル崩壊後も，不動産大手企業のうち賃貸事業に力点をおくものは相対的に収益性が高く，分譲事業に力点をおくものは相対的に収益性が低いという傾向が，基本的には維持されたことである。表5-3-2に登場する20社のうち，1995年度における売上高経常利益率の点で高位を占めたのは「賃貸」型企業に分類される三菱地所（7.2％）や関西積和不動産（8.2％）であり[27]，経常収支が赤字となった4社のうち3社は，分譲事業のウエイトが大きく「販

---

[26] 大阪建物は，1992年1月に社名をダイビルへ変更した。
[27] ただし，表5-3-2で「賃貸」型企業に分類される積和不動産の場合には，例外的に，1995年度の売上高経常利益率が1.2％と低位であった。

売」型企業に分類される東急不動産・藤和不動産・エルカクエイであった[28]（残りの1社は，「総合」型企業に分類される東京建物）。売上高が20位以内でないため表5-3-2には名をつらねていないが，「賃貸」型企業に分類されるダイビルの場合には，1995年度の売上高経常利益率が，31.4％に達した。

ここで注意を要するのは，賃貸事業中心の不動産企業の収益性の高さは，あくまで相対的なものであり，それらの会社の大半もまた，バブル崩壊後の業績悪化を免れ得なかったことである。日本不動産業における資産効果経営の後退は，1992年以降の時期には，賃貸事業中心の不動産企業にまで及んだのである。

以下では，代表的な不動産大企業の，1974-2004年の時期における経営動向を簡単に振り返る。取り上げるのは，表5-3-2で「総合」型企業とされている三井不動産・住友不動産，「販売」型企業とされている大京・東急不動産，「賃貸」型企業とされている三菱地所，および，上場企業でも店頭管理企業でもないため表5-3-2では調査対象となっていないが，「賃貸」型企業としての性格をもち，ユニークな事業展開で注目を集める森ビル[29]，の合計6社である。

三井不動産は，表5-3-2において，経常利益では三菱地所に及ばないものの，他の全項目（売上高・資本・負債・資産）で1位を占めていることからわかるように，日本の不動産業界を代表するリーディング・カンパニーである。ビル賃貸事業，住宅分譲事業，商業施設開発・運営事業，住宅賃貸事業，ホテル事業，不動産ソリューション事業，ケアデザイン事業などに幅広く取り組む，総合不動産企業としての性格をもっている。

三井不動産は，1974年に，「霞が関ビルディング」（1968年竣工）に続く第2の超高層ビルである「新宿三井ビルディング」を完成させた。1980年には土地所有者との共同事業システムである「Let's」をスタートさせ，1981年にはSC（ショッピングセンター）事業第1号店として，「ららぽーと」を千葉県船

---

[28] ただし，表5-3-2で「販売」型企業に分類されるセザールの場合には，例外的に，1995年度の売上高経常利益率が9.9％と高位であった。
[29] 森ビルは，橘川（1990）に掲載した，不動産企業に関する1978年度，83年度，88年度の売上高ランキングや経常収支ランキングにおいても，調査対象となっていない。

橋市にオープンした。

　三井不動産と京成電鉄との共同出資会社である㈱オリエンタルランドが,「東京ディズニーランド」をオープンしたのは,1983年のことである。その1983年に,三井不動産は,ハワイで「ハレクラニホテル」の営業を開始した。翌1984年には,同社グループの国内ホテル第1号となる「三井ガーデンホテル大阪」が開業した。海外進出の点では,1986年にニューヨークの「エクソンビル」を取得した。

　このように,三井不動産は,石油危機後の時期においても,高度経済成長期以来の積極経営(橘川1996)を継続した。その後も,1995年には日本初の本格的アウトレットモール「鶴見はなぽ〜とブロッサム」(大阪市),1999年には「ケアデザインプラザ」(東京)を,それぞれオープンした。2003年には「汐留シティセンター」,2005年には「日本橋三井タワー」を,相次いで竣工させ,2007年には東京・六本木の防衛庁跡地の再開発事業として「東京ミッドタウン」をグランドオープンした。

　住友不動産は,三井不動産に次ぐ,日本第二の「総合」型不動産企業である。1974年に「新宿住友ビル」,1982年に「新宿NSビル」を完成させるとともに,1975年に住友不動産販売㈱,1982年に住友不動産ホーム㈱,1984年に住友不動産ファイナンス㈱を相次いで設立し,さらには,1977年完成の市街地再開発事業「夙川グリーンタウン」(兵庫県西宮市),1982年分譲の高級マンション「広尾ガーデンヒルズ」(東京,共同事業)なども手がけて,総合不動産企業としての性格を強めた。その後も市街地再開発事業に力を入れ,1994年には「川崎駅前タワー・リバーク」(神奈川県),1998年には「千代田ファーストビル東館」(東京)を,それぞれ完成させた。2002年に分譲された高層マンションの「シティタワー大阪」や「シティタワー高輪」(東京),2004年に竣工した「千代田ファーストビル西館」(東京)や「汐留住友ビル」なども,住友不動産が建設した物件である。

　大京は,1978年以来,事業主別マンション発売戸数で1位を維持する,マンション分譲のトップ・カンパニーである。同社が主力商品であるライオンズマンション・シリーズの第1号となる「ライオンズマンション赤坂」(東京)

を分譲したのは1968年のことであり，1998年には，日本一の高さとなる55階建てのマンション「エルザタワー55」（埼玉県川口市）を分譲して，話題を呼んだ。しかし，大京のマンション分譲事業は，東京都心の新規物件が少ないという弱点を抱えていた。大京は，バブル景気時に購入した資産の価格が低下したため含み損を抱えたこと，有利子負債が膨張したことなどによって，経営危機に陥り，2004年に，産業再生機構を活用して経営再建をめざすことになった。

東急不動産は，大京とともに，地価下落局面で経営危機を経験した「販売」型不動産企業である。1995-96年度に2年連続経常損失を計上した東急不動産にとって，収益性の改善は避けて通ることのできない課題だったのであり，同社は，そのために，賃貸事業や都市再生事業へのシフトを目指した。この事業分野のシフトは，1993年竣工の世田谷ビジネススクエア（東京）や1994年竣工のセントルークス（聖路加）タワー（東京）で本格化することになったが，2003年開業のオープンモール型ショッピングセンター「箕面マーケットパークヴィソラ」（大阪府箕面市），2004年竣工の日本橋一丁目ビルディング（東京）などに示されるように，その後も継続している。

三菱地所は，「販売」型不動産企業や「総合」型不動産企業よりも収益性にすぐれる「賃貸」型不動産企業の代表格であり，1953年の再発足[30]以来，日本の不動産業界で経常利益1位の座を一貫して維持してきた，優良企業である。「総合」型企業の三井不動産は1996年度に経常損失を計上したが，三菱地所の経常収支が赤字転換することはなかった。高度経済成長期以来続く「売上高トップは三井不動産であり，経常利益トップは三菱地所であるという，日本の不動産業界の"ツートップ体制"」（橘川 1996, 122頁）は，1974-2004年の時期にも，変わりがなかったのである。

三菱地所は，1983年にホテル事業に進出し（「名古屋第一ホテル」の開業），1984年に三菱地所ホーム㈱を設立するなど，事業多角化をある程度進めた。

---

30) 三菱地所は1937年に設立されたが，財閥解体の影響で，1950年に同社の事業が3分割された。分割された3社が合併して，三菱地所が事実上の再発足をはたしたのは，1953年4月のことである。

また，1990年にロックフェラーグループ社に資本参加し，2003年にはロンドンでパタノスタースクエア（オフィスビル）を竣工させるなど，海外事業にも取り組んだ。しかし，同社があくまで事業の中心に据えたのは，本業である国内のビル賃貸事業である。1993年に竣工したランドマークタワー（横浜市）と，2002年に新築された丸の内ビルは，その集大成といえるものであった。三菱地所は，これらのビルの建設と結びつけて，横浜みなとみらい地区と大手町・丸の内・有楽町地区で，大規模な都市再生事業を推進した[31]。

　森ビル[32]は，三菱地所に次ぐ，日本第2の「賃貸」型不動産企業である。1998年に森ビルグループと森トラストグループ[33]に分裂したが，両者が連携していた1997年度末における森ビルグループの建物賃貸面積は144万$m^2$に達し，三井不動産（291万$m^2$）や三菱地所（212万$m^2$）のそれには及ばなかったものの，住友不動産（128万$m^2$）・東急不動産（64万$m^2$）・東京建物（40万$m^2$）のそれを凌駕していた。また，森ビルの収益性は高く，非上場会社であるため，資料の制約上，明確なことはいえないが，1996年度の経常利益については，三菱地所を上回っていた可能性もある（以上の点については，三井不動産株式会社企画調査部調査課編 1999, 176, 178頁）。

　森ビルは，都市再生事業において，先進性を発揮してきた。リテールとエンターテインメントを結合したラフォーレ原宿（東京，1978年オープン）や六本木ヒルズ（東京，2003年オープン），日本のインテリジェントビルの先駆けとなったアーク森ビル（東京，1986年竣工）などは，その代表的な事例である。一方，森トラストの前身である森ビル開発も，1990年に御殿山ヒルズ（東京）を完成させた。

---

31) その一環として，2004年に，商業施設，オフィスビル，ホテルなどを含む多目的エリアである丸の内オアゾがオープンした。さらに，2007年には，新丸の内ビルの新築も竣工した。
32) 1995年度の売上高は，森ビル単体で455億円，関連会社であった森ビル開発単体で424億円であった（東洋経済新報社 1996, 135頁）。
33) 1998年の分裂当初は，森ビル開発グループであった。森ビル開発が，1999年9月に森トラストへ社名変更したため，森トラストグループとなった。

## 3）中小企業の動向

　日本の不動産大企業は，開発，分譲，大規模な賃貸・流通などの分野を中心に事業展開しているが，これに対して，不動産業に携わる中小企業は，おもに，小規模な賃貸・流通・補修などの事業を営んでいる。中小企業基本法では，サービス業の中小企業を「資本金 1,000 万円以下，従業員 50 人以下の企業」と定義づけているが，ここでは，資本金 1,000 万円未満で不動産業に携わる企業を不動産中小企業とみなし[34]，その売上高と経常利益の推移をまとめて，表 5-3-3 を作成した。この表は，1984-2003 年度を対象時期としており，

**表 5-3-3**　日本の不動産業における中小企業と大規模企業の売上高・経常利益の推移（1984-2003 年度）

（単位：億円）

| 年度 | 売上高 | | | 経常利益 | | |
|---|---|---|---|---|---|---|
| | 資本金 1000 万円未満 | 資本金 10 億円以上 | 不動産企業全体 | 資本金 1000 万円未満 | 資本金 10 億円以上 | 不動産企業全体 |
| 1984 | 71,511 | 22,128 | 202,578 | 2,452 | 1,387 | 6,641 |
| 1985 | 63,917 | 24,119 | 215,323 | 648 | 1,885 | 7,121 |
| 1986 | 66,189 | 30,315 | 230,039 | 2,507 | 2,783 | 9,703 |
| 1987 | 120,789 | 37,066 | 323,687 | 4,690 | 3,572 | 14,841 |
| 1988 | 143,371 | 45,910 | 399,783 | 5,439 | 4,346 | 17,149 |
| 1989 | 82,247 | 59,403 | 390,153 | 5,056 | 5,530 | 20,788 |
| 1990 | 122,705 | 74,909 | 414,966 | 905 | 5,370 | 12,884 |
| 1991 | 89,970 | 73,866 | 375,863 | −1,157 | 2,162 | −5,118 |
| 1992 | 71,717 | 72,079 | 359,642 | −2,863 | −125 | −10,094 |
| 1993 | 59,746 | 70,045 | 359,687 | −1,947 | −330 | −8,728 |
| 1994 | 70,353 | 71,024 | 328,669 | 569 | −991 | −7,021 |
| 1995 | 65,850 | 72,342 | 340,209 | 1,892 | −870 | −1,132 |
| 1996 | 60,411 | 74,433 | 354,599 | 1,619 | −595 | −7,965 |
| 1997 | 46,693 | 72,570 | 336,723 | 833 | −624 | −1,387 |
| 1998 | 39,753 | 73,692 | 330,887 | 1,688 | −144 | 4,334 |
| 1999 | 42,931 | 72,826 | 323,705 | 1,042 | 1,587 | 10,990 |
| 2000 | 31,500 | 74,027 | 299,054 | 2,079 | 3,469 | 15,730 |
| 2001 | 34,619 | 72,762 | 318,582 | 1,647 | 4,467 | 19,391 |
| 2002 | 34,977 | 77,190 | 334,761 | 2,294 | 6,083 | 23,880 |
| 2003 | 43,609 | 85,099 | 336,283 | 1,543 | 7,348 | 17,584 |

出典）国土交通省総合政策局不動産業課（2005）より作成。

---

[34] ここで，中小企業基本法と若干異なる不動産中小企業の範疇設定を行うのは，資料上の制約によるものである。

資本金10億円以上の大規模不動産企業の売上高と経常利益も，あわせて記載している。

表5-3-3は，この時期に不動産中小企業の売上高が，概括的には，1984-86年度の伸び悩み→バブル景気にともなう1987-1990年度の急拡大[35]→バブル崩壊にともなう1991-2000年度の長期にわたる減退[36]→2001-03年度の若干の回復，と変化したことを伝えている。これを当該期における大規模不動産企業の売上高の推移と比較すると，不動産中小企業の売上高の方が，景気変動に敏感に反応したことがわかる。バブル景気にともなう売上高増加の程度も，バブル崩壊にともなう売上高減少の程度（そもそも，大規模不動産企業の場合には，バブル崩壊後に売上高がほとんど減少しなかった）も，中小企業の方が，大規模企業より，はるかに大きかった。

表5-3-3の経常利益の欄に目を移すと，さらに興味深い事実を発見する。それは，バブル崩壊にともなう経常損失が，不動産中小企業の場合には，早く大規模に発生した[37]にもかかわらず，大規模不動産企業の場合と比べて5年も早く消滅したことである。バブル崩壊後，大規模企業全体の経常収支が黒字に再転換したのは1999年度のことであるが，中小企業の場合には，すでに1994年度に赤字克服をはたしていた。

バブル崩壊後の1994年度以降，不動産中小企業の売上高が減少しながらも経常収支が黒字化したことは，1991-93年に不動産中小企業の淘汰が激しい勢いで進行したことを，強く示唆している。業績が悪化した企業は廃業や倒産に追い込まれ，相対的に好業績の企業のみが生き残ったため，不動産中小企業全体の売上高は減少し，経常収支は黒字を計上し続けたと，考えられるのである[38]。日本の産業全体の倒産件数は1990年代を通じて増加傾向をたどった

---

35) ただし，1989年度には，日本の不動産中小企業の売上高が一時的に減少した。
36) ただし，1994年度と1999年度には，日本の不動産中小企業の売上高が一時的に増加した。
37) 日本の不動産中小企業の場合には，大規模不動産企業の場合より1年早く，1991年度に経常収支が赤字転換した。バブル崩壊後の大規模不動産企業の経常損失は，単年度で1,000億円に達することはなかったが，不動産中小企業の経常損失は，1991-93年度のすべての年度について，単年度で1,000億円を上回った。

が，不動産業の倒産件数は，1991-93年をピークにして，1994年以降減少した（三井不動産株式会社企画調査部調査課 1999，179頁）。この事実は，ここでの推定と整合的である。

1991-93年の不動産中小企業の淘汰を促進した要因としては，1990年の商法改正により，最低資本金規制が導入された点をあげることができる。この規制によって日本では，1996年3月末までに，株式会社は1,000万円以上，有限会社は300万円以上の資本金をもつことが義務づけられた。バブル崩壊後の長期不況下で日本の中小企業は信用力の後退に苦しめられた（中小企業庁 2003，139-142, 157-163頁）から，有限会社ないし株式会社の形態を確保することは，しばしば，事業継続の死活を決する重要な意味をもった。有限会社や株式会社になることができなかった（あるいは，最低資本金規制をクリアすることができず，有限会社や株式会社の形態を維持することができなかった）多くの中小企業は，廃業に追い込まれた。最低資本金規制は，結果的に，中小企業の淘汰を促進する要因となったのである。

最低資本金規制は，日本の不動産業の資本金別法人構成にも，変化をもたらした。2003年度における不動産業の資本金別法人数（総数27万7,143社）は，資本金200万円未満が3,982社（構成比1.4%，以下同様），200万円以上500万円未満が11万8,985社（42.9%），500万円以上1,000万円未満が3万653社（11.1%），1,000万円以上5,000万円未満が11万4,099社（41.2%），5,000万円以上1億円未満が5,818社（2.1%），1億円以上10億円未満が3,140社（1.1%），10億円以上が466社（0.2%）となった（国土交通省総合政策局不動産業課 2005，3頁）。前述した1991年度における不動産業の資本金別法人数と比べると，資本金200万円未満（法人数で−5万6,840社，構成比で−26.3ポイント，以下同様）と500万円以上1,000万円未満（−1万5,855社，−10.1ポイント）が激減し，それとは対照的に，200万円以上500万円未満（＋5万7,629社，＋14.9ポイント）と1,000万円以上5,000万円未満（＋7万859社，＋21.5ポ

---

38) これとは対照的に，大規模不動産企業の場合には，業績が悪化した企業の淘汰が進まなかった。バブル崩壊後，大規模不動産企業が，売上高の減少を回避しつつ，他方で長期にわたり経常損失を計上し続けたのは，このためである。

イント）が著増したことがわかる[39]。端的にいえば，資本金200万円未満の不動産企業の多くが，300万円以上という有限会社の最低資本金規制をクリアして，資本金200万円以上500万円未満の企業となり，資本金500万円以上1,000万円未満の不動産企業の相当部分が，1,000万円以上という株式会社の最低資本金規制をクリアして，資本金1,000万円以上5,000万円未満の企業になったわけである。このように，日本の不動産業界においては，最低資本金規制が大きな影響を及ぼした[40]。

（橘川 武郎）

## 4. 「土地バブル」の法制度的基盤

　第一次石油危機後の経済混乱を経たのち，1980年頃には日本経済は立ち直るが，80年代の後半には「土地バブル」が発生し，90年代の初頭に破裂した。本節は，バブル破裂に至るまでの関係制度の展開過程を，その多彩な様相と政策論理の特徴に留意しながら，ほぼ時系列に即して考察する。

### 1）1970年代後半期の動向

　石油危機直後の「狂乱物価」のときを経て列島改造ブームが終焉し，経済混乱からの立ち直りと企業の「減量経営」が目指されたこの時期には，関係諸制度の動きも緩慢であった。1974年の国土利用計画法はさほどの影響力を持つこともなく，大都市近郊での宅地供給の増大（とくに市街化区域内農地の計画的宅地化の促進）を目指して制定された大都市法（「大都市地域における住宅及び住宅地の供給の促進に関する特別措置法」，1975年）[41]と宅地開発公団法（1975年）

---

[39] なお，日本の不動産業の資本金別法人構成を1991年度と2003年度とについて比べると，資本金5,000万円以上1億円未満（法人数で＋1,712社，構成比で＋0.2ポイント，以下同様），1億円以上10億円未満（＋207社，－0.2ポイント），10億円以上（＋178社，＋0.1ポイント）の企業に関しては，大きな変化がみられなかったことがわかる。
[40] なお，最低資本金規制は，2003年2月に施行された中小企業挑戦支援法で運用が緩和されたのち，2005年7月に公布された新会社法で廃止された。

の制定や，1976年の第三期住宅建設5ヵ年計画の策定も，大きなインパクトをもつことはなかった。他方，大都市の既成市街地については，1975年都市再開発法改正で収用を伴う第二種市街地再開発事業制度が創設される一方，全面建替型の法定再開発事業の限界が意識され，修復型・改善型の再開発手法を多様な形で非法定の任意補助事業として導入する試みが開始された[42]。1980年の都市計画法・都市再開発法の改正による地区計画制度の創設と再開発方針の策定の義務づけは，そのような方向に明確な制度的枠組を付与しようとしたものとされる（大村・有田 2001，283頁）。概していえば，定住圏構想を中心に置いた三全総（1977年策定）の時代は，先行きの不透明感があるなかで安定成長を目標としていた時代であったのである。本章第1節の冒頭で不動産業の「低迷の時代」と評されているのも，その状況を反映したものといえよう。

## 2）民活・規制緩和型の都市開発政策と関係立法の展開

**ⓐ「アーバンルネッサンス」と民活・規制緩和政策の登場** この状況に変化が生じたのは，1982年に成立した中曽根内閣の下で「アーバンルネッサンス」の必要が強調され始めた頃からであった。1983年には，経済対策閣僚会議「都市に対する民間活力の導入」（4月），「建設省民間活力検討委員会第一次報告」（4月，その「第二次報告」は85年4月），建設省都市対策推進委員会「規制の緩和等による都市開発の促進方策」（7月），「宅地開発指導要綱に関する措置方

---

41) 大都市圏の市街化区域内農地での民間ベースによる区画整理・宅地開発事業を進めることを意図して，促進区域を設定したうえ，特定土地区画整理事業制度と住宅街区整備事業制度を創設した。あわせて都市計画法の改正も行われている（安本 2001a，261-262頁）。

42) ①過密住宅地区更新事業（1974年），②住環境整備モデル事業（1978年），③木造賃貸住宅地区総合整備事業（1978年），④特定住宅市街地総合整備促進事業（1979年），⑤都市防災不燃化促進事業（1980年）など。①と③は，市街地住宅密集地区再生事業（1989年）を経て1994年の密集住宅市街地整備促進事業へ展開し，②は，コミュニティ住環境整備事業（1989年）を経て1994年の総合住環境整備事業へ，④は，都市居住更新事業（1987年）から都市住宅整備事業を経て1994年の住宅市街地総合整備事業へと展開する。なお，④の事業は，木場，大川端（東京），淀川リバーサイト（大阪），神宮東（名古屋）等の地区にかかわった（安本 2001a，262頁以下，大村・有田 2001，283頁）。1994年における関係諸事業の再編・統合の背景は後述する。

針」(建設省, 8月),「宅地開発指導要綱等による行政運営について」(自治省, 11月) などが相次いで策定・公表された。後二者は, 市町村の指導要綱が民間事業者による宅地開発を妨げているとの認識の下に要綱等によるコントロールを抑制・除去するよう通達したものであった。臨調・行革の一般的政策方針を背景に, 都市政策・都市法制における「民活・規制緩和」論が明確に国の政策の表舞台に登場してきたのである[43]。

　この民活・規制緩和型の政策手法は, 当初は, 公共事業を含む都市開発・市街地整備事業における諸般の領域での「一般的規制緩和」として進展した (安本 2001b, 29頁)。内容的には, 通達レベルでの基準緩和や地域地区指定の変更等で措置されたものが多く, 一般にはさほど目立たないものも多かった。しかし, 1983年から86年頃にかけて進められたそれらの措置が, 1985-86年頃からの東京都心部の商業地を中心とした地価高騰と都市再開発ブームの下地を準備していったことは間違いない。例えば, 本章第6節第1項の分析でも, 1983年に行われた特定街区制度の適用基準の緩和が銀行等による「土地融資」の急増の重要な契機となったことが確認されている。1985年のG5プラザ合意を契機とする円高と外需依存から内需依存への産業構造転換の政策指向は, そのような都市開発政策の方向をいっそう確固たるものとすることになった。

　東京での都市再開発ブームと地価上昇が明確化して以降は, 都心部での地上げが進められると同時に「土地の有効・高度利用」を合言葉として, そのより容易な実現を可能とする制度的仕組みの導入・創設が多様な形で追求された。例えば, 民活法(「民間事業者の能力の活用による特定施設の整備の促進に関する臨時措置法」, 1986年5月) では, 国の定める「基本方針」にもとづき, 一定規模以上の特定地区について都道府県知事が総合的な「開発整備方針」を定め, その方針に従って民間事業者等が個別整備計画を立て, さまざまな優遇措置を受けながらそれを実施するという仕組みが創出された[44]。あわせて, 日本開

---

43) この時期の建設省の基本姿勢は, 83年7月の都市対策推進委員会「規制の緩和等による都市開発の促進方策」等において, ①都市計画・建築規制の緩和等による都市再開発の促進, ②国鉄民営化に伴う跡地など国公有地等の活用による都市開発の推進, ③指導要綱の行き過ぎ是正等の規制緩和による宅地開発の促進などの形で示されていた。

発銀行や新設の民間都市開発機構（1987年6月の民間都市開発推進特別措置法で設立）を通じてNTT株式の売却益を第三セクターへ無利子融資する仕組みも整備された。また，この時期には，再開発や施設・インフラ整備のためのさまざまな任意補助事業が，まさに民活型の事業としてNTTの無利子貸付をも活用しながら創設されている（以上については，大村・有田 2001, 284-285頁参照）[45]。

　さらに1988年6月には，スポットゾーニング的な「特定緩和」の新しい手法として——当時欧米諸国に存在していた類似の制度をも参照しながら——「再開発地区計画」制度が創出された（都計法・建築基準法改正）。これは簡単にいえば，①基本的には地権者たる開発事業者（民間デベロッパー）の発意にもとづく②大規模開発プロジェクトを，③当該地区につき官民協議のうえで新たに策定される「詳細計画」＝「再開発地区整備計画」の名において既存の都市計画の枠外で許容することにより，④開発事業者に追加的な高容積率を付与し，⑤都市再開発を誘導・促進する手段である。官民の協議にもとづく都市基盤施設と建物との一体的整備，公共施設等の整備費用の一部の開発者負担，一体的な整備計画の下での段階的な開発事業の施行などの利点があることが，そうした「特定緩和」＝インセンティブとしての高容積率・ボーナスの付与を認めることの根拠とされた。この制度は，1980年創設の地区計画制度が，当初の趣旨とはベクトルを異にした「規制誘導型」の「計画的」市街地開発手法——内容的には，「詳細計画・設計とリンクした特例的規制緩和」の手法——として利用された嚆矢であり，その後の地区計画制度の多彩な展開に先鞭をつけることになる（原田 1990b，小泉，2001, 219頁以下）。

　他方，この時期，国土政策のレベルでは東京への一極集中が問題とされ，1987年の四全総では「多極分散型国土の形成」という基本目標が掲げられた。

---

[44] この仕組みに依拠した特定都市開発地区の例としては，幕張，MM（みなとみらい）21，神戸ハーバーランド等がある。

[45] 優良再開発建築物整備促進事業および地区再開発促進事業（1984年），新都市拠点整備事業（1985年），市街地再開発緊急促進事業（1987年）など。なお，最後の事業は，当初は3年の時限付きであったが，趣旨などを修正しつつその後も長く継続されていく。

これは，基本的には「国際都市東京」への一極集中を是認しつつも，一定の範囲では可及的な多極分散化を図ろうとするもので，それを具体化するための多極分散型国土形成法（1988年6月）では，国の行政機関の地方移転，地方での振興拠点地域の開発整備，東京圏の業務核都市の整備等が規定された。1987年6月のリゾート法＝総合保養地域整備法も，バブル経済下での「豊かさ」の感覚の蔓延を背景にその流れに掉さしたものである。同法は，前記の民活法に類似する制度的な仕組みを整備し[46]，農地転用規制の大幅緩和を含む規制緩和や資金投下の諸手法を用意した。同法に依拠して多くの地域でリゾート開発が着手されたが，その多くは，周知のごとく，のちに破綻することになる。

　ⓑ **「地価等土地対策」と土地基本法の両面的性格**　ところで，東京での急激な地価上昇とその全国への波及の趨勢は，すでに1987年頃には，政策担当者の側から見てもそのままには放置しがたい問題として捉えられるようになる。1987年6月の国土利用計画法改正による「監視区域」制度と「規制区域」制度の導入はその先駆けといえるが[47]，1987年7月にはいわゆる「土地臨調」が設置され，1987年10月に「当面の地価等土地対策に関する答申」，1988年6月に「地価等土地対策に関する答申」が出された。土地対策が，地価対策（地価上昇の抑制対策）を前面に掲げて議論されていることが特徴的であるが，前者にもとづいて「緊急土地対策要綱」（1987年10月）が，後者にもとづいて「総合土地対策要綱」（1988年6月）が閣議決定され，実施されていった。そして，その流れの延長上で1989年12月に土地基本法が制定され，直ちに土地対策関係閣僚会議で「今後の土地対策の重点実施方針」が決定された（同年12月21日）。このような地価・土地対策の方向とその内容の具体化を契機として，バブル期の都市開発政策は，また新たな段階，いわばその後半期に入っていったものとみられる。

　この政策展開の流れのなかでは，一方で，従前の土地対策のそれとは明らか

---

46) 国の定める「基本方針」の下で都道府県知事が特定地域につき民間事業者のプロジェクトを取り込んだ「基本構想」を定め，民間事業者が事業を実施するという手法。
47) 規制区域は指定されることがなかったが，監視区域制度は実際に運用され，投機的土地取引の抑制に一定の効果をあげた。

に異なる問題認識の視点が提示された。事実，1988年6月の土地臨調答申は，土地が他の財と異なる特性を有することを強調しつつ[48]，その特性は，「土地の保有や利用をすべて自由な市場メカニズムにゆだねたままでは，経済的，社会的に最適な結果を得ることを不可能にしている」から，土地については，「公的な意思に基づく強制や公的主体による制限，介入，誘導等を欠くことができない」という認識を表明していた。その認識の上に立って，土地に関する5原則が打ち出され，その主要な部分が土地基本法の定める「土地についての基本理念」に受け継がれていったのである[49]。それは，簡単にいえば，土地は投機的利益の追求や濫開発の対象とされてはならず，公共の福祉のため計画に従って適正に利用されるべきであるから，その基本理念の実現のために，土地の所有と利用に対しては特別の法的規制が課されてしかるべきである，という考え方である。

しかし，他方では，土地基本法の成立や上記「重点実施方針」によってそれまでの土地政策——すなわち，「有効・高度利用」＝都市開発の促進に向けた土地利用転換・供給拡大のための土地政策——の具体的な内容や政策論理に抜本的な修正が加えられたというわけでは決してなかった。「重点実施方針」は，

---

[48] その骨子は以下のようであった（／は改行箇所）。「土地は，国民生活や社会経済活動の基盤として欠くことができない。しかも，量的に限りのある資源であり，その場所から動かすことができず，全く同一のものがないという極めて特殊な性格を有している。／さらに，土地は，通常その利用の前提として社会資本や公共的サービスの供給が不可欠であること，他の土地の利用形態が互いに大きな影響を及ぼし合うこと，建物等を建設すれば容易には利用転換ができないこと，取引に必要な情報が通常不十分であり，かつ，取引の最小単位が相当高額であることなどの特質がある。また，需要の変動に応じて，その供給量を速やかに変動させることが困難なことはいうまでもない」。

[49] 土地臨調答申の示した5原則は，①土地の所有には利用の責務が伴う，②土地の利用に当たっては公共の福祉が優先する，③土地の利用は計画的に行わなければならない，④開発利益はその一部を社会に還元し，社会的公平を確保すべきである，⑤土地の利用と受益に応じて社会的負担は公平に負うべきである，であった。それに対し，土地基本法では，第一の理念が「公共の福祉の優先」（2条。上の②），第二の理念は「適正な利用及び計画に従った利用」（3条1項，2項。いわば，①の利用の責務と，③の計画的な利用をまとめたものといえようか），第三の理念は，④の開発利益の社会還元の原則が消去されたあとに入った，投機的取引の抑制（4条），第四の理念が「価値の増加に伴う利益に応じた適切な負担」（5条。上の⑤を修正したもの），という形になっている。

「今後とも総合土地対策要綱（88年6月のそれ——引用者）に従い，……各般の土地対策を更に積極的に推進すること」を謳い，今後に向けての重点事項（全10項目）には，従来から検討されてきた諸施策の早急な具体化を列記していたが，その意図するところは，要するに，この時期すでに実現されていた施策とあわせてそれらの新規施策を実施していけば，市街地の「有効・高度利用」とそれに向けた土地利用転換・土地供給の拡大が実現し，地価上昇にも自ずから歯止めがかかるはずだという，需要供給論に依拠した地価・土地対策の論理であった。したがって，新規の施策中には，一部により直接的に地価抑制を目する措置もあったものの（のちの第3項ⓓで後述する），具体的な施策の大部分は，従来と同じく民活・規制緩和型の開発促進を目指すものとなっていた。

ただし，その目的の実現，すなわち，土地の「有効・高度利用」の促進を基礎づける制度的論理の組立て方には，バブル期前半のものとは一味異なった，新しい特徴が見られる。それは，一言でいえば，自ら有効・高度利用をなしえない土地所有者や土地利用権者に対しては，有効・高度利用をなしうる者にその土地の所有権または利用権を提供するように仕向けるための誘導・規制・負担強化の仕組みが用意されてよい，という論理である。そして，先にみた土地基本法の基本理念がその論理を基礎づけるためにもまた援用されることになる（詳細は，次の第3項のⓑⓒで後述する）。

次に，この最後の点も含めて，この時期の具体的施策の内容と特徴を概観しておくことにしよう（以下の諸点も含め，詳細は，原田 1990a, 1990b, 吉田 2001参照）。

### 3）バブル絶頂期の制度的施策の概要とその特徴

ⓐ **1988-89年に実現された施策の概要**　まず，すでに実現済みであった制度的施策としては，一方に，既成市街地の再開発と高度利用の促進を目するものとして，とくに都心部や東京湾岸部での大規模プロジェクトを可能ならしめるための再開発地区計画制度の導入（前出，88年6月），用途地域の見直しによる指定容積率の一般的引き上げや日影規制等の緩和（東京都では89年10月実施），道路整備の促進と道路上の空間をも含めた周辺地域の有効・高度利用の

ための道路法等の改正（89年6月，一部は「立体道路法」と呼ばれた）などがある。

他方，都市縁辺部での宅地開発＝土地利用転換の促進を目するものとして，市街化区域の見直し・拡大と市街化調整区域の開発規制の大幅緩和（調整区域内の開発許可の基準面積を，住宅開発をも含めて従前の20haから5haに引き下げた1987年10月の東京都の決定〔11月1日実施〕，とくに東京大都市圏の調整区域内での民間事業者による5ha以上の宅地開発を許可することを求めた同年10-11月の建設省の指示・通達・要請などをはじめ，詳細は原田1987・1988参照），地方自治体の開発指導要綱の是正・緩和のための国による行政指導の強化，農地転用許可基準の改正・緩和と農業振興地域制度の運用改善通達による農地転用の容易化（1989年3月）[50]，大都市地域における宅地開発と鉄道整備の一体的推進特措法の制定（1989年6月，常磐新線のための開発立法）などがあった。

ⓑ「重点実施方針」(1989年12月)の内容および特徴とその具体化　それに対して，「重点実施方針」は，新規に実現すべき重点施策として，例えば以下のようなものを挙げていた。まず，①大都市地域での広域的な住宅・宅地供給のための土地利用転換促進（とくに市街化区域内農地等）と，②計画制度を活用した既成市街地の「有効・高度利用」促進策の整備・強化。これらは，立案中の具体的な法案を念頭に置いたもので，各種の地域・地区指定と地区計画制度を活用して，一方で容積率引き上げ等の規制緩和による誘導を図りつつ，他方で「有効・高度利用」を事実上強制することを企図していた。また，③とくに①の施策を補強するため，1992年度からの宅地並み課税の大都市地域全体での実施が掲げられた。同様に，④取得・保有・譲渡にかかる「土地税制の総合的見直し」と，⑤「公的土地評価の適正化」としての相続税評価額ならびに固定資産税評価額の引き上げ（公示価格に近づける）や，⑥借地法・借家法改正の早急な実現なども，やはり規制緩和と規制強化の両面から「有効・高度利

---

50) 転用規制緩和の具体例としては，農村地域での雇用創出にかかる工場，加工・流通施設等，都市・農村の交流施設，特定の地域開発立法にもとづく転用，モータリゼーションの進展に対応した国・県道沿いの流通業務・サービス施設等，インターチェンジ近辺での転用の原則許可など，極めて広範なものが挙げられていた。

用」と土地供給の促進を狙うものである。そして、⑦これらの施策の効果を広域的な視点から調整・計画化するために、業務核都市と臨海部の整備に対応した首都圏整備計画等の見直しを行い、⑧都市再開発のための「国公有地の利・活用」もさらに推進することとされた。

　これらの重点施策が、あげて有効・高度利用と開発・土地利用転換の促進による供給増大を目指すものであることは一目瞭然である。そして先にも触れたように、この段階での新しい特徴は、有効・高度利用をする者には規制緩和等でのメリットを与えるが、それを行わないか、なしえない者に対しては、従前の土地利用を制約・否定する方向での規制と負担が強化される、という選別・差別化の論理が導入されている点にある。土地基本法が掲げた「土地についての基本理念」——とくに、公共の福祉の優先、適正かつ計画に従った利用、土地の増価に応じた適切な負担（前出注49参照）——は、ここではそのような選別・差別化の論理を正当化する方向で利用されたのである[51]。そして、上記の重点施策の大部分は、その後の数年間に逐次実現されていった[52]。主要な制度の内容は、以下のようである。

　まず、①の大都市地域での広域的な住宅・宅地供給促進に関しては、1990年6月の大都市法改正がある。三大都市圏について建設大臣の定める住宅・住宅地の「供給基本方針」と県知事の定める「重点供給地域の供給計画」の下で、広域的な観点から、市街化調整区域内農地をも含めた計画的な宅地開発（調整区域内の場合は5ha以上の規模）を、都市計画制度ともリンクさせつつ、より実効的に推進するための制度的仕組みを整備した。②の計画制度を活用した有効・高度利用促進策に関しては、都市計画法・建築基準法改正が同時に行われ、前記の再開発地区計画と同様の発想を活用して、住宅地高度利用地区計画（とくに市街化区域内農地の中高層住宅地への利用転換の促進を目的とする）、用途別容積型地区計画（計画に基づく住宅用建物のために容積率規制の特定緩和を行

---

51) 例えば、土地の有効・高度利用のための「計画に従った、適正な利用の責務」論、有効・高度利用する者への土地の「供用義務」論などの議論が展開された。
52) このような土地基本法の意義と役割や、この時期に実現された諸施策の内容の詳細については、原田（1990a, 1990b）、吉田（2001）を参照されたい。

う制度）を創出し，あわせて遊休土地利用転換促進地区の指定制度（市街化区域内の一団＝50a 以上の土地，例えば工場跡地，駐車場・資材置場，埋立地等を対象とする）を導入した。また，③の宅地並み課税の適用対象の拡大については，1991 年 3 月の生産緑地法改正で，農地として長期的に維持される土地と利用転換を図るべき土地との区分の明確化が行われ，後者については，1992 年の税制改正で宅地並み課税の強化が決定された。

　ⓒ　**新借地借家法の制定と定期借地権制度の創設**　もうひとつ，この時期の重要かつ特徴的な制度改正として，⑥の借地法・借家法の改正，具体的には両法を一本化した新・借地借家法の制定がある（1991 年 10 月）。この改正論議は，不動産業界とその意を受けた政界レベルの改正要求運動を背景として 1985 年に始まったもので，主たるターゲットは借地法にあり，その議論のなかにも，この時期に論じられた「地価・土地問題」と「土地対策」の捉え方の基本的特徴のひとつ——具体的には，選別的・差別的な性格——が如実に現れていた。バブル期の不動産法制の動きを象徴する問題でもあったので，多少の説明を加えておこう。

　この改正問題には，大きく 2 つの局面のことがらが含まれている。すなわち，まず第一に，東京都心部を含む既成市街地においてデベロッパー等の諸企業が再開発による「有効・高度利用」やその前提ともなる土地集積を進めようとすれば，単に土地所有者だけでなく，膨大に存在する既存の零細な利用権者（借地人，借家人）を排除することが必要となる。ところが，借地法・借家法（判例法を含む）の下では借地権・借家権に強固な存続保障が付与されているため，地主や家主が土地・建物を手放すことに同意しても借地人や借家人が契約を終了させることに容易には同意せず，その明渡しを実現させるためには彼らに高額の立退料を支払わなければならないという事態が発生した。そこで，社会経済情勢の変化に伴う賃貸借契約当事者間の利害調節の仕方の見直しという名目の下に，有効・高度利用の実現のためであれば借地権・借家権の存続保障を大幅に緩和・縮減できるようにする制度改正が求められたのである[53]。

　他方，第二に，地価高騰が持続するもとで土地所有者が土地を手放すことに同意しない場合には，開発事業者サイドでは，所有権ではなく開発・高度利用

のための土地利用権原を取得する方策が模索された。その際，強い存続保障を伴う借地権の設定には土地所有者が肯じないとすれば，存続保護の内容をより明確に限定して土地所有者に貸付のインセンティブを与えるような借地制度を導入すればよい（注53の冒頭参照）。その借地権の取得のために一定の権利金等の対価を支払うとしても，その額は土地の購入より安価になるという利点もある。そのような発想の下で実際にも，「借地関係の多様化に対応した，地価を顕在化させない開発手法」の名のもとに，等価交換方式，土地信託，サブリースなどの不動産開発方法が借地法の枠外で考案・実施されてきていたが，借地法それ自体の中でも同様の性質の仕組みを正面から制度化することが求められたのである。これもまた，社会経済情勢の変化に伴う賃貸借契約当事者間の利害調節の仕方の見直しとされたが，実態的には，自ら有効・高度利用をなしえない土地所有者からそれをなしうる者＝開発事業者へ土地利用権原を委譲させる仕組みの整備の要求であったことはいうまでもない。

　結局，6年にわたる議論を経て成立した1991年の借地借家法では，既存の借地・借家関係にかかる第一の局面の改正要求は，基本的に排斥された。他

---

53) この問題は，一見すると，次の第二の局面の問題ともあわせて，強く保護され過ぎた不動産賃借権とりわけ借地権が有効・高度利用に向けた市街地の流動化・利用転換を阻害しているという形で捉えられる。しかし，民・民の当事者間での土地取得・利用転換である以上，現在の利用権者（以下では借地権者の場合を想定し，借家権者は捨象する）が同意する対価を支払わなければ，デベロッパーはその土地の利用権原を取得できないことは，現在の利用者が所有権者であるときもまったく同様である。ただ，土地の所有者と現実の利用権者が分裂し，所有者の側には土地取戻しの可能性が乏しいうえ，高騰する地価に見合う地代増額も簡単にはなしがたいといった状況下では，所有者はそれなりの価格での底地の売却に同意するのに，利用権者は――通常は当該不動産の現実の使用がその生活上，営業上の利益と結びついていることもあって――土地・建物の明渡しに容易には同意しない――そして，その同意を取り付けるためには利用権者にも相応の対価＝立退料を支払うことが必要となる――という形の事態が発現する。バブル期にはその現象が極度に肥大化して現れたため，開発事業者サイド（典型的には底地買いをした地上げ業者など）から「借地法による借地権の過度の存続保護」に強い批判が浴びせられたのである。その意味で，この問題は見方を変えれば，地価高騰下での土地利用転換がもたらす「土地の交換価値のバブル的な増加益」を底地所有者，借地権者（さらには借家権者）および開発事業者（地上げ業者等も含む）の間でいかに分け合うかの争いが，借地権保護のあるべき姿をめぐる見解の対立という形をとって顕現したものといえるのではないかと，筆者は考えている。

方，第二の局面の改正課題に関しては，法定更新による存続長期化の可能性を従前より制限された普通借地権と，3種類の定期借地権——期間50年以上の定期借地権（一般定期借地権とも呼ばれる），期間30年以上の建物譲渡特約付借地権，期間10年以上20年以下の事業用借地権——が新たに創設された。借家関係では，転勤等での不在期間中に限った貸付を可能にする期限付借家が制度化されただけであったことと対比すると，新法制定の主眼が借地関係にあったことをあらためて確認できよう。

しかし，施行後の定期借地権の利用状況をみると，事業用借地権はかなり利用されてきているものの，住宅用での定期借地権（一般定期借地権）の利用実績はごく限られたものにとどまっている。そして，現在の制度的仕組みの下では，今後ともその利用が大きく広がっていく見通しはない[54]。このことは，翻ってみれば，少なくとも借地による宅地と住宅供給の拡大という問題に関する限り，先の第二の局面の改正課題に関する改正推進論者の議論の論理にはいわば無理押しの要素があったことを示すと同時に，1960年代後半とりわけ1970年代以降における借地供給の著しい減少の主たる理由も，借地権の存続保障の強さとはまた別のところに求める必要があることを示しているように思われる[55]。

**ⓓ 直接的な地価抑制措置の導入・実施** さて，最後に，この時期により直接的な地価抑制を目して実施された施策としては，すでにふれた国土法の監視区

---

[54] その状況と理由の詳細は，内田（2005）参照。なお，同論文によれば，1993年から2003年末までの定期借地権付住宅の供給戸数は，戸建とマンションの合計で44,583戸に過ぎず，同時期に建設された住宅戸数やマンション供給戸数の1％程度以下の割合でしかない。

[55] 詳細は瀬川（1995）の分析に譲るが，1960年代後半-70年代初頭に持家重視（分譲住宅とマンションを含む）の住宅政策が定着し，土地担保付の住宅ローンが広く普及していったことが，借地での宅地供給減少の最重要な要因のひとつだったのではないかと，筆者は考えている。右肩あがりの経済成長（所得の上昇を含む）と地価（ならびに住宅価格）の持続的な上昇が見通されるもとで住宅ローンの利用可能性も広がる一方であるという状況下では，宅地・住宅の供給事業者の側でも，持家購入者の側でも，当座の資金負担額を抑制するために所有権でなく借地での宅地取得を選好するという行動パターンが出てくる余地は，まずなくなるだろう（むしろ，積極的に回避されさえするだろう）と推測されるからである。

域制度の運用と適用対象区域の拡大（前出注47参照）のほか，以下のようなものがあった。まず一方で，前記「重点実施方針」にあった関係税制の見直し（④と⑤）については，1990年10月に政府税制調査会の「土地税制のあり方についての基本答申」が出され，1991年3月のいわゆる「平成3年の税正改革」により，固定資産税・都市計画税および相続税の負担の強化（土地の評価水準の引き上げ），特別土地保有税の強化，個人および法人所有地の長期譲渡所得課税の重課，前記の宅地並み課税の実施などが決定されたうえ，新たに「地価税」が創設された（1991年5月の「地価税法」，92年1月1日から実施）。また，他方では，1987年10月の「緊急土地対策要綱」で提示されながらなかなか実現しなかった金融機関等に対する指導措置が，1990年に大蔵省による「不動産融資の総量規制」という形で実施され，これは直ちに直接的な効果をもたらした[56]。

そして，ほぼこの時期を境に地価は下落へと反転し，土地バブルは崩壊へと向かうのである。その意味では，上記の税制改正による土地課税の一連の強化は，まさに地価が下落し始めたときに導入・実施されるという皮肉な結果となり，その後にさまざまな矛盾や負の影響ももたらすことになる。

(原田　純孝)

## 5. さらなる規制緩和と高度・高密度利用へ ──バブル崩壊後の法制度

バブル経済崩壊後の日本社会は，膨大な不良債権問題を抱えた経済不況下で大きな転換期を迎える。日本社会がそこで直面した状況は，一言でいえば，「右肩上がりの時代の終焉」であり，それまでの社会経済システムを支えた広範な諸要素とその組成・組立てが動揺し，見直し・再編の対象とされていった。都市・土地・住宅・不動産に関する法制度も，その最たるもののひとつである。本節では，1990年代から2000年代初頭までの関係制度の展開過程を，

---

[56] それゆえ，早くも翌91年には解除され，規制対象を絞った方法に切り替えられている。

都市開発政策と住宅・宅地政策の新しい政策論理の登場と展開に着目しながら，ほぼ時系列に沿う形で考察する。

### 1 ) バブル崩壊後の関係法制の動揺と変容——1990 年代の規制緩和の推移

　ⓐ **1992 年の都市計画法・建築基準法改正の位置と評価**　まず，バブルが収束から急速な崩壊へと向かっていた 1990 年代初頭の注目された制度改正に，1992 年 6 月の都市計画法・建築基準法の改正がある。主要な改正点は，①住居系用途規制の多様化・細分化（住居系の用途地域を 3 種類から 7 種類に増やしたうえ，特別用途地域に中高層階住居専用地区と商業専用地区を追加した），②誘導容積制度・容積適正配分制度の創設[57]と総合的設計による一団地建築物の取扱いにおける工区別建築の特例，③都道府県知事が定める「整備・開発又は保全の方針」（「整開保」と略称される）の都市計画マスタープランとしての位置づけ，④市町村の都市計画マスタープラン制度の創設，⑤市街化調整区域での地区計画制度の適用の承認などである。

　この改正は，バブル期の再開発で業務用ビル等が住宅地域へ無秩序に進出し，住環境の悪化・住宅地の地価上昇・都心部での人口減少等を招いたことを反省し，都市居住者の住宅と住環境の面に目を向け直そうとしたものであること（①と②。注 57, 58 も参照せよ），計画論の観点からは，土地基本法の「計画に従った適正な利用」の理念の具体化として位置づけられること，都市計画における市町村の役割が明確化されたことなどから，大方の論者から積極的に評価され，歓迎された。しかし，この制度改正の時点では，立案担当者はもとよりそれらの論者も，バブルの崩壊とそれに伴う新たな問題状況の到来をまだ見通してはいなかったようである[58]。そして，その新たな問題状況の到来とと

---

[57] 誘導容積制度は，公共施設の整備が不十分な地区について，地区計画で目標とする容積率と現状に見合った暫定容積率（目標より低い容積率）の 2 つを定め，当面は現状凍結的な暫定容積率を適用して市街地の環境を保全し，地区整備計画に定める公共施設の配置等の見通しがついた段階で目標容積率を適用していくという制度。あわせて，良好な都市環境の保全・形成のために，地区計画の対象区域内において一定の土地の未使用の容積率を他の土地に配分することも認められた。運用の仕方次第では，ダウンゾーニングの方向でも使われうるが，逆にアップゾーニングとなる可能性も宿している。

もに[59]，政策展開の基調は，また再び規制緩和と経済主義的な都市開発の促進へと向かっていくのである。

**ⓑ 土地・住宅関連分野での規制緩和政策の再登場と「規制改革」論への展開**　すなわち，地価下落と景気後退が明確化し，不良債権問題の深刻さが確認されていくもとで，1993年以降には，景気回復のための経済対策が諸般の領域での規制緩和を基軸として矢継ぎ早に打ち出されたが，そのなかで，土地・住宅にかかる規制緩和施策が，当初はささやかに，やがては主要項目として復活・展開されていった（以下の詳細は，安本 2001b）[60]。

まず当初は，政策全体の方向づけにおける「一般的な規制緩和」の一環として，以下のような事態が進展した。1993年9月の「緊急経済対策」（経済対策閣僚会議）では，4項目の規制緩和施策一覧の第一に，「優良市街地の形成・住宅供給の促進に向けた容積率の各種割増制度の積極的適用（住宅供給に資する再開発地区計画，総合設計制度等の積極的適用）」が登場する。93年12月の「平岩レポート」＝「経済改革について」（経済改革研究会）も，国土・土地・建築物に関する規制を「社会的規制」と位置づけつつも（11月の「中間報告」），重点事項の第一に「土地・住宅関連分野及び規制緩和による土地の有効・適正利用と住宅建設の促進」を挙げた。その方向は，94年2月の「総合経済対策」と「行革大綱」（「今後における行政改革の推進について」）でより具体的に押し進め

---

58) 当時の立案担当者には，住宅・宅地の高騰に苦しむ勤労者の姿や再開発の進展・拡大による都市居住環境や地域社会の崩壊，居住人口の配置の変化などが，バブルの後遺症として強く意識されていたのではないか。同じ1992年の宮澤内閣の「生活大国論」にも，そのような問題意識が強く反映されていた。

59) なお，本書では詳論する紙幅がないが，土地区画整理事業や都市再開発事業をはじめ従来の宅地・市街地の開発整備事業は，事業後の地価上昇を当然の結果として採算に織り込む形で仕組まれていた。そのため，バブル崩壊による地価下落は，着手済みの事業の多くを財政難に追い込む一方，新規事業の着手を著しく困難化することになる。サブリースでの開発事業をめぐる訴訟事件の頻発も，類似のメカニズムが作用した結果である。

60) 「復活・展開」と書いたのは，土地臨調答申の出た1988年頃からの規制緩和論の政策文書では，土地・住宅や都市整備に関する項目は影を潜めていたからである。例えば，第二次行革審の「公的規制の緩和等に関する答申」（88年12月1日）やそれを踏まえた「規制緩和推進要綱」（88年12月13日閣議決定）にはその項目は入っていなかった。

られ，同年7月の「規制緩和推進要綱」(「今後における規制緩和の推進等について」，閣議決定)において住宅・土地関係にかかる一連の課題が提示された。そのうちの一定の部分は，1994-95年頃までに実現されている[61]。

この流れをさらに押し進め，拡大し，より整理した形で提示しようとしたのが，行革推進本部に設置された規制緩和検討委員会の作業である。それを受けて策定された1995年3月の「規制緩和推進計画」では，主要個別分野の第一に「住宅・土地関係等」が置かれ，「豊かさを実感できる住生活の実現に向け，土地の有効利用，良質な住宅・宅地の供給促進，住宅建設コストの低減等を図るため」規制緩和を進めるという方針が端的に打ち出された。その規制緩和措置が内外価格差の是正と対日市場アクセスの改善のためにも必要だとする新しい理由づけも，この段階で明確なものとなっている。そして，その上に立ってこの間の政策論議の結果を包括的な形でとりまとめたのが，1995年12月の行政改革委員会規制緩和小委員会「平成7年度・規制緩和推進計画の見直しについて——光り輝く国をめざして」であった。そこでも「土地・住宅」が第一の対象分野とされ，以下のような諸課題が具体的に網羅されている（安本2001b，40頁参照）。

①都市構造の再編，とりわけ都市中心部での密度の高い市街地の実現。そのために，都心部の土地の有効・高度利用を妨げている容積率制限・斜線規制等の改正，個別地区の特例的緩和制度の活用を行い，根本的には容積率制限を目的（市街地環境，公共施設負担の調整）との対応関係が明確なものに変えていく。また，建築基準法の採光・日照規制を，使用者の自己選択に対応し，技術

---

[61] 1993年の土地区画整理法改正（住宅・宅地供給の促進），特定居住用財産買替特例の創設（流動化促進），1994年の，民間都市開発推進特措法改正（民間都市開発機構の業務に土地の取得・譲渡業務を追加），建築基準法改正（住宅の地階にかかる容積率制限の合理化＝容積率の不算入＝「地下室マンション」の許容，防火壁の制限の合理化），第4節の注42で触れた住宅市街地や住環境整備にかかる任意の補助事業の再編・統合，国土法の監視区域の運用緩和通達，土地流動化促進のための譲渡所得税の軽減，地価税の一部軽減，1995年の，都市計画法改正（街並み誘導型地区計画制度の創設），都市再開発法改正（市街地再開発事業の施行要件の改善等），建築基準法改正（前面道路幅員による容積率制限の合理化＝緩和，道路斜線制限の合理化＝緩和等），地価下落に対応した固定資産税，譲渡所得税，地価税の一部軽減など。

進歩による代替手段の発展に応じて緩和する。②宅地供給の促進。そのために，市街化区域内農地の活用，宅地開発指導要綱の見直しの徹底，市街化区域の設定・編入要件の見直しを行う。③借地・借家の供給促進のための規制緩和，とりわけ定期借家権の創設を行う。④住宅の生産・購入面での規制緩和によるコストの引き下げ。そのために，建築基準法の規制の性能基準への転換，海外の認証基準の受け入れ，建築確認業務の民間への解放などを行う。

　これらのほとんどは1990年代後半に逐次実現されていく（後述）が，その90年代後半から末期にかけては，規制緩和論の内容にも新たな展開が見られた。いわゆる市場主義的「規制改革」論の登場である。のちにみる住宅政策の転換等を理解するためにも必要なので，ここで簡単に触れておこう。その議論の趣旨は，要言すれば次のようになる。すなわち，リスク防止は当事者が自己の選択で行うのが基本であるが，規制緩和のための規制強化や新たなルールが必要な場合もあるとしたうえで，①事前規制型行政から事後チェック型行政への転換のためのルール作り，②市場機能をより発揮させるための競争システムの整備，③自己責任原則の確立に資する情報公開と消費者本位のシステム作りを行い，市場原理と自己選択・自己責任の原則が貫徹する「自由で公正な経済社会」の建設を目指す，というものである。その主たる狙いのひとつは，「経済的規制」とは区別された「社会的規制」の領域でも規制の緩和・見直しをさらに進めることにあり，実際にも，他の財と異なる特殊な特性をもつ土地（土地基本法参照）や住宅の分野でのいっそうの規制緩和・市場化措置を進めることを正当化する意味を持ったとみられる[62]。

　ⓒ **具体的な制度的措置の概要**　以上の流れに沿った具体的な制度改正は，1996年11月の土地政策審議会答申「今後の土地政策のあり方について」とそれを受けた1997年2月の「新総合土地政策推進要綱」，97年11月の「土地の有効利用促進のための検討会議提言」（建設省を事務局とした政府・与党の合同会議），同年同月の「緊急経済対策」などにもとづいて実現された。その新た

---

62) このような考え方は，1997年頃から登場し，1998年12月の規制改革委員会「規制改革についての第一次見解」，99年3月改定の「規制緩和推進3ヵ年計画」，99年12月の規制改革委員会「規制改革についての第二次見解」などで展開されていく。

な土地政策のキーワードは,「地価抑制から土地の有効利用への転換」,そして「所有から利用へ」であり,そこでは,大都市都心部等での規制緩和,都市郊外部での規制緩和,有効利用をする者への土地移転を進める土地取引の活性化と不動産流動化などの課題に即して,まさに多種多様な諸施策が提示されていた(原田 1998,吉田 2001,377頁以下参照)。

大都市都心部等での規制緩和に関しては,①低利用地や遊休地の有効利用に向けた諸事業の推進(産業構造転換に伴う工場跡地等での再開発地区計画の策定,敷地整序型土地区画整理事業や密集市街地再整備の促進など),②有効・高度利用のための規制緩和の推進(容積率割増しによる都心商業地域の更新,容積率特例制度の活用)が挙げられた。前者＝①の関連では,1997年に「密集市街地における防災街区の整備の促進に関する法律」(97年5月)の制定,敷地整序型土地区画整理事業(ミニ区画整理)や機能更新型高度利用地区制度の創設などがあり,後者＝②については,1997年の都市計画法・建築基準法改正で,マンション等共同住宅の容積率規制の合理化・引き上げ,斜線制限緩和,日影規制の適用除外を行う高層住居誘導地区制度の創設が行われ[63],1998年の建築基準法改正では,複数建築物について容積率制限等を一体的に適用する連坦建築物設計制度の創設,採光・日照等に関する規制の緩和のほか,建築基準の性能規定化,建築確認・検査業務の民間開放が決定された(この最後の措置は,周知のように後に大きな問題を惹起することになる)。また,1998年には再開発事業の促進・容易化のための都市再開発法改正があり(特定事業参加者制度,認定再開発事業制度の創設),あわせて都市開発資金の貸付に関する法律の改正が同年および1999年と続けて行われている[64]。

---

[63] 高層住居誘導地区は,第一種住宅地域などいわゆる混在系の5種類の用途地域で,容積率400％とされている地域につき,住宅割合が3分の2以上の建築物の容積率を最大600％まで引き上げることを認める制度。大都市都心部の住宅と定住人口の確保を目的としたが,他の規制緩和措置とあいまって,なお低層住宅や中層建物が多かった地域に無秩序に高層マンションが出現するという結果をもたらすことになる。
[64] 認定された再開発事業の資金調達の円滑化を図り,とくに低・未利用地の有効活用を促進することを意図したもので,1999年には「工場跡地等の有効利用の推進について」という通達(都市局長・住宅局長)も出されている。

次に，都市郊外部での規制緩和については，市街化区域の線引の機動的見直し，農地転用の円滑化が掲げられ，1997年の農地転用許可手続の緩和（透明化，簡易・迅速化），1998年の都市計画法改正による調整区域における地区計画策定対象地域の拡大，優良田園住宅建設促進法の制定（農山村地域と都市近郊を対象），農地法改正による4ha以下の転用許可権限の都道府県知事への委譲が行われた。さらに2000年には，都市計画法改正による大都市地域以外での線引＝区域区分の選択制への転換（調整区域の線引がなければ同区域の開発規制はかからなくなることに注意），調整区域の開発許可制度の一連の緩和，農地法改正による2ha以下の転用許可権限の市町村への委譲の可能性の承認（県の条例による）などが行われていくことになる。

土地取引の活性化と不動産流動化は，バブル崩壊後の土地政策の最重要課題のひとつであり，90年代前半から種々の施策が採られていた（前出注61参照）。主要な課題領域は，①地価抑制のために導入されていた規制や税制の解除・見直し，②不動産取引市場の整備による土地取引の活性化と不動産流動化，③その前提としての土地情報の整備・提供の促進であり，90年代後半には，とくに②の不動産取引市場の整備をめぐって新しい諸制度が展開する。

①の規制や税制の見直しについては，監視区域の指定の解除，地価税の税率引き下げ（1996年）と適用停止（1998年），固定資産税の負担の調整・引き下げ（1996，1997，2000年），譲渡所得税の軽減（1996，1998，1999年）などが連続して行われ，③の土地情報については，土地に関するデータベースの計画的整備，地価公示制度の整備，地籍調査の推進などが課題とされた。②の不動産取引市場の整備に関しては，宅地建物取引業法の改正（1995年）と指定流通機構の設立（1997年）により不動産業者の資質の向上や情報提供を含めた業務の適正化が図られる一方，土地取引と不動産流通の活性化のための新しい資金調達手法の整備が進められた。

最後の点で重要な意義をもったのは，1994年6月の不動産特定共同事業法の制定とその後の改正（1997年，行為規制の緩和を内容とする），および，1998年6月の「特定目的会社（SPC）による特定資産の流動化に関する法律」＝SPC法の制定と改正（2000年5月，SPCの設立要件の緩和）である（稲本ほか

2004, 270頁)。前者は, 不動産の持分を小口化商品にして事業参加者(投資家)を募り共同投資事業を行う事業者に対して許可制を導入し, 投資者保護のためその事業実施のルール(行為規制)を定めたものである。他方のSPC法は, 同法にもとづく特定目的会社＝SPCが資産の原所有者(オリジネーターという)からその資産(既存企業等の持つ不動産や指名金銭債権など)を買い受け, これを担保に小口の証券(資産担保証券＝ABS)を発行して市場＝一般投資家から資金を調達することを可能にしたものである。証券の購入者＝投資家には, 資産からの収益が分配されるので, 投資機会の多様化となり, SPCに資産を売却する既存企業等にとっては, その資産の流動化に役立つことになる。この制度は, もともとは債権流動化のために検討されてきたものであるが, 不動産証券化のためにも広く用いられている。

なお, 1995年12月の規制緩和小委員会「規制緩和推進計画の見直しについて」で挙げられていた定期借家権の創設(前出323頁参照)は, 1997年6月の法務省による導入構想の提示などを経て, 1999年12月の「良質な賃貸住宅等の供給の促進に関する特別措置法」(議員立法)で実現された。定期借家権の導入に至る過程の推進論者の議論では, 家族向けの広い民間借家の供給のために現行法の正当事由制度と継続家賃の決定の仕組みを排除する制度であるということが表立った理由として主張されたことから, 法律の正式名称は, その実質的内容とはかけ離れたものとなっているが, この法律は, その名称とは無関係に, 一般に「定期借家権立法」と略称されている。しかも, 実際には, この制度創設の要求は, 当初から, 上記のような不動産の流動化・投資証券化の方向とより強く結びついていたようである(原田 2000)。すなわち, 不動産投資証券が一般投資家から広く受け入れられるためには, 当該不動産＝賃貸ビルの確実な収益見通しが確保されることが重要な前提条件となる。新設された定期借家権には, この条件を満たすように, 場合によっては20年をも超えうる定期の約定期間について, 賃借人側の中途解約権を排除したうえ, 自動改定特約付きでの約定賃料収入を保障するという仕組みが備わっているからである。

ⓓ **景気回復対策としての住宅取得支援施策と住宅事情** 最後に, 住宅政策と住宅関連施策はこの時期にどのような動きを見せたか。すでに触れた規制緩和等

による宅地・住宅の供給促進施策を別とすれば、さほど目立ったものはない。1995年6月の住宅宅地審議会答申「21世紀に向けた住宅・宅地政策の基本的体系について」は、「個人が住宅を通じて得る便益」を「住宅サービス」という概念で包括し、「住宅サービスは私的に消費されるもの」とする新しい視点を打ち出したが、具体的施策へのインパクトはまだ伴わなかった。ただし、その頃から景気回復対策（バブル崩壊で大きな打撃を受けた住宅・不動産業の支援を含む）と住宅取得者への支援を意図して、住宅金融公庫融資の大幅拡充、住宅取得促進税制の拡充（即効的効果を得るべく入居年による段階的縮小措置を定めた）、住宅用家屋の登録免許税の軽減、新築住宅の不動産取得税の特別控除額の引き上げ（以上、1997年）、居住用財産の譲渡損失控除制度の創設（1998年）、それらの措置の拡充や住宅ローン控除制度の創設（控除期間15年等）、住宅取得資金贈与の課税特例の改善（1999年）、新住宅ローン控除制度の創設（2000年）などが逐次に行われ、住宅の新設着工戸数は、分譲住宅とマンションを主体にして次第に増加の趨勢を見せていく（本章第2節参照）。

　もっとも、他方では、そうした趨勢を踏まえつつ、新しい住宅政策の具体的な方向づけが模索された。バブル期を「単に『異常』というだけでなく、戦後の住宅宅地に関する特異な事情を拡大・強調して見せた時代」と捉えたうえで、その模索の結果をまとめて提示したのが、1999年9月の住宅宅地審議会中間報告「21世紀の豊かな生活を支える住宅・宅地政策について」（以下、99年「中間報告」と略称）である。新しい方向づけの内容は次の第2項のⓑでみることにして、この文書が示した「バブル崩壊以降の宅地事情」の認識を、長くなるが、次に引用しておこう（引用中の／は、原文では改行箇所）。

　「バブル崩壊による地価の下落は、都市の商業・業務地において特に大きい。／東京都区部の場合、オフィスビル用地需要が不振なために住宅系への転用を目指す動きが見られ、また大企業がリストラに伴い都区部等において社宅用地等として囲い込んできた希少な宅地を市場に放出する動きもある。これらにより中高層集合住宅用地が供給され、これまで人口流出一辺倒だった都心部において人口増加の兆しが見られる。／一方、郊外部の宅地はバブル期においても都心部ほど地価が上がらなかった反面、下落率は小さい。良好な宅地供給

の大宗を占めてきた郊外部の大規模事業は，これまで地価の確実な伸びを前提に，関連する公共公益施設整備や先行投資，地権者はじめ関係者間の調整等の負担を事業者が担うことで事業が成立した。今後は従来のような対応が困難になるとも予測される。それもあって，最近の宅地供給事業は開発規模が顕著に小規模化し，立地も都区部・近郊部へ向かっている。／近郊部の市街化区域内農地では，インフラが比較的整備されているところを中心に宅地供給が進んだが，宅地化が容易な適地の減少が見られる。

バブル崩壊以降のこうした需給の変化は，単にバブルの反動或いは調整過程という短期的なものに止まらず，我が国が今まさに都市化社会の終焉と都市型社会への移行を迎え，同時に高齢化社会から高齢社会に向かう構造変化の時期，即ち大転換期に入ろうとしていることと関係している。高度経済成長期に入居開始した大規模団地内で一斉高齢化現象が見られるが，高齢化は少子化とあいまって人口増・世帯増の停滞をも意味し，需要構造の変革をもたらす。／我が国の戦後50年余の，ある意味では特殊な状況の終わりを告げる大転換期の到来の時期にあたって，この状況への深い洞察，認識に基づいた新しい宅地政策の構築が今まさに求められている」。

1990年代末期に本格化する都市・土地・住宅・不動産法制の再編と新たな方向づけへの動きは，このような状況認識を背景に登場してくるのである。

## 2）21世紀に向けた都市・土地・住宅・不動産法制の再編の方向

### ⓐ 都市・土地政策の新動向と関連立法──「都市型社会」と「都市の再構築」

1990年代末から21世紀の初頭にかけては，上で触れた住宅政策だけでなく，都市・土地政策の領域でも，新しい方向づけが次第に具体的な姿をとって登場してきた。その方向づけには，客観的状況の複雑さ（例えば，上記の引用参照）を反映して，多面的な要素と多様なベクトルが含まれているが，大まかに整理して素描すれば，以下のようである。

まず注目されるのは，2000年5月の都市計画制度の改正である。「30年振りの大改正」といわれたこの改正は，日本の都市の発展と都市政策・都市行政は「歴史的転換期を迎えた」という認識の上に立案された。その作業の起点と

なった都市計画中央審議会の政策文書は,「人口,産業が都市へ集中し,都市が拡大する『都市化社会』から,都市化が落ち着いて産業,文化等の活動が都市を共有の場として展開する成熟した『都市型社会』への移行に伴い,都市の拡張への対応に追われるのではなく,都市のなかへと目を向けなおして『都市の再構築』を推進すべき時期に立ち至った」と説いたのである[65]。ただし,その「歴史的転換期」の認識には,相異なる方向性をもったことがらが並存していたことに注意しなければならない(以下を含め詳細は,原田 2001d 参照)。

すなわち,そこからは,一方では,「わが国は,急速な都市化の時代を経て,安定・成熟した都市型社会の時代を迎えており,今こそ都道府県や市町村が,地域住民と一体になって,地域特性に応じた個性豊かな都市の整備と次世代に残すべき貴重な環境の保全に,本格的に取り組む環境が整ってきている」という方向性が導出される(引用は,注65所掲の第二次答申)。それは,右肩上がり一辺倒の経済社会が過去のものとなったいま,少子・高齢社会と人口減少社会への移行の見通し,地球規模のそれを含めた環境制約の強まり,人々の生活様式や価値観の多様化と居住や生活の質への希求の強まり,市民の自治・自律を基礎とした分権型社会への趨勢などを考慮に入れて,高齢者を含む人々の生活や居住環境面により配慮した,持続可能な安定・成熟型の都市づくりを目指す政策を要請するものとなるであろう。

しかし,他方で,同じ審議会の基本政策部会が同時並行的に策定した「都市づくりの政策体系のあり方――都市再構築のシナリオ」(98年9月)では,第五次全国総合開発計画が4つの主要戦略中のひとつとした「大都市のリノベーション」とか,「内需主導型の経済運営を図る」ための「都市づくりへの投資の促進」,「国境を越えた都市間競争への対応」などを意識しつつ,経済活動基盤・生活基盤・国土環境基盤としての性格を併せもつ都市を「国のストック」と位置づけ,「国の一貫した方針の下で都市づくりを推進するための枠組みの

---

65) 引用は,1997年6月の都市計画中央審議会基本政策部会中間とりまとめ「今後の都市政策のあり方について」。この認識は,98年1月の同審議会第一次答申を経て,2000年2月の第二次答申「経済社会のあり方の変化を踏まえた新たな都市計画制度のあり方について」にも,ほぼそのままの内容で引き継がれている。

構築」を行うことが提言されていた。しかもその内容は，明らかに，経済活動基盤面に重点を置いた国家主導型の都市開発政策の再構築を企図したものである。90年代後半の規制緩和政策下での産業構造転換に伴う土地利用転換や都心再開発の動きの再起動，不動産の証券＝投資財化，都市施設基盤整備事業への予算の配分，そして，国の経済政策のレベルでのグローバル化・情報化・規制緩和を通じた市場化と競争の強化への指向なども，その政策指向と軌を一にしていたといえる。一見，逆説的な言い方になるかもしれないが，そこには，いわば，国家主導下の都市再構築政策と国家意思による規制緩和・市場化政策とを抱合して，市場メカニズムを介する官民の都市開発投資の促進を目的意識的に推進しようという政策指向が表出していたのである。のちのⓑでみる住宅政策のいっそうの市場化と市場メカニズムへの依存の方向も，この政策指向との関連のもとに理解する必要があるであろう。

　この後者すなわち都市の再構築の方向は，後出のⓒでみる「都市再生」政策に端的に具体化されるが，2000年5月の都市計画法と建築基準法の一部改正（および同年12月に建設省が公表した「都市計画運用指針」）も，上の両面の方向の要請に同時に応えうるものとして実現されていた。他の点は省略し[66]，とくに後者の方向（具体的には既成市街地の再整備と高度利用）を意図した制度改正のみを挙げれば，①商業地域における「特例容積率適用地区」制度の創設，②都市施設整備の立体的な範囲決定制度の導入，③地区計画の策定対象地域の拡大，④後退壁面線の指定等がある場合の建蔽率制限の緩和がある。このうち①の「特例容積率適用地区」は，その「地区」とされた「区域」内では，未利用となっている容積の活用を図るため，2つ以上の敷地間での容積率の移転を一般的に許容する制度である。商業地域内に高度利用を図るべき土地の区域があるときは，原則としてその「区域」指定をすべきものとされるから，この制

---

[66] その内容は，原田（2001d）参照。主たる改正点を列記すれば，都道府県マスタープラン＝「整開保」の明確化と強化，区域区分制度と開発許可制度の柔軟化・合理化（前述した線引の選択制への転換，調整区域の開発許可制度の緩和等を含む），非線引白地地域等における土地利用規制の整備，都市計画区域外，とくに「準都市計画区域」での土地利用規制制度の導入，本文で触れる既成市街地の再整備・高度利用促進にかかる改正，都市計画決定手続の改正などである。

度の適用範囲は既存の類似の制度より大きく広がりうるし，それぞれの特例敷地に適用される特例容積率の決定も，敷地所有者等の申請にもとづいて特定行政庁が簡便に行える仕組みになっている。他の3点も，結局は規制緩和を通じて，市街地の高密度・高度利用を図るためのものである。

　**ⓑ 住宅政策の市場化と不動産法制の整備**　すでに触れたように，住宅政策の方向も，上でみた前者の方向（人口高齢化・分権社会化・環境制約等を考慮した持続可能な安定・成熟型の都市づくり）の要請を視野に入れつつも，基本的には上の後者の方向の流れ（国家主導下の規制緩和と市場化政策を媒介とする国のストック，とりわけ経済活動基盤としての都市の再構築）に掉さすものとなっている。住宅宅地審議会が前記「99年中間報告」に若干の修正を加えて2000年6月に公表した本答申（表題も「中間答申」と同じ）は，冒頭で，「住宅宅地の取得，利用は国民の自助努力で行われるべきという原則」を謳ったうえ，「21世紀の豊かな居住は，市場における，自由な競争に基づく適正な価格の良質な住宅宅地の供給，十分な情報に基づく自立した個人の選択により実現されることが基本である。このため，公の役割は，『市場の環境整備』『市場の誘導』『市場の補完』に限定していく」と明記した。住宅宅地は，市場を通じて供給され，個人がその所得能力とニーズに応じて私的に選択・購入・消費する商品（借家を含む）＝「住宅宅地サービス」という財と把握され，その市場の当事者は，第一次的には，商品の供給者たる民間住宅産業とその購入者・居住者たる消費者となり，その価格・賃料も自由な競争市場の決定に委ねられるのである（以下も含め，詳細は，原田 2001c, 48頁以下参照）。

　具体的には，①公が担う基本的かつ主要な役割は，市場が適正に機能するための前提的制度（都市計画や建築規制制度，借地借家制度など）や消費者行政的な制度・施策の整備（各般の制度インフラの整備，具体例は後述）と，民間では供給できない公共財の提供（公共施設や基盤整備等）のための政策資源の配分などとを主体とした，「市場の環境整備」に縮減される。ただし，②市場の機能では十分な供給が確保されないもの——具体的には，「外部性」の問題が存在する環境・景観・安全・省エネ等の課題と，高齢者向け・家族向け賃貸住宅の供給促進等の個別的政策課題がある分野——については，「市場を大きく歪

めないように留意しつつ」，中長期的な目標等の提示と間接的な支援措置による「市場の誘導」を行う。そして最後に，③「市場においては自力で適切な水準の住宅宅地サービスを確保できない者」（とくに低所得の高齢者等）のために，「真に公的支援を必要とする者」へのセーフティネットの整備の観点から，最小限の「市場の補完措置」が用意される。また，その際，④今後の住宅宅地政策では，地方公共団体がより大きな役割を担うべきことが期待された。ここには，先に触れた市場主義的「規制改革」論の発想——市場原理と自己選択・自己責任の原則が貫徹する「自由で公正な経済社会」を目指し，公私の役割分担を全面的に再編するという考え方（前出323頁参照）——が如実に反映されていることはいうまでもあるまい。

　そして，①の「市場の環境整備」と②の「市場の誘導」にかかる今後の住宅施策の実体的な内容面に関しては，例えば，バブル崩壊後の経済構造や都市構造の変化に伴って進行している「都心居住」を含めた「都市居住の再生」の方向を重視する，少子高齢化・人口減少・世帯の小規模化等の社会構造の変化に伴う住宅需要の変化の趨勢も踏まえつつ，「良質な住宅ストック」の形成・管理・循環のあり方を重視する，それらを支える市場のルール（「住宅サービス」の取引のルール）を明確化しつつ，住宅・不動産関連産業の活性化と発達を支援する，などの点が強調された。これらの点だけでも，多様で多面的なことがらを含んでおり，立ち入った検討はなしえないが，制度面での特徴的な動きをいくつか指摘しておこう。

　まず，取引関係を含む不動産法の領域では，先にも触れた定期借家権立法（1999年12月）がある。同法の推進論者は早くから，「家族向けの広い民間借家の供給促進」を旗印に，考えうるありとあらゆる理由を挙げてその早期成立を要求した[67]。その理由中には，住宅選好の多様化の可能性への対応，都心部の中高層住宅等での民間借家供給事業の支援・活性化，高齢者などの持家ストックの借家での流動化など，首肯できる部分もないわけではなかったが，住宅供給促進施策としてのその実際の効果が果たして導入論者の主張したような

---

67) 詳細は，原田（2000, 2001c, 52頁以下）。その立法推進論者の主張は，いまから振り返ってみても，まさに虚実とりまぜた異常な議論であったと筆者は考えている。

ものになっているかどうかは，疑問である。1999年6月の「住宅の品質確保の促進等に関する法律」は，住宅の性能表示と専門の住宅紛争処理機関の設置，ならびに新築住宅の契約に関する瑕疵担保責任の特例を定めた。区分所有関係では，2000年12月の「マンションの管理の適正化の推進に関する法律」，2002年6月の「マンションの建替えの円滑化等に関する法律」，2002年12月の建物区分所有法改正がある。ストックとしてのマンションの大規模修繕を含めた管理システムの改善，建替え問題への対応（大規模災害の場合については別に特別法もある），それらの業務への民間事業者の関与のあり方の適正化などのほか，タワーマンション等の大規模な区分所有建物管理の合理化・効率化を意図した管理組合の法人化促進，電磁的方法での意思決定手続の導入などが定められた。上記②の「市場の誘導」の2点目にかかる制度としては，2001年の「高齢者の居住の安定確保に関する法律」と高齢者世帯向け賃貸住宅供給促進税制の創設がある。そのほか，バリアフリー化を含む既設住宅のリフォーム事業関係などでも種々の施策が登場したが，省略する。

　他方，従来国が関与してきた狭義の住宅政策の領域では，住宅政策の市場化，公民の役割分担という方針に加えて国の特殊法人の整理合理化計画が登場し，いわゆる戦後住宅政策の三本柱の解体と再編が急速に進んでいく。まず，住宅・都市整備公団（住宅公団と宅地開発公団の統合で1981年設立）は，1999年に住宅供給より都市整備に重点をおく都市基盤整備公団に改組され（分譲住宅の供給は停止），さらに2003年6月の都市再生機構法にもとづき，2004年7月に独立行政法人都市再生機構＝UR都市機構となった。同機構の主たる業務は，民間では負担できない市街地の整備改善と賃貸住宅の供給の「支援」である。機構は，開発整備した土地へ民間事業者による賃貸住宅建設を誘導することを任務とし，新規の賃貸住宅建設からも原則として撤退する[68]。次に，住宅金融公庫については，2001年12月に特殊法人整理合理化計画の目玉として

---

68）賃貸住宅建設を行う民間事業者が現れないなど特別の事情がある場合は，機構自らが賃貸住宅を建設する。この改組が前記①後半部分と，部分的には②の方針に対応したものであることはいうまでもない。なお，従前の公団賃貸住宅はUR賃貸住宅として存続する。

同公庫の廃止が閣議決定され，2005年7月の独立行政法人住宅金融支援機構法にもとづいて，2007年4月に同支援機構が発足した。同機構は，2003年から始めていた民間住宅ローン支援業務の延長上で，民間金融機関が行う住宅ローンの証券化支援を業務の柱とするものとなり（「買取型」と「保証型」の双方がある），個人への直接の融資業務は原則として縮小・廃止し，民間では実現が困難な分野に限定していくこととされる。他方，公営住宅については，東京等では新規建設は基本的に停止され，既設住宅も，一方では入居者の所得にみあった家賃引き上げ（応能家賃の原則）を行うと同時に，他方では，地域社会福祉サービス等とも連携させた「真の社会的弱者のためのセーフティネット的施策」として限定的に利活用していくという方向がさまざまな形で具体的に進められている。

　要するに，この政策のもとでは，国民各人の住宅の確保は，持家か借家かを問わず，「住宅サービス」という消費財の市場での購入行為として把握され，その反面で，民間住宅産業（建設分譲から修復・リフォーム・情報対応化，マンション管理，借家の供給・管理，取引仲介その他），民間住宅金融業，不動産投資業などの供給主体側の事業活動の拡大と活性化が――一方での多様な支援措置と，他方での事業活動適正化の諸ルールを伴いつつ――方向づけられるのである。1998年の住宅・土地統計調査によれば，既存住宅ストック中，1980年の新耐震基準（1981年施行）以前に建築されたものがほぼ半数＝約2,100万戸も存在するという事実も，今後の耐震補強工事や建替え需要によるビジネスチャンスの拡大につながるものとして，その視野に入っている[69]。

　ⓒ **国家主導の「都市再生」政策と関連立法**　最後に，2001年から本格的に起動した国家主導の「都市再生」政策と関連立法がある。この「都市再生」という政策目標は，小渕内閣が設置した経済戦略会議の答申「日本経済再生への戦略」（1999年2月）で初めて具体的に登場し[70]，2001年4月の森内閣「緊急経

---

69) この点は，2003年6月17日の日本経済団体連合会「『住みやすさ』で世界に誇れる国づくり――住宅政策への提言」でも強調されていたところであった（III 1(2)，IV 1(3)参照）。なお，21世紀に入った後の住宅政策のさらなる展開動向の考察については，近く別稿の公表を予定しているので，それをあわせて参照されたい。

済対策」に引き継がれたのち、同月26日に発足した小泉内閣によって全面的に展開された。小泉首相は、5月に自身を本部長とし、全閣僚が参加する都市再生本部を内閣に設け、同月18日の第一回会合で、「わが国の活力の源泉である都市について、その魅力と国際競争力を高めることが内政上の最重要課題」であり、そのために民間資本を導入した都市再開発を「国策」として推進することを確定し、同年中に第一次から第三次の都市再生プロジェクトをトップダウン方式で決定した。そして、そのプロジェクトを国、それも内閣主導で実現するための制度的スキームとして、2002年4月に都市再生特別措置法が制定された。その仕組みは、次のようなものである[71]。

①内閣に総理大臣を本部長とする都市再生本部を設置し、都市再生基本方針を策定したうえ、都市再生緊急整備地域を政令で個別に指定し、その各々につき地域整備方針を定める。②緊急整備地域内で所定の要件を満たす都市再開発事業（都市再生事業）を実施するのは、民間都市再生事業計画を提出して国土交通大臣の認定を受けた民間事業者であり、民間都市開発推進機構からの無利子貸与等の支援が講じられる。③緊急整備地域では、既存の用途地域等にもとづく諸規制を一旦適用除外としたうえで新たな内容の都市計画を定める都市再生特別地区を設定することができ、民間事業者の側からその特別地区の都市計画の内容や変更を提案することが認められる[72]。そして、④その事業計画の実現の迅速化を図るため、この事業にかかる行政上の認定・認可・承認・決定等は、3ヶ月ないし6ヶ月以内になすべきことも法定された。また、この事業の都市計画事業としての推進を一般制度上でもよりよく基礎づけるため、⑤都

---

70) その背景に前掲「都市づくりの政策体系のあり方――都市再構築のシナリオ」（98年9月）があったことはほぼ間違いがない。
71) 同法の内容の概要や特徴は、簡単には見上（2006, 150頁以下）、稲本ほか（2004, 222頁）参照。また、都市再生政策の内容、その形成と推進のあり方の特徴、関係する「ビジネス・コミュニティ」や東京都の対応の動き等の詳細は、平山（2006, 21頁以下）に詳しい。都市再生特措法とあわせて行われた都市再開発法の改正（後述⑤）により、都市再生事業推進の柱となることを予定して整備された市街地再開発事業の新しい仕組みとその担い手たる再開発会社の詳細と特徴については、安本（2003）参照。72) ただし、その地区内の地権者数の3分の2以上で、かつ土地面積の3分の2以上を保有する者の同意を得ていることが必要である。

市再開発法，都市計画法および建築基準法の改正も同時に行われ，都市再開発事業での収用権の民間事業者への付与，最高容積率の1300％への引き上げ，都市計画提案制度の整備，総合設計制度の一般化による高さ規制の緩和と手続の迅速化などが実現されている。

　都市再生緊急整備地域は，2002年中に第一次と第二次の合計で44地域，約5,700haが指定された（2006年には，第五次までの指定の合計で64地域，約6,567haとなる）。その対象地域は，「国策」としての都市再生政策の目標の内容からして当然にも，大都市（とりわけ東京）都心部の中枢的・戦略的な地域で，経済活性化と都市構造再編の拠点となり，民間資本にとっても事業参入による確実な利益が見込まれる地域を中心としたものとなっている[73]。その意味で，この「都市再生」は，バブル期以降，ときどきの経済事情の変動にもかかわらず一貫して続けられてきた市街地と都市空間の「有効・高度・高密度利用」の方向をあらためて強力に押し進めるものにほかならない。大都市とりわけ東京の都心部や湾岸地域に超高層のオフィスビルやタワーマンションが林立する都市景観は，このような政策と法制度の展開の下で生み出されてきたのである。

（原田　純孝）

---

73）東京での指定状況は，例えば平山（2006，45頁の図）参照。なお，国策としての「都市再生」の内容は，社会資本整備審議会都市計画分科会が2002年2月に行った「国際化，情報化，高齢化，人口減少等の新しい潮流に対応した都市再生のあり方」についての中間とりまとめで，以下のように述べられていた（引用中の／は，原文では改行箇所である）。「太宗の経済活動が行われ，我が国の活力の源泉である都市について，その魅力と国際競争力を高めることが内政上の最重要課題とされているところである。／都市の再生とは，経済社会情勢の変化への対応が遅れている我が国の都市の構造の改革を図り，活力と魅力，品格にあふれた都市空間の創出を図ろうとするものである。その際には，民間に存在する資金やノウハウなどの民間の力を引き出し，それを都市に振り向け，さらに新たな需要を喚起することが決め手となる。民間の知恵と力を投入し，都市基盤投資と建築投資を一体で進めることにより次代に受け継がれる質の高い社会資産を構築することは，土地の流動化の促進や金融システムの健全化といった経済構造改革を推し進める観点からも重要である。／民間都市投資を通じた都市の再生は，民間の都市活動の領域を拡大するとともに，行政の効率的運営にも資するものである」。

## 6. バブル期の不動産業金融の本格的展開と特質

　1980年代の銀行の不動産業者への融資は，列島改造ブーム時とは比較にならないほど大規模で本格的であった。それは銀行の不動産業向け貸出シェアの上昇ポイントが前回を大きく上回っていたこと，またノンバンクを経由する不動産業者への迂回融資が大きな位置を占めていたことにあらわれている。この本格的な展開は，世界の金融・経済情報センターとしての東京都心部の「オフィス需要が急増」（「実需的背景」）したことによるものであったが，銀行の融資行動が「不動産金融」に傾斜，結果的に地価の高騰[74]を招いたという（全国銀行協会連合会不動産金融研究会 1992a，62頁）。

　バブル期に銀行に対しさまざまな批判がなされたが，その中心は，銀行の「不動産金融」が「地価高騰の主因の一つ」になっているということであった。一般企業が「財テク」による土地投資へと傾斜するなかで，不動産業者は「大部分の資金」を銀行からの不動産担保融資で調達して用地を買収し，他方の銀行は不動産担保金融を積極的に推進した。そのために地価が急激に上昇した。批判の核心は銀行が不動産業者に不動産担保金融を行ったこと自体にあるのではなく，不動産業者が「将来の地価上昇を見越し」て購入（＝仮需的土地需要の発生）するための資金──いいかえれば「値上がり期待からの資金需要」──にまで，銀行が，担保物件を時価以上に評価し（時価偏重），通常の「担保掛目」を超えた金額を供給して「仮需的土地需要」を助長したことにある。銀行のこうした不動産担保融資は，融資すればするほど地価上昇をもたらし（仮需要を含む土地需要の増大による），その地価上昇は担保力の増加をもたらし，さらに「土地担保融資が増大するという循環」ができあがる。この「循環」が土地高騰をもたらした。こうした銀行の融資行動は，「土地の資産価値」を高めて「担保のみを重視する傾向」を強め，本来重視すべき「融資対象，事業内容，資金使途」を軽視するようになった（全国銀行協会連合会不動産金融研

---

[74] 地価の高騰をめぐるバブル期の論議は，長谷川 (1987)，福井 (1987) を参照。

究会 1992a, 51-53 頁)。

　こうした批判に対して全銀協は，不動産担保の「評価のあり方が時価を偏重したことにより担保評価額の拡大を生み，これがさらに融資余力を発生させるという循環が生じ，結果的に地価の上昇を助長したことは否定できない。このような循環を通じた過度に時価に依存する傾向が不動産金融の急速な増加につながったこと，ならびに銀行経営の健全性確保の観点からも多くの問題を発生させる」と，遅まきながら傘下の銀行に「担保評価のあり方について」，原点に立ち返るよう呼びかけた（全国銀行協会連合会 1991, 5 頁)。

　本節の課題は，企業・銀行などが「資産負債の両建て化」[75]の経営行動をとるバブル期[76]において，銀行等の金融機関が不動産業に対してどのようにかかわっていたのか，すなわち「不動産業金融」の本格的展開の実態とその特徴を明らかにし[77]，日本の不動産業に対する今後の金融制度のありかたを考察することである。

### 1）不動産業金融の基本構造（1975-95 年）

　1976 年度から 1995 年度末までの 20 年間の法人不動産業の借入増加額は 102.7 兆円であった。5 年ごとの増加割合は，1976-1980 年度 1.51 倍，1981-1985 年度 1.88 倍，1986-1990 年度 2.31 倍，1991-1995 年度 1.35 倍であった。つまり 1976 年度から 1990 年度まで加速度的に不動産業の借入金残高は増加した（正確には 1993 年度まで)。

　ところでこうした借入金の増加は不動産業者のどのような階層によって担われたのであろうか。図 5-6-1 は不動産会社の資本金階層別に借入金残高の推移を示したものである。同図から指摘できる第一の点は，主要な借入会社の階層の変化である。資本金 1 億円未満層の借入金が借入金全体に占める割合は，1975 年度末には 50％であったが，その後上昇し，1987 年度末には 74％とピー

---

[75] 企業行動については日本銀行（1990)，宮崎（1992）を，また銀行行動については日本銀行（1985)，銀行問題研究会（1993）のとくに第 3 章を参照。
[76] バブルの背景等については柴垣（1993)，斉藤（1994)，伊藤（1993a, 1993b）を参照。
[77] 不動産業者向け金融を考察することの意義については大泉（1991, 126 頁）を参照。

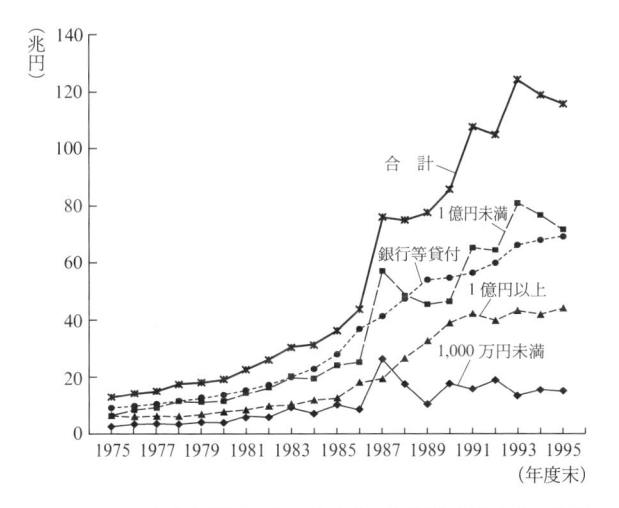

図 5-6-1　不動産業階層別借入金残高と銀行等貸付残高の推移

出典）大蔵省財政金融研究所調査統計部（1998a），大蔵省財政金融研究所調査統計部（1998b），日本銀行統計局（1975-1995）．
注 1 ）銀行等貸付は，全国銀行と信用金庫の不動産業向け貸出残高を合計したものである．
　 2 ）グラフ上の合計は，資本金 1 億円未満と 1 億円以上の不動産会社の借入金残高を加えたものである．

クを迎えた。また 1983-1987 年度の不動産業借入増加額の 80％が資本金 1 億円未満階層によるものであり， 1 億円未満層が借入増加の中心的な担い手であった（とくにバブル期の初期ともいうべき 1987 年度の主要な担い手は 1,000 万円未満層の零細な業者が突出，新興の不動産業者の増加を示唆している）。ところが 1988 年度になると様相は一変し， 1 億円未満階層の残高は，減少もしくは停滞し，全体に占める割合も 1987 年度末の 74％から 1990 年度末の 54％へと下降した。すなわち 1988-1990 年度には 1 億円以上層の残高は， 1 億円未満層とは対照的に 1987 年度末の 19.7 兆円から 1990 年度末の 39.1 兆円へと増加した。この 3 年間で，1-10 億円未満階層，10 億円以上階層の借入金残高全体に占める割合は，それぞれ 14 から 25％へ，12 から 21％へと急上昇した。この意味で 1988 年度に借入金の主要な担い手の交代があった。

　第二の点は，バブル崩壊後の借入金の増加の主要な担い手が再び資本金 1 億円未満の会社であったことである。1990 年代前半にバブルは崩壊するが，不

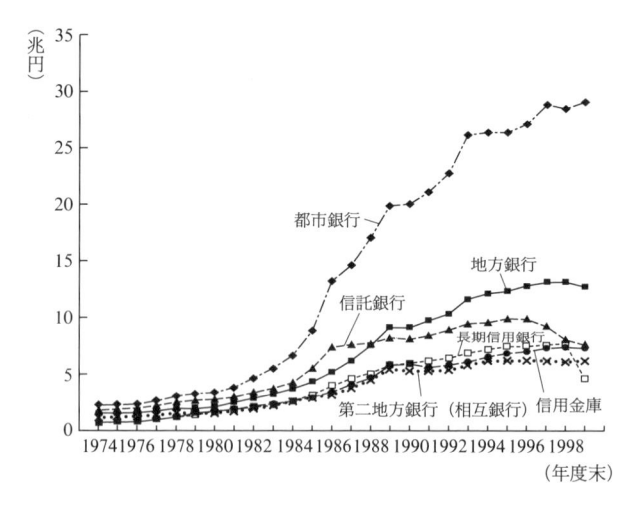

図5-6-2　銀行業態別の不動産業向け貸付残高

出典）日本銀行統計局（1974-2000）。
注）信託銀行は銀行勘定と信託勘定を加えたものである。

動産業金融が減少したわけではない。借入残高は1990年度末の85.7兆円から1993年度末の124.4兆円へと，わずか3年間で38.7兆円も増加した。1990-1993年度の年平均増加額（12.9兆円）は，1983-1987年度のそれ（11.5兆円）を上回った。またその増加額38.7兆円のほぼ100％近くが1,000万-1億円未満層によるものであった。バブル崩壊後1億円未満層は急激に借入金を増加させたが，1億円以上層は増加させないという対応の違いがあった。

後に問題となる銀行の不良債権は，このときの増加（追加貸など）に基因しているのではないかと推定される。本章第3節で橘川武郎が指摘したように，1991-93年は不動産中小企業の激しい淘汰が進行し，不動産企業の倒産がピークを迎えていた。不動産価格が高すぎて実需に結びつかず不動産の売買がなされないことが原因であった。不動産業における深刻な事態に対して銀行は貸出金の担保物件を処理し価格を下げて実需を掘り起こすのではなく，住専を経由した追加貸（後述）や「共同債権買取機構」をつくるなどして「塩漬け」しようとした[78]。だが不動産価格の下落はつづいた。

次に不動産業金融を貸し手の側から考察しよう（図5-6-2参照）。全国銀行

と信用金庫（以下，銀行等と略称する）の不動産業向け貸出残高は，1974年度末8.4兆円から1999年度末67.6兆円へと推移する。注目されるのは，増加額に占める都銀の割合が，1975-1979年度23％，1980-1984年度34％，1985-1989年度42％，1990-1994年47％と一貫して上昇していることである。また地方銀行もそれぞれ12％，18％，17％，22％と上昇し，都銀ほどではないが上昇傾向にある。これとは対照的に相銀（第二地銀）と信用金庫の割合は下降した。銀行等の不動産業向け貸付割合の上昇が始まったのは1983年度からで，それ以前はむしろ不動産業から後退さえしている。1983-1989年度における業態ごとの各総貸付残高に占める不動産業向け貸出の割合の上昇は，都銀7％ポイント（5→12），地銀5％ポイント（5→10），信託銀行0％ポイント（11→11），長信銀5％ポイント（9→14），第二地銀5％ポイント（8→13），信金5％ポイント（7→12），信託勘定7％ポイント（13→20）である。都銀と信託勘定の上昇が顕著である。各業態とも不動産業に傾斜してゆく姿をみることができるが，なかんずく都銀の不動産業進出は著しい。

こうした「土地融資」の契機となったのは1983年の「特定街区制度」の適用基準の緩和であった。この緩和により狭い敷地でも高いビルが建てられるようになり，オフィスビルやマンションに適した用地が急速に値上がりした。大手デベロッパーは一斉にビル用地を買いあさった。その先兵が「地上げ屋」[79]である。「金融機関の節度なき土地融資が地上げ屋を太らせ」た（有森1991，122-123頁）。地上げ業者とよばれた最上恒産が西新宿の地上げにとりかかったのも1983年からで，フジタ工業に売却するまでに第一相互銀行や安田信託などからなる協調融資団が資金を供与した[80]。

---

[78] 1990年代初頭のバブルが崩壊した直後，土地の「塩漬け」に対して批判が出された。例えば「今必要な政策は……不動産を塩漬けすることではなく，流動化を促進して価格を実需の水準まで下げることだ」（黒川宜之，『朝日新聞』1993年8月27日）。なお共同債権買取機構は将来的に不動産の価格が上昇，債務者の返済能力が向上した場合を想定してつくられた機構であった（塩谷2000）。

[79] 「地上げ屋」は分業しており，「底地買い屋」「立ち退かせ屋」「こわし屋」「B勘屋」がグループをなす（有森1991，132頁）。「底地買い屋」「立ち退かせ屋」等の実態については塩見（1985），鵜野（1985），片桐（1992）を参照。

ところでさらに注目されるのは，1983-1989年度にかけて，銀行等の割合が5％ポイント（7→12）上昇するが，とりわけ1983-1986年度までの上昇が著しいことである。銀行等はこの間に4％ポイント（7→11）も上昇した。銀行はこの時期に不動産業に急接近した。この点は図5-6-1の不動産業借入残高（合計）と銀行等の不動産業向け貸付残高（銀行等貸付）を比較すればより明白となる。不動産業借入金に占める銀行等からの借入金の割合は1975年度末-1983年度末の65-69％から1986年度末には84％へと急上昇する。1984-1986年度の3年間に19％ポイントも上昇したのである（65→84％）。この間，いかに不動産業の借入金増が銀行等に依存したものであるかがわかる。だが1987年度以降様相は一変する。借入金に占める銀行等の割合は急速に低下し，1987年度末には54％，1988年度末63％となった。すなわちバブル期（1987-1989年度）とバブル後（1990-）においては，不動産業は銀行等ばかりでなくそれ以外から大量に資金をかき集めていたのである。1987年度以降の不動産業による途方もない借入金の増大は，銀行等の資金が迂回するノンバンク，農林系金融機関，損害保険会社や生命保険会社，そして外国銀行などによって支えられていた。もっともこのことは，のちのノンバンクの分析で見るように不動産業が銀行に依存しなくなったことを意味しない。その逆である。

## 2）大手不動産会社の資金調達構造（1990年3月）

分析資料として活用できる「有価証券報告書」を公開する不動産会社は資本金が1億円以上の規模の大きい42社である（1990年3月期を中心に）。不動産会社の多くが資本金1億円未満階層であることからすれば不十分だが，1988-90年度における不動産業金融の主要な担い手である不動産会社と金融制度の関係の一端の解明がここでの課題である[81]。

不動産会社42社への貸付金残高5兆1,679億円の業態別構成は，都市銀行32％，信託銀行22％，長期信用銀行16％，保険会社9％であり，これら4業態で79％を占めている。都市銀行が最大の割合を占めているが，注目される

---

80）山田厚史「『地上げ』支える巨額融資」『朝日新聞』1986年12月18日。

のは都銀が資本金規模の大小にかかわらず万遍なく貸付を行い，借入金の残高がある39社の内，28社が都銀からの借入金残高が最多となっていることである。

　図5-6-3は，不動産会社42社の「負債依存度」（借入金と社債の合計が広義の資本金に占める割合，図の注1参照）の分布をみるために作成したものである。まず注目されるのは，不動産会社の規模が小さいほど「負債依存度」の会社間の格差が大きく，無借金企業から借入金に依存する企業まで広がりをみせていることである。「負債依存度」の広がりは，資本金400億円以上層の5社の場合は1-4未満にすぎないが，200-400億円未満層は0-6，50-200億円未満層は0-15，50億円未満層は0-44余りなのである。つまり「負債依存度」が3未満の不動産会社は26社と半数以上であり全規模にわたって存在している。他方，資本規模の比較的下層の16の不動産会社の「負債依存度」は3以上となっており，箕輪不動産は広義の資本金の44倍以上の借入金がある。このようにバブル期の負債依存度は不動産会社によって大きな相違があった。

　ところで問題は，不動産会社のなかで広義の資本金の3-44倍あまりもの資金を借り入れることができた理由，すなわち資金が不動産業に流れ込んだ仕組みはどのようなものであったかということである。図の各不動産会社名の頭に付した記号（★，○，◎）は，長短借入金の担保（多くは不動産）の有無に注目して，不動産会社を類型化したものである[82]。その特徴は，負債依存度が3以上と高い不動産会社の多くが，長期，短期ともに不動産を担保に借入を行っている第一類型の会社であったことである。負債依存度の高い不動産会社は不動産価格の高騰に依存しながら借入金を増やしていたのであろう。例えば負債

---

[81] 1990年3月末の不動産会社の資本金規模別の会社数と借入金は，それぞれ資本金10億円以上238社・14兆2,290億円，1-10億円未満2,285社・18兆5,170億円，1,000万-1億円未満3万8,587社・34兆5,930億円，1,000万円未満14万7,801社・10兆7,530億円，合計18万8,911社・78兆950億円である。分析対象42社の内，資本金10億円以上は39社でその借入金残高は5兆1,659億円である（大蔵省財政金融研究所調査統計部 1998b）。

[82] 類型化の手順は各社の『有価証券報告書総覧』に掲載の「監査報告書」の長期，短期借入金の表により個々の担保を参照するとともに「貸借対照表」の「注記事項（貸借対照表関係）」に記載されている「担保差入資産並に担保付借入金」を参照した。

344 ── 第5章　土地神話と不動産業の変転

(単位：億円、未満切捨て)

| 負債依存度 | 10-50未満 | 50-100未満 | 100-200未満 | 200-300未満 | 300-400未満 | 400-500未満 | 500-700未満 | 700以上 |
|---|---|---|---|---|---|---|---|---|
| 7 | ★箕輪不動産<br>★エルカクエイ<br>★スターツ | ★マルコー | | | | | | |
| 6 | ★北海道振興<br>○小田急不動産<br>★全日空ビルディング<br>★エムディアイ | ★アーバンライフ<br>○日本中央地所 | ★第一コーポレーション | | | | | |
| 5 | | | | ○藤和不動産 | | | | |
| 4 | | | ○有楽土地<br>★ダイア建設 | | ★リクルートコスモス | | | |
| 3 | | | | | | | ★大京不動産 | |
| 2 | ○セザール<br>○太平洋興発 | ○平和不動産 | ○阪急不動産<br>○大和団地 | | ○東急不動産 | | | ○三井不動産<br>○住友不動産 |
| 1 | | ○京阪神不動産 | | | | ○東京建物 | | ○三菱地所 |
| 0 | ◎日住サービス<br>◎ダイヤモンドシティ<br>◎東宝不動産<br>◎森永開発<br>◎阪神不動産<br>◎吉田工務店<br>◎関西積和不動産<br>積和不動産 | ◎サンケイビル<br>◎テーオーシー | ◎大阪建物 | ◎三井不動産販売 | | | | |

(不動産会社の規模)

図 5-6-3　不動産会社の資本規模と負債依存度

出典：各社『有価証券報告書総覧』(1990年3月期を中心に)。
注1) 横軸の不動産会社の規模は資本金額(億円)を、縦軸の負債依存度は、(借入金＋社債)／(資本金＋資本準備金＋利益準備金＋その他剰余金)を示す。表では、それぞれ0以上1未満、1以上2未満等を表し、最後の7は7以上を表す。
2) ★は借入金において長期、短期とも担保を差し入れている会社(第一類型、一般的に長期より短期借入金が多い)、○は、長期、短期とも無担保か、有担保比が無担保か、有担保比がごく少ない会社(第二類型、短期借入金が無担保な会社(第三類型)。無印は、無借金企業である。
3) 資本金10億円未満の3社は、図示していないが、負債依存度は★オリックス市岡1、○大阪港振興と立売堀企業はゼロである。

依存度が最も高い箕輪不動産の主な資産は，仕掛販売用不動産であり，それを担保に長期信用銀行（主に日債銀）とノンバンク（主に日本ハウジングローンと第一住宅金融）から資金を取り入れていた。第一コーポレーションは不動産会社とはいえ主な資産は「営業貸付金」（3,209億円，うち不動産担保ローン2,724億円）であり，貸付会社的性格が強かった。藤和不動産，有楽土地は負債依存度が5以上と高いにもかかわらず無担保借入をおこなっていたが，それぞれフジタ工業，大成建設などの大株主の信用に関連して可能になったものと考えられる。

42社の主な負債は，借入金5.2兆円，社債1.2兆円[83]，預かり保証金9,087億円であり，広義の資本金は2.4兆円である。借入金と社債が不動産会社にとって重要な資金源であることは当然だが，注目されるのは預かり保証金である。それが借入金よりも多い企業が10社も存在しているからである。そして長期・短期ともに無担保で資金を調達していた第三類型（◎印）の企業ほど預かり保証金の割合が高く，短期は無担保で資金を調達していた第二類型（○印）がそれに続き，第一類型（★印）は保証金の割合が低い。例えば第三類型に属する阪急不動産の場合，預かり保証金189億円の内訳は敷金80億円，返還保証金109億円であったが，後者は「貸室保証金」で「10年間据置き以後年賦返済 据置6年目より日歩5厘の利息を支払う」ものであり，双方とも顧客企業から預かったものであった。第三類型の住友不動産の預かり保証金は1,052億円と巨額に及んだが，「賃貸ビル等保証金・敷金」であり，やはり顧客企業から預かったものであった。つまりこのことは負債依存度の高い企業ほど顧客との関係をもたず，「仮需的土地需要」の形成により深く関係していたのではないかと推測される。

なお不動産業金融における社債の役割は限定的であることについて触れておきたい。社債発行している会社は42社中25社で，そのほとんどは資本金が40億円以上である。また25社の不動産会社の社債発行1.2兆円の内66％が三

---

[83] 社債残高を有する企業は24社であるが，その内22社は資本金（狭義の）が40億円以上の大企業である。社債の発行はとくに上位3社（三井不動産，住友不動産，三菱地所〔3社で7,849億円〕）に集中していた。

井不動産，住友不動産，三菱地所の3社に集中している。不動産業金融における社債1.3兆円は，借入金78兆円に比して1.7％とわずかであり，また発行企業も最上層の企業に限られる。

### 3）銀行の迂回融資と不動産業

銀行などの金融保険業（以下，金融業と略称する）向け貸付残高は，1974年度末は1.5兆円で銀行等の貸付残高の1％を占めるにすぎなかった（同時期の不動産業の割合は7％）。ところがその割合は，1979年度末3％（5.4兆円）から1989年度末10％（46.3兆円）へと急上昇した。1990年代，頭打ちになるものの1994年度末でも10％であった。銀行等の金融業への貸出増加で注目されるのは，それが不動産業貸出の増加を大きく上回っていたことである。銀行等の金融業向け貸付残高の不動産業向け貸付残高に対する割合は1974年度末18％にすぎなかったが，1979年度末には43％となり，1989年度末には85％にまで上昇した。

1974年度末から1989年度末にかけての業態ごとの各総貸付残高に占める金融業の割合は，都銀1→8％，地銀1→9％，第二地銀2→5％，信用金庫0→1％，そして信託銀行2→32％，長期信用銀行1→23％，信託勘定1→22％へと上昇した。どの業態も上昇しているが，信託銀行と長期信用銀行，全国銀行信託勘定などの長期金融機関の進出が顕著である。こうして1974年度末から1989年度末の金融業貸出残高の金融機関別構成は，都銀41→28％，地銀（第二地銀を含む）30→22％，信用金庫4→1％と減少したのに対して信託銀行は5→14％，長信銀9→20％，信託勘定11→14％へと増加した。金融業貸出において都銀や地銀の普通銀行の地位が低下したのに対して長信銀や信託銀行などの長期金融機関が上昇していることが特徴的である。

1970年代半ばにはどの業態も不動産業貸付が金融業貸付を上回っていたが，長期金融機関である長信銀と信託銀行は，1983年度末には金融業貸付が不動産業貸付残高を大きく上回った。1989年度末の業態ごとの各総貸付残高に占める不動産業と金融業の割合は，それぞれ信託銀行11％，32％，長信銀14％，23％，全国銀行信託勘定20％，22％であった。都銀などが不動産業に力を入

れたのとは対照的である。こうして長期金融機関（信託銀行，長信銀，信託勘定）が金融業貸付残高合計に占める割合は，1974年度末には25％であったが1989年度末には48％と，ほぼ半分を占めるに至った。

　長期金融機関がひときわ目立って金融業向け貸出へ進出したのは，1970年代後半にその業務が「大きな曲がり角」を迎えたからであった（預金保険機構 2005，198頁）。例えば日本長期信用銀行の存立の危機は，第一に，金利の自由化がすすみ金融債の地位が「強敵の金融商品」に奪われたこと，第二に経済の国際化により緩やかな基準で転換社債や普通社債を発行できること，第三に大企業や中堅企業は自己資本が充実，長期資金を長信銀から借りる必要がなかったこと，等から訪れた。1970年代半ばには「長銀マンはだれでも存立の危機」を知っていた（竹内 1999，64頁）。

　1989年度末のノンバンクの貸付金残高は69.4兆円であった（住専の10.5兆円はのぞく）。この内，ノンバンク上位200社の貸付残高56.8兆円の35.6％に相当する20.2兆円が不動産業向け（内事業者向貸金業者12兆円）であった。当時の全国銀行の不動産業向け融資残高は42.1兆円であるから，ほぼその半分に匹敵する。これに住専の10.5兆円，ノンバンクの金融業融資残高7.9兆円によるさらなる迂回融資，上位200社以外の貸金業者の貸付残高約12兆円に占める不動産業向け融資を考慮するとき，全国銀行の不動産業向け融資に匹敵する巨額の資金がノンバンク経由で不動産業者に融資されていたことがわかる（貸金業調査会 1991，100-101頁）。

　1990年代初頭の「有価証券報告書」を公開しているノンバンク21社（信販会社6社，リース会社7社，金貸その他8社）の業種別貸出残高について考察する。まず貸付面では，信販会社やリース会社が本業から乖離して不動産業や金融業向けの貸出業務へ大きく傾斜している。不動産業，金融業向け貸出残高の割合は，それぞれ信販会社20％，27％，リース会社24％，22％，金貸等37％，22％である。つまり50％近くがこの2業種である。ノンバンク21社の借入金20.9兆円の借入先は，都銀21％，長信銀12％，信託銀行17％，地銀12％，生損保15％，農林系・商工中金など12％，外国銀行5％，その他8％となっている。注目されるのは金貸等の場合，「その他」からの借入割合が18％

と高く,都銀の19%に匹敵することである。銀行→ノンバンク→ノンバンクなる流れの存在である[84]。ノンバンクの借入金は一面では不動産業へ融資されるが,他面ではさらに別のノンバンクへ融資され,資金の迂回化が拡張される。

　問題の焦点は,バブル期を特徴付けるノンバンク経由の不動産業向け融資の迂回化という巨額の資金の流れを作り出した銀行の意図と仕組みである。借入金の資料が比較的詳しく公開されている不動産ローンセンターを例に検討する。不動産ローンセンターは1977年に設立,1981年不動産担保融資を開始した。1980年代前半には不動産担保融資の拡大を目的に㈱大商,㈱俵屋から貸付債権を譲り受けるとともに1986年にはシティファイナンス,翌年には東京住宅ローンを合併した。融資残高は,1988年3月末771億円にすぎなかったが,1991年3月末3,147億円と急増した。貸付のほとんどが不動産担保貸付で,主要な貸付業種は不動産業32%,個人29%,サービス業22%であった。不動産を担保とする不動産業向貸付が中心をなしていた。主な大口の貸出先は,初めて掲載された1992年3月期では,鴻菱興業163億円,末野興産135億円,日本クリシャ99億円,東西開発工業79億円,牧山通商75億円,富隆商事67億円であった。これらの会社の性格は明確ではないが住専各社の主要な貸出先であった不動産会社・末野興産と類似の不動産関連の会社であったと考えられる。

　表5-6-1は1991年3月末の不動産ローンセンターの借入金3,650億円の借入先を示したものであるが,銀行等1,709億円,ノンバンク1,940億円でノンバンクが53%を占める。同社は東海銀行と同系統の中央信託銀行からの直接融資とともに,それに匹敵する額の融資を同系統のセントラルリース,セントラルファイナンス,セントラルキャピタル,丸万ファイナンス経由で受けている。同社の借入金の担保は「A 営業貸付金の譲渡予約」,「B 債務者等の所有不

---

84) バブル期の迂回融資の要点は金融機関によるノンバンクの利用である。例えば信組は大口融資規制で1件あたりの融資限度額が,広義の自己資本の20%までとされているが,木津信組はそれに抵触しないように,系列ノンバンクの実業ファイナンスと木津抵当証券を迂回して融資した。『日本経済新聞』1995年9月11日。

表 5-6-1　不動産ローンセンターの借入金明細（1991 年 3 月）

(単位：億円)

| | 主要業態 | 借入金残高 | 金融機関名・借入金残高 |
|---|---|---|---|
| 銀行等 | 都市銀行 | 775 | **東海 298**，太陽神戸 297，第一勧業 61，北海道拓殖 58，富士 20，住友 20，三和 20 |
| | 信託銀行 | 219 | **中央信託 99**，三井信託 34，三菱信託 30，安田信託 28，住友信託 22 |
| | 長期信用銀行 | 133 | 日本長期 68，日本興業 35，日本債券信用 30 |
| | 地方銀行 | 229 | 北陸 82，横浜 40，北海道 33，徳陽シティ 14 |
| | 生損保 | 231 | 協栄生命 37，千代田生命 34，大同生命 31，大東京火災海上 21，日本団体生命 21，東京海上火災 15，日動火災海上 14，富士火災海上 12 |
| | 外国銀行他 | 120 | ビルバオビスカヤ 60，ソシエテジェネラル 30，バークレイズ 20 |
| | 小　計 | 1,709 | — |
| ノンバンク | リース | 746 | 日本リース 100，**セントラルリース 60**，東京リース 60，インターリース 54，長銀インターナショナルリース 50，協同リース 48，住商リース 40，東芝総合リース 38，菱信リース 30，センチュリーリーシングシステム 30，オリックス 26，芙蓉総合リース 25，興銀リース 20，ダイヤモンドリース 20，三井リース事業 20，東銀リース 20，クラウンリーシング 20，こくぎんリース 15 |
| | ファクター | 220 | **セントラルファクター 65**，安信総合ファイナンス 50，三井ファイナンスサービス 36，たくぎんファイナンスサービス 30，とみんファクター 29 |
| | 抵当証券 | 56 | 三生抵当証券 30，ニッセイ抵当証券 20 |
| | 信　販 | 256 | **セントラルファイナンス 121**，オリエントコーポレーション 63，日本信販 50，大信販 20 |
| | キャピタル | 80 | **セントラルキャピタル 50**，日興キャピタル 20 |
| | 住宅金融会社 | 83 | 地銀生保住宅ローン 33，第一住宅金融 31，住総 12 |
| | その他 | 497 | 日本エンタープライズ・デベロップメント 151，日本信用ファイナンスサービス 65，**丸万ファイナンス 50**，シー・ピー・ユー 50，高輪産業 49，三信ファイナンス 25，アイ・エス・エンタープライズ 20，シンセンファイナンス 20，興銀ファイナンス 20 |
| | 小　計 | 1,940 | — |
| | 合　計 | 3,650 | — |

出典）不動産ローンセンター (1991)。
注 1）業種は『週間東洋経済』臨時増刊, 1991 年 2 月 15 日を参照して作成。
　 2）借入金残高は長期＋短期である。計が合わないのは単位未満を切り捨てたためである。
　 3）金融機関名は, 残高が 11 億円以上ある機関のみ掲載する。
　 4）ゴシック太字は東海銀行系列の金融機関を示す。

動産に対する転根抵当権の設定」,「C 当社所有の不動産に対する抵当権及び根抵当権の設定」,「D 当社所有の有価証券の差し入れ」,「E 当社所有のリゾートクラブ会員権等に対する質権設定」,「F 当社所有の定期預金に対する質権設定」,「G 提携先との債務保証契約に基づく保証債務」である。借入先ごとの担保は,圧倒的に A が多く次いで B となっている[85]。借入れに際しては G の「保証債務」をのぞいて C-F はすべて「当社（不動産ローンセンター――引用者）所有の」資産である。それに対して AB, とりわけ A について「営業貸付金の譲渡予約」と記されており,将来における債権の譲渡予約も行われているものと思われる。借入金を貸付けてはじめて「営業貸付金」なる資産が形成され担保に供されたと考えられる。不動産ローンセンターの 1991 年 3 月期の広義の資本金は 176 億円（狭義の資本金 40 億円）であるが,その 21 倍もの資金を借入れることができたのは「譲渡予約」を担保にしたからであろう。担保があるので貸すのではなく貸すことによって担保をつくるのである。銀行による不動産会社への貸付は,銀行の関連ノンバンクへの貸付のみならず関連ノンバンクによるノンバンクへの貸付というさらなる迂回化を通じてもなされた。

　不動産ローンセンターの貸付先をみることはできないが,同社のような「不動産担保金融会社」の貸付先は,銀行など金融機関からの「借入が困難」な債務者であるという。具体的には「新規事業の開始等について,事業主の信用度,事業計画等」で銀行の「与信審査の通過が困難なもの」,「資金の必要期限までに資金調達が出来ないもの」,「業績不振等により金融機関から返済等を求められているもの」「高利・短期の借入金を長期の安定的資金に変更したいもの」である（貸金業調査会 1991, 36-37 頁）。要するに銀行の貸出対象にならない顧客なのである。これらの「不動産担保金融会社」は,収益見通しではなく,「担保物権の評価」を「審査の主体」として貸付けたという。不動産ローンセンターの貸付先がもし銀行からの「借入が困難」な債務者であるとすれば,銀行は貸してはいけないところに,迂回化をより拡大することで貸付けたことになる[86]。

---

85) 1991 年 3 月末の担保に供している資産 3,209 億円の内,ほとんどが営業貸付金で 2,698 億円であった（不動産ローンセンター 1991）。

次に住宅金融専門会社（以下，住専）の業務基盤はもともと「個人向住宅ローン融資」であった。住専は不動産会社と「緊密な取引関係を構築するような営業活動」を行っていたとはいえ，不動産会社は融資先ではなく「個人向住宅ローン融資」先である顧客を紹介してくれる存在にとどまっていた（貸金業調査会 1991，60-61頁）。ところが1983年頃から住専各社は一般給与所得者向けの「住宅ローン融資」から不動産会社に対する「仕込資金」の融資に重点をおき，1980年代半ば以降急増させた[87]。この住専の経営の転換には，不動産会社の「仕込資金」の需要の増大という背景があった。①不動産会社が住宅用地を仕込み，住宅を建築して販売するまでに長い日時を要するようになったこと（「認可手続き」や「近隣対策」のため），②人手不足による工期の長期化，③地価上昇による住宅用地の取得資金の所要額の増加などが主な理由であった。住専各社は不動産会社の「仕込資金」需要に応じたが，それは住専の設立目的である個人向け住宅ローンから大きく逸脱するものであった。だが不動産会社が仕込んだ住宅用地は分譲住宅，賃貸マンションの建設に使われたので，住専の「仕込資金」融資は「最終的には住宅供給に寄与するものであり住宅ローンの前段階」と考えられた。すなわち住専による不動産会社への融資はあくまでも「住宅供給に寄与」するとの建前で，この段階では住専なりの理念を保持していたといってよい。

ところで住専の設立の理念からの乖離は，個人向け住宅ローンから「住宅供給に寄与」する不動産業者への「仕込資金」融資に乗り出していったことにとどまらない。最も肝要なことは住専が「住宅供給に寄与」するという建前さえかなぐり捨て，不動産会社との取引強化のために「商業地でのオフィスビル建設資金等の住宅建設に直接関係しない事業資金」（貸金業調査会 1991，65-66

---

86) 上田昭三は「大蔵省の監督の及ばぬノンバンクは，多くの金融機関の規制をくぐっての土地投資や問題融資が行われる上で"隠れみの"の役割」を果たしたとしている。また「厳重に規制せねばならないのはノンバンクばかりか，金融機関のノンバンク悪用行為」であると述べている（上田 1991，47頁）。
87) 例えば日本住宅金融の場合，一般給与者への貸付残高は1983年度末の4,250億円から1988年度末には2,578億円へと減少した。他方法人向けの貸付残高は，それぞれ1,468億円から8,912億円へと急増した（日本住宅金融 1983-1988）。

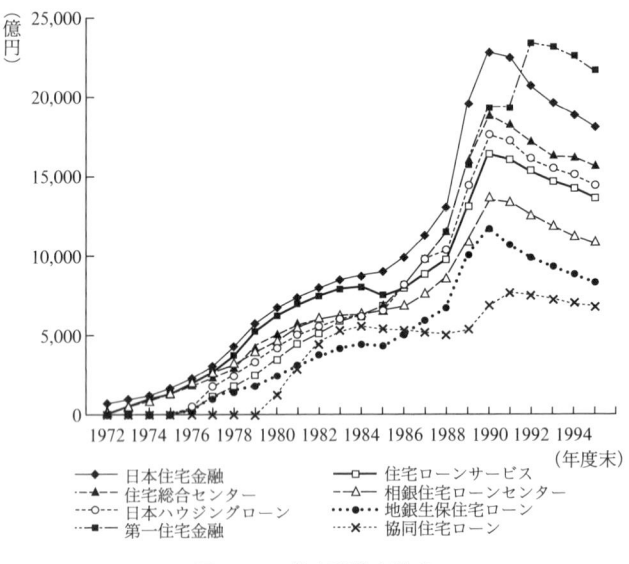

図 5-6-4　住専別貸出残高

凡例：
- 日本住宅金融
- 住宅総合センター
- 日本ハウジングローン
- 第一住宅金融
- 住宅ローンサービス
- 相銀住宅ローンセンター
- 地銀生保住宅ローン
- 協同住宅ローン

出典）大蔵省（1973-1996）。

頁）の貸付をおこなったことにある。地銀生保住宅ローンの場合，1983年に「賃貸用店舗，事務所など建物」の購入資金を融資する「ビルローン」を開始した。ビルローンに対する「貸付要請が母体各行から，かなり寄せられ」，「仕込資金」を伴わない住宅ローンだけの提携を不動産業者に申し込んでも断られ，やむなくこうした融資をおこなったという（植田 1994b，427頁）。この母体各行から寄せられる不動産会社への「仕込資金」の融資こそ，1990年代に社会的な住専問題として表面化する基盤をなすものであった。

1989年度末の住専の貸付残高は10兆5,245億円の内，79％に相当する8兆円余りが「事業者（主に新興不動産業者）向けの貸出」であった（野田 1997，91頁）。この事業者向けの貸出のうち，どの程度が「商業地でのオフィスビル建設資金等の住宅建設に直接関係しない事業資金」なのかを数量的に把握することはできないが，政府が1996年2月5日に国会に提出した住専関係資料[88]

---

[88]『日本経済新聞』1996年2月6日，『朝日新聞』1996年2月6日。

によってある程度考察しうる。住専が不動産会社に融資した資金の用途は，「転売を目的とする商業地の購入資金」，「賃貸ビル取得資金」，「ビル用地取得資金」，「地上げ資金」，「ゴルフ場資金」その他である。大蔵省が直接管轄する住専は1980年後半，住宅建築とはまったく無関係の分野への融資機関へと転化した。

ではこうした貸付先はどうして増えたのか。注目されるのは住専の貸出金の多くは母体行などの金融機関による「紹介融資」や「肩代わり」によるものであった点である[89]。看過できない最も肝心なことは，こうした案件が，債務者の「財務内容が悪い先」でプロジェクトの「事業遂行能力や返済財源」がないにもかかわらず住専に持ち込まれたことである[90]。例示すると「再開発プロジェクトが終了しないうちに，……次々と新規プロジェクトを手掛ける債務者」，「債務者の業容に比べて過大な事業」などである。東京相和銀行から総合住金に持ち込まれた紀尾井不動産㈱への融資は「プロジェクト遅延案件」[91]であった。住友銀行と富士銀行が地銀生保住宅ローンに持ち込んだ東海技建，シーエスグループへの融資は「財務内容が悪い先」にもかかわらず行われたものであった。住専はこうした問題のある先への融資をずさんな審査体制のもとで引き受けた。例えば「事業者向けローンについては大部分が100％を超えており，特に富士住建グループの融資の9割が担保掛目100％を超え……，170％で融資を行っている例もみられる」。

母体行等は，住専の「ずさんな経営実態」を大いに利用した。母体行などは融資の紹介で「報酬としての紹介料や協力預金」を得たが，「担保物件や返済能力から見て問題のある案件を紹介し，さらには回収困難となった自身の融資

---

89) 『日本経済新聞』1996年2月6日。
90) 住宅金融債権管理機構は住友銀行に対して回収が困難な融資を住専に紹介したとして約50億円の損害賠償を求めて訴訟をおこした。1999年2月1日，住友銀行は「紹介融資の責任」を認めて30億円を支払うこととなった。『日本経済新聞』1999年2月2日。
91) 紀尾井不動産㈱のプロジェクトの遅延理由は，記載がないので不明だが，地上げが途中で頓挫するとか各種事業の許認可（市街地再開発，ゴルフ場開発など）の見通しがたたないなどの理由からプロジェクトが遅延している事例が数多く大蔵省の査定で指摘されている。『日本経済新聞』1996年2月6日。

を肩代わりさせるなど，住専を共同の『ゴミ箱』として利用し，ついに破綻へと追いやった」のである（野田 1997, 92 頁）。銀行は 1980 年代，一方では住宅ローンに進出[92]，住専に対して肩代わり攻勢をかけるとともに，他方ではリスクの大きい問題債権を住専に紹介，肩代わりさせた。

こうして住専はバブル崩壊とともに破綻し，1996 年 7 月に設立された住宅金融債権管理機構（社長・中坊公平）のもとで処理されることになった。

### 4）「不動産金融」の歴史からみたバブル期の不動産業金融

日本の不動産業向け金融は，都市の発展とともに発展し，勧銀や農銀などの不動産銀行もそれに伴って明治末期に確立した。第 2 章第 5 節，第 3 章第 4 節でみたように大都市所在の不動産銀行は，1945 年初頭まで 30 余年にわたって，不動産担保貸付を通じて商工業金融機関としてのみならず貸地貸家業や不動産取引業などの不動産業金融機関としての役割を果たしてきた。このことは，普通銀行をはじめとする不動産銀行以外の不動産担保貸付についても不動産業との密接な関わりがあったのではないかということを想定させる。

戦後 1949 年頃まで不動産銀行を再建する努力はなされたが，占領下ということもあってか結局実現されなかった。戦後における全国銀行の不動産業向け貸出の割合は，不動産業の名目 GDP に占める割合に比して 1960 年頃までは驚くほど小さく（1960 年で，GDP 比 7.6％に対して貸出割合は 1％未満であった）それ以降徐々に上昇，1980 年代後半になって同じ水準に達したという（全国銀行協会連合会不動産金融研究会 1992a, 5 頁）。高度成長期において銀行の不動産業向け融資が比較的少なかったのは，第 4 章第 6 節で逢英治が指摘したように不動産業が「不要不急業種」として融資規制され，製造業（テナント）を経由して不動産業に資金が流れていたからであって銀行の役割が小さかったからではない。その意味で銀行は戦後の不動産業に対して一貫して重要な役割を果たしていたといってよい。高度成長期の後半から銀行の不動産業への直接的な融資が増大し，1980 年代に都銀を中心とする不動産業金融が本格化する。都

---

92) 1980 年代の住宅ローンについては西村（1991）参照。

銀が戦前とは違って不動産担保のウエイトを大きく高める事態（朝倉 1994, 34 頁）はこうした動きのなかでおこった。

　だがその本格化は，いうまでもなくたんに銀行の直接的な融資が増えたことにとどまらない。バブル期のノンバンク経由の不動産業向け貸出を考慮するとき，銀行の不動産業向け貸出は驚くほど大きいことを意味する。いまや銀行にとって不動産業は，これまでとは比較にならないほどに極めて重要な産業部門として登場しているのである。

　ところで不動産業は，債務者の側から見たときの「不動産金融」の主要な担い手になっているものと考えられる。「最も厳密な意味で」の「不動産金融」（＝「資金使途が不動産に係る金融」）という意味においても，また「不動産担保金融」という意味においても，そうであるだろう。それゆえ不動産業向け金融のありようは，経済活動の発展と適正な不動産価格の形成にとって決定的に重要な役割を果たすといえる。

　1980年代に起こったような「不動産金融」の異常な膨張は，歴史的に何度も繰り返されてきた。日本の不動産業向け金融を中心に「不動産金融」のあり方を考える上で，少なくとも以下の3点（第一と第二は昭和初期の杉本正幸の主張）は，留意されるべきである。

　第一は，不動産金融機関のあり方についてである。杉本正幸は，普通銀行は，不動産金融上「補助的機関」でなければならないこと，「如何なる財界変動」のなかでも「破綻を生じない程度」に不動産貸付を制限する必要があることを説いた（杉本 1930）。この点は不動産の仕込資金などは長期的で景気変動のリスクを負うものであり，1990年代に多くの金融機関が破綻・金融危機に陥ったことを想起すれば十分であろう。普通銀行にとっての不動産担保は「本来，信用の補完」（全国銀行協会連合会不動産金融研究会 1992a, 4頁）[93]であるとの指摘は，あらためてかみしめる必要がある。

　第二に，杉本は，抵当証券制度の導入に厳しく反対した（植田 2003, 16頁）。不動産銀行の抵当債券は，特定の個々の抵当権によって保証される抵当

---

[93] 全銀協は全国銀行協会連合会不動産金融研究会（1992b）を作成して各行の参考資料とした。

証券よりも優れており，世界史的にみても主流すなわち「正系の伝統」をなしてきた（抵当証券は「傍系の地位」にあった）との考えにもとづくものであった。日本の不動産会社のほとんどが資本金1億円未満の中小規模であり，こうした階層を中心において不動産金融制度を考慮せねばならない。だとすれば資金の導入には公的な信用を背景とする抵当債券（銀行が有する第一抵当権全体を引当とする）を発行する金融機関が必要であると思われるからである。

　第三は，これは最も強調したい点であるが，「不動産金融」の基本統計の整備についてである。不動産抵当貸付の全体像を把握することは「不動産金融」のあり方を考える上での基本をなしている。だが現在の日本ではその情報はないように思われる。「不動産金融」に関して利用できる情報としては，せいぜい①金融業態別の不動産業向け貸出残高，②全国銀行の不動産・財団貸付残高の合計，③各「有価証券報告書」に記載されている不動産業向け残高と不動産担保貸付残高，があるにすぎない。「不動産金融」の全体像を明らかにするには，戦前期に勧銀が作成したような土地・建物の登記簿をベースにした「不動産金融に関する統計」が不可欠である。登記簿自体は誰でも閲覧できるものであるからやろうと思えばできるはずである。「不動産金融」の概念から，例えばノンバンク経由の不動産業への不動産担保貸付を除外することはできない（ノンバンク経由の不動産業向け貸出が銀行の不動産業向け残高にせまる勢いで増大しているからである）。

　不動産金融研究会は，「不動産金融」の概念を「資金使途が不動産金融に係る金融」，「信用供与先が不動産関連業者である金融」，「不動産を担保とする金融」の3つに整理したが，この整理が不十分であることをすでに認識していた。だからこそ不動産金融研究会は，次のように述べたのである。銀行の貸出先が不動産業関連業者でなく，使途が不動産関連でなく，また不動産担保金融でもない場合でも「銀行が供与した資金が供与先企業の営業活動の結果として，不動産に向かっている場合もありうる。こうした不動産を対象とする結果的な資金供与についても，その事例によっては，銀行の金融行動の意義・問題点を検討する必要があろう」（全国銀行協会不動産金融研究会　1992a，3頁）と。

　法務局に所蔵される登記簿をもとにした「不動産金融統計」の整備が待たれ

る所以である。

(植田　欣次)

# 終　章　日本不動産業発展の軌跡と針路

## 1. 不動産業の発展と日本経済

　不動産業は，日本経済全体のなかで，どれくらいの比重を占めるのだろうか。売上高についてみると，2003年度の日本において，不動産業は34兆円，全産業は1,335兆円であった。つまり，同年度の全産業売上高に占める不動産業売上高の比率は，2.5％だったことになる[1]。この数値だけをみると，不動産業は，重要な産業のひとつではあるが，わが国の経済全体のなかで，とりたてて目立つ存在とはいいがたい。

　しかし，別の指標に目を転じると，不動産業の別の顔がみえてくる。2002年に不動産業の生産額は68兆円に達したが，これは，同年のわが国における全産業生産額（520兆円）の13％に相当する。この比率は，サービス業で20％，製造業で20％，建設業で7％，金融・保険業で7％であったから，不動産業の高比率が印象的である。ただし，ここで注意を要する点は，不動産業生産額には帰属家賃を含むことである。帰属家賃とは，住宅自己所有者が住宅賃貸業を営んでいるとみなして，家賃相当額を個人企業の生産額として計上したものである[2]。

　上記のように，不動産業の日本経済全体のなかでの比重は，売上高ベースでみればそれほど大きくないが，生産額ベースでみればかなり大きい。この事実は，不動産業の特性を，端的な形で示している。不動産業が国民経済に及ぼす

---

1) 以上の点については，国土交通省総合政策局不動産業課（2005，30頁）参照。
2) 以上の点については，内閣府経済社会総合研究所国民経済計算部（2004）による。

影響は，売上高に表現される不動産業それ自体の事業実績から想定される程度を，大幅に上回る。こうした特性を考慮に入れれば，不動産業は，日本の基幹産業のひとつであるとさえいえるのである。

しかし，このような重要産業であるにもかかわらず，不動産業に関する歴史的研究は立ち遅れてきた。これが，本書で我々が日本の不動産業に関する史的研究を進めてきた理由である。本書の終章にあたるこの章では，まず前段で，第1章-第5章の分析結果をふまえ，不動産業の発展を，日本経済全体の動向と関連づけてレビューする。続いて後段では，日本不動産業が現時点（2007年9月時点）で直面する課題を明らかにし，今後進むべき方向性を展望する。

不動産業の発展と日本経済の動向は，どのように関係してきただろうか。基本的には，日本経済全体の動きが，不動産業のあり方を規定づけたということができる。明治の初期に不動産業が産業として成立したのも，明治維新後の社会変革を通じて，近代的な土地所有が確立したからである。第一次世界大戦期の好景気，1920年代-1930年代初頭の慢性不況，1932年以降の景気回復という景気変動は，地価の動きを決定づけ，不動産業の業況に大きな影響を及ぼした。日中戦争の開始を受けて戦時経済統制が始まり，1939年に地代家賃統制令，1940年に宅地建物等価格統制令が発令されると，不動産業は活力を失い，地価上昇は抑制された。敗戦後，経済統制が解除されると，1952年ごろから，不動産業は活気を取り戻し，地価が上昇するようになった。地価上昇は長期化し，石油危機によって高度経済成長が終焉したのちも変わることなく，バブル景気が崩壊する1991年まで継続した。この間，日本の不動産業は，実需だけでなく，地価上昇によって生じた資産効果にも支えられて，急速な成長をとげた。しかし，バブル崩壊後，日本経済が長期不況に陥ると，地価は低落傾向を示すようになり，不動産業の業況も悪化した。このように，大きくみれば，日本経済全体の動きが不動産業のあり方を規定づけたことは，明らかである[3]。

しかし，ここで注意を要するのは，部分的，具体的な局面では，不動産業のあり方が経済全体の動向に影響を及ぼしたことである。そのような局面としては，都市化と重化学工業化をあげることができる。八田達夫と田渕隆俊によれば，一企業レベルの規模の経済と範囲の経済，一産業レベルの集積の経済（地

域特化の経済），多産業レベルの都市化の経済[4] が重なることによって，戦前の大阪一極集中や1970年代半ば以降の東京一極集中は，日本経済全体に大きなメリットをもたらした（八田・田渕 1994, 1-12頁）[5]。その大阪や東京で，オフィスビルを建設するなどして，都心部の商業地開発をリードしたのは，大手不動産業者である。それは，1894年の三菱による丸の内・三菱1号館建設に始まり，2003年の森ビルによる六本木ヒルズ竣工など，今日も続いている。

不動産業のあり方が都市形成のあり方に大きな影響を及ぼしたのは，商業地についてだけではなかった。住宅地についても，同様の現象が観察されたのであり，それは，とくに大都市の郊外において顕著だった。1910年の箕面有馬電気軌道による池田新市街住宅分譲に始まった日本の郊外宅地開発は，第二次世界大戦後の高度経済成長期におけるニュータウン開発で，ピークを迎えた。そのプロセスでは，民間デベロッパーだけでなく，耕地整理組合，土地区画整理組合，日本住宅公団などさまざまな主体が，不動産業の担い手として活躍した。

不動産業は，都市化の進展だけでなく，重化学工業化の進展に関しても，重要な役割をはたした。重化学工業の発展のためには，生産設備を収容する広大な工場用地が必要であるが，日本では，不動産業に携わるさまざまな担い手が，農地の転用や沿岸部の埋立などを推進することによって，工場用地の供給を実現した。不動産業は，商業地と住宅地を開発することを通じて都市化を促進し，工業用地を開発することを通じて重化学工業化に貢献したのである。

この開発機能は，不動産業が日本の経済発展のなかで発揮した最大の機能の

---

3) バブル景気下での地価上昇は，一見すると，不動産企業の経営行動によって引き起こされたものであるかのように映る。もちろん，不動産企業が地価上昇をあおる役割をはたしたことは事実であるが，そこに「地価バブル」の真因を求めるのは，妥当性に欠ける。真因は，金融自由化や金融緩和がもたらした資金循環の変化にあったというべきであろう。この点については，例えば，野口（1992）参照。
4) 地域特化の経済と都市化の経済が生じるのは，「様々な財・サービスを共同で利用できたり，取引費用や輸送費用を節減できるからである」（八田・田渕 1994, 9頁）。
5) 八田達夫と田渕隆俊は，一方で，東京一極集中がもたらす弊害についても言及している（八田・田渕 1994, 15-29頁）。

ひとつである。まず，個人や特定の企業が単独では成し遂げることができないほど大規模で，有用な土地利用プランを立案する。そのうえで，必要な資金を調達し，プラン遂行に必要な土地を購入する。最後に，プランに沿って，購入した土地の利用可能性を具現化する。このようなプロセスをたどる開発機能にこそ，不動産業固有の機能は凝縮されている。

　開発機能を担うためには，不動産業者の規模は，大きくならざるをえない。大規模な開発プランを遂行するのは，多くの場合，民間デベロッパーであるが，もし，民間企業で担うことができない場合には，公共的な性格をもつ組合や公団が，その役割を代行する。日本不動産業史において，大手民間デベロッパーや，各種の組合・公団が華々しい活躍をとげたのは，このような理由による。

　しかし，ここで見落としてはならない点は，日本における不動産業の担い手は，大手の事業者だけに限られたわけではなかったことである。むしろ，日本不動産業の注目すべき特徴は，過去においても，現在においても，零細性が著しい点に求めることができる。明治初期から今日まで，不動産業界では，大手事業者だけでなく，きわめて多数の小規模事業者が活動してきた。このことは，不動産業が，わが国の経済発展のなかで，開発機能とは異なる別の機能もはたしてきたことを，強く示唆している。

　不動産業がはたした別の機能としては，不動産取引にかかわる情報コスト等の費用を削減したことが，とくに重要である。この取引費用削減機能の担い手に関しても，規模の経済は作用するが，小規模不動産業者が，つねに大手不動産業者に比べて不利だとは限らない。不動産は非常に差別化された財であるため，不動産取引を円滑に進めるためには，個別物件ごとのきめの細かい対応が求められる。この点が，小規模不動産業者の存在理由となるのである。

　このように，不動産業は，日本の経済発展のなかで，開発機能と取引費用削減機能という，2つの固有の機能を発揮した。大手不動産業者は主として開発機能の担い手として，小規模不動産業者はおもに取引費用削減機能の担い手として，それぞれ重要な役割をはたしたのである。

　ここまで，不動産業の発展を，日本経済全体の動向と関連づけてレビューし

てきた。それでは，日本不動産業は，現在，どのような課題に直面しているのだろうか。本書の最後に，この論点を掘り下げることにしよう。

## 2. 資産効果経営の終焉と本来機能への回帰

　今日，日本の不動産業は，歴史的な転換点に立たされている。その転換とは，一言でいえば，「資産効果経営」からの脱却である。不動産業を他の産業と区別する最大の特徴は，事業対象である不動産が資産としての価値をもち，その資産価値が変動する点に求めることができる。第二次世界大戦後の日本では，不動産の資産価値の中核を占める地価が，長期にわたって継続的に上昇した。そして，地価上昇→不動産評価額拡大→含み益増加→不動産担保借入れ拡大→需要と設備投資の増大→不動産業の規模拡大と要約できる，資産効果に立脚した成長のメカニズムが観察された。資産効果経営とは，このメカニズムに依存して事業拡大を図る不動産業経営のことである。

　日本の地価は，1945年の終戦からしばらくして経済統制が解除されると，上昇を開始した。そして，1960年代初頭の工業用地ブーム期，1970年代前半の列島改造ブーム期，1980年代後半のバブル経済期という3つの急騰局面を経験しつつ，ほぼ一貫して右肩上がりで推移した。しかし，周知のように，1990年代初頭のバブル経済の崩壊は，このような地価動向を反転させた。1992年から地価の下落が始まり，1977年を100とする基準地価指数は，1991年から2003年にかけて，全国住宅地で225から164へ，全国商業地で227から102へ，東京圏住宅地で421から189へ，東京圏商業地で444から96へ，それぞれ急落した（表5-1-3）。

　もはや，資産効果経営の前提条件である継続的な地価上昇が終焉したことは，誰の目にも明らかである。日本の不動産業は，戦後長く吹き続けた地価上昇という「追い風」に乗って，事業を拡大するわけにはいかなくなった。これまでのように，実需だけでなく資産効果をも織り込んで，経営を展開することができなくなったのである。

資産効果経営からの脱却は,「不動産業新時代」(橘川 2005) の到来を意味する。地価上昇という「追い風」が消えた日本の不動産業界で成長を実現するためには,実需に立脚し,「無風」でも「向かい風」でも通用する,きちんとしたビジネスモデルを確立する必要がある。以下では,この点を事業分野ごとに概観し,日本不動産業の未来像を展望して,本書のまとめとしたい。

開発事業では,資産効果経営の終焉は,事業者が地価上昇を見込んで,長期にわたり事業リスクを負う,従来型のビジネスモデルの終焉を意味する。新たなリスク負担の仕組みが求められているのであり,その「切り札」として注目されているのが,不動産証券化である。不動産業の基本的なあり方は,土地を取得したうえで,土地造成・建物建設などを行って付加価値を高め,そこから事業収益を得ることにある。この不動産の有する収益性を担保にして有価証券を発行する仕組みが,不動産証券化である。不動産証券化によって,開発事業のリスクは投資家や土地所有者にも分担されることになり,その分だけ,開発事業者のリスク負担は軽減される。

不動産証券化の進行にとって大きな意味をもったのは,2000 年の「投資信託及び投資法人に関する法律」の一部改正である[6]。この法改正によって,投資信託の運用先として,不動産が認められるようになった[7]。これを受けて 2001 年には,不動産投資信託 (日本版 REIT)[8]が,東京証券取引所に初めて上場された。そして,表終-1 にあるように,その頃から,日本においても不動産証券化が本格的に進行するようになった。

不動産証券化の促進要因となったもうひとつの制度変更は,1998 年の「特定目的会社による特定資産の流動化に関する法律」(SPC[9]法) の施行である[10]。特定目的会社 (SPC) は,①特定社債や優先出資証券を発行し,不動産

---

6) 以下の不動産証券化に関する記述は,不動産協会 (2005)「不動産証券化」による。
7) 投資信託とは,多数の投資家から集めた資金を専門家が運用し,その結果得られた利益を投資家に分配する商品のことである。この法改正までは,投資信託の運用先は,事実上,有価証券に限定されていた。
8) REIT は, Real Estate Investment Trust の略である。
9) SPC は, Special Purpose Company の略である。
10) SPC 法は 2000 年に一部改正され,運用の柔軟化と適用範囲の拡大が進んだ。

購入資金を調達する，②不動産会社等の所有者から，不動産を購入する，③新たなオーナーとして不動産を賃貸・管理し，テナントからの賃料を受領する，④受領金を投資家に配分する（まず，特定社債の購入者に利子を支払ったうえで，余剰金が残った場合には，優先出資証券を購入した投資家に配当を支払う），という手順で事業を展開する。特定目的会社は，不動産証券化の重要な担い手として機能している。

**表終-1** 不動産証券化の実績の推移（1997-2003年度）

| 年度 | 件数（件） | 資産額（10億円） |
|---|---|---|
| 1997 | 9 | 62 |
| 1998 | 26 | 316 |
| 1999 | 74 | 1,167 |
| 2000 | 161 | 1,867 |
| 2001 | 269 | 2,778 |
| 2002 | 343 | 2,541 |
| 2003 | 650 | 3,995 |

出典）国土交通省総合政策局不動産業課（2005）。

　資産効果経営の終焉がリスク管理のあり方を変容させているのは，開発事業においてだけではない。賃貸・管理事業おいても，同様の事態が生じている。不動産証券化の進行と特定目的会社の登場により，不動産企業は，資産をすべて保有することなく（場合によっては，まったく保有することなく），賃貸・管理事業に携わることができるようになったわけである。

　分譲事業においても，実需だけでなく資産効果をも織り込んで事業を展開する既存のビジネスモデルは，通用しなくなっている。実需のみに立脚したビジネスモデルに移行せざるをえなくなったのであり，分譲物件にかかわる商品企画力の大小が，事業の成否を決定づける時代が到来したといえる。例えば，分譲マンションについては，間仕切りや内装に関するオプションの拡大，バリアフリー化，防音機能や気密性の向上，耐震強度の確保，ペット飼育を可能にする仕組みの導入などが，重要なセールスポイントとなるにいたった。

　資産効果の消滅は，流通事業や補修事業のあり方にも影響を及ぼしている。継続的な地価上昇が見込めない状況下では，いったん住宅を取得した消費者の買い替えは進まない。このことは，流通事業にとってはビジネスチャンスの縮小を意味し，補修事業にとってはビジネスチャンスの拡大を意味する。

　ここでの事業別概観をふまえると，資産効果経営が終焉した今日[11]，日本不動産業に求められているのは，実需に立脚して本来の機能に回帰することだと，結論づけることができる。本来の機能とは，不動産に関する開発機能と取

引費用削減機能という，明治期以来不動産業が発揮してきた，2つの固有機能のことである。大手不動産業者は主として開発機能の担い手として，小規模不動産業者はおもに取引費用削減機能の担い手として，それぞれ重要な役割をはたす。この，本来の姿に立ち返ることなくして，日本不動産業の未来は，切りひらけないであろう。

(橘川 武郎)

---

11) 国土交通省が2007年3月に発表した2006年の基準地価によると，東京・大阪・名古屋の3大都市圏の地価が，16年ぶりに上昇した。これは，都市再生事業の進展を反映したものである。ただし，全国的には地価の2極化が進行しており，いまのところ，全面的な地価上昇が生じる可能性は低い。

# 参考文献

赤木須留喜『東京都政の研究』未来社，1977。
朝倉孝吉『銀行経営の系譜──不動産担保金融とオーバーローン』日本経済新聞社，1978。
朝倉孝吉「戦前・戦後をつなぐかけ橋」地方金融史研究会編『戦後地方銀行史　I 成長の軌跡』東洋経済新報社，1994，3-37頁。
麻島昭一『戦前期信託会社の諸業務』日本経済評論社，1995。
浅野総一郎「余が新に企てんとする三大国家事業」『実業之日本』第17巻第1号，1914，98-101頁。
浅野総一郎「余の工場地選定の標準」『実業之日本』第24巻第7号，1921，98-101頁。
浅野総一郎「明治から昭和へ──八十年の回顧」1929a（浅野総一郎〔二代目：旧名泰治郎〕『父の抱負』浅野文庫，1931に所収）。
浅野総一郎「国家的冗費問題と京浜運河の使命」1929b（浅野総一郎〔二代目：旧名泰治郎〕『父の抱負』浅野文庫，1931に所収）。
浅野泰治郎・良三『浅野総一郎』浅野文庫，1923。
旭硝子『社史』旭硝子，1967。
阿部和俊『日本の都市体系研究』地人書房，1991。
阿部喜之丞『時局と土地区画整理』東京土地区画整理研究会，1937。
阿部喜之丞「東京時代の区整組合の思い出」全国土地区画整理組合連合会編『土地区画整理組合誌』1969，389-413頁。
尼崎市立地域研究史料館編『図説　尼崎の歴史』下巻，尼崎市，2007。
尼崎築港『尼崎築港70年史』尼崎築港，1999。
天川康「戦時経済移行期の大阪工業」大阪歴史学会編『近代大阪の歴史的展開』吉川弘文館，1976，457-493頁。
有森隆『ヤクザ・カンパニー──日本経済を動かす企業舎弟』ネスコ，1991。
有吉忠一「経歴抄」私家版，1949（松本洋幸「有吉忠一関係文書──『有吉忠一経歴抄　横浜時代　附有吉久子随想』」『横浜開港資料館紀要』23号，2005，84-106頁に所収）。
五十嵐栄吉編『大正人名辞典　第4版』東洋経済新報社，1918（日本図書センターによる復刻版『大正人名辞典 I』1987による）。
池上和夫「明治後期における農工銀行の業態分析──群馬県農工銀行を中心にして」『土地制度史学』第55号，1972，23-47頁。

池上和夫「明治・大正期の勧銀農銀論」加藤俊彦編『日本金融論の史的研究』東京大学出版会, 1983, 161-188頁.

池上和夫「金融統制の進展と日本勧業銀行」伊牟田敏充編著『戦時体制下の金融構造』日本評論社, 1991, 315-344頁.

石井良助「家質の研究」石井良助『近世取引法史』創文社, 1982, 61-104頁.

石井良助『江戸時代土地法の生成と体系』創文社, 1989.

石川彦太編『日本紳士録 第15版』交詢社, 1910(日本図書センターによる復刻版『明治大正昭和大阪人名録』上巻, 1989による).

石田頼房『土地利用と自営兼業に関する調査——農家と貸家, アパート経営を中心にして』神奈川県農政部, 1972.

石田頼房「日本における土地区画整理制度史概説 一八七〇〜一九八〇」『総合都市研究』第28号, 東京都立大学都市研究センター, 1986, 45-81頁.

石田頼房『日本近代都市計画史研究』柏書房, 1987a.

石田頼房『日本近代都市計画の百年』自治体研究社, 1987b.

石塚裕道『日本近代都市論——東京:1868-1923』東京大学出版会, 1991.

伊藤繁「都市人口と都市システム——戦前期の日本」今井勝人・馬場哲編著『都市化の比較史——日本とドイツ』日本経済評論社, 2004, 27-58頁.

伊藤正直「水田単作地帯における『地主的地方銀行』群の衰退過程——大正〜昭和初期の秋田県を対象として」『金融経済』第159号, 1976, 25-70頁.

伊藤正直「昭和農業恐慌前後の勧銀・農銀論」加藤俊彦編『日本金融論の史的研究』東京大学出版会, 1983, 189-207頁.

伊藤正直「景気の好転・高揚と資産インフレ」平和経済計画会議・独占白書委員会編『バブル経済と銀行・証券』国民の独占白書第15号, 御茶の水書房, 1993a, 35-44頁.

伊藤正直「金融引締めへの転換とバブルの崩壊」平和経済計画会議・独占白書委員会編『バブル経済と銀行・証券』国民の独占白書第15号, 御茶の水書房, 1993b, 44-50頁.

伊東譲「勧銀累年貸付高の動向——経済発展と不動産銀行」『農業経済研究』第24巻第3号, 1953, 859-873頁.

稲津近太郎編『大阪地籍地図』吉江集画堂, 1911.

稲葉佳子「阿部様の造った学者町——西片町」山口廣編『郊外住宅地の系譜——東京の田園ユートピア』鹿島出版会, 1987, 47-60頁.

稲本洋之助・小柳春一郎・周藤利一『日本の土地法——歴史と現状』成文堂, 2004.

猪瀬直樹『土地の神話』小学館, 1988(1992年刊行の小学館ライブラリー版を参照した).

岩淵令治「近世中・後期江戸の「家守の町中」の実像」五味文彦・吉田伸之編『都市と商人・芸能民——中世から近世へ』山川出版社, 1993, 204-244頁.

岩淵令治「江戸における関八州豪商の町屋敷集積の方針と意識——関宿干鰯問屋喜多村寿富

著「家訓永続記」を素材に」久留島浩・吉田伸之『近世の社会的権力——権威とヘゲモニー』山川出版社，1996，113-151頁。

岩淵令治「町人の土地所有」渡辺尚志・五味文彦編『新体系日本史3 土地所有史』山川出版社，2002，324-355頁。

石見尚『日本不動産発達史——大正・昭和（戦前）および昭和30年代前半期』日本住宅総合センター，1990。

岩本純明「戦後の土地所有と土地規範」渡辺尚志・五味文彦編『土地所有史』山川出版社，2002，488-518頁。

植田和男「マクロ的背景」岡崎哲二ほか著『戦後日本の資金配分——産業政策と民間銀行』東京大学出版会，2002，17-36頁。

植田欣次「戦間期における『不動産金融』と不動産銀行——広島県農工銀行を素材として」『金融経済』第222号，1987，71-179頁。

植田欣次「戦間期における『不動産金融』の歴史的位置，構造の特徴」『茨城大学政経学会雑誌』第62号，1994a，49-60頁。

植田欣次「『不動産金融』と地方銀行——不動産業向け金融を中心にして」地方金融史研究会編『戦後地方銀行史（II 銀行経営の展開）』東洋経済新報社，1994b，405-432頁。

植田欣次「日本勧業銀行大阪支店と農工銀行——戦間期の宅地抵当金融の考察」『地方金融史研究』第29号，1998，3-21頁。

植田欣次「戦間期における「市街地金融」と不動産銀行の機能——兵庫県農銀の融資基盤の考察」『地方金融史研究』第31号，2000，40-72頁。

植田欣次「杉本正幸の不動産銀行論——『不動産金融論』（昭和5年刊）の意義」『創価経営論集』第27巻第2・3号，2003，1-27頁。

植田欣次「戦時下の『市街地金融』と不動産銀行——勧銀大阪支店を中心に」『社会科学研究』第58巻第3・4合併号，2007，59-79頁。

上田昭三「トップアンケート ノンバンクの今後の役割は何か」『金融ジャーナル』第32巻第7号，1991，47頁。

牛山敬二『農民層分解の構造 戦前期』御茶の水書房，1975。

内田九州男「都市建設と町の開発」高橋康夫・吉田伸之編『日本都市史入門II 町』東京大学出版会，1990，41-57頁。

内田勝一「都市居住推進手法としての定期借地制度」『都市問題研究』第652号，2005，46-56頁。

鵜野和夫「『底地買い』の実態＜東京＞」『ジュリスト』1985年12月15日，42-45頁。

江面嗣人「音羽町の大正期における借家経営」山口廣編『郊外住宅地の系譜——東京の田園ユートピア』鹿島出版会，1987，77-92頁。

江戸英雄『私の三井昭和史』東洋経済新報社，1986。

江波戸昭「第二次大戦下における長野県工業化資料紹介」『明治大学教養論集』(人文科学) 第77号，1973，1-112頁。

老川慶喜「箱根土地会社の経営と高田農商銀行」由井常彦編『堤康次郎』リブロポート，1996，118-131頁。

大石嘉一郎『近代日本の地方自治』東京大学出版会，1990。

大石嘉一郎編『近代日本の行政村』日本経済評論社，1991。

大泉英次『土地と金融の経済学』日本経済評論社，1991。

大川一司・高松信清・山本有造『長期経済統計 推計と分析1 国民所得』東洋経済新報社，1974。

大蔵省編『銀行及担保付社債信託事業報告』(1915年に『銀行局年報』と改称) 大蔵省，1903-1919。

大蔵省『銀行局金融年報』金融財政事情研究会，1972-1997。

大蔵省銀行局編『銀行局現行通達集』金融財政事情研究会，1961年版・1966年版。

大蔵省財政金融研究所調査統計部編『法人企業統計年報集覧 (昭和50年度～59年度) 上巻・下巻』大蔵省印刷局，1998a。

大蔵省財政金融研究所調査統計部編『法人企業統計年報集覧 (昭和60年度～平成7年度) 下巻』大蔵省印刷局，1998b。

大蔵省財政史室編『昭和財政史――昭和27～48年度 第9巻 金融(1)』東洋経済新報社，1991a。

大蔵省財政史室編『昭和財政史――昭和27～48年度 第10巻 金融(2)』東洋経済新報社，1991b。

大蔵省証券局資本市場課編『法人企業統計年報集覧 (昭和35年度～49年度) 上巻』大蔵省印刷局，1976。

大蔵省理財局経済課編『法人企業統計季報集覧 (自昭和25年1～3月至昭和38年1～3月)』大蔵財務協会，1963。

大阪経済振興審議会編『大阪経済振興方策に関する調査報告書』大阪商工会議所，1953。

大阪市編『明治大正大阪市史 第2巻』日本評論社，1935。

大阪市社会部編『本市に於ける貸家の状況』大阪市社会部庶務課，1940。

大阪市社会部調査課編『住宅問題と借家争議』弘文堂書房，1927。

大阪市都市住宅史編集委員会編『まちに住まう――大阪都市住宅史』平凡社，1989。

大阪市都市整備協会『大阪市の区画整理』大阪市都市整備協会，1995。

大阪市土地整理協会『大阪市の土地区画整理』大阪市土地整理協会，1933。

大阪市都島土地区画整理組合『都島土地区画整理組合事業誌』大阪市都島土地区画整理組合，1939。

大阪市役所編『大阪市統計書』大阪市，1912-1954。

大阪建物編『大阪建物株式会社 50 年史』大阪建物，1977。

大阪府編『大阪府統計書』大阪府，1884-1912。

大阪府編『千里ニュータウンの建設』大阪府，1970。

大崎辰五郎「大崎辰五郎自伝」横井金谷・大崎辰五郎・添田啞蝉坊『日本人の自伝 23』平凡社，1982，95-116 頁。

大塚英二「百姓の土地所有」渡辺尚志・五味文彦編『新体系日本史 3 土地所有史』山川出版社，2002，274-306 頁。

大西健夫・齋藤憲・川口浩編『堤康次郎と西武グループの形成』知泉書館，2006。

大豆生田稔「都市化と農地問題——一九二〇年代後半の橘樹郡南部」横浜近代史研究会ほか編『横浜の近代 都市の形成と展開』日本経済評論社，1997，133-156 頁。

大村謙二郎・有田智一「分権・規制緩和・民活下の都市開発事業制度の再編」原田純孝編『日本の都市法 I——構造と展開』東京大学出版会，2001，275-317 頁。

岡田知弘『日本資本主義と農村開発』法律文化社，1989。

岡田知弘「四日市臨海工業地帯の誕生——戦前期の工場誘致と初期公害」『経済論叢』第 158 巻第 6 号，1996，121-144 頁。

小木新造『東京庶民生活史研究』日本放送出版協会，1979。

小野浩「関東大震災後の東京における住宅再建過程の諸問題——借家・借間市場の動向を中心に」『社会経済史学』第 72 巻第 1 号，2006a，47-67 頁。

小野浩「第一次世界大戦前後の東京における住宅問題——借家市場の動向を中心に」『歴史と経済』第 192 号，2006b，1-16 頁。

小野浩「戦間期の東京における住宅市場と同潤会——1930 年代におけるアパート市場の形成」『立教経済学研究』第 60 巻第 1 号，2006c，223-248 頁。

小野浩「日中戦争期の東京における労務者住宅問題——統制経済下の住宅市場」『立教経済学研究』第 60 巻第 2 号，2006d，71-100 頁。

小野浩「戦時住宅政策の確立と住宅市場の変容——貸家経営者の動向を中心に」『立教経済学研究』第 60 巻第 3 号，2007，201-226 頁。

貸金業調査会編『ノンバンクの現状と金融システム上の諸問題——大蔵省ノンバンク研究会報告書』金融財政事情研究会，1991。

鹿島開発史編纂委員会編『鹿島開発史』茨城県企画部県央・鹿行振興課，1990。

粕谷誠「東京建物の経営動向」日本住宅総合センター編『不動産業に関する史的研究 II』日本住宅総合センター，1995，59-92 頁。

粕谷誠「戦間期における貸ビル業の動向」日本住宅総合センター編『不動産業に関する史的研究 III』日本住宅総合センター，1996，44-73 頁。

粕谷誠『豪商の明治——三井家の家業再編過程の分析』名古屋大学出版会，2002。

加瀬和俊『集団就職の時代——高度成長のにない手たち』青木書店，1997。

片木篤・藤谷陽悦・角野幸博編『近代日本の郊外住宅地』鹿島出版会，2000。
片桐善衛「ある『地上げ事件』（チサンマンション第2博多）と土地・都市・住宅問題」『産業経営研究所報』第24号，1992，113-129頁。
片倉比佐子『江戸の土地問題』同成社，2004。
加藤俊彦「日本勧業銀行の設立」『社会科学研究』第4巻第1号，1952，1-19頁，第4巻第2号，1954，40-57頁。
加藤俊彦「日本勧業銀行の研究——日清戦後乃至日露戦後を中心にして」『社会科学研究』第9巻4・5号，1958，43-77頁。
加藤仁美『大名屋敷跡地における住宅地開発——麻布霞町の場合』財団法人第一住宅協会，1990。
加藤仁美「明治期の大名屋敷跡地における住宅地開発について——麻布霞町の場合」『日本都市計画学会学術研究論文集』第26号，1991，13-18頁。
加藤仁美「大名屋敷跡地における土地経営の変遷——麻布霞町の場合」『日本都市計画学会学術研究論文集』第27号，1992，31-36頁。
加藤仁美「明治期の大名屋敷跡地の貸地貸家経営に関する研究——本郷西片町の場合」『日本都市計画学会学術研究論文集』第31号，1996，295-300頁。
加藤仁美「明治期から昭和戦後期の大土地所有者による土地経営の変遷——旧大名阿部家の場合」『日本都市計画学会学術研究論文集』第32号，1997，49-54頁。
加藤由利子「明治における宅地所有の状況と貸地貸家経営（その2）」青山学院女子短期大学『紀要』第40輯，1986，111-128頁。
加藤由利子「戦前の東京における土地家屋の所有状況について」青山学院女子短期大学『紀要』第42輯，1988，99-114頁。
加藤由利子「戦前における借地上貸家経営について——東京下谷区のM家の事例」青山学院女子短期大学『紀要』第44輯，1990，79-93頁。
神奈川県企業庁『神奈川県企業庁史』神奈川県企業庁，1963。
金本良嗣『都市経済学』東洋経済新報社，1997。
蒲池紀生『不動産業界』教育社，1979。
蒲池紀生『不動産業界』教育社，1990。
蒲池紀生「不動産仲介業の発生と発達——明治〜昭和前期」日本住宅総合センター編『不動産業に関する史的研究I』日本住宅総合センター，1994，100-124頁。
神山恒雄「横浜市債についての一考察——日清・日露戦後期を対象に」横浜近代史研究会編『近代横浜の政治と経済』横浜開港資料館，1993，21-46頁。
加用信文監修『改訂 日本農業基礎統計』農林統計協会，1977。
刈屋武昭『不動産金融工学とは何か』東洋経済新報社，2003。
川島哲郎「阪神工業地帯の特質と現状」『地理』第7巻第1号，1962年1月，41-48頁。

北沢五郎「数字上より見たる帝都建築」石原憲治編『建築の東京』都市美協会，1935，22-36頁。

北島正元「近世都市の社会問題――江戸の地代・店賃問題を中心として」北島正元『近世の民衆と都市――幕藩制国家の構造』名著出版，1984，231-290頁。

橘川武郎「地価高騰と大手不動産会社」平和経済計画会議・独占白書委員会編『国民の独占白書第13号 現代資本主義と土地問題』御茶の水書房，1990，112-124頁。

橘川武郎「日本における電鉄会社の不動産経営の起源」日本住宅総合センター編『不動産業に関する史的研究I』日本住宅総合センター，1994，86-99頁。

橘川武郎「日本における信託会社の不動産経営の起源――1906～1926年の東京信託の不動産業経営」日本住宅総合センター編『不動産業に関する史的研究II』日本住宅総合センター，1995，138-168頁。

橘川武郎「高度成長期の三菱地所と三井不動産」日本住宅総合センター編『不動産業に関する史的研究III』日本住宅総合センター，1996，119-138頁。

橘川武郎「不動産業新時代」『月刊不動産流通』第284号，2006年1月，8-9頁。

木村篠市『不動産銀行特設に関する卑見』出版社不明，1910（渋谷隆一他監修，斉藤寿彦他編『近代日本金融史文献資料集成 特殊金融機関編』日本図書センター，2005，所収）。

銀行問題研究会『金融投機の経済学』新日本出版社，1993。

日下公人『デベロッパー――住宅から都市産業へ』日本経済新聞社，1970。

経済企画庁経済研究所編『国民経済計算年報 平成5年版』大蔵省印刷局，1993。

京成電気軌道株式会社『営業報告書』各期，1939-1941（但し，第63期，1940と第64期・第65期，1941は，『決算報告書』と名称変更）。

京成電気軌道株式会社『営業報告書』第60期，京成電気軌道株式会社，1939a。

京成電気軌道株式会社『決算報告書』第64期，京成電気軌道株式会社，1941a。

京成電気軌道株式会社『決算報告書』第65期，京成電気軌道株式会社，1941b。

京成電気軌道株式会社『決算報告書』第67期，京成電気軌道株式会社，1942。

京成電気軌道株式会社『決算報告書』第68期，京成電気軌道株式会社，1943。

京成電鉄編『京成電鉄五十五年史』京成電鉄株式会社，1967。

京阪神急行電鉄編『京阪神急行電鉄五十年史』京阪神急行電鉄，1959。

建設院内地政研究会編『土地法制概論』都市計画協会，1947。

建設省編『戦災復興史』第1巻，都市計画協会，1959。

建設省計画局『建築統計年報』建設省計画局，1951-1975。

建設省建設経済局不動産業課監修『不動産業に関する統計集（第2集）』不動産流通近代化センター，1990。

建設省建設経済局不動産業課監修『不動産業に関する統計集（第5集）』不動産流通近代化センター，1992。

建設省建設経済局不動産業課監修『不動産業統計集（平成6年度版）』不動産流通近代化センター，1994。
建設省建設経済局不動産業課監修『不動産業統計集（平成8年度版）』不動産流通近代化センター，1996。
建設省住宅局編『住宅年鑑 1951』彰国社，1951。
建設省住宅局『土地及び住宅価格調査結果報告書』建設省住宅局，1954。
建設省住宅局住宅政策課監修『住宅経済データ集（平成5年度版）』住宅産業新聞社，1993。
小泉秀樹「都市計画法からまちづくり法へ」原田純孝編『日本の都市法I——構造と展開』東京大学出版会，2001，209-244頁。
幸田為三郎編『大阪市神路土地区画整理組合事業誌』東洋図書，1942。
神戸大学経済研究所編『新聞記事資料集成 生活編3 住宅』大原新生社，1985。
国土交通省住宅局住宅政策課監修『住宅経済データ集（平成17年度版）』住宅産業新聞社，2005。
国土交通省総合政策局不動産業課監修『不動産業統計集（平成16年度版）』不動産流通近代化センター，2005。
国土交通省土地・水資源局『平成16年都道府県地価調査に基づく最近の地価動向について』2004。
越沢明『東京都市計画物語』日本経済評論社，1991。
後藤新一『普通銀行の理念と現実』東洋経済新報社，1977。
小早川欣吾『日本担保法史序説』法政大学出版局，1979，初版は1933。
小林一三『逸翁自叙伝』図書出版社，1990（原著刊行は1952）。
小林重敬「宅地形成と都市計画」日笠端編『土地問題と都市計画』東京大学出版会，1981，185-205頁。
五洋建設株式会社『五洋建設75年のあゆみ』五洋建設株式会社，1971。
齋藤憲「京浜工業地帯の造成——浅野財閥研究(1)」『経済系』第189集，1996，83-102頁。
斉藤寿彦「日本のバブル経済の形成と崩壊」『国府台経済研究』第6巻，1994，87-117頁。
三枝博音・飯田賢一『日本近代製鉄技術発達史——八幡製鉄所の確立過程』東洋経済新報社，1957。
坂根嘉弘「日本における戦時期農地・農地政策関係資料(1)」『広島大学経済論叢』第25巻第3号，2002，51-73頁。
坂根嘉弘「戦時農地統制は守られたか」『歴史学研究』第787号，2004，19-27，37頁。
佐久市誌編纂委員会編『佐久市史 歴史編4 近代』佐久市，1996。
佐藤守弘「工業開発にともなう地域社会の再編——鹿島臨海工業地帯の場合」河野健二編『産業構造と社会変動 第2巻 地域社会の変貌と住民意識』日本評論社，1975，263-307

実清隆「大阪都市圏のスプロール」山崎不二夫・森滝健一郎ほか編『現代日本の都市スプロール問題 上』大月書店，1978，124-147 頁。
澤内一晃「同潤会の分譲住宅事業──中期同潤会への移行と内務省の住宅思想」『社会経済史学』第 71 巻第 5 号，2006，87-103 頁。
産業動向調査会編『日本の企業集団──三菱グループ編』産業動向調査会，1981。
産業動向調査会編『日本の企業集団──三井グループ編』産業動向調査会，1982。
塩崎賢明「〈解題〉住宅営団大阪支所の住宅地開発」西山夘三記念すまい・まちづくり文庫住宅営団研究会編『戦時・戦後復興期住宅政策資料 住宅営団』第 2 巻 組織と事業(2)，日本経済評論社，2002，1-20 頁。
塩田実男「土地区画整理組合の精算金と費用」『区画整理』第 7 巻第 3 号，1941，12-19 頁。
塩谷安男「共同債権買取機構の実態について」『洗足論叢』29 号，2000，25-37 頁。
塩見宙「『底地買い』の実態〈大阪〉」『ジュリスト』1985 年 12 月 15 日，39-41 頁。
殖産住宅相互株式会社『殖産住宅二十年史』殖産住宅相互株式会社，1970。
鹿野嘉昭「江戸期大坂における両替商の金融機能をめぐって」『経済学論叢』(同志社大学) 第 52 巻第 2 号，2000，1-64 頁。
柴垣和夫「前提・レーガノミックスと中曽根行革路線」平和経済計画会議・独占白書委員会編『バブル経済と銀行・証券』国民の独占白書第 15 号，御茶の水書房，1993，21-35 頁。
渋谷隆一「山形県庄内地方の金融構造と勧銀支店」朝倉孝吉編『両大戦間における金融構造』御茶の水書房，1980，203-246 頁。
渋谷隆一「金融（金貸）財閥」渋谷隆一・加藤隆・岡田和喜編『地方財閥の展開と銀行』日本評論社，1989，391-418 頁。
渋谷隆一・石山昭次郎・斎藤憲「大正初期の大資産家名簿」『地方金融史研究』第 14 号，1983，20-107 頁。
住宅営団経営局経営課『一般会計住宅経営状況調書』住宅営団経営局経営課，1943（西山夘三記念すまい・まちづくり文庫住宅営団研究会編『住宅営団』第 2 巻 組織と事業(2)，日本経済評論社，2002 年に所収）。
住宅金融公庫 20 年史編さん委員会編『住宅金融公庫 20 年史』住宅金融公庫，1970。
住宅金融公庫編『資料でみる日本の住宅問題』(『住宅金融公庫三十年史 資料編』)，住宅金融普及協会，1980。
商業興信所編『商工資産信用録 第 13 回』商業興信所，1912。
商工大臣官房統計課編『会社統計表』商工省，1923-1942（1924 年以前は，農商務大臣官房統計課編）。

新沢嘉芽統・華山謙『地価と土地政策』岩波書店，1970。
新修大阪市史編纂委員会編『新修大阪市史 第4巻』大阪市，1990。
人事興信所編『人事興信録 第3版』人事興信所，1911。
人事興信所編『人事興信録 第11版』人事興信所，1937。
進藤寛「戦時下における地方銀行の合同――『一県一行主義』の完成」『金融経済』第66号，1961，61-113頁。
杉田祖馨「本邦住宅事情について」『住宅研究資料［第18輯］』住宅営団，1943，3-21頁（西山夘三記念すまい・まちづくり文庫住宅営団研究会編『戦時・戦後復興期住宅政策資料 住宅営団』第4巻調査・研究(2)日本経済評論社，2002に所収）。
杉本正幸『全国農工銀行発達史』全国農工銀行発達史発行所，1924。
杉本正幸『不動産金融論』厳松堂書店，1930。
杉本正幸『土地区画整理施行地価格の統制』厳松堂書店，1942。
鈴木淳『新技術の社会誌』中央公論新社，1999。
鈴木博之「都市のすまい」樺山紘一・奥田道大編『都市の文化――新しい読みと発見の時代』有斐閣，1984，223-266頁。
鈴木理生『明治生れの町神田三崎町』青蛙房，1978。
鈴木理生「神田三崎町」山口廣編『郊外住宅地の系譜――東京の田園ユートピア』鹿島出版会，1987，61-76頁。
鈴木勇一郎『近代日本の大都市形成』岩田書院，2004。
鈴木禄弥『借地借家法の研究I』創文社，1984。
瀬川信久『日本の借地』有斐閣，1995。
全国銀行協会連合会「不動産融資のあり方について」1991，1-7頁。
全国銀行協会連合会不動産金融研究会『不動産金融研究会報告』1992a。
全国銀行協会連合会不動産金融研究会『不動産金融マニュアル――不動産担保融資の取扱』1992b。
全宅連不動産総合研究所編『不動産業沿革史 上巻』全宅連不動産総合研究所，1999a。
全宅連不動産総合研究所編『不動産業沿革史 下巻』全宅連不動産総合研究所，1999b。
総理府統計局編『昭和二十五年 国勢調査報告(1)』印刷庁，1951。
総理府統計局編『昭和二十六年 事業所統計調査結果報告』第1巻，第6巻，総理府統計局，1953。
総理府統計局『国勢調査』総理府統計局，1955-1975。
総理府統計局『事業所統計調査報告』総理府統計局，1969a，1972a，1976a。
総理府統計局編『住宅統計調査結果報告』（1973版は住宅統計調査報告）総理府統計局，1958b，1973b。
添田敬一郎「評議会における理事長挨拶」『住宅営団時報』号数不明，1943（推定），1-8頁

（西山夘三記念すまい・まちづくり文庫住宅営団研究会編『戦時・戦後復興期住宅政策資料　住宅営団』第2巻　組織と事業(2), 日本経済評論社，2002に所収)。

第一生命保険相互会社五十年史編纂室『第一生命五十五年史』第一生命保険，1958。

高嶋修一「戦間期都市近郊における土地整理と地域社会——東京・玉川全円耕地整理事業を事例として」『歴史と経済』第45巻第4号，2003，19-37頁。

高嶋修一「戦間期都市近郊における都市開発と土地整理——東京・玉川全円耕地整理事業を事例に」『社会経済史学』第69巻6号，2004，51-71頁。

高嶋雅明「農工銀行の不動産銀行化——兵庫県農工銀行の史的分析（一）」『九州産業大学商経論叢』第9巻第1号，1968，37-61頁。

高嶋雅明「農工銀行の融資機能の分析——兵庫県農工銀行の史的分析（二）」『九州産業大学商経論叢』第10巻第1号，1969，1-30頁。

高野義樹『日本住宅金融史』住宅金融普及協会，1997。

竹内宏「わが長銀の一生」『中央公論』1999年1月，60-71頁。

竹内誠「江戸豪商仙波家の屋敷集積の動態」木代修一先生喜寿記念論文集編集委員会編『日本文化の社会的基盤』雄山閣出版，1976，273-310頁。

田代洋一『農地政策と地域』日本経済評論社，1993。

田中傑『帝都復興と生活空間——関東大震災後の市街地形成の論理』東京大学出版会，2006

玉井哲雄『江戸町人地に関する研究』近世風俗研究会，1977。

玉川全円耕地整理組合『郷土開発』玉川全円耕地整理組合，1955。

千葉県開発局『京葉臨海工業地帯の歩み　第一編総論』千葉県開発局，1968a。

千葉県開発局『京葉臨海工業地帯の歩み　第二編土地造成』千葉県開発局，1968b。

中央物価統制協力会議『臨時農地価格統制令臨時農地等管理令解説』中央物価統制協力会議，1941a。

中央物価統制協力会議「臨時農地価格統制令質疑応答」『区画整理』第7巻第10号，1941b。

中小企業庁編『中小企業白書（2003年版）』ぎょうせい，2003。

塚田孝「下層民の世界——「身分的周縁」の視点から」朝尾直弘編『日本の近世　第7巻　身分と格式』中央公論社，1992，225-268頁。

塚本明「借家請人」高橋康夫・吉田伸之編『日本都市史入門III　人』東京大学出版会，1990，222-223頁。

辻誠「不動産価格統制の急務」『国策研究会週報』第6巻第23号，1944年6月3日。

鶴見埋築『営業報告書』各期，1914-1919。

鶴見埋築『営業報告書』第2期，1914。

帝国農会『東京市農業に関する調査（第壱輯）東京市域内農家の生活様式』帝国農会，1935。

寺内信『大阪の長屋——近代における都市と住居』INAX，1992。
寺内信・和田康由「大阪の長屋建設とその市街化に関する研究（その1）」『大阪工業大学中研技報』第 13 巻第 3 号，1980, 234-272 頁。
暉峻衆三編『日本の農業 150 年』有斐閣，2003。
東亜建設工業『東京湾埋立物語』東亜建設工業，1989。
東急不動産株式会社総務部社史編纂チーム編『街づくり五十年』東急不動産，1973。
東京急行電鉄『東京横浜電鉄沿革史』東京急行電鉄，1943。
東京急行電鉄『多摩田園都市——開発 35 年の記録』東京急行電鉄，1988。
東京市社会局『東京市ニ於ケル住宅ノ不足数ニ関スル調査』東京市，1922。
東京市政調査会編『日本都市年鑑』11-12 号，東京市政調査会，1942-1943。
東京市政調査会編『日本都市年鑑 昭和 24 年用』日本都市連盟事務局，1948。
東京市日本橋区役所編『日本橋区史 第二冊』同区，1916。
東京市役所編『東京市統計年表』東京市，1901-1936。
東京市役所『都市計画道路と土地区画整理』東京市，1933。
東京市役所『東京市域拡張史』東京市，1934a。
東京市役所『東京市高層建築物調査 昭和十年五月調査』東京市，1935a。
東京市役所『工場労働者の住宅難問題と一団地の住宅経営』東京市役所，1939 年。
東京建物編『東京建物株式会社 70 年の歩み』東京建物株式会社，1968。
東京建物株式会社社史編纂委員会編『信頼を未来へ——東京建物百年史』東京建物，1998。
東京大学社会科学研究所編『戦後宅地住宅の実態——宅地住宅総合研究 1』東京大学出版会，1952。
東京都『東京都統計書』東京都，1949-1951。
東京都『東京都統計年鑑』東京都，1952-1954。
東京都編『明治初年の武家地処理問題』（川崎房五郎執筆）東京都，1965。
東京都『東京百年史 第五巻』ぎょうせい，1979。
東京都宅地建物取引協会編『不動産業沿革史』社団法人東京都宅地建物取引協会，1975。
東京土地区画整理研究会『交通系統沿線整理地案内』東京土地区画整理研究会，1938。
東京府編『東京府統計書』東京府，1883-1913 年版。
東京府土木部『東京府道路概要』東京府，1932。
東京湾埋立『営業報告書』各期，1920-1943。
東京湾埋立『営業報告書』第 2 回，1920。
東京湾埋立『営業報告書』第 5 回，1922。
東京湾埋立『営業報告書』第 8 回，1923。
東京湾埋立『営業報告書』第 13 回，1926。
東洋経済新報社編『会社四季報未上場会社版 '97 上期』東洋経済新報社，1996。

冨井正憲「〈解題〉住宅営団設立の背景と経緯」(西山夘三記念すまい・まちづくり文庫住宅営団研究会編『戦時・戦後復興期住宅政策資料 住宅営団』第 1 巻調査・研究(1)日本経済評論社, 2002, 9-21 頁。

豊中市史編さん委員会編『新修豊中市史 第 9 巻 集落・都市』豊中市, 1998。

酉水孜郎『資料国土計画』大明堂, 1975。

内閣統計局編『日本帝国統計年鑑』内閣統計局, 1919, 1937。

内閣府経済社会総合研究所編『国民経済計算年報 平成 14 年版』財務省印刷局, 2002。

内閣府経済社会総合研究所国民経済計算部編『国民経済計算年報(平成 16 年版)』瞬報社, 2004。

内務省都市計画局『都市計画要鑑』第一巻, 内務省, 1921。

永江雅和「高度経済成長期都市近郊部の農地移動——埼玉県八潮市を事例として」『専修経済学論集』第 39 号-3, 2005。

永江雅和「世田谷区の農地転用と農業委員会 1960～1975」『社会科学研究』第 58 巻第 3・4 合併号, 2007, 101-120 頁。

中村隆英・尾高煌之助編『日本経済史 6 二重構造』岩波書店, 1989。

中村廣次「農地改革後の土地問題」農村計画研究会編『農村の建設と運営——農地篇』石崎書店, 1954, 50-69 頁。

名武なつ紀「都市化と土地所有・利用の史的展開——住宅地への転換プロセス」足立基浩ほか編『住宅問題と市場・政策』日本経済評論社, 2000, 89-110 頁。

名武なつ紀『大阪都心部における土地所有構造の展開——明治維新から高度成長期まで』京都大学博士論文, 2004。

名武なつ紀「戦時・戦後復興期における大阪都心の土地所有構造」『歴史と経済』第 190 号, 2006, 1-17 頁。

並木正吉『農村は変わる』岩波書店, 1960。

成瀬麟・土屋周太郎編『大日本人物史——一名現代人名辞書』八紘社, 1913(日本図書センターによる復刻版『明治人名辞典 III』, 1994 による)。

南海電気鉄道編『南海電気鉄道百年史』南海電気鉄道株式会社, 1985。

南條隆「戦間期日本における地価変動と銀行貸出の関係について——『不動産金融問題』の銀行部門に及ぼした影響」『金融研究』第 21 巻第 2 号, 2002, 71-95 頁。

西坂靖「家守」高橋康夫・吉田伸之編『日本都市史入門 III 人』東京大学出版会, 1990, 224-225 頁。

西田美昭・加瀬和俊編『高度経済成長期の農業問題』日本経済評論社, 2000。

西村清彦『日本の地価の決まり方』筑摩書房, 1995。

西村はつ「住宅建設と住宅金融の展開」『地方金融史研究』第 22 号, 1991, 53-63 頁。

西村はつ「住宅金融と地方銀行」地方金融史研究会編『戦後地方銀行史［II］——銀行経営

の展開』東洋経済新報社，1994，347-377 頁。
西村吉正『日本の金融制度改革』東洋経済新報社，2003。
日本学術振興会第 14 小委員会『農工問題研究 第一輯』経営評論社，1947。
日本勧業銀行『本邦不動産金融ニ関スル諸統計』1921-1936，1925-1926，1928-1930，1932（渋谷隆一他監修，斉藤寿彦他編『近代日本金融史文献資料集成』第 35 巻，日本図書センター，2005，所収）。
日本勧業銀行『日本勧業銀行史』日本勧業銀行，1953。
日本勧業銀行調査部『市街地価格の推移状況調査（昭和十七年）』日本勧業銀行調査部，1943。
日本勧業銀行不動産研究会編『土地・建物・山林と税金対策』実業之日本社，1950。
日本銀行「金融の自由化・国際化の下での金利変動の特徴について」『調査月報』第 36 巻第 4 号，1985，1-29 頁。
日本銀行「平成元年の資金循環」『調査月報』第 41 巻第 6 号，1990，1-49 頁。
日本銀行統計局編『経済統計月報』日本銀行統計局，1955-2000。
日本経営史研究所編『東京海上火災保険株式会社百年史 上』東京海上火災保険，1979。
日本経営史研究所編『三井不動産四十年史』三井不動産，1985a。
日本経営史研究所編『阪神電気鉄道八十年史』阪神電気鉄道，1985b。
日本経営史研究所編『阪神電気鉄道百年史』阪神電気鉄道，2005。
日本経済新聞社編『会社年鑑 1955 年版』日本経済新聞社，1954。
日本経済新聞社編『会社年鑑《上場会社版》1973 年版』日本経済新聞社，1972。
日本債券信用銀行史編纂室『日本債券信用銀行三十年史』日本債券信用銀行，1993。
日本住宅金融『有価証券報告書総覧』朝陽会，1983 年度-1988 年度。
日本住宅総合センター編『不動産業に関する史的研究 I』日本住宅総合センター，1994。
日本住宅総合センター編『不動産業に関する史的研究 II』日本住宅総合センター，1995。
日本住宅総合センター編『不動産業に関する史的研究 III』日本住宅総合センター，1996。
日本住宅総合センター編『日本における集合住宅の普及過程——産業革命期から高度成長期まで』日本住宅総合センター，1997。
日本住宅総合センター編『日本における集合住宅の定着過程——安定成長期から 20 世紀末』日本住宅総合センター，2001。
日本統計協会編『日本長期統計総覧 第 3 巻』日本統計協会，1988。
日本不動産研究所『全国市街地価格指数・全国木造建築費指数』(1984 年以降『市街地価格指数』) 日本不動産研究所，1955-1993。
沼尻晃伸『工場立地と都市計画——日本都市形成の特質 1905-1954』東京大学出版会，2002。
沼尻晃伸「第一世界大戦期から 1930 年代の川崎市行財政」大石嘉一郎・金沢史男編著『近

代日本都市史研究』日本経済評論社，2003，532-574頁。
沼尻晃伸「農民からみた工場誘致——戦後経済復興期の小田原市を事例として」『社会科学論集』（埼玉大学）第116号，2005，1-21頁。
沼尻晃伸「結語——共同性と公共性の関係をめぐって」小野塚知二・沼尻晃伸編『大塚久雄『共同体の基礎理論』を読み直す』日本経済評論社，2007，189-211頁。
沼津市史編纂委員会『沼津市史 史料編 近代2』沼津市，2001。
農地改革記録委員会『農地改革顛末概要』農政調査会，1951。
農地制度資料集成編纂委員会『農地制度資料集成第10巻 戦時農地立法』御茶の水書房，1972。
農林省熊本農地事務局『九州農地事業概観（1946-1951）』1951。
野口孝一「明治初期東京の土地所有状況——山本忠兵衛編『区分町鑑東京地主案内』を中心に」『総合都市研究』第30号，1987，121-157頁。
野口悠紀雄『土地の経済学』日本経済新聞社，1989。
野口悠紀雄『バブルの経済学』日本経済新聞社，1992。
野田正穂「『住専破綻』と母体行の責任」山田弘史・野田正穂編『現代日本の金融』新日本出版社，1997，79-106頁。
野田正穂・中島朋子編『目白文化村』日本経済評論社，1991。
野田正穂・原田勝正・青木栄一・老川慶喜編『日本の鉄道』日本経済評論社，1986。
野村悦子「明治45年の地籍台帳の分析による宅地所有形態の類型化」『日本建築学会計画系論文集』第504号，1998，163-170頁。
野村悦子「明治末期から昭和初期までの旧大名の宅地所有の変遷——地籍台帳の分析による宅地所有形態の類型化 その(2)」『日本建築学会計画系論文集』第517号，1999，229-234頁。
拝司静夫「日本勧業銀行および農工銀行の不動産銀行化とその意義——日本における不動産金融と農業金融との関係について」『弘前大学 人文社会』第4号，1954，65-85頁。
拝司静夫「不動産銀行の構想と農商務省——明治一八年の日本興業銀行条例案をめぐって」『文経論叢』第2巻第3号，1966，73-96頁。
拝司静夫「第二次大戦後の勧銀・農銀・拓銀に関する研究」加藤俊彦編『日本金融論の史的研究』東京大学出版会，1983，208-229頁。
橋本奇策編『株式年鑑 大正3年度』野村徳七商店，1914。
橋本寿朗「戦前日本における地価変動と不動産業」日本住宅総合センター編『不動産業に関する史的研究I』日本住宅総合センター，1994，1-25頁。
橋本寿朗「戦前日本における不動産金融」日本住宅総合センター編『不動産業に関する史的研究II』日本住宅総合センター，1995，1-30頁。
橋本博「我国の都市に於ける宅地の一般的考察」(2)『新都市』第3巻第2号，1949，9-16・

18頁。

長谷川淳一「戦前期の都市計画」日本住宅総合センター編『不動産業に関する史的研究I』日本住宅総合センター，1994，125-148頁。

長谷川信「土地会社の経営動向――両大戦間期の大阪を中心に」日本住宅総合センター編『不動産業に関する史的研究II』日本住宅総合センター，1995，31-58頁。

長谷川匡則『わが国家賃・地代の全貌』都市経済研究センター，1972。

長谷川徳之輔『東京の宅地形成史――「山の手」の西進』住まいの図書館出版局，1988a。

長谷川徳之輔「借地・借家法の住宅地市場に与えたインパクトの実証的分析――東京における住宅宅地市場の歴史的変遷」『住宅・土地問題研究論文集』第12集，1988b，25-52頁。

長谷川徳之輔「主役を演じる銀行の過剰融資」『エコノミスト』1987年8月4日，20-27頁。

旗手勲「昭和20年代の宅地・建物政策と不動産業」『愛知大学法経論集 経済・経営篇』86，1978a，43-80頁。

旗手勲「日本資本主義の発足と不動産業」『愛知大学法経論集 経済・経営篇』第88巻第1号，1978b，111-151頁。

旗手勲「日本資本主義の成立と不動産業」『愛知大学法経論集 経済・経営篇』第89巻第1号，1979，115-171頁。

旗手勲『日本資本主義の生成と不動産業』国際連合大学，1981。

旗手勲『三菱財閥の不動産経営』日本経済評論社，2005。

波多野憲男「東京戦災復興における組合施行土地区画整理事業」東京都立大学都市研究センター編『東京――成長と計画（1868-1988）』東京都立大学都市研究センター，1988，157-170頁。

初田亨『都市の明治――路上からの建築史』筑摩書房，1981。

初田亨『百貨店の誕生』三省堂，1993。

八田達夫・田渕隆俊「東京一極集中の諸要因と対策」八田達夫編『東京一極集中の経済分析』日本経済新聞社，1994。

服部一馬「都市振興策としての工業化――明治末・大正前期の京浜地区」『経済と貿易』第114号，1975，33-43頁。

花島得二『不動産価格統制の基礎理論――統制理念と統制技術とに関する実証的研究』改造社，1943。

早川和男『住宅貧乏物語』岩波書店，1979。

原朗・山崎志郎編『戦時日本経済の再編成』日本経済評論社，2006。

原静雄「再び横浜港内の市営工業地に就て」『横浜土地時報』第2巻第12号，1930，1-2頁。

原正幹『我社の生立』浅野造船所，1935。

原正幹『浅野造舩所建設記録』鶴見製鉄造舩，1938。

原田勝正「東京の市街地拡大と鉄道網(1)——関東大震災後における市街地の拡大」原田勝正ほか編『東京・関東大震災前後』日本経済評論社，1997a，1-42頁。

原田勝正「東京の市街地拡大と鉄道網(2)——鉄道網の構成とその問題点」原田勝正ほか編『東京・関東大震災前後』日本経済評論社，1997b，43-92頁。

原田敬一『日本近代都市史研究』思文閣出版，1997。

原田純孝「戦後住宅法制の成立過程——その政策論理の批判的検証」東京大学社会科学研究所編『福祉国家6 日本の社会と福祉』東京大学出版会，1985，317-396頁

原田純孝「市街化区域における宅地と農地——都市縁辺部における宅地開発と農地保全の法制度の理論的検討作業をかねて」(上)(中)『農政調査時報』第375号，1987年12月，2-13頁，第376号，1988年1月，2-20頁。

原田純孝「理念なき土地基本法と土地政策の行方」『法律時報』第62巻第2号，1990a，6-9頁。

原田純孝「『計画的』市街地開発手法とその論理——計画による規制と誘導」『法律時報』第62巻第8号，1990b，28-37頁。

原田純孝「都市・住宅問題と規制緩和」『法律時報』第70巻第2号，1998，6-9頁。

原田純孝「定期借家導入立法の問題点——異常な立法過程とその狙い」『法律時報』第72巻第2号，2000，1-4頁。

原田純孝編『日本の都市法I——構造と展開』東京大学出版会，2001a。

原田純孝編『日本の都市法II——諸相と動態』東京大学出版会，2001b。

原田純孝「現代日本の住宅法制と政策論理——イギリス，ドイツ，フランスとの比較の視点から」日本住宅総合センター『住宅・土地問題研究論文集』23，2001c，1-59頁。

原田純孝「序」および「都市計画制度の改正と日本都市法のゆくえ」原田純孝編『日本の都市法II——諸相と動態』東京大学出版会，2001d，1-10頁，477-502頁。

E. ハワード（長素連訳）『明日の田園都市』鹿島出版会，1968。

阪急不動産株式会社社史編纂委員会編『阪急不動産の50年』阪急不動産株式会社，1998。

阪神電気鉄道『報告書』1910年下期，1910。

平山洋介『東京の果てに』NTT出版，2006。

福井俊彦「インタビュー 金融機関経営者は公聴心と自制心を」『エコノミスト』1987年8月4日，28-29頁。

福岡峻治『東京の復興計画——都市再開発行政の構造』日本評論社，1991。

藤田晃天『京浜工業史』京浜工業史刊行事務所，1931。

藤谷陽悦ほか「住宅組合法が戦前郊外住宅・住宅地形成に及ぼした影響に関する研究」科学研究費補助金研究成果報告書，2002。

藤森照信『明治の東京計画』岩波書店，1982（1991年刊行の同時代ライブラリー版を参照した）。

藤森照信「丸ビルが建てられた秘密」武内文彦編『丸ビルの世界』かのう書房，1985，48-94頁。

藤森照信『日本の近代建築（下）――大正・昭和篇』岩波新書，1993。

不動産協会『日本の不動産業2005』2005。

不動産協会『日本の不動産業2007』2007。

不動産業界沿革史出版特別委員会編『不動産業界沿革史』東京都宅地建物取引業協会，1975。

不動産ローンセンター『有価証券報告書総覧』朝陽会，1991-1992。

堀内亨一『都市計画と用途地域制』西田書店，1978。

堀内信之助・鮫島真男『改正地代家賃統制令解説』巌松堂書店，1941。

本間義人『産業の昭和社会史5 住宅』日本経済評論社，1987。

柾幸雄「産業港湾の形成――日本港湾経済地域形成論序説」横浜市立大学『横浜大学論集』第10巻第1号，1958，101-134頁。

柾幸雄「臨海工業と港湾」幸田清喜・辻本芳郎・沢田清編『日本の工業化』古今書院，1966，70-78頁。

松原宏『不動産資本と都市開発』ミネルヴァ書房，1988。

見上崇洋『地域空間をめぐる住民の利益と法』（とくに「第6章 構造改革と都市・土地法」）有斐閣，2006。

三木理史「南海観光圏の形成」『鉄道史学』第13号，1994，7-14頁。

水之江季彦・竹下昌三『水島工業地帯の生成と発展』風間書房，1971。

水林彪「土地所有秩序の変革と「近代法」」歴史学研究会・日本史研究会編『日本史講座8 近代の成立』東京大学出版会，2005，123-156頁。

水本浩・大滝洸「明治三〇年代末の東京市の宅地所有状況――借地・借家法性格論のために」『商経法論叢』（神奈川大学）第13巻第2号，1962，179-209頁。

三井信託銀行三十年史編纂委員会編『三井信託銀行三十年史』三井信託銀行株式会社，1955。

三井不動産『有価証券報告書』1956・60・65・70各年度下期。

三井不動産企画調査部調査課編『不動産関連統計集（第22集）』三井不動産企画調査部調査課，1999。

三菱地所『有価証券報告書』1956・60・65・70各年度下期。

三菱地所株式会社社史編纂室編『丸の内百年のあゆみ――三菱地所社史―上巻』三菱地所，1993a。

三菱地所株式会社社史編纂室編『丸の内百年のあゆみ――三菱地所社史―下巻』三菱地所，

1993b。

三菱地所株式会社社史編纂室編『丸の内百年のあゆみ――三菱地所社史―資料・年表・索引』三菱地所，1993c。

三菱信託銀行株式会社調査部社史編纂室編『三菱信託銀行四十年史』三菱信託銀行，1968。

箕面有馬電気軌道『報告書』1907-1915。

箕面有馬電気軌道『第五回報告書』1909年下期，1909。

箕面有馬電気軌道『第六回報告書』1910年上期，1910a。

箕面有馬電気軌道『第七回報告書』1910年下期，1910b。

箕面有馬電気軌道『第八回報告書』1911年上期，1911a。

箕面有馬電気軌道『第九回報告書』1911年下期，1911b。

箕面有馬電気軌道『第十回報告書』1912年上期，1912a。

箕面有馬電気軌道『第十一回報告書』1912年下期，1912b。

箕面有馬電気軌道『第十二回報告書』1913年上期，1913a。

箕面有馬電気軌道『山容水態』1913年7月号，1913b。

箕面有馬電気軌道『第十四回報告書』1914年上期，1914。

箕面有馬電気軌道『第十七回報告書』1915年下期，1915。

宮木貞夫「関東地方における旧軍用地の工場地への転用について」『地理学評論』第37巻第9号，1964，31-44頁。

宮崎勝美「江戸の武家屋敷地」高橋康夫・吉田伸之編『日本都市史入門I 空間』東京大学出版会，1989，85-106頁。

宮崎義一『複合不況――ポスト・バブルの処方箋を求めて』中央公論社，1992。

宮沢志一「戦時下における長野県工業の展開(1)(2)」『信濃』第20巻第2号・第20巻第5号，1968，15-29頁・25-39頁。

宮本憲一『都市経済論』筑摩書房，1980。

村上はつ「第一次大戦後の『普通銀行』」加藤俊彦編『日本金融論の史的研究』東京大学出版会，1983，409-439頁。

森田貴子「明治期における東京の差配人」『日本歴史』第622号，2000，74-89頁。

森田貴子「明治期の東京における不動産経営の近代化――三井組を事例に」『史学雑誌』第110巻第6号，2001，57-83頁。

森田貴子『近代土地制度と不動産経営』塙書房，2007。

八潮市史編さん委員会『八潮市史 通史編II』八潮市，1989。

安本典夫「都市計画事業法制」原田純孝編『日本の都市法I――構造と展開』東京大学出版会，2001a，245-274頁。

安本典夫「『規制緩和』・『規制改革』の流れと都市法」『社会科学研究』第52巻第6号，2001b，27-51頁。

安本典夫「市街地再開発事業『民営化』の法的検討——再開発会社制度に即して」『立命館法学』286号，2003，317-352頁。

矢作栄蔵『不動産銀行論』三書楼，1911（渋谷隆一他監修，斉藤寿彦ほか編『近代日本金融史文献資料集成』第35巻，日本図書センター，2005，所収）。

柳沢遊「戦時体制下の流通統制」石井寛治編『近代日本流通史』東京堂出版，2005，90-119頁。

山口廣編『郊外住宅地の系譜——東京の田園ユートピア』鹿島出版会，1987。

山口由等・橋本寿朗「第1次大戦以後における建築活動——不動産業に関連させた大阪市建築統計の分析を中心に」日本住宅総合センター編『不動産業に関する史的研究 III』日本住宅総合センター，1996，95-118頁。

山田浩之・西村周三・綿貫伸一郎・田渕隆俊編『都市と土地の経済学』日本評論社，1995。

山梨県編『山梨県史 資料編17』山梨県，2000。

由井常彦編『西野恵之助伝』日本経営史研究所，1996。

預金保険機構「破綻金融機関情報一覧表」『預金保険研究』第4号，2005，167-231頁。

横浜市『横浜市事務報告書』各年版，横浜市，1932-1937。

横浜市『横浜市史 第4巻下』横浜市，1968。

横浜市『横浜市史 第5巻上』横浜市，1971。

横浜市『横浜市史 第5巻下』横浜市，1976。

横浜市港湾局臨海開発部編『横浜の埋立』横浜市港湾局臨海開発部，1992。

横浜市総務局市史編集室『横浜市史 II 第1巻上』横浜市，1993。

横浜市総務局市史編集室『横浜市史 II 第3巻上』横浜市，2002。

横浜商工会議所「横浜川崎に於ける工業立地の特殊性と工場招致に就きて(7)」『横浜商工月報』27号，1937，1-40頁。

吉岡健次『日本地方財政史』東京大学出版会，1981。

吉川洋『高度成長 日本を変えた6000日』読売新聞社，1997。

吉川洋・堀雅博・堀宣昭・井村浩之・渡辺俊生・竹田陽介「金融政策と日本経済」『経済分析』第128号，内閣府経済社会総合研究所，1993。

吉田克己「土地所有権の日本的特質」原田純孝編『日本の都市法 I——構造と展開』東京大学出版会，2001，365-394頁。

吉田伸之「江戸・駿河町」高橋康夫・吉田伸之編『日本都市史入門 II 町』東京大学出版会，1990，174-175頁。

吉田伸之『近世巨大都市の社会構造』東京大学出版会，1991。

吉田伸之「表店と裏店——商人の社会，民衆の世界」吉田伸之編『日本の近世 第9巻 都市の時代』中央公論社，1992，303-358頁。

龍門社「鶴見埋築株式会社の創立」『龍門雑誌』第297号，1913，70頁（龍門社編『渋沢栄

一伝記資料 第53巻』渋沢栄一伝記資料刊行会，1964に所収)。
若松築港『若松築港株式会社五拾年史』若松築港，1941。
若松築港『七十年史』若松築港，1960。
渡辺俊一『「都市計画」の誕生――国際比較からみた日本近代都市計画』柏書房，1993。
渡辺尚志「近世後期関東農村における豪農層の江戸進出」『千葉史学』創刊号，1982，63-92
　　　頁。
渡辺尚志・五味文彦編『新体系日本史3 土地所有史』山川出版社，2002。
渡辺洋三『土地と財産権』岩波書店，1977。
渡辺洋三・稲本洋之助編『現代土地法の研究 上』岩波書店，1982。

DiPasquale, Denise and William C. Wheaton, *Urban Economics and Real Estate Markets*, Engelwood Cliffs, NJ, Prentice-Hall, 1996 (邦訳 D. ディパスクェル・W. C. ウィートン『都市と不動産の経済学』創文社，2001，瀬古美喜・黒田達朗訳)。

Doucet, Michael and John Weaver, "The North American Shelter Business, 1860-1920 : A Study of a Canadian Real Estate and Property Management Agency," *Business History Review*, 58, 1984, 234-262.

Friedricks, William B., "A Metropolitan Entrepreneur Par Excellence : Henry E. Huntington and the Growth of Southern California, 1898-1927," *Business History Review*, 63, 1989, 329-355.

Paterson, Donald G. and Ronald A. Shearer, "Terminating Building Societies in Quebec City, 1850-1864," *Business History Review*, 63, 1989, 384-415.

Rosen, Christine Meisner, "Business, Democracy, and Progressive Reform in the Redevelopment of Baltimore after the Great Fire of 1904," *Business History Review*, 63, 1989, 283-328.

Stach, Patricia Burgess, "Real Estate Development and Urban Form : Roadblocks in the Path to Residential Exclusivity," *Business History Review*, 63, 1989, 356-383.

Weiss, Marc A., *The Rise of the Community Builders : The American Real Estate Industry and Urban Land Planning*, New York, Columbia University Press, 1987.

Weiss, Marc A., "Real Estate History : An Overview and Research Agenda," *Business History Review*, 63, 1989, 241-282.

## あとがき

　本書は，粕谷誠が『豪商の明治』を名古屋大学出版会から出版した際に，『不動産業に関する史的研究［Ⅰ］』が編集者の三木信吾氏の目に触れたことに始まる。三木氏は不動産業の通史を出版する構想を持ち，『不動産業に関する史的研究［Ⅰ］』の共同執筆者であった橘川武郎にその構想を打ち明けた。この際に，『不動産業に関する史的研究』のⅠ-Ⅲをベースとするが，なお体系的ではないので，新たに若手を中心としたメンバーを募り，数年間の研究期間をおいたあとに出版することが合意された。2002年7月から8月の間に，橘川・粕谷に当時東京大学経済学研究科の助手で，土地所有に関する研究を進めていた名武なつ紀と三木氏を加えて会合がもたれ，構想を話し合った。ここで明治から現代までの通史をめざすことが確認され，研究会のメンバーを確定し，秋から研究会をもった。その上で2003年度から科学研究費を申請することとした。科学研究費は，粕谷が代表者となり，植田欣次・橘川・中村尚史・永江雅和・名武・沼尻晃伸・渡邉恵一を分担者として申請した。幸い科研費（平成15年度〜平成17年度科学研究費補助金，基盤研究B，課題番号15330065，研究課題：不動産業の発達に関する総合的研究）の交付が認められたが，この段階で，加瀬和俊と原田純孝をメンバーに加えて，陣容を強化することとした。以後，定期的に研究会を持ち，本書の構成を詰めていったが，さらに当時東京大学経済学研究科の大学院生であり区画整理を研究していた高嶋修一と金融史を研究していた邉英治にも加わってもらった。科研費の3年間の研究期間が終了した後，全国銀行学術研究振興財団に刊行助成を申請したところ，幸いに助成金の交付が認められ，本書が刊行されることとなった。

　本書は三木氏の熱意に橘川と粕谷それに名武が動かされ，さらに9人の執筆者が動かされて始まり，最終的には，江戸時代から21世紀までをともかくも

対象とし，12人の執筆分担が節ごとに入れ替わるという，統一性のとりにくい本書がまとめ上げられていったのである。改めて三木氏の編集者としての熱意と能力に敬意を表するとともに，その忍耐に感謝しなければならない。また困難な状況のなかで，刊行助成金を交付いただいた全国銀行学術研究振興財団に深く感謝する次第である。

2007年7月

橘川 武郎
粕谷　誠

# 図表一覧

| | | |
|---|---|---|
| 図序-1 | 粗住宅投資の GNE に対する比率 | 12 |
| 図 1-2-1 | 東京の人口密度と宅地率 | 26 |
| 図 1-2-2 | 大阪各区の人口密度 | 28 |
| 図 1-2-3 | 大阪各区の宅地率 | 28 |
| 図 2-2-1 | 東京都市計画区域における土地区画整理・耕地整理施行区域 | 81 |
| 図 2-2-2 | 戦前期大阪市郊外における土地区画整理地区と南郊における公園計画および風致地区 | 83 |
| 図 2-3-1 | 貸室料平均変化率と入居率変化率 | 98 |
| 図 2-5-1 | 不動産抵当金融機関別貸付残高（1905-14 年） | 119 |
| 図 2-5-2 | 不動産抵当金融機関別貸付残高（1914-35 年） | 125 |
| 図 3-4-1 | 大阪支店の主要勘定（残高） | 189 |
| 図 4-1-1 | 首都圏人口増加率推移 | 199 |
| 図 4-1-2 | 国内人口増加率と世帯数増加率 | 200 |
| 図 4-1-3 | 市街地価格指数増加率推移 | 204 |
| 図 4-2-1 | 田畑売買価格増加率推移 | 213 |
| 図 4-4-1 | 財閥系 4 社の売上構成（1972 年） | 235 |
| 図 4-6-1 | 各金融機関における不動産業向け貸出残高の推移（1954-74 年度末） | 258 |
| 図 4-6-2 | 各金融機関の総貸出に占める不動産業向け貸出残高比率の推移（1954-74 年度末） | 258 |
| 図 4-6-3 | 個人向け住宅ローン残高の推移（1965-74 年度末） | 270 |
| 図 5-6-1 | 不動産業階層別借入金残高と銀行等貸付残高の推移 | 339 |
| 図 5-6-2 | 銀行業態別の不動産業向け貸付残高 | 340 |
| 図 5-6-3 | 不動産会社の資本規模と負債依存度 | 344 |
| 図 5-6-4 | 住専別貸出残高 | 352 |
| 表 1-2-1 | 東京（1912 年）と大阪（1911 年）の宅地所有の比較 | 31 |
| 表 1-2-2 | 大阪の宅地大地主 | 32 |
| 表 1-3-1 | 府県統計書による企業の集積（1893 年） | 43 |
| 表 1-3-2 | 町名レベルでの企業数 | 44 |
| 表 1-3-3 | 株式年鑑による企業の集積（1914 年） | 44 |
| 表 1-3-4 | 宅地賃貸価格 | 46 |

|  |  |  |
|---|---|---|
| 表 1-4-1 | 箕面有馬電気軌道の土地買収 | 52 |
| 表 1-4-2 | 池田新市街の分譲状況 | 58 |
| 表 1-4-3 | 桜井住宅の月賦販売 | 59 |
| 表 1-4-4 | 箕面有馬電鉄の事業部別収益 | 61 |
| 表 2-1-1 | 東京・大阪の現住人口と人口密度 | 66 |
| 表 2-1-2 | 会社企業地域別分布の推移 | 67 |
| 表 2-1-3 | 東京・大阪における不動産売買（土地建物合計）の動向 | 69 |
| 表 2-1-4 | 土地建物賃貸業の会社数および資本金・出資金額の推移 | 70 |
| 表 2-2-1 | 戦間期における開発主体別の郊外住宅地開発件数（1914-36年） | 77 |
| 表 2-2-2 | 郊外電車と沿線土地整理組合 | 82 |
| 表 2-2-3 | 大阪市内の土地区画整理 | 84 |
| 表 2-3-1 | コンクリート建築の延坪 | 93 |
| 表 2-3-2 | 主要ビルの入居率（%）と貸室料（円） | 96 |
| 表 2-3-3 | 丸ビルのテナント構成の推移 | 102 |
| 表 2-4-1 | 東京湾埋立の土地売却・所有状況（1922-1938年） | 111 |
| 表 2-4-2 | 東京湾埋立による鶴見・川崎地先の土地売却（1920-1934年） | 112 |
| 表 2-4-3 | 横浜市営埋立地の売却状況（1932-1937年） | 116 |
| 表 2-5-1 | 勧銀の普通・保証別年賦償還貸付の借主別残高（1905-1917年） | 120 |
| 表 2-5-2 | 有抵当「その他貸付」残高用途（勧銀直接貸付） | 123 |
| 表 2-5-3 | 市街地別貸地貸家業残高と貸付割合（東京府農銀） | 129 |
| 表 2-5-4 | 主要な「貸地貸家業者」の経済的性格と年賦貸付口（新規資金のみ，東京府農銀） | 131 |
| 表 3-1-1 | 都市人口の変遷（1935-1950年） | 139 |
| 表 3-1-2 | 会社数の変化 | 140 |
| 表 3-1-3 | 主要都市（六大都市及び広島・福岡）不動産売買件数・金額 | 147 |
| 表 3-1-4 | 市街地平均地価指数 | 148 |
| 表 3-1-5 | 東京における更地価格・借地権価格の変遷 | 152 |
| 表 3-1-6 | 六大都市別の宅地（更地）価格指数 | 155 |
| 表 3-2-1 | 東京横浜電鉄による土地分譲 | 157 |
| 表 3-3-1 | 臨時農地等管理例の施行状況 | 175 |
| 表 3-4-1 | 勧銀の用途別新規貸付高（1941年下期） | 183 |
| 表 3-4-2 | 大阪市における金融機関別不動産抵当起債状況（1万円以上） | 185 |
| 表 3-4-3 | 勧銀大阪支店の貸付金用途別職業別調（1939年上期） | 191 |
| 表 4-1-1 | 着工新設住宅戸数推移 | 202 |
| 表 4-1-2 | 不動産業事業所数 | 206-207 |
| 表 4-2-1 | 全国農地・採草放牧地の転用許可・届出実績 | 211 |
| 表 4-2-2 | 八潮市農地転用面積推移 | 214 |
| 表 4-2-3 | 八潮市用途別五条転用 | 219 |
| 表 4-2-4 | 八潮市用途別四条転用 | 220 |

| | | |
|---|---|---|
| 表 4-6-1 | 不動産業者の資金調達状況（増加額）の推移（1955-74 年度） | 256 |
| 表 4-6-2 | 三菱地所の長期借入金先，期末残高とその使途の推移（1956-70 年度末） | 265 |
| 表 5-1-1 | 日本の土地利用の地目別構成比 | 276 |
| 表 5-1-2 | 日本の不動産業総売上高の推移（1980-2003 年度） | 277 |
| 表 5-1-3 | 日本の基準地価と名目 GDP（1977 年＝100） | 278 |
| 表 5-2-1 | 日本の宅地供給量・リゾートマンション発売戸数の推移（1973-2002 年度） | 282 |
| 表 5-2-2 | 日本のオフィスビル着工床面積と空室率（1982-2003 年） | 284 |
| 表 5-2-3 | 東京 23 区内の大規模オフィスビルの竣工床面積と 3 大都市の事務所新規実質賃貸料の推移（1988-2003 年） | 285 |
| 表 5-2-4 | 日本の住宅に関するストックデータ | 287 |
| 表 5-2-5 | 日本の住宅に関するフローデータ（1974-2004 年） | 288 |
| 表 5-3-1 | 日本の不動産業における法人数・事業所数・従業員数 | 295 |
| 表 5-3-2 | 売上高による日本の不動産企業上位 20 社ランキング（1995 年度） | 298 |
| 表 5-3-3 | 日本の不動産業における中小企業と大規模企業の売上高・経常利益の推移（1984-2003 年度） | 304 |
| 表 5-6-1 | 不動産ローンセンターの借入金明細（1991 年 3 月） | 349 |
| 表終-1 | 不動産証券化の実績の推移（1997-2003 年度） | 365 |

# 索　引

## ア　行

アークヒルズ　283, 303
浅野製鉄所　108, 109
浅野セメント　104, 105, 107, 109
浅野総一郎　7, 74, 103-109, 113, 115, 116
浅野造船所　107-110
浅野同族株式会社　109, 111
旭硝子　107, 109
朝日新聞　97
朝日生命保険　263, 268
朝日ビルヂング　97
麻布東急アパート　239
安治川土地　34, 71, 73
アパート　5, 86, 95, 134, 159, 162, 201, 202, 205-207, 218, 222, 238, 239, 241, 249, 257
阿部家（棚倉）　39, 40
阿部家（福山）　39, 40
尼崎築港　115
有吉忠一　114
飯田延太郎　133
池田新市街住宅　29, 51, 57-60, 63, 361
泉尾土地　34
泉丘陵住宅地　234
市原埋立　225, 234, 261, 263
岩下清周　51, 63
宇治川電気　97
宇田川彦太郎　132
埋立　7, 39, 68, 74, 103-117, 130, 135, 160, 208, 209, 216, 225, 227, 234, 235, 245, 249, 261-264, 271, 273, 281, 310, 361
梅田阪神ビルディング　161
エクソンビル（Exxon Building, 1251 Avenue of the Americas）　301
荏原土地　132, 133
恵比寿ガーデンプレイス　285
エルザタワー55　302
大川端リバーシティ21　284
大阪市区改正設計　76

大阪住宅経営会社　76
大阪商船　97
大阪鉄道　78
大阪電気軌道　78
大阪農工銀行　118, 127, 133-135, 189
大阪ビジネスパーク　284
大阪ビルヂング（大阪建物，ダイビル）　95, 97, 299, 300
大阪ビルヂング日比谷　95, 101
大崎辰五郎　38
大沢幸次郎　132, 133
大塚合資会社　132
大塚惟明　48
大手町ビルヂング　266
大林組　168
小川銀蔵　133
小川保全合名会社　133
小田急不動産　296
小田原急行鉄道　77, 78, 156
小原国芳　78
オリエンタルランド　261, 301
尾張屋土地　133

## カ　行

角栄建設（エルカクエイ）　233, 300
家賃　9, 16-19
加島銀行　97
鹿島登尊　133
鹿島臨海工業地帯開発組合　226
貸家組合法　164
霞が関ビルディング　230, 246, 268, 300
兜町　42, 43, 90
過密住宅地区更新事業　308
川崎駅前タワー・リパーク　301
関西積和不動産　299
関西土地　78, 88
監視区域制度（国土利用計画法）　311, 318, 322, 325
神田三崎町　30, 39-42

関東大震災　13, 65, 70, 74, 75, 92, 97, 101, 110
紀尾井不動産　353
北大阪電気軌道　50
北浜銀行　51, 63
木津信用組合　348
木津抵当証券　348
共同債権買取機構　341
居住用財産の譲渡損失控除制度　327
近畿圏整備法　245
緊急土地対策要綱　311, 319
勤労財産形成促進法　254
区画整理　3-5, 67, 68, 76, 80-90, 135, 141-143, 147, 149, 152, 153, 159-162, 164, 166, 167, 171, 172, 178, 217, 247, 248, 308, 321, 324, 361
口入業者　9, 18-20, 36
九曜社　132
黒田長成　30, 73
ケアデザインプラザ　301
京成電気軌道　77, 156, 163, 164
京成電鉄　301
京阪神急行電鉄　166
京阪電気鉄道　78, 88
京浜運河　109, 113, 115-117
京浜電気鉄道　77, 132
建築確認　242, 323, 324
建築基準法　5, 11, 242, 245, 246, 253, 289, 290, 310, 315, 320, 322-324, 330, 336
建築制限（民間業者による）　4-6, 10, 41
建蔽率　5, 330
公営住宅法　197, 242
工業規制地域及工業建設地域に関する暫定措置要綱　149, 164, 187
工業再配置促進法　254
工業特別地域整備促進法　245
公共用地の取得に関する特別措置法　245
江商ビルディング　97
工場誘致　105, 106, 143, 161, 177, 211, 215-217, 222, 244
光正不動産　36
高層住居誘導地区　290, 324
耕地整理組合　71, 76, 84, 361
耕地整理法　5, 25, 81
鴻池新田　23
鴻菱興業　348
神戸土地興業　167
神戸ハーバーランド　310

公有水面埋立法　245, 249, 281
公有地拡大推進法　254
公用土地買上規則　25
高齢者世帯向け賃貸住宅供給促進税制　333
高齢者の居住の安定確保に関する法律　333
国土総合開発法　252
国土利用計画法　255, 307, 311
沽券　15, 17-19, 22
小島長兵衛　133
固定資産税　215, 314, 319, 322, 325
御殿山ヒルズ　284, 303
五島慶太　77
小林一三　50-57, 63
コミュニティ住環境整備事業　308
COREDO日本橋　286

## サ　行

再開発地区計画制度　310, 313, 315, 321, 324
桜井住宅　58-60, 63
差配人　36-38, 40
サブリース　317, 321
産業再生機構　302
サンシャインシティ　246, 283
三信建物　95
三信ビルディング　95, 101
三和銀行　254, 269, 270
地上げ　3, 297, 309, 317, 341, 353
シーエスグループ　353
シーガイア　282
汐留住友ビル　301
汐留地区再開発（シオサイト）　286
市街化区域　251, 253, 307, 308, 314-316, 323, 325, 328
市街化調整区域　218, 253, 281, 314, 315, 320, 330
市街地改造法　245, 246, 253
市街地建築物法　5, 67, 144, 242
市街地再開発緊急促進事業　310
市街地住宅密集地区再生事業　308
地所買入書入規則　23
地震売買　24
実業ファイナンス　348
シティタワー大阪　301
シティタワー高輪　301
シティファイナンス　348
指定流通機構　325
品川グランドコモンズ　286

索　引 —— 397

芝浦製作所　110
柴田千右衛門　132
渋沢栄一　42, 105, 107
島村作次郎　132
借地権　6, 11, 18, 24, 25, 72, 151, 167, 246, 316-318
借地借家調停法　71-73
借地借家法　316, 317
借地法　6, 7, 25, 71, 72, 241, 246, 314, 316, 317
借家権　6, 7, 11, 72, 150, 316, 317
借家法　7, 71, 72, 145, 241, 249, 250, 314, 316
斜線規制　322, 324
自由ヶ丘東急ビル　238
住環境整備モデル事業　308
集合住宅（共同住宅）　9, 201, 229, 239, 246, 290, 324, 327　→アパート，マンションも見よ
住総　270
住宅営団　137, 164
住宅営団法　164
住宅街区整備事業制度　308
住宅金融公庫　166, 195, 197, 247, 268, 269, 271, 272, 289, 327, 333
住宅金融公庫法　242
住宅金融債権管理機構　353, 354
住宅金融支援機構　334
住宅金融専門会社（住専）　254, 271, 341, 347, 348, 351-354
住宅建設計画法　247
住宅市街地総合整備事業　308
住宅地高度利用地区計画　315
住宅地造成事業に関する法律　246
住宅・都市整備公団　333
住宅の品質確保の促進等に関する法律　333
住宅ローン控除制度　289, 327
住宅ローンサービス　270
夙川グリーンタウン　301
首都圏市街地開発区域整備法　244, 245, 248
首都圏整備基本計画
　　第一次首都圏整備基本計画　244
　　首都圏整備第二次基本計画　252
首都圏整備計画　315
首都圏整備法　244-246
商工中金　348
譲渡所得税　251, 253, 322, 325
湘南ニュータウン片瀬山　234
常陽銀行　266

昭和ビルヂング　95
殖産住宅相互　216, 223
ショッピングセンター　8, 300, 302
新梅田シティ　284
新大手町ビルヂング　266
新京阪鉄道　78, 88
新産業都市建設促進法　245
新住宅市街地開発法（新住法）　245, 246, 248
新宿 NS ビル　301
新宿住友ビル　301
新宿三井ビルディング　300
信託会社　12, 13, 73, 76, 78, 125, 158, 162, 166
信託銀行　260, 270, 341, 343, 346, 347　→信託会社も見よ
新東京ビル　267
新都市基盤整備法　254
新都市拠点整備事業　310
新日本窒素肥料　262
信販会社　347
新阪神ビル　166
新丸ノ内ビルヂング（新丸ビル）　264, 303
信用金庫　259, 260, 270, 341, 346
信用組合　186
末野興産　348
鈴木重孝　132
須田鋳治　132
スプロール　211, 224, 248, 250, 253
住友銀行　270, 353
住友家の不動産所有　31-33
住友信託　78
住友不動産　226, 233, 237, 262, 296-301, 303, 345, 346
住友不動産販売　301
住友不動産ファイナンス　301
住友不動産ホーム　301
生産緑地法　316
成城学園　78
整備・開発または保全の方針　329, 330
生命保険会社　125, 230, 263, 266, 267, 342
聖路加病院（聖路加セントルークスタワー）　285, 302
関一　68, 85
世田谷ビジネススクエア　284, 302
接収（占領軍によるビル接収）　197, 231, 264
全国総合開発計画
　　第一次全国総合開発計画（一全総）　204, 211, 245, 252

新全国総合開発計画（新全総，二全総）
　　252, 254, 255
　第三次全国総合開発計画（三全総）　308
　第四次全国総合開発計画（四全総）　310
　第五次全国総合開発計画（五全総）　329
戦災復興院　151-153
セントラルキャピタル　348
セントラルファイナンス　348
セントラルリース　348
泉北ニュータウン　246, 272
千里ニュータウン　246, 271, 272
総合住環境整備事業　308
総合住金　270, 353
総合土地対策要綱　311, 313
総合保養地域整備法（リゾート法）　282, 311
相互銀行　259, 260, 270, 341　→無尽も見よ
損害保険会社　342

## タ行

ダイア建設　299
第一勧業銀行　270
第一銀行　100, 267
第一コーポレーション　345
第一国立銀行　41, 42
第一住宅金融　345
第一生命保険　95, 100, 268
第一相互館　95, 100, 101
第一相互銀行　342
耐火建築促進法　244
大京観光（大京）　233, 296-302
第十五国立銀行　42
大商　348
大成建設　345
大同生命ビル　97
大都市地域における宅地開発と鉄道整備の一体的推進特別措置法（宅鉄法）　314
大都市法　307, 315
第二種市街地再開発事業制度　308
第二地方銀行　271, 341, 346　→相互銀行も見よ
太平洋興発　233
太陽生命保険　266
大和銀行　254, 267, 270
大和団地　233, 296, 299
高城申一郎　297
多極分散型国土形成法　311
宅地開発公団　333

宅地開発公団法　307
宅地開発指導要綱　250, 281, 308, 309, 314, 323
宅地造成等規正法　245
宅地建物取引業法　197, 207, 241, 242, 325
宅地建物等価格統制令　144-146, 150, 151, 161-163, 172, 184, 360
宅地並み課税　212, 253, 314, 316, 319
竹中工務店　97, 168
橘樹水道　111
建物書入質規則並ニ建物売買譲渡規則　23
建物区分所有法　241, 245, 246, 333
建物保護法　6, 24, 71
田中幸吉　132, 133
玉川学園　78
玉川全円耕地整理事業　86-89
玉川電気鉄道　161
玉電ビル（東急会館）　161, 166
多摩ニュータウン　246, 254, 272
俵屋　348
地価税　319, 322, 325
地銀生保住宅ローン　352, 353
地区計画制度　308, 310, 314, 320, 325, 330
地区再開発促進事業　310
地上権ニ関スル法律　24
地代店賃引下げ令　22
地代家賃統制令　144, 145, 150, 151, 161, 162, 165-167, 184, 205, 231, 243, 360
千葉銀行　262, 263
千葉港中央地区　234, 262
千葉方式　208, 225, 261, 262
地方銀行　181, 259, 260, 266, 267, 270, 341, 346, 347
地方住宅供給公社法　247
中外商業新報　42
中枢管理機能　8, 245, 246, 252
中部圏開発整備促進法　245
長期信用銀行　259, 260, 263, 266-268, 341, 343, 345-347
千代田ファーストビル西館　301
千代田ファーストビル東館　301
堤康次郎　77, 133
積立式宅地建物販売業法　254
鶴見埋立組合　105-107
鶴見はなぽーとブロッサム　301
鶴見埋築　74, 106-109　→東京湾埋立も見よ
鶴見臨港鉄道　110

索　引—— 399

定期借地権　7, 318
定期借家権（期限付建物賃貸借，定期建物賃貸借）　7, 318, 323, 326
帝国信託　78
抵当証券　356
抵当証券法　126
出洲方式　261, 262
鉄道会社　3, 11, 13, 25, 35, 36, 47-64, 71, 73, 76-80, 87, 207, 238
田園調布　80, 238
田園都市　76, 79, 88, 163, 239
田園都市（株式会社）　80, 87, 238
天下茶屋　29, 47-48
電鉄会社　→鉄道会社を見よ
天王洲アイル　284
田畑永代売買禁令　15, 23
東海技建　353
等価交換方式　317
登記　6, 7, 9, 16, 17, 23, 24, 56, 72, 87, 127, 356, 357
東急不動産　233, 238, 239, 296, 299, 300, 302, 303
東急ホームローン　239
東京石川島造船所　108, 110
東京海上ビルディング（海上ビル）　91, 94, 95, 100, 101
東京海上ビルディング新館　95
東京海上保険　42, 94, 100
東京株式取引所　42
東京急行電鉄　88, 166, 230, 239
東京経済雑誌　42
東京市区改正条例　5, 25, 37, 67
東京住宅ローン　348
東京信託（日本不動産）　78
東京相和銀行　353
東京建物　36, 122, 168, 231, 233, 236-239, 299, 300, 303
東京ディズニーランド　282, 301
東京ビルヂング　264
東京府農工銀行　74, 118, 127-134
東京ミッドタウン　301
東京横浜電鉄　77, 80, 82, 87, 156, 162, 163
東京湾埋立　74, 107, 109-113, 115, 117, 160
東京湾土地　109
東西開発工業　348
投資信託及び投資法人に関する法律　364
堂島ビルヂング　97

同潤会　86, 95, 164
東武鉄道　77
東邦生命　268
東洋拓殖ビル　95
藤和不動産　233, 296-300, 345
特定街区制度　245-247, 309, 341
特定居住用財産買替特例　322
特定事業参加者制度　286, 324
特定住宅市街地総合整備促進事業　308
特定土地区画整理事業制度　308
特定目的会社（SPC）による特定資産の流動化に関する法律（SPC 法）　325, 326, 364
特別都市計画法　152, 153, 244
特別土地保有税　319
特例容積率適用地区制度　330
都市開発資金の貸付に関する法律　324
都市基盤整備公団　286, 333
都市居住更新事業　308
都市銀行　259-261, 267, 269, 270, 341, 343, 346-348, 354
都市計画　5, 13, 25, 41, 66-68, 75, 76, 84, 85, 89, 137, 140-144, 149, 151, 153, 160, 161, 241-243, 248, 251-255, 309, 310, 315, 320, 328-331, 335, 336
都市計画税　319
都市計画提案制度　336
都市計画法　5, 11, 67, 68, 75, 76, 84, 142, 151, 172, 212, 218, 242, 250, 251-255, 281, 308, 310, 315, 320, 322, 324, 325, 330, 336
都市再開発法　252, 253, 283, 308, 322, 324, 336
都市再生機構　286, 333
都市再生緊急整備地域　335, 336
都市再生特別措置法　286, 335
都市施設整備の立体的な範囲決定制度　330
都市住宅整備事業　308
都市防災不燃化促進事業　308
土地基本法　311-313, 315, 320, 323
土地区画整理法　244, 322
土地収用法　25, 142
土地信託　317
土地台帳規則　24
土地売買譲渡規則　24
土地臨調　311, 312, 321
富隆商事　348

## ナ 行

内外石油　110
内外ビル　95
中之島ビルディング（三井）　97
名古屋第一ホテル　302
南海鉄道　29, 47, 48, 57, 78, 156
西野恵之助　100
日影規制　289, 313, 324
ニチモ　296, 298, 299
日東製粉　167
日本開発銀行　260, 263, 309
日本勧業銀行　11, 74, 109, 117-128, 133, 135, 179-195, 269, 354
日本銀行　42, 46, 106, 195, 205, 211
日本クリシャ　348
日本鋼管　108, 109
日本興業銀行　125, 263, 268
日本債券信用銀行　345
日本住宅金融　254, 270, 351
日本住宅建設　223
日本住宅公団　154, 198, 210, 218, 247, 248, 333, 361
日本住宅公団法　244
日本生命保険　263, 268
日本石油　94, 110
日本長期信用銀行　263, 264, 268, 347
日本鉄道　42, 45
日本電力　97
日本土木　109
日本ハウジングローン　345
日本橋一丁目ビルディング　302
日本橋三井タワー　301
日本ビルヂング　267
日本不動産銀行　260, 262, 263, 268, 273
日本郵船　42, 94
認定再開発事業制度　286, 324
農業振興地域制度　254, 314
農工銀行　117-122, 124, 126, 127, 135, 180, 181, 195, 354
農地改革　137, 151, 153, 154, 166, 167, 176, 209, 215, 216, 243
農地開発営団　173
農地調整法　170
農地転用　7, 13, 137, 142, 143, 146, 147, 149-151, 153, 154, 162, 166, 168-179, 207-224, 228, 243-245, 250, 251, 253, 254, 268, 311, 314, 325, 327, 361
農地転用許可基準　211, 215, 244, 245, 314
農地転用許可手続　325
農地法　154, 197, 209-211, 214, 243, 325
農林系金融機関　342
ノンバンク　273, 278, 337, 342, 345, 347, 348, 350, 351, 355, 356

## ハ 行

ハウステンボス　282
箱根土地　77, 79, 80, 133
パタノスタースクエア（Paternoster Square）　303
原忠三郎　133
ハレクラニホテル（Halekulani）　301
ハワード, エベネザー（Howard, Ebenezer）　79, 85
阪急航空ビル　166
阪急不動産　166, 238, 345
阪神急行電鉄　78, 156　→箕面有馬電気軌道, 京阪神急行電鉄も見よ
阪神電気鉄道　48-50, 57, 78, 161, 166
阪和電気鉄道　78
日比谷シティ　283
日比谷三井ビル　234, 268
百五銀行　267
百三十銀行　94
広尾ガーデンヒルズ　301
広岡合名会社　97
深野芳三　132
富士銀行　235, 267, 270, 353
富士住建　353
フジタ工業　341, 345
不動産鑑定評価法　245
不動産取得税　327
不動産特定共同事業法　325
不動産融資及損失補償法　126
不動産融資の総量規制　279, 319
不動産ローンセンター　348-350
フラー社（Fuller）　92
古河鉱業　99
防空法　144
防災建築街区造成法　245, 246, 253
北海道拓殖銀行　117, 269

## マ 行

牧山通商　348

索引 —— 401

幕張　　284, 310
松尾鉱業　　264
丸の内　　41, 42, 45, 47, 90, 94-102, 165, 230, 231, 235-238, 264, 303, 361
丸の内オアゾ　　286, 303
丸の内払下げ　　30, 40, 42, 162, 238
丸ノ内ビルヂング（丸ビル）　　91, 92, 97-102, 286, 303
丸ノ内八重洲ビルヂング　　95
丸紅飯田　　266
丸万ファイナンス　　348
マンション　　5, 6, 224, 227, 229, 232, 235, 238, 246, 247, 249, 267, 287, 289, 290, 293, 294, 297, 301, 302, 318, 322, 324, 327, 333, 334, 336, 341, 351, 365
マンションの管理の適正化の推進に関する法律　　333
マンションの建替えの円滑化等に関する法律　　333
万成舎　　36
御影住宅地　　50
水島都市開発　　168
水帳　　16
三井ガーデンホテル大阪　　301
三井銀行　　254, 263, 268-270
三井合名会社　　95, 97, 158, 161
三井信託　　78, 79, 95, 158
三井信託銀行　　263, 268, 272
三井生命保険　　97, 263, 268
三井第二号館　　91
三井の不動産経営
　江戸時代　　19, 22, 23
　明治時代　　30, 37, 41
　大正時代　　78, 91, 95-97
　昭和戦前期　→三井合名，三井信託，三井不動産を見よ
三井物産　　42, 91, 97, 110
三井不動産　　165, 166, 225-227, 230, 233-238, 261-263, 268, 272, 273, 296-303, 345, 346
三越　　100
密集住宅市街地整備促進事業　　308
三菱 1 号館　　41, 42, 91, 361
三菱 2 号館　　42
三菱 3 号館　　42
三菱 4 号館　　99
三菱 12 号館　　92
三菱 21 号館　　91, 92, 99

三菱銀行　　239, 266, 267, 269, 270
三菱鋼材　　266
三菱合資会社　　42, 92
三菱合資銀行部　　42
三菱地所　　143, 160-162, 165, 167, 168, 208, 226, 231, 233, 235-240, 262, 264-268, 296-303, 345, 346
三菱地所ホーム　　302
三菱重工業　　165, 168
三菱信託　　78, 158
三菱信託銀行　　266, 267
三菱電機　　167, 264
三菱の不動産経営　→丸の内，丸ノ内ビルヂング，丸の内払下げ，神田三崎町，三菱合資も見よ
　明治時代　　30, 34, 40-42, 99
　大正時代　　78, 91, 95-102
　昭和戦前期　→三菱合資，三菱信託，三菱地所を見よ
みなとみらい 21　　284, 303, 310
南満州大興　　133
峰島　　30, 33
箕面有馬電気軌道　　29, 35, 47-64, 76, 361　→阪神急行電鉄も見よ
箕面マーケットパークヴィソラ　　302
箕輪不動産　　343, 345
民活法　　309, 311
民間都市開発推進機構　　286, 310, 322, 335
民法　　24, 71, 246
武蔵野鉄道　　77
無尽　　180, 181, 186
明治生命保険　　42, 266, 267
目黒蒲田電鉄　　77, 82, 87, 156
目白文化村　　35, 77
モータリゼーション　　8, 314
最上恒産　　341
木造賃貸住宅地区総合整備事業　　308
望月軍四郎　　132
森トラスト（森ビル開発）　　303
森ビル　　300, 303, 361

　　　　　　　　ヤ　行

安田銀行　　109
安田信託銀行　　342
安田善次郎　　104-108
山下亀三郎　　115
家守　　9, 16, 17, 19-23, 36, 37

遊休土地利用転換促進地区　316
融資準則　256, 257, 267, 273
郵船ビルディング　92, 94, 95, 101
誘導容積制度　320
郵便汽船三菱会社　42
有楽館　91, 92, 94, 95, 101
有楽土地　233, 296, 299, 345
優良再開発建築物整備促進事業　310
優良田園住宅建設促進法　325
容積地区　245-247
容積適正配分制度　320
容積率　5, 246, 253, 283, 290, 310, 313-315, 320-322, 324, 330, 331, 336
用途地域　67, 68, 76, 84, 143, 144, 149, 253, 313, 320, 324, 335
用途別容積型地区計画　315
横浜正金銀行　100
横浜倉庫　132
横浜ビジネスパーク　284
淀屋橋ビルディング　166

## ラ 行

ライオンズマンション赤坂　301
ラフォーレ原宿　303
ららぽーと　300
ランドマークタワー　303
リース会社　347
リクルートコスモス　299
リゾートマンション　282
良質な賃貸住宅等の供給の促進に関する特別措置法（定期借家権立法）　326, 332
臨時農地価格統制令　144, 151, 172, 184
臨時農地等管理令　144, 148, 150, 151, 164, 171-173, 175, 176, 184
列島改造　206, 212, 230, 232, 254, 255, 267-269, 273, 307, 337, 363
連担建築物設計制度　290, 324
労務者住宅建設損失補償制度　163
六本木ヒルズ　286, 303, 361

## ワ 行

若松築港　103, 104, 160
綿貫要之助　132, 133

## 執筆者紹介 (執筆順)

粕谷　誠（かすや・まこと）　序章・第1章第1-3節・第2章第3節
　→編者，奥付参照

中村尚史（なかむら・なおふみ）　第1章第4節・第2章第1節
　東京大学社会科学研究所教授。著書に『地方からの産業革命――日本における企業勃興の原動力』（名古屋大学出版会，2010年）他。

髙嶋修一（たかしま・しゅういち）　第2章第2節
　青山学院大学経済学部准教授。著書に『都市近郊の耕地整理と地域社会』（日本経済評論社，2013年）。

渡邉恵一（わたなべ・けいいち）　第2章第4節
　駒澤大学経済学部教授。著書に『浅野セメントの物流史――近代日本の産業発展と輸送』（立教大学出版会，2005年）。

植田欣次（うえだ・きんじ）　第2章第5節・第3章第4節・第5章第6節
　創価大学名誉教授。著書に『日本不動産金融史――都市農工銀行の歴史的意義』（学術出版会，2011年）。

沼尻晃伸（ぬまじり・あきのぶ）　第3章第1-2節
　立教大学文学部教授。著書に『村落からみた市街地形成――人と土地・水の関係史　尼崎1925-73』（日本経済評論社，2015年）他。

加瀬和俊（かせ・かずとし）　第3章第3節
　東京大学社会科学研究所教授。著書に『失業と救済の近代史』（吉川弘文館，2011年）他。

永江雅和（ながえ・まさかず）　第4章第1-2節
　専修大学経済学部教授。著書に『食糧供出制度の研究――食糧危機下の農地改革』（日本経済評論社，2013年）。

名武なつ紀（なたけ・なつき）　第4章第3-4節
　関東学院大学経済学部教授。著書に『都市の展開と土地所有――明治維新から高度成長期までの大阪都心』（日本経済評論社，2007年）。

原田純孝（はらだ・すみたか）　第4章第5節・第5章第4-5節
　中央大学大学院法務研究科教授。編著に『日本の都市法Ⅰ――構造と展開』『日本の都市

法Ⅱ――諸相と動態』（東京大学出版会，2001年），共編に『現代の都市法――ドイツ・フランス・イギリス・アメリカ』（東京大学出版会，1993年）他。

邉　英治（ほとり・えいじ）　第4章第6節
　横浜国立大学大学院国際社会科学研究科准教授。論文に「戦時体制下における大蔵省銀行検査――プルーデンス規制としての側面を中心に」（『社会経済史学』第70巻第6号，2005年）他。

橘川武郎（きっかわ・たけお）　第5章第1-3節・終章
　→編者，奥付参照。

《編者紹介》

きっかわたけお
橘川武郎

　1983年　東京大学大学院経済学研究科博士課程単位取得退学
　　　　　東京大学社会科学研究所教授，一橋大学大学院商学
　　　　　研究科教授などを経て，
　現　在　東京理科大学大学院イノベーション研究科教授
　著　書　『日本電力業発展のダイナミズム』（名古屋大学出版
　　　　　会，2004年），『日本石油産業の競争力構築』（名古
　　　　　屋大学出版会，2012年）他

かすや　まこと
粕谷　誠

　1989年　東京大学大学院経済学研究科博士課程単位取得退学
　　　　　名古屋大学大学院経済学研究科助教授などを経て，
　現　在　東京大学大学院経済学研究科教授
　著　書　『豪商の明治――三井家の家業再編過程の分析』（名
　　　　　古屋大学出版会，2002年），『ものづくり日本経営史
　　　　　――江戸時代から現代まで』（名古屋大学出版会，
　　　　　2012年）

---

日本不動産業史

2007 年 9 月 20 日　初版第 1 刷発行
2015 年 8 月 31 日　初版第 2 刷発行

定価はカバーに
表示しています

編　者　橘　川　武　郎
　　　　粕　谷　　　誠

発行者　石　井　三　記

発行所　一般財団法人　名古屋大学出版会
〒 464-0814　名古屋市千種区不老町 1 名古屋大学構内
電話(052)781-5027/FAX(052)781-0697

Ⓒ KIKKAWA Takeo, KASUYA Makoto et al. 2007

印刷・製本　㈱クイックス
乱丁・落丁はお取替えいたします。

Printed in Japan
ISBN978-4-8158-0568-5

Ⓡ〈日本複製権センター委託出版物〉
本書の全部または一部を無断で複写複製（コピー）することは，著作権法
上の例外を除き，禁じられています。本書からの複写を希望される場合
は，日本複製権センター（03-3401-2382）の許諾を受けてください。

橘川武郎著
日本電力業発展のダイナミズム　　　A5・612頁
　　　　　　　　　　　　　　　　　本体5,800円

橘川武郎著
原子力発電をどうするか　　　　　　四六・192頁
―日本のエネルギー政策の再生に向けて―　本体2,400円

橘川武郎著
日本石油産業の競争力構築　　　　　A5・350頁
　　　　　　　　　　　　　　　　　本体5,700円

粕谷誠著
豪商の明治　　　　　　　　　　　　A5・304頁
―三井家の家業再編過程の分析―　　　本体5,500円

粕谷誠著
ものづくり日本経営史　　　　　　　A5・502頁
―江戸時代から現代まで―　　　　　　本体3,800円

中村尚史著
地方からの産業革命　　　　　　　　A5・400頁
―日本における企業勃興の原動力―　　本体5,600円

石井寛治著
帝国主義日本の対外戦略　　　　　　A5・336頁
　　　　　　　　　　　　　　　　　本体5,600円